株主間の議決権配分

一株一議決権原則の機能と限界

加藤貴仁

商事法務

はしがき

本書は、著者が二〇〇四年三月に東京大学に提出した助手論文（一部、法学協会雑誌一二三巻一号、七号、一二四巻七号、八号に掲載済）に大幅な加筆修正を加えたものである。助手論文では、株主間の議決権配分を規制する必要性と望ましい規制の方法について研究することを目的とした。研究の直接的な動機となったのは、平成一三年・一四年の商法改正以降、株式の種類に関する法規制が大幅に緩和されたことである。著者は、株式の種類に関する法規制の緩和と平成一七年に成立した会社法における規制の整理・合理化は、基本的に望ましいものと考えている。特に、議決権制限株式、拒否権付種類株式、種類株主総会による取締役又は監査役の選任に関する種類株式（いわゆるClass Votingの定め）など、いわば株式会社の支配権の配分に関する種類株式に関する規定が整備されたことが重要な意味を持つものと思われる。なぜなら、会社法が用意する資金調達手段が実際に利用されるためには、投資家の経済的利益だけではなく株式会社の支配関係に対する利益を保護する仕組みが整備されている必要があるからである。

しかし、支配権の配分に関する種類株式については、平成一三年・一四年商法改正前から認められていた無議決権優先株式の利用例が乏しかったこともあり、学説における議論が十分に蓄積されているとはいえない。また、実務において具体的にどのように利用されるか、また、日本の証券市場がどのように評価するかについても不明確な点が多い。一方、諸外国では、歴史的に見て、無議決権株式や複数議決権株式を利用して、特定の株主や経営者が株式会社の支配権を確保することを規制対象とすることが論争の対象とされてきた。果たして、日本の会社法は支配権の配分に関する種類株式について、必要十分な規制を行っているのであろうか。日本法の現状の評価と解釈論・立法論的な提言を行うために必要な、支配権の配分に関する種類株式を分析するための基本的な視点を提供することが、本書の最終的な目的である。

著者が本書を公表することができたのは、多くの先生方のご助力によるものである。特に東京大学助手時代の指導教官であった岩原紳作東京大学教授には、助手として採用されて以降、折に触れて、貴重なご指導をいただいた。著者が曲がりなりにも研究者としての一歩を踏み出すことができたのは、岩原教授の、時には暖かく、時には厳しいご指導のおかげである。改めて御礼申し上げる。また、岩原教授を初めとする東京大学の先生方にも、研究会や演習などに出席させていただくことを通じ、研究者としてのあるべき姿を学ばさせていただいた。特に、神田秀樹教授、神作裕之教授、藤田友敬教授には、助手論文をお読みいただき、貴重なご指摘をいただいた。著者が、神戸大学に赴任して以降、神戸大学商事法研究会、京都大学商法研究会、法の経済分析ワークショップで、助手論文について報告をさせていただく機会を与えていただき、先生方から貴重なご意見をいただいた。もちろん、本書の至らぬ点は筆者のみの責任であることは、言うまでもない。

著者のような未熟な研究者が本書を刊行することができたのは、(株)商事法務に特にご配慮をいただいたからに外ならない。改めて御礼申し上げる。最後に、助手論文の執筆当初から現在に至るまで、研究活動を支えてくれている妻の陽子にも感謝を示したい。

二〇〇七年九月

加藤　貴仁

目次

第一章　日本法の現状と課題

はじめに

本書は、株主間の議決権配分に関する法規制の検討を行う。委員会設置会社に特徴的に見られるように、会社経営の中心は、実質的にも法的にも、株主総会ではなく、取締役会にある。しかし、依然として、取締役の選任、定款変更など会社にとって重大な意味を持つ案件が、株主総会の決議事項とされている。したがって、会社の支配権は何らかの形で株主総会での支配権を基礎に成立しているのである。そして、株主総会の支配権は、最終的には株主の議決権にその根拠を置く場合が多いと考えられる。したがって、株主の議決権が株主間でどのような基準で配分されるかは、会社の支配権の所在と密接に関係することになるのである。

ところが、従来、日本では株主間の議決権配分について活発な議論がなされていたとはいえない。その理由は、そもそも、一株につき一議決権が付与されるという一株一議決権原則以外の議決権配分が利用されることが、極めて少なかった点にあると思われる。しかし、平成一三年・一四年商法改正によって、議決権・支配権に関する権利の柔軟化は一気に拡大されることになった。本稿は、議決権・支配権に関する権利の柔軟化を認めることの妥当性、そして、望ましい規制のあり方について検討する。第一章では、日本法の議決権配分に関する規制の歴史的展開と学説の現状を確認し、検討されるべき課題を明らかにすることを目的にする。

第一節　議決権の配分に関する規制の歴史的展開

株式会社の議決権の配分において、一株一議決権原則、すなわち、一株に付き一議決権が付与されることは絶対的な原則ではなく、政策的なものにすぎないとの指摘は古くから存在した(1)。たとえば、ドイツ法やフランス法との比較法研究から、複数議決権、すなわち、一株に付き複数の議決権を付与することを認める政策的理由については、以下のような指摘がなされている。つまり、第一次世界大戦後の経済恐慌期においては、内国企業の支配権が外資の手に落ちることを防止するために、複数議決権が大きな役割を果たしたのである(2)。このように国家の経済政策上の理由から一株一議決権原則の例外が基礎づけられることもありうる(3)。

しかし、一株一議決権原則の例外を基礎づける政策的理由と比べて、一株一議決権原則自体を基礎づける政策的理由についての議論の蓄積は少ないように思われる。もちろん、このような状況は、一株一議決権原則は政策的というよりも、株式会社のもっと本質的な部分と結びついているもの、いわば当然の原則であるとの認識が存在しているからかもしれない。しかし、一株一議決権原則の例外が許される範囲を検討する際には、やはり、そもそもの一株一議決権原則自体の背後にある政策的理由を明らかにすることは避けて通れない。

いずれにせよ、日本法においては、原則と例外の両者の点において、議論の蓄積が十分とはいえないと考える。本節の目的は、研究の出発点として、日本法における株式会社の議決権配分の規制と密接な関係を持つ「政策」の中身を、主に立法の変遷とその当時の経済状況の分析を通じて明らかにすることである。

第一款　一株一議決権原則の確立と明文化

第一項　明治初期の「会社」の議決権・支配権の配分——明治二三年旧商法施行以前

(1)　明治初期の「会社」を取り巻く状況

明治維新によって成立した新政府は、近代的工業生産の育成のために殖産興業政策をとった。(4) 資本主義が未成熟であった当時の日本では、資本主義の担い手ともいうべき産業資本が欠落していた。(5) 殖産興業政策の一つの目的は、資本主義の発展を牽引する産業資本の育成にあったと考えられる。「会社」制度の普及は、まさに、社会的資金を集中させることで産業資本を発展させるための政策であった。(6)(7)

しかし、「会社」制度を統一的に規律する一般法は明治二三年旧商法が施行されるまでは存在しなかった。もちろん、比較的早い時期から「会社」制度を規律する一般法を制定する動きはあった。(8) しかし、一方で、条約改正交渉を有利に進めるために「会社」制度を規律する一般法を、個別法としてではなく当時のヨーロッパ諸国にならって商法の一部分として制定することを主張する動きがあった。商法として規定するか個別法として規定するかの争いは、結果として「会社」制度を統一的に起立する一般法の制定を遅らせることになったと考えられる。(9)

先に述べたように「会社」制度の普及は殖産興業政策の重要な構成要素であった。しかし、政府は、一般的には「会社」設立の啓蒙・勧奨を行い、威圧的な方法をとることはしなかった。(10) 明治政府による「会社」制度の利用の推奨は、たとえば、福地源一郎の『會社辨』や渋沢栄一の『立會略則』を官版として出版することなどを通じてなされた。(11)また、国立銀行条例・国立銀行条例成規は「会社」制度を規律する一般法を欠く時代において、「会社」の利用を考える者にとって教科書の役割を果たしていた。

もちろん、「会社」の利用が全くの自由放任にまかされていたわけではない。「会社」を設立するためには官庁の許可が必要であった。「会社」を設立するためには、まず、地方官（府県）に願い出て、その後、主務省の許可が必要とされていた。(12)地方官と主務省の関係は明治一一年の府県官職制によって大きな変更を被ることになった。すなわち、「会社」の設立に関して、条例規則の規定がない場合は、地方官が「地方ノ常務」と考えるものについては、地方長官が便宜処分して後で報告することで足りることになったのである。(13)つまり、国立銀行などの特別法によって規律される「会社」以外の「会社」設立は、原則として地方官限りの処分で足りることになったのである。しかし、設立規制の緩和は、無資力者が「会社」を作り、商品の買入れなどを請け負って代金を受領し、あるいは資金を借り入れた上で逃走する、「会社」を破産させる、株式を募集して多額の金を集め、それをもって逃走あるいは「会社」を破産させる、払込未完済での株式の処分など種々の弊害をもたらした。(14)

一方、経済政策の遂行上必要と認められた「会社」は法令に基づいて設立された。このような「会社」を代表するのは国立銀行である。国立銀行・国立銀行条例成規は、会社の組織管理、営業の細目についてまで規制の対象としていた。(15)また、法令に根拠を有するわけではないが、政府が特に政策上重要と認め、設立の許可を与え、かつ、保護と監督を加えた会社も存在した。(16)

(2) 明治初期の「会社」の議決権配分——国立銀行条例・国立銀行成規の位置づけ

明治二三年旧商法施行以前、株式会社を一般的に規律する立法は存在しなかった。したがって、株主間の議決権配分を一般的に規律する法律も存在しなかったことになる。しかし、殖産興業政策を実行する上で重要と考えられた「会社」を設立する特別法の中には、株主間の議決権配分に関して興味深い規定を持つものを見つけることができる。明治五年一一月に公布された国立銀行条例がその代表であり、初めて、株主総会及び議決権に関する明確な規定が法律においてなされることになった(17)。

明治五年公布の国立銀行条例には、「銀行株主等ノ集議ニテ件々ノ議案ヲ論定スルニハ株主ハ一株ニ付一説宛ヲ出スベシ」との規定が存在した(18)。株式の券面額が一定とされたから、まさに一株一議決権原則が初めて法律によって宣言されたことになる(19)。しかし、明治九年公布の国立銀行条例改正を受けて、国立銀行成規に収められている定款雛形は、大株主の議決権を制限するものに改正された。すなわち、「各株主ハ其所持ノ株数一〇箇迄ハ一株毎ニ一箇宛ノ発言投票ヲ為スヘシ又十一株以上百株迄ハ五株毎ニ一箇宛ヲ増加シ百一株以上ハ十株毎ニ一箇宛ヲ増加スヘシ」ことが国立銀行の定款で規定されることになったのである(20)。明治五年公布の国立銀行条例の議決権に関する規定の内容は、その母法であるアメリカの一八六四年国法銀行法一一条と全く同じである(21)。明治九年の改正の理由を説明する明確な政府資料は存在しないようである。しかし、改正の背景には以下のような事実が存在したことが指摘されている。当時、国立銀行の大株主が銀行から十分な担保もなく大口の借入れを受けることが頻繁に行われた。そして、実際に、大株主の破綻で第一国立銀行が経営困難となった。このため、政府は大株主の議決権を制限する必要性を感じざるを得なくなったのである(22)。

国立銀行条例は、「会社」を一般的に規律する一般法を欠いていた時代において、「会社」の設立を考えていた人々にとっての教科書のようなものであった(23)。国立銀行条例の意義を考える上でさらに重要なのは、それが持つ他の法律などに対する影響力である。たとえば、国立銀行成規の議決権配分に関する規定は、政府によって作成された米商会所成規、国立開物銀行定款、貿易銀行条例草案、株式取引所条例（明治一一年五月公布）においても採用されている(24)。さらに、特別法によって設立されたわけではないが、日本鉄道・日本郵船など政府が各種の援助を与えていた企業では、定款で一人の株主が行使できる議決権の最高限度が規定されていたのである(25)。確かに、明治二三年旧商法の施行以前、すべての会社を対象として、株主の議決権を規制する法律は存在しなかった。しかし、政府は、当時の会社設立の際に広く参考とされたと思われる国立銀行成規において、大株主の議決権を制限することを強行法的なものとして例示した。政府が特別法などを通じて直接的に、その他の場合には、国立銀行成規を啓蒙の手段として間接的に、当時の政府が望ましいと考える議決権配分を「会社」に採用させようとしていたのである(26)。

(3) 議決権配分の多様性とその評価

明治二三年旧商法施行以前の定款を分析した先行研究では、何らかの形で大株主の議決権を制限する事例が多かったことが指摘されている。原則として一株に一議決権としつつ、大株主の議決権を制限する定款が多かった。また、一議決権が付与される最低限度の株式数を定める事例も存在した。もちろん、純粋に一株一議決権原則に従って議決権を配分する事例も存在した。特徴的なのは、紡績、電灯、鉄道、海運など近代的工業を営む大企業においては大株主の議決権を制限した定款が多く、中小企業では一株一議決権原則を採用した定款が多かったことである。すなわち、資本金額も巨大で、多数の株主を擁し、株式の流通性も高い、株式会社的な会社において大株主の議決権制限が行われていることが多く、本来の株式会社的色彩が薄い中小規模の会社において一株一議決権原則が早くから採用されていたのである。(27)

近代的工業を日本に移植し、発展させることは、殖産興業政策の目標であり、このような事業を営む会社に対して政府は積極的に関与していた。その際、議決権配分に対する政府の当時の考え方を示す国立銀行条例に類似した議決権配分が採用されたのは当然とも評価できる。一方、中小企業については、まず、近代的工業を営む「会社」に比べて、政府の関心が低かったことが挙げられる。また、「会社」の数が増加すればするほど、許可に際して、いちいち定款の内容に関心を払うことはできなくなった。したがって、中小企業では、一株一議決権原則に従った定款の定めが採用される場合も存在したと考えられる。

大株主の議決権を制限する定款規定が多かった理由としては、確かに、直接的又は間接的な政府の関与によるところが大きかったことを挙げるべきであろう。しかし、その一方で、このような定款規定が、社会的資金を集中するという役割を「会社」が果たすために必要であったとの指摘があることに注目する必要がある。それは、当時の経済状況、主たる資金の拠出者の属性と関係がある。

先に述べたように、殖産興業政策と「会社」には以下のような関係があった。資本の原始的蓄積が未熟な状態で、ヨーロッパの発展した技術水準の近代的産業を移植するためには、特権的保護を与えて財閥＝政商を育成する、信用制度によって預金の集中と追加信用の創出をはかることに加え、社会的資金を会社制度の利用によって集中する必要があったのである。(28)なぜなら、江戸時代から続く商業高利貸資本には進取発展の気性がなく、独立して産業資本に転化する力がなかったからである。(29)このことは、同時に、「会社」に集中される資金の出し手、すなわち、投資家層の成長が日本では未熟であったことを意味する。「会社」に投資する資金を持っていたのは、産業資本家として近代的産業を興そうとする積極性も経験もなかった商業高利貸資本と投資経験に乏しい旧華族・旧士族層であった。[30]また、株式取引所の取引の中心は公債や金銀貨であり、「会社」の株式については国立銀行の株式が取引されるくらいであった。[31]経験に乏しい投資家層と未成熟な株式市場しか存在しないことを前提にして、いかにして資金を集めるかが重要な問題となったのである。

特に、明治一四年政変（筆頭参議であった大隈重信の追放）前後に殖産興業政策が転換され、原則として財政資金を直接供給せずに民間産業を育成する方針がとられて以降、「会社」の位置づけはさらに重要性を増すことになった。具体的には、まず、官業払下げや財政資金の民間貸出が縮小され、官業・補助金のような財政支出の対象が交通・通信・兵器などに限定される一方で、金融機関の整備により民間産業への資金供給が図られることになった。[32]日本銀行の設立（明治一五年）もその一環と考えられる。具体的には、日本銀行→民間金融機関→「会社」という資金の流れが存在したとされている。[33]株式に出資しようとする投資家は、まず、出資額の一部を払い込む。その後、「会社」からの追加払込み要請に応じるために、一部払込済みの株式を民間金融機関（国立銀行、銀行類似会社など）に担保に入れて払込資金を調達する。このように「会社」を受け皿に民間金融機関が産業資本に対する資金供給を行っていたのである。[34]資金の受け皿としての「会社」の重要性は、時を経るにつれて増していったと考えられる。[35]

それではなぜ、大株主の議決権を〝自主的に〟制限する必要があったのであろうか。第一に、投資家の「会社」に対する不信感に対処する必要があったことが挙げられる。明治一一年の府県官職制をきっかけに「会社」の設立規制が緩和されたこと、そして、「会社」の弊害がさらに増加したことは前述した。[36]自分が「会社」に出資した金銭が泡と消えてしまうことがわかっていれば「会社」に資金を投資する人間はいないであろう。この問題は、特に、個々の会社に対する投資額が少ない投資家にとって大きな意味を持っていた。[37]大株主の議決権を制限することは、大株主が単独もしくは共謀して暴走することを防止し、中小の投資家に安心感を与える役割を果したことは否めないように思われる。株式市場が未成熟で、「会社」から退出することが困難であったからこそ、このような規定が意味を持ったのではなかろうか。[38]「会社」に対する不信感を緩和し、より多くの中小株主から資金調達をする必要性があったことは、明治時代の株主構成に関する統計からも明らかになる。一八九九年に『時事新報』によって試みられた全国有力会社一〇三社の株主調査では、所有株式時価総額五〇万円以上の株主数は、所有株式種類による延べ人数で九九四名であった。しかし、これは株式会社、合資会社、合名会社を合わせた全国会社企業七、〇四四社の延べ人数で計算した株主総数六八万四、〇七〇名のわずか〇・一五％にしか相当しない。また、前述した九九四名が所有する株式の時価総額は一億七、五五四万円余と巨額であるが、それは、一八九八年末現在の全国会社企業払込資本金総額六億二、一六七万円余の、四分の一に満たなかったのである。[39]この所有株式の時価総額が五〇万円未満である株主層の中心を構成したのは、産業資本家としては未熟であった商人資本家層だったのである。[40]

第二に、大株主の議決権制限は上位株主の協調を可能にするために必要であったことが指摘されている。近代的産業を営むためには莫大な資本が必要であるが、第一の点で述べたような中小の投資家から集めることには限界がある。江戸時代からの蓄積がある商業高利貸資本や旧大名などの所有する多額の資金を「会社」を通して近代的産業に投資させる必要があった。ただ、彼らには事業経験、投資経験が不足していたため、許容できる投資リスクの量は多いとはいえず、分散投資の手法をとらざるを得なかった。ただ、分散投資は個々の「会社」に対する固有のリスクを減らしてくれるが、一株一議決権原則のもとでは、同時に発言権も減少されることになる。さらに、商業高利貸資本や旧大名を一くくりに投資家と呼んでみても、その出自、背景事情、投資姿勢には共通する点よりも異なった点が多かったのである。彼らが投資するためには、誰かが突出して権利を持つような仕組みよりも、上位株主間で協調することが可能なような仕組みが望まれていたのである。[41]

以上のように明治二三年旧商法・明治三二年商法以前の「会社」の定款には、多様な種類の議決権配分の定めを見い出すことができる。その理由としては、第一に、明治二六年七月一日に明治二三年旧商法が施行される以前は、議決権の配分は定款に委ねられていたことを挙げることができる。第二に、明治前期から中期にかけての「会社」には、実質的な個人企業や同族企業が有限責任の株式会社的企業として擬制的に創立されたり、旧問屋仲間的な同業者による排他的な会社企業なども含まれていたり、「会社」自体に多様性があったことを指摘することができる。[42]しかし、この多様性が明治期を通じて継続したわけではない。すでに、明治二三年旧商法と明治三二年商法が制定・施行される時期には、株式会社の議決権配分に関する定款の傾向は大きな転換点を迎えることになったのである。

第二項　明治二三年旧商法・明治三二年商法と一株一議決権原則への収斂

(1)　明治二三年旧商法と明治三二年商法

明治二三年旧商法と明治三二年商法の施行により、株式会社の株主間の議決権配分に関する規制が明確になった。株主間の議決権配分に関する規制については、明治二三年旧商法と明治三二年商法の内容に差異は存在しない。原則として一株につき一個の議決権が付与されるが、定款で大株主の議決権を制限できるという内容であった。[43][44]

明治二三年旧商法の基盤となったロエスレル草案には、すでに一株一議決権原則と定款による大株主の議決権制限を認める条文が存在している。[45]その解説の中でロエスレルは、大株主の議決権を定款（申合規則）で制限できるとの規定は、「通常ノ習慣ニ合ウ」と説明する。具体的には、この規定の目的は大株主に「過大ナ勢力」を所有させないための規定であるとする。[46]ロエスレルがいう「通常ノ習慣」が何を指すかは明かではない。ロエスレル草案は、日本固有の法律・思想を成文化するという立場ではなく、「日本人民ノ商業及ビ物産上ノ力ヲシテ世界中各通商国ト平等ノ地位ヲ得セシメン」とする見地から、専ら先進資本主義国の商法を継受しようとする立場から起草されたからである。[47]いずれにせよ、ロエスレルが参照したと考えられる当時のフランス法とドイツ法では、大株主の議決権を制限することが認められていた。[48]また、明治政府の株主間の議決権配分に対する考え方は明治九年改正後の国立銀行条例・国立銀行成規が示すとおり大株主の議決権を制限することに肯定的であり、かつ、当時の定款・申合規則の多数派は大株主の議決権を制限するものであった。[49]

明治二三年旧商法の編纂を行った法律取調委員会（山田顕義委員長）の中で商法草案を担当した岸本辰雄、明治三二年商法の起草者である梅謙次郎らは、明治二三年旧商法の解説において、ロエスレルと同趣旨の説明をしている。[50]梅謙次郎は以下のように述べている。一株につき一議決権が付与される結果、一、〇〇〇株を所有する一人の株主が一株ずつ所有する九九〇人の株主の反対を抑え込んで会社を支配できることはやむを得ない。しかし、会社が大株主の意のままになってしまうと、小株主が会社に参入することができなくなって会社にとって望ましくない。[51]すなわち、梅謙次郎は株式会社が社会的資金の集中の道具として機能するために、大株主の議決権を制限する必要があると考えていたのである。[52]なお、大株主の議決権を立法によって制限するのではなく、定款によって制限することを認めるのは、株式数は各株式会社によって異なるため、大株主の定義も各会社によって異なる点に求められている。[53]

ロエスレル草案、明治二三年旧商法、明治三二年商法と、法律名は変わろうとも議決権配分に関する実質的な内容が変化しなかったのは、条約改正交渉や殖産興業政策の観点からの政府の方針、そして、当時の経済実態が、共通して大株主の議決権制限を求めていたからであると思われる。[54] しかし、明治二三年旧商法と明治三二年商法の施行がなされた時には、すでに一株一議決権原則への収斂が加速化していたのである。

(2) 一株一議決権原則への収斂

明治一〇年から明治三三年までに、新たに制定されたか、もしくは改訂された定款（申合規則を含む）の中で、議決権が株主間でどのように配分されていたかを分析した先行研究は以下のような傾向を指摘している。[55] 明治一〇年から明治一八年に制定・変更された定款の中では、大株主の議決権を制限したものが多かった。一方、一株一議決権原則を採用した定款は少数派にとどまる。[56] 松方デフレが終息し、資本と賃金労働者の供給体制が整った明治一九年〜明治二二年においても、新規に採用される定款規定は企業の規模に関係なく大株主の議決権を制限したものが多かった。ただし、一株一議決権原則を採用する「会社」の割合は増加している。[57] 明治二三年恐慌とその後の不況期にあたる明治二三年〜明治二九年についても、傾向は変わらない。[58] 大株主の議決権を制限する定款が相変わらず多数派であるが、その一方で一株一議決権原則を採用する「会社」の割合はさらに増加している。[59] そして、ついに、日清戦争後の企業勃興期にあたる明治二六年〜明治二九年に至り、新たに設立された会社の定款と定款変更後の定款の規定の中で、一株一議決権原則を採用する「会社」が多数派を占めることになったのである。[60] この傾向は、起業ブームが崩壊したあとも継続した。[61]

この傾向は、個々の株式会社の定款の変遷を追うことで、より一層鮮明になる。たとえば、東京海上火災の原始定款（明治一二年七月）四六条は、明治九年改正後の国立銀行成規と同じ大株主の議決権を制限する規定（一〇株までは一株につき一議決権が付与されるが、一一株から一〇〇株は五株ごとに、一〇〇株以上は一〇株ごとに一議決権が付与されるとの内容）を置いていた[62]。明治二六年一二月の旧商法一部施行に伴う改正では、一一株以上所有する株主の議決権について、五株ごとに一議決権を付与するという形で制限が緩和された。そして、明治三二年七月の改正で一株一議決権原則に従った議決権配分となっているのである[63]。他の主要な企業でも、大株主の議決権制限の程度を緩和し、一株一議決権原則へ近づく傾向があったことが指摘されている[64]。

以上のように、時代が進むにつれて、一株一議決権原則に従った定款を採用する株式会社が増加する傾向が存在したようである。この傾向は、明治二三年旧商法と明治三二年商法が定款で大株主の議決権を制限できることを明示した後も変わらなかった[65]。このような傾向を説明するのは困難であるが、その背景にあるいくつかの事実を指摘することは可能である。第一に、大株主の議決権を制限することのデメリットが顕在化したことが考えられる。上位株主間の協調とそれを支える大株主の議決権制限は、投資経験に乏しい投資家に株式会社への投資を促進させるという点で重要な役割を果たした。しかし、上位株主間の協調は同時に、一元的な経営指導体制を構築できないというデメリットを抱えていた。設立当時は均等であった上位株主の持株が、徐々に特定の株主に集中していく傾向を実際に見ることができる[66]。

第二に、当時の資金調達の方法との関係を指摘することができる。明治期の株式会社の資金調達の方法としては、借入金よりも新株発行が多かったことを指摘することができる[67]。たとえば、明治三一年上期末の紡績会社五二社の資本構成を見ると、自己資本比率は平均して六七・八％であった。また、ほぼ同時期（明治三〇年度下期末）の工業会社（食品一五社、化学七社、煉瓦八社、セメント四社、金属五社、機械五社）の資本構成を見ると、自己資本比率の最高は食品会社の八〇・二％、最低はセメント会社の七一・五％となっている[68]。明治期の金融構造として、以下のような仮説が有力であることは周知の事実である[69]。すなわち、国立銀行・普通銀行が株主の払込資金を、株式を担保として融資する。これらの銀行は、その担保としてとった株式を転担保に供して、日本銀行から中央銀行貸出を受ける。日本銀行が国立銀行・普通銀行の産業資本に対する資金の供給を、公債や鉄道会社株式などを担保とする融資によってサポートしていたのである。

明治二三年旧商法も明治三二年商法も株主の新株引受権に関する規定を欠いていたが、実務上慣例的に、株主総会の増資決議で、既存株主に新株引受権が与えられていた(70)。既存株主にとって、新株引受権を行使しないことは持株比率、ひいては議決権を根拠とした経営参与権の低下を意味する。したがって、会社経営に関心がある株主は新株引受権を行使するが、定款に議決権制限の定めがあれば、新株に対応した議決権を得ることができなくなる。一方、定款の議決権制限に引っかからない株主は新株に対応した議決権を得ることができるのである。大株主にとっては、新株発行による資金調達が行われるたびに、たとえ新株引受権を行使しても資金調達以前の議決権割合を維持することができないことになる。

第三に、証券市場の発達を挙げることができる。東京株式取引所と大阪株式取引所は明治一一年に発足した。発足から数年間、取引の対象は国立銀行株式や公債であった。一般企業の株式が積極的に上場されるようになったのは、松方デフレ後の企業勃興期にあたる明治二〇年代初頭になってからであった(71)。この時点で、流通市場としての株式市場が一応は成立したと評価することができよう。流通市場の成立は、会社に不満を持つ株主の退出を容易にする一方で、同時に会社の支配権を欲する株主への議決権の集中を促進する効果を持つ。

第四に、明治三二年商法によって株主総会決議の瑕疵に関する規定、特別利害関係人の排除に関する規定など、少数株主を保護する効果を持つ規定が設けられたことを挙げることができるように思われる(72)。先に述べたように、大株主の議決権制限は、明治初期に頻発した会社の弊害から生じた一般投資家の不信を和らげる役割を期待されていた。ただ、一般投資家の不信は大株主の議決権を制限することによってしか緩和できないわけではない。株式会社の経営機構を一般的に規制する明治二三年旧商法と明治三二年商法の制定によって、一般投資家の不信を和らげるという意味での大株主の議決権制限は役割を終えたと評価できるのかもしれない。流通市場の発達と合わせて、株式会社に関する諸制度の整備は投資家のリスク許容度を高めたと考えられる。(73)

現時点で筆者は以上の四つの事情が一株一議決権原則への収斂に大きな影響を与えたのではないかと考えている。もちろん、一株一議決権原則への収斂という事実と四つの事情が単に同時期に生じたと評価することも可能かもしれない。ただ、定款による議決権制限の定めを排除するためには株主総会の決議が必要であり、この株主総会決議を得るために大株主と中小株主の間で激しい対立があったことが報告されている。(74)大株主は、第一と第二の事情から定款の議決権制限を排除する必要があり、積極的に行動せざるをえず、結果として、一株一議決権原則が事実上確立したのではないかと考えられる。一株一議決権原則の確立を肯定的に評価する見解は以下のように述べている。すなわち、株式会社は社会的資金集中のための企業形態であり、資本の結合がその本質をなす以上、株主の平等は頭数で見た人格的平等ではなくて出資額で見た資本的平等でなくてはならない。(75)大株主の議決権制限が流行したのは、明治前期の株式会社の過渡的性格を示しているにすぎない。(76)

ただし、一株一議決権原則が確立し資本の論理の貫徹が認められたとしても、それを中小株主が受け入れなければ株式会社は社会的資金集中という機能を果たすことはできなかったであろう。(77)そして、中小株主がそれを受け入れた理由としては、定款による議決権制限が排除されても、第三、四の事情が存在したことから、ある程度の自己防衛と保護が期待できたことを挙げることができるのではなかろうか。

第三項　一株一議決権原則の確立――昭和二五年商法改正

昭和二五年商法改正によって、定款で一一株以上の株主の議決権を制限すること、また、昭和一三年改正によって導入された、名義書換後六月を超えない株主の議決権を剥奪する制度はともに廃止されることになった(78)。その立法趣旨としては、以下の点が述べられている。第一に、株式会社のような物的会社では、株主がその持株数に応じて議決権を有することが経済的に見て当然であって、制限を設けることは不自然であることである(79)。もちろん、定款によって大株主の議決権を制限することは少数株主の保護にとって無意味であると評価されていたわけではない(80)。少数株主の保護は、取締役の選任における累積投票制度、定足数の厳格化や取締役の解任の訴えといった、昭和二五年改正で新しく設けられることになった他の制度によって図ることが望ましいと考えられた(81)。

第二に、そもそも商法で認められた定款による議決権の制限・剥奪の制度を利用する会社が稀であったことである(82)。昭和二五年改正は会社構造の民主化、すなわち、株主の地位の強化を目的としていたのであり、昭和二五年改正前の定款で一一株以上の議決権を制限できるという制度はその目的に沿うはずであった(83)(84)。にもかかわらず、制度自体が立法によって廃止されたのは、この制度が明治二六年の旧商法施行から五〇年を経過して、実務で全く必要とされなくなっていたという事実が大きな影響を与えたのではないかと思われる。

このように昭和二五年商法改正によって、法律上、一株一議決権原則が確立したといってよいものと思われる。それは、日本法を準拠法によって設立された会社では、定款によって大株主の議決権を制限することが禁止され、多くの株式を所有すればするほど、より多くの議決権・支配権を行使することが法律上認められたことを意味するからである。しかし、先に述べたように、昭和二五年商法改正の時点では商法の規定に基づいて大株主の議決権を制限する会社はほとんど存在しなかった。つまり、立法によらずに自然と一株一議決権原則に従った議決権配分が支配的となっていたのである。

次に、一株一議決権原則との関係で問題となるのは、昭和一三年改正によって導入された無議決権株式である。なぜなら、無議決権株式が発行されている場合と普通株式しか発行されていない場合では、（普通株式に付与される）議決権と危険資本に対する出資額の対応関係が異なることになるからである。(85) たとえば、初期投資として一〇〇万円が必要な事業があるとする。この事業活動を行うためにA会社は普通株式で一〇〇万円、B会社は普通株式で四〇万円、無議決権株式で六〇万円を調達する。AとBとも、普通株式一株につき一議決権が付与される。Aの普通株式の議決権には事業資金全額に相当する一〇〇万円の出資の裏づけがあるのに対し、Bの普通株式の議決権には事業資金の一部の四〇万円の出資の裏づけしかないのである。出資と議決権の関係は、議決権に関する種類株式が多様化すればするほど、複雑になる。次款では、この問題を念頭に置きつつ、一株一議決権原則からの逸脱を認める諸制度の変遷を追うことにする。

第二款　一株一議決権原則から逸脱した議決権配分——無議決権株式の導入と許容範囲の拡大

第一項　無議決権株式の導入と株式会社の構造変化

(1)　無議決権株式の導入と株式会社の構造変化

昭和一三年商法改正は、株主間の議決権配分を柔軟化する制度として、改正以前から認められてきた定款による一一株以上所有の株主の議決権制限の制度に加えて、無議決権株式の発行を認めた。[86][87]その立法趣旨としては、会社の経営に参加する必要を感じない中小株主の要望に応じるということが挙げられている。[88]当時の状況として、株主は議決権を付与されても費用をかけてそれを行使するということは稀であるという事情があった。多くの株主は利益配当にしか関心を持たなかったため、無議決権株式の導入は、議決権に関心がない株主に議決権を付与することは無意味であるとの見解に基づくものと説明されることもある。そして、議決権を放棄することに対して何らかの代償を得ることができるのであれば議決権を放棄してもよいという株主の要望に応じることを可能にするために、無議決権株式の制度が導入されたのである。[89]立法過程では、無議決権株式の導入自体については積極的な反対論が展開されることはなかったようである。[90]

無議決権株式の導入の前提となるのは、株主の議決権行使に対する関心の欠如である。[91]日本法におけるこの条件の充足は以下のようなプロセスを経てなされた。第一次世界大戦は日本経済の飛躍的発展を培う契機となった。[92]日本の近代企業は、この大戦の間に巨大な利潤を上げ、その結果、日本企業の懸案であった財政資力の貧弱さが一掃された[93]。第一次世界大戦を契機とする好況は大衆の株式投機熱を招き、一般株主の成長を促す要因となった。ただし、それは会社に対する長期的投資家としての株主ではなく、株主の大衆化の進行に伴い、投機的株主が増大した時期でもある。そして、株式の拡散は、会社の所有と支配の分離を促進することになった[94]。所有と支配の分離は、同時に、株主間の利害関係の対立をもたらすことになった。会社経営に積極的に参加する意思も能力もある企業者株主と、利益配当の多寡や株価の上下にしか興味を見い出さない一般株主（投資株主・投機株主）との対立である[95]。無議決権株式は、株主層の分離を正面から肯定する制度と評価することができる[96]。

昭和一三年改正法が直接的にその規制の対象としているわけではないが、無議決権株式の導入との関係では、株式所有の分散に伴う所有と支配の分離と平行して、株式会社の規模の巨大化と企業集中の強化・拡大という現象が進んでいたことを挙げる必要がある[97][98]。なぜなら、無議決権株式は株式会社の支配権を欲する者に、少ない資金で支配権の獲得と維持を可能にする制度と評価することができるからである[99]。すなわち、無議決権株式を発行することで、現在の支配関係を変動させることなく企業規模を拡大するために必要な資金を獲得することが可能になる。また、企業集中との関係でも、持株会社形態をとる場合、子会社に無議決権株式を発行させることで子会社に対する支配権を失うことなく、資金調達をすることができる[100]。無議決権株式を許容する投資家側の理由が議決権行使に対する関心の欠如であったならば、企業側の理由として企業規模の拡大と企業集中の強化・拡大を挙げることが適切である。株式会社の規模の巨大化と企業集中は、資本主義の発展段階で必然的に生じるものと説明されている。一九世紀後半にヨーロッパの先進資本主義国がたどった道を、日本も第一次世界大戦後、同じくたどることになった[101]。すなわち、昭和二年（一九二七年）の金融恐慌と世界恐慌に端を発した昭和恐慌によって破綻解散に追いつめられた企業も多く、このような企業の処理は強大企業への吸収、合併という形で行われることも多かった。また、企業間の国際競争で生き残るために産業合理化の必要性が政府によって主張され、その一つの手段として企業の合同・カルテルの形成が促進されていた。[102][103]さらに、金融恐慌以降、五大銀行への預金の集中が生じ、金融再編、再編された金融機関を通じての企業の集中、系列化が一層進行したのである。[104]産業資本と銀行資本の相互依存関係が強まれば強まるほど、企業の集中はより一層、進行されることになった。[105]

前款では、株式会社は社会的資金を集中する制度であることを前提に、一株一議決権原則の確立の過程を追ってきた。しかし無議決権株式導入の背景にあると考えられる企業集中の強化・拡大の中で、株式会社の役割は社会的資金を集中することにとどまらないことが明らかになったように思われる。すなわち、企業集中を達成する道具としての存在意義である。議決権付株式の譲渡を通じて、その株式を発行する株式会社が営んでいる事業活動の支配権を獲得することができることが重要である。[106]この点と関係して、第一次世界大戦後に生じた株式会社の規模の巨大化は、株式会社が新規事業を積極的に展開することのみによって生じたのではなく、既存の企業を買収することによっても生じたとの指摘が興味深い。[107]

無議決権株式は株式会社の支配権を欲する者に、少ない資金で支配権の獲得と維持を可能にする制度である。もちろん、無議決権株式は、株式会社の巨大化に伴って多くの株主が会社経営に関与する力も意欲も失い、利益配当の多寡・株価の変動にしか関心を持たなくなったことを背景に導入された。したがって、投資家の様々な要望に応えることを可能にするという意味で、株式会社が社会的資金の集中の道具として機能することを前提にした制度ともいえる。しかし、会社経営に興味がない株主の投資判断にとっても、議決権の有無が全く無関係とはいえないように思われる。[108]むしろ、無議決権株式の導入によって、社会的資金集中の道具としての株式会社の機能を維持しながら株式会社の支配権を柔軟に配分することが可能になったことの方が、経済社会全体の利益の点からは大きな意味を持っているのではなかろうか。したがって無議決権株式に関する法的問題として、それが株式会社の支配権に与える影響を検討することが欠かせない。株式会社の機能には、資金調達の仕組みという側面に加えて、事業活動を構成する諸要素の集合体に支配権を設定し、その移転を可能にするという側面があることは認識されるべきである。

(2) 無議決権株式に関する規制──平成一三年改正まで

先に述べたように、無議決権株式には投資家の需要に応えることと、企業者株主が支配権を獲得・維持することを容易にすることという二つの側面がある。無議決権株式については、昭和一三年改正以降、主に、この二つの面について規制が加えられてきた(109)。ここでは、無議決権株式を含む議決権制限株式という制度を新たに設けた平成一三年改正以前の規制の状況を分析することにする。平成一三年改正以前と以後では、議決権配分に関する自由度に決定的な差異があり、また、平成一三年改正は、無議決権株式に関する規制とは直接の関係がない平成一四年改正と合わせて検討することが適切と思われる。

第一に、投資家の需要に応えるという側面について、議決権の有無と優先配当の有無の関係が問題となった。昭和一三年改正後の商法二四二条では、文言上、普通株式や劣後株式も無議決権株式とすることが可能であることについて疑念が提起された(110)。この点については、まず、普通株式や劣後株式を無議決権株式とすることは、会社経営に参与しない代わりに投資の確実性を求める制度である無議決権株式の制度趣旨と矛盾するとの主張がなされた(111)。昭和二五年商法改正ではこの点が考慮され、利益配当に関する優先株式についてのみ議決権なき株式とすることを商法で要求することにした。[112]制度の前提として、議決権放棄の代償として優先的な利益配当が必要と考えられたのである。その後の学説もこの立場を支持するものが有力であった。[113]無議決権株式について、このような前提がとられたため、優先的な利益配当が支払われない場合に議決権が復活することまでが商法で要求されることになったのである。[114]無議決権株主の保護という意味では、昭和一三年改正は少数株主権を定款で排除することを可能にしていたが、株主保護の観点から問題視され昭和二五年改正でこの規定は廃止された。[115]

第二に、企業者株主が支配権を獲得・維持することを容易にするという側面について、昭和一三年改正は、無議決権株式の株金総額は資本の四分の一を超えることができないことにした。昭和二五年改正では、改正法によって授権資本制度及び無額面株式の制度が採用されたことに対応するために、無議決権株式は発行済株式総数の四分の一を超えることはできないと改正したが、その実質は変わっていない。[116]その制度趣旨は、無議決権株式が大量に発行されると、一部の議決権を所有する株主が、多数の議決権のない株主の拠出した資金を利用して会社を支配するという弊害が生じる点にあると説明されている。[117]そして、平成二年商法改正で発行限度は三分の一に引き上げられることになった。その理由として、昭和二五年商法改正で優先配当がなされない場合の議決権の復活の規定が導入されたこと、無議決権優先株式を普通株式の会社支配権確保の手段として利用したいとの実務の要望などが挙げられている。[118][119]発行限度をどのように定めるかについては、従来から意見が分かれていた。[120]改正法は、無議決権優先株式の発行例が、従来、ほとんどなかったことを考慮し、まずは、発行限度を三分の一に引き上げ、その後、実際の発行例を検討しつつ、さらなる発行限度の拡大の必要性を検討するという立場であったと説明されている。[121][122]

(3)　無議決権株式の導入がもたらした法的問題

　平成二年改正の前後で、一株一議決権原則と優先株式の関係について以下のような議論が展開された。それは、普通株式と優先株式の「株価近似の要請」を要求すべきかどうかということであった。すなわち、非参加的（社債型）優先株式を、一株あたり、普通株式の時価の数十倍の発行価額をつけて発行することが許される場合、一個の議決権を獲得するために必要な出資額が大きく異なることになり、一株一議決権原則に実質的に抵触する可能性が指摘されたのである。無議決権優先株式についていえば、優先株式の株価が普通株式よりも著しく高い場合、議決権復活の規定も発行限度の規制の意味も著しく減少してしまうことになる。したがって、ある程度は優先株式と普通株式の価値がつり合っていることが必要であるとの主張がなされたのである。[123] この点を厳格に解する論者の中には、優先株式の発行価額が、普通株式の発行価額の一・五倍から二倍の範囲内に収まらない場合は、一株一議決権原則に抵触することを理由に、当該優先株式の発行が不適法となると主張する見解も存在した。[124] しかし、この見解に対しては、株主平等原則に必要以上に固執すること、事後に優先株式と普通株式の株価の乖離が不可避である点を理由に、批判的な見解が有力である。[125] 確かに、先に述べた明らかな脱法行為を違法であると評価することはできても、それ以上に、解釈論で具体的な線引きをすることは困難である。[126] むしろ、社債型優先株式に関しては、一定額の配当不払いがあった場合に、少なくとも二名の取締役を選任する権利を優先株主に与えるといった規制を、立法、もしくは上場規則によって定めるほうが妥当ではないかといった見解も有力に主張されていた。[127]
「株価近似の要請」は、一株一議決権原則を次のように解釈することによって成り立っていた。すなわち、株主間では、一議決権を獲得するために必要な出資額は均等でなければならないということである。しかし、一株一議決権原則をこのように解釈することに対しては、以下の点で疑問がある。それは有利発行規制との関係である。すなわち、株主総会特別決議を経れば、既存株主よりも有利な条件で新株主が議決権を獲得できることが明文で認められているのである。[128]株主総会の多数決で株主を不平等に取り扱うことを法が認めているのであるから、前述の意味での「一株一議決権原則」に強い効力を認めることはできないのではなかろうか。新規に優先株式を発行する場合、議決権取得で不平等に取り扱われることについて、新株主は個別に同意しているからである。[129]もちろん、たとえば、大株主に対してのみ有利な条件で議決権付株式を発行することが株主総会で決議された場合、新規に発行される議決権付株式に対する出資額の過少さが、特別利害関係人の議決権行使によって著しく不当な決議が成立したか否かの判断、すなわち、決議の不当性の判断の際に考慮されることは考えられる。ただし、この場合でも出資額の不平等自体は会社法ですでに予定されているのであるから、それを根拠に決議取消しが認められるのは、非常に例外的な場合に限定されざるを得ないのではなかろうか。出資額の不平等の限界を画定するためには、形式上、既存株主と新株主の双方の同意を得ているにもかかわらず、出資額の不平等を規制することを正当化する根拠を探求する必要があるのである。

第二項　平成一三年・一四年商法改正

これまでに述べたように、平成一三年・平成一四年商法改正以前、一株一議決権原則からの逸脱は、利益配当に関して優先的内容を有する種類の株式についてのみ、すべての決議事項について議決権がないものとするという形でしか認められなかった。これに対して平成一三年・一四年商法改正は、株主間の議決権配分の規制の大幅な柔軟化を図った。以下では、平成一三年・一四年商法改正によって議決権配分に関して新たに認められた諸制度の概要を分析し、その意義について検討することにしたい。すでに重要な解釈論的・立法論的問題が提起されている。また、平成一七年に成立した会社法（平成一七年法律第八六号。以下、単に会社法という）にも必要に応じて触れることにする。(130)

(1)　平成一三年・一四年商法改正の概要

①　議決権制限株式

議決権制限株式は、平成一三年改正以前の無議決権優先株式を発展させたものと考えることができる。それは、以下の点で、無議決権優先株式と比べて、会社の定款自治の範囲を広げた。第一に、株主総会の決議事項ごとに議決権の有無を定めることができるようになった。(131)したがって、たとえば、利益処分案に関してのみ議決権を有し、他の株主総会決議事項では議決権を有さないとの定めも可能となった。第二に、議決権制限株式はそれ自体で株式の種類を構成し、必ずしも利益配当に関する優先株式である必要はなくなった。(132)したがって、利益配当に関する普通株式の議決権を制限することも可能となった。第三に、議決権制限株式の発行限度は、発行済株式総数の二分の一に拡大された。(133)(134)この点に関しては、後に述べるように会社法でいくつかの改正がなされている。第四に、議決権復活の規定が削除された。ただし、改正前商法のような議決権復活の規定は、「株主総会に於て議決権を行使することを得べき事項」にあたると解されるので、個々の会社が定款で議決権復活の規定を定めることは可能である。(135)

議決権の有無を株主総会の決議事項ごとに定めることができることは、これまですべての決議事項で議決権のない株式を許容してきたことを考えれば、特段の問題はないように思われる。(136)また、利益処分案に関してのみ議決権を有する株式をベンチャー・キャピタルが所有し、経営権を確保したい創業者株主とベンチャー・キャピタルの調整を図るといった、有意味な利用法も考えられる。(137)

問題は、むしろ、利益配当優先株式と議決権制限株式のつながりを絶ったことであるように思われる。しかし、以下のような理由が改正法を正当化するものとして主張されている。まず、改正前商法のように議決権の代償として利益配当に関する優先権を要求しても、適切な代償の程度を一義的に定めることは困難である。また、普通株式を議決権制限株式として発行することができれば、相対的に発行価額が低下する結果、議決権行使に関心のない投資家にとって普通株式の投資対象としての魅力が高まること、発行会社にとって株主管理費用が減少することといったメリットも存在する。(138)

発行限度の拡大の理由としては、議決権制限株式は無議決権優先株式に比較してその利用可能性が格段に高まったこと、諸外国の法制においても議決権制限株式の発行限度を少なくとも二分の一まで認めている例が多いことが挙げられている。(139)会社法ではさらに、株式譲渡制限会社（発行するすべての株式に譲渡制限がかけられている株式会社）について、議決権制限株式の発行限度が撤廃された。(140)立案担当者の解説では、株式譲渡制限会社では、経営に好ましくない者を排斥するために株式の取得を承認しないことさえ可能であるから、株式の取得を認めたうえでその議決権を制限することについて制限を加える必要性に乏しいこと、実務的にもジョイント・ベンチャーの形成などにあたって柔軟な種類株式構成を認める必要性が存在することが指摘されている。(141)(142)また、単元株制度を採用する公開会社については、総単元数ではなく発行済株式総数を基準に議決権制限株式の発行限度が規制されることになった。(143)(144)

②　拒否権付株式

平成一三年改正により、会社が複数種類の株式を発行している場合、定款で株主総会又は取締役会の決議事項の全部又は一部に関して、それらの決議のほかに、ある種類の株主の種類株主総会の決議を要求することが可能となった。[145] 種類株主総会は、正規の取締役会決議・株主総会決議の「他に」要求されるのであり、改正の結果、種類株主に会社経営に関する拒否権を与えることが可能になったのである。[146] 改正前でも、種類株主の権利が侵害される場合には、制定法で種類株主総会決議が要求されていた。[147] 改正法は、種類株主総会が要求される場合を定款で任意に定めることを可能にしたのである。[148] さらに、会社法では、拒否権の有無自体が株式の種類を構成することとされた。[149]

平成一三年改正の趣旨は、種類株主の保護、特に、合弁会社、ベンチャー企業等において締結されている株主間契約が種類株主に与えている保護を、商法上の制度として実現させようとする点にあると説明されている。[150] これに対して、会社法は、拒否権の有無自体が株式の種類を構成するとしており、種類株主の利益保護という利用方法に加えて、支配権の配分手段として拒否権を利用することを正面から認めたと評価することができるように思われる。[151]

なお、定款で定められる種類株主総会（任意種類株主総会）は、法律で要求される種類株主総会（法定種類株主総会）の場合と異なり、種類間の利害対立が必ずしも存在するわけではない。[152] したがって、複数種類の株主が一つの種類として拒否権を行使する旨の定めも可能と解される。[153][154]

③　取締役又は監査役の選任に関する種類投票（Class Voting）

取締役又は監査役の選任に関する種類投票の定めは、委員会設置会社を除く株式譲渡制限会社に限って認められる。[155] たとえば、ある会社が、A種株式、B種株式、C種株式の三種類の株式を発行しているとする。ただし、これらの株式は種類投票の定めの存在のみで「数種の株式」を構成し、利益配当ないし残余財産分配に関する普通株式でも差し支えない。[156]この場合、具体的には、以下のような定めを定款に置くことができるようになった。[157]
具体例Ⅰ：「取締役の定員七名のうち、A種株式の種類株主総会で四名、B種株式の種類株主総会で二名、C種株式の種類株主総会で一名の取締役を選任する。」
具体例Ⅱ：「取締役の定員七名のうち、A種株式の種類株主総会で四名、B種株式とC種株式の合同からなる種類株主総会で三名の取締役を選任する。[158]」
具体例Ⅲ：「取締役の定員七名のうち、A種株式の種類株主総会で四名、B種株式の種類株主総会で三名の取締役を選任し、C種株式の種類株主総会では取締役を選任することはできない。[159]」
議決権制限株式や拒否権付株式とは異なり、種類投票を利用する場合には、選任された取締役又は監査役について特別の定めが置かれている。[160]種類投票によって選任された取締役又は監査役も、その義務や責任等は、一般に選任された取締役等の義務と異なるところはない。したがって、彼らも、会社全体の利益のために行動する義務を負い、仮に、選任母体の種類株式の利益に従った行動をとり、それが会社全体や他の株主に損害を加えるならば、会社ないし損害を被った株主に損害賠償責任を負うことになる。[161]これに対して、種類投票によって選任された取締役又は監査役の解任に関しては、以下のような特別な定めがある。①種類株主総会で選任された取締役又は監査役は、当該種類株主総会しか解任できない。[162]ただし、当該取締役を選任した種類株主総会の議決権を有する株主がすでに存在しない場合、または、定款で特段の定めをした場合、総株主からなる総会決議で当該取締役を解任できる。[163]②種類株主総会で選任された取締役又は監査役に関する解任の訴えについて。取締役が不正の行為又は法令・定款に違反する重大な事実を犯した場合、六ヵ月前から引き続き総株主の議決権の一〇〇分の三以上を有する株主が、種類株主総会の解任議案の否決を待たずに解任の訴えを提起できる。[164]ただし、当該取締役を総株主からなる総会決議で解任できる場合には、解任議案の否決がなければ解任の訴えを提起できない。[165] ①②のような規制を採用した根拠は、ある種類株主が選任した取締役等が他の種類株主によって解任されてしまうと、種類株主が選任権を持つ意味が大きく損なわれるからであると説明されている。[166][167]

平成一四年改正の趣旨は、以下の点にある。[168] ベンチャー企業、合弁企業などでは資本出資とは独立して支配権の配分を決めることに対する需要が存在する。たとえば、ベンチャー・キャピタルがベンチャー企業に融資をする際に、自らの利益を守るために取締役又は監査役の一部を選任する権利を要求する場合が考えられる。改正前においては、このような需要は株主間契約によって満たされていた。改正法は、取締役又は監査役の選解任権に関する株主間契約によって図られていた一部株主の利益保護を制度的に保障することを目的とする。しかし、株式譲渡制限会社以外の会社では、特別の合理的根拠もなしに一部の株主で取締役を選任してしまうというような濫用の恐れがあること、一般投資家に不測の不利益を生じさせる恐れがあることが懸念されたので、種類投票の定めは株式譲渡制限会社に限定して認められることとなったのである。[169] 株式の譲渡制限を基準に種類投票の可否を判断することに対しては、株式の譲渡制限が存在しないベンチャー企業も存在するのであって、種類投票の需要は必ずしも株式の譲渡制限会社に限られないとの批判がある。[170]

④　単元株を利用した複数議決権株式

単元株制度は、定款により、一定数の株式を「一単元」の株式と定め、一単元の株式につき一個の議決権を認めるが、単元未満の株式には議決権を認めないこととする制度である。[171] 単元株制度は、昭和五六年商法改正の附則で設けられた単位株制度と同じく、単元未満株主に対する株主総会の招集通知費用の削減など、株式管理費用を削減することを目的としている。[172] 単位株制度との差は、主に、以下の点に存在する。第一に、最小単位の制限（一単位あたりの額面金額または純資産額が五万円）を撤廃したこと、第二に、種類株式ごとに異なった一単元の数を定めることができるようになったこと[173]、第三に、単位株制度は暫定的な制度として附則で規定されていたが、単元株制度は恒久的な制度として商法本体に規定されたことである[174]。

そして、単元株制度のもとでは、以下のような定めを行うことも可能になったのである[175]。すなわち、普通株式については一単元の株式数を一、〇〇〇株とし、議決権や残余財産分配請求権等に関して普通株式とわずかに異なる種類株式を発行し、その一単元の株式数を一〇〇株と定める。その結果、普通株式に比べて一〇倍の議決権を有する株式の発行が可能となるのである。ただし、この点に関係して、一単元の株式数は一、〇〇〇株を超えてはならないこと、総単元数は発行済株式総数の二〇〇分の一を下回ってはならないとの制限がある[176]。大株主が一単元の株式数を過大に設定し、制度を濫用することを防ぐ趣旨である[177]。

(2)　平成一三年・一四年商法改正が生み出した解釈問題

数種の株式と一株一議決権原則の関係について、すでに以下のような問題点が指摘されている。

第一に、数種の株式が存在する場合、一単元の数を別に定めることで、事実上、複数議決権株式を発行するのと同じ状況をもたらすことができることである[178]。単元株制度のこのような利用に関しては、本来の制度趣旨、すなわち、種類株主間で一株あたりの議決権の量に大きな差異が生じないようにするという目的から外れるものであり、許されないとの解釈も考えられる。しかし、単元株に関する規定の文言は一義的であって、このような解釈をする余地はないとの見解が有力である[179]。ただし、このような結論が、平成一三年商法改正の立法過程で、複数議決権株式の発行を許すことが明示的に否定されていたことと矛盾することは否めないものと考えられる[180]。

次に、以下のような場合を考える。A種株式は、B種株式の一〇倍の配当金を受け取るとの定めがあるとする。[181]この場合、一株につき一議決権が与えられるのであれば、B種株式は相対的にA種株式の一〇倍の議決権を得ることができる。つまり、A種株式を一株所有するXと、B種株式を一〇株所有するYでは、所有する株主としての経済的権利が同じでありながら、議決権の数に一〇倍の差が生じるのである。[182]平成一三年商法改正以前であれば、このような種類株式の定めは、株主平等原則ないしは一株一議決権原則と実質的に抵触する可能性があった。[183]しかし、すでに述べたように、単元株制度を利用して、会社に対して同じ経済的権利を有する株式間でも、付与される議決権の量を柔軟に設定することが可能となった。[184]したがって、ここで述べたような議決権の配分は、現行法では、株主平等原則に違反するものではないとの主張がなされる。[185]

これに対して、このようなA種株式とB種株式の状態は、一株一議決権原則に抵触する可能性があるとの指摘もなされている。[186]まず、既存の普通株式より著しく低額で議決権付きの配当に関する種類株式が発行される場合には、有利発行規制の適用が主張される。[187]さらに、一株一議決権原則に抵触する事態を解消するために、配当に関する種類株式を議決権制限株式とする、もしくは種類株主総会の承認事項を設定することが必要であるとの指摘もなされることがあるのである。[188]

ここで指摘された問題は、いい換えれば利益配当ないし残余財産分配に関して差異のある株式に同様の議決権を与えることが、いわば、会社に対してわずかな資本しか拠出していないにもかかわらず支配権を獲得することができるという弊害をもたらすということである。この問題は、日本法が無議決権優先株式しか認めていなかったころから存在していた。[189]そして、平成一三年・一四年商法改正が、資本出資と議決権の比例関係からの逸脱を著しく容易にしたことで、この問題はより切実なものとなったのである。先に述べたように、現行法では事実上、複数議決権株式の採用も可能になっている。(190) このような状況に対する対処の必要性の有無、対処の方法を明らかにするためには、まず、議決権配分と投資家保護・企業統治の関係について検討することは避けられないものと考えられる。(191)

第二に、株式譲渡制限の有無によって、許される支配権配分の範囲を区別することについて疑念が呈示されている。平成一三年・一四年改正商法のもとでも、取締役又は監査役に関する種類投票の定めは株式譲渡制限会社にしか許されていない。(192) しかし、種類投票の定めを株式譲渡制限会社以外にも広げるべきとの有力な主張も存在する。(193) 種類投票の採用を限定的に認める根拠は、株式譲渡制限会社以外の会社では、特別の合理的根拠もなしに一部の株主で取締役を選任してしまうというような濫用の恐れがあること、一般投資家に不測の不利益を生じさせる恐れがあることであった。(194) しかし、種類投票によって選任された取締役又は監査役は会社・株主全体に対して義務を負うことを明確にしたり、選任母体以外の種類株主による解任の訴えの可能性を保障するなど、種類投票から生じうる問題に個別に対処することは不可能ではない。それにもかかわらず種類投票の採用を制限することは、いかにして正当化できるのであろうか。確かに、取締役の一定数を種類株主総会で選任できる株式は、誰が取得するかで会社の運営に大きな影響を与えることが考えられ、誰が株主になるかという点について会社の意思が反映される株式譲渡制限会社に限定してこれを認めることには、法制的にも合理性があるとの指摘もなされている。(195) しかし、誰が株主になるかで会社の運営に大きな影響が生じることは議決権が付与された株式全般に当てはまるのであり、このような主張も、上場企業と非上場企業とで規制を区別する十分な根拠とはならないように思われるのである。この問題に対しては、株式譲渡制限が存在しない会社、特に、上場企業における議決権の配分と取締役選任過程の関係を明らかにしなければ答えることはできないように思われる。ここでは、特に、上場企業に特有の規制原理の内容を明らかにしなければならない。

第三款　日本法の現状とその評価

株主間の議決権配分を規制する制度としての一株一議決権原則は政策的なものにすぎないとの意見は古くから存在した。しかし、政策的なものであるから、他の政策的な理由によって一株一議決権原則が放棄されてもよいということには当然にはならない。一株一議決権原則の緩和のためには、一株一議決権原則の背後にある政策的な理由の解明、そして、他の政策的な理由のために、それを放棄することが妥当であるか、現在の日本の状況に即した検討が必要であろう。特に、昭和一三年商法改正によって無議決権株式を発行することが認められたにもかかわらず、その利用が必ずしも活発ではなかったことは注目されるべきである。もちろん、株式会社を支配するために必要な資本を節約するための手段として、無議決権株式を利用する必要がなかったという事情が日本に存在していたのかもしれない。(196)しかし、支配資本を節約する手段として最も確実な無議決権株式が使われなかったという事実は、日本の経済社会、特に証券市場において、一株一議決権原則に対する何らかの信頼が置かれていたという証拠とはならないのであろうか。平成一三年・一四年商法改正によって生じた新たな問題に適切な解答を与えるためには、ほぼ半世紀にわたり維持されてきた一株一議決権原則を支える理由の解明が必要であろう。さらに、その理由が本当に政策的なものに限定されるのかどうか、といった根本的な問題の解明も必要である。

先に述べたように、実務において一株一議決権原則が確立したのは以下のように説明することができる。明治初期の「会社」の状況、すなわち、一株につき一個の議決権が付与されるとしながら、何らかの方法で大株主の議決権を制限する方法が広く採用されていたことに対しては、以下のような説明がなされていた。(197)資金提供の主体は、投資家としての知識も経験も必ずしも豊富ではなかった商人資本、華族や士族であったこと、証券市場が未成熟であったこと、当初から大規模な「会社」の設立も多く、個々の投資家は分散投資するしかなかったことなどである。つまり、「会社」が資金調達の手段として機能するためには、議決権配分を通じて、出資者間の協調を担保する必要があったのである。これは大株主となる上位投資家層にとってのみ意味があるわけでなく、上位投資家層の協調が下位投資下層の投資の呼び水となったともいえるかもしれない。しかし、証券市場の発展は株式の流動性を増加させるとともに、投資商品（投機の対象）としての株式の魅力を高めることになった。また、統一的・一元的な経営体制を確立するために企業家株主・機能的株主間で競争が起こった。投資家層の裾野が広がり、投資の呼び水として、出資者間の協調を重視する必要がなくなったこと、会社の統一的・一元的な支配権を求める企業者株主の要求が強まったことが、自然と、一株一議決権原則への収斂という結果を生み出したと考えられる。以上の分析は、大株主の議決権を制限することから一株一議決権原則への収斂に影響を与えたと考えるいくつかの要素を抽出したにすぎない。これらの要素と一株一議決権原則の関係を理論的に説明するには、一株一議決権原則自体の意味をより深く分析することが必要である。

議決権・支配権の配分を大幅に柔軟化した平成一三年・一四年改正は、ベンチャー企業などの閉鎖会社を念頭に置いたものであった。しかし、制度は一部を除いてすべての会社に適用がある。(198) しかし、ベンチャー企業と上場会社とでは、議決権・支配権配分の柔軟化に対する需要、株主の特徴、経済政策上の位置づけ等の点で大きな差異があることは明らかであろう。すべての株式会社を対象とした議決権配分の柔軟化が正当であるか否かについては、少なくとも以下の点が検討されるべきである。即ち、これまで議決権配分を規制する原理として位置づけられてきた一株一議決権原則と議決権配分の柔軟化を基礎づける双方の政策的理由の比較検討である。しかし、「株価近似の要請」との関連で指摘したように、そもそも一株一議決原則の意味自体について、学説が十分な議論を尽くしてきたとは言い切れないように思われる。一株一議決権原則の意味、それが株式会社法においてどのような役割を担っていたのか検討される必要がある。

（1）　豊崎光衛「議決権なき株式（二・完）」法協五六巻一号一一九頁（一九三八年）、河本一郎『新版注釈会社法第二巻』一二一―一三頁（一九八五年・有斐閣）、鈴木隆元「アメリカにおける一株一議決権原則（二・完）」法学論叢一三一巻四号八四頁（一九九二年）など参照。

（2）　加藤修「複数議決権株式」法学研究六六巻一号八一頁（一九九三年）、荒谷裕子「フランスにおける複数議決権制度」酒巻俊雄還暦記念『公開会社と閉鎖会社の法理』三〇頁（一九九二年・商事法務研究会）、菱田政宏「複数議決権株（一）」法学論集一八巻六号五一七、五二三頁（一九六九年）等参照。ドイツでは、一八九七年商法が複数議決権株式の発行を認めていた。しかし、第一次世界大戦前はあまり利用されなかった。その理由の一つとして、ドイツの各株式取引所の上場審査局が複数議決権株式の上場を拒んだことが指摘されている。菱田・前掲五一九頁（注3）参照。これに対し、第一次世界大戦後のインフレーション期、外資系資本に対する防衛策としての複数議決権株式に対して、株式取引所は当初は寛大であった。しかし、外資による内国資本の買収の危険の減少などを受けて、その態度は厳しくなっていた。たとえば、普通株式の上場承認または上場継続の条件として、複数議決権株式の有する議決権の数を一定数以下にすることなどが要求されていたようである。菱田・前掲五二一頁（注17）。

（3）　後述のようにドイツでは、一九九八年に制定されたKonTraGによって既存のものを含めて複数議決権は完全に禁止された。ただし、改正前の一九六五年株式法のもとでは、「優越的な全体経済上の利益」があると省庁（各州の経済について管轄権を持つ最高官庁）が判断した場合にのみ複数議決権の採用が認められていた。実際には、エネルギー関連企業に参加する地方公共団体やその他の公的団体の、エネルギー経済上の利害保持のために複数議決権の採用が認められていた。加藤・前掲注（2）八三―八四頁。ドイツの一株一議決権原則に関する規制の変遷については、第三章で詳しく検討する。

（4）　殖産興業政策の内容としては、①近代的生産技術の導入と移植、②近代的企業の発達に必要な資金供給体制の確立、③経済活動を担当する企業の担い手である経営者の育成、④労働者の育成を挙げることができる。会社制度の普及は、政府資金の導入、通貨・金融制度の近代化とともに、②に含まれる。三和良一『概説日本経済史近 現代［第二版］』四三頁（二〇〇二年・東京大学出版会）参照。

（5）　資本という用語は多義的であるが、利潤を生み出すために用いられる価値物としてそれを定義した場合、産業資本は以下のように説明されている。すなわち、貨幣で設備・機械・原材料などを購入し、労働者を雇用して製品を製造・販売して利潤を得る方法が産業資本であり、産業資本を所有するのが産業資本家である。三和・前掲注（4）一一頁、金森久雄＝荒憲治郎＝森口新司『経済学事典［第三版］』四六三頁（一九九八年・有斐閣）参照。

（6）　「会社」という言葉自体は、明治維新以前に、福沢諭吉の『西洋事情（初編）』によって初めて用いられたとされる。野田良之「会社という言葉について」鈴木竹雄先生古稀記念『現代商法学の課題』六九六頁（一九七五年・有斐閣）。また、幕末期に、主に貿易における利益の獲得を目指して兵庫商社、薩州商社、亀山社中など、「会社」制度が利用されたのも事実である。浜田道代「「会社」との出会い――幕末から明治初期」北沢正啓先生古稀祝賀記念論文集『日本会社立法の歴史的展開』五一一一頁（一九九九年・商事法務研究会）。ただし、これらの「会社」は社会的資金を集中するための道具というよりは、貿易活動を統制するという側面が強いように思われる。また、明治時代に入ってから、政府の通商司の指揮下のもと為替会社と通商会社の設立・指導が行われた。浜田・前掲一四頁参照。為替会社と通商会社をもって日本最初の株式会社とする見解もある。菅野和太郎『日本会社企業発生史の研究』一一〇頁（一九三一年・岩波書店）参照。しかし、為替会社と通商会社は、事業内容が金融・商業といった流通部門に限定されていた特権的企業であった。また、藩主導の経済体制に楔を打ち込むという特殊な「会社」であった。浜田・前掲一六頁、新保博『日本近代信用制度成立史論』二九頁（一九六八年・有斐閣）参照。これらの「会社」は、社会的資金を集中するという、資本主義社会の株式会社に求められる役割とは異なった役割を果たしていた会社であると評価できる。したがって、本稿では為替会社・通商会社などは直接の研究対象とはせず、殖産興業政策の下で一般的な事業活動を行うために設立される「会社」の分析を研究の始点とした。

（7）　ここで、本節で用いる「会社」という用語を定義しておくことにする。当時の「会社」制度に期待された役割は、社会的資金の集中であるから、複数人から資金を募って事業を行う共同事業の形態を広く指すものとして「会社」の用語を用いることにする。単に、会社という用語を用いる場合は、明治二三年旧商法の施行以後、法律に基づいて設立された会社を指すものとする。

(8) 向井健「明治八年・内務省『会社条例』草案」法学研究四四巻九号八〇頁以下（一九七一年）、向井健「明治一四年『会社条例』草案とその周辺」法学研究四四巻二号七九頁以下（一九七一年）参照。

(9) 三枝一雄『明治商法の成立と変遷』四九―五二頁（一九九二年・三省堂）、福島正夫『日本資本主義の発達と私法』二五五―二五六頁（一九八八年・東京大学出版会）、利谷信義＝水林彪「近代日本における会社法の形成」高柳信一＝藤田勇編『資本主義法の形成と展開3 企業と営業の自由』八八頁（一九七三年・東京大学出版会）参照。

(10) 福島・前掲注（9）二五二頁、利谷＝水林・前掲注（9）四頁参照。政府がこのような方策をとった要因は、以前、為替会社・通商会社の設立にあたり、威圧的な方法をとったことがかえって悪影響をもたらしたことにあるとの指摘がある。浜田・前掲注（6）二九頁参照。

(11) 『會社辨』と『立會略則』は、明治文化研究会編『明治文化全集 第一二巻経済編』九三頁以下、一一一頁以下にそれぞれ掲載されている。ただし、本稿の研究対象との関係でいえば、両文献に株主間の議決権配分に関する規定はない。

(12) 明治四年一一年二七日太政官達(第六二二号)県治条例。同条例は、明治八年一一月三〇日太政官達第二〇三号によって代わられるが、地方官と主務省との関係は同じである。主務省については、当初は通商司の権限を引き継いだ大蔵省にあったが、その後、内務省、大蔵省、農商務省へと転々とし、明治九年には工部省が一定の事業について主務省となったことで農商務省と並立することになった。利谷＝水林・前掲注（9）二一頁、福島・前掲注（9）二五四―二五五頁参照。

(13) 利谷＝水林・前掲注（9）五五―五六頁参照。

(14) 利谷＝水林・前掲注（9）六八―六九頁。特に、当時の「会社」の出資者が無限責任を負うのか、有限責任を負うのかが明確でなかったため、会社債権者、株主が損害を被った事例が多く報告されている。三枝・前掲注（9）四七―四八頁。設立規制の自由化は、短期的にはともかく、中期的には決して会社奨励政策の意味を持ったとはいえなかったのである。高村直助『会社の誕生』五三―五四頁（一九九六年・吉川弘文館）参照。

(15) 三枝・前掲注（9）四六―四七頁、福島・前掲注（9）二五二頁参照。このほかに日本銀行条例（明治一五年六月二七日太政官布告第三二号）によって設立された日本銀行、横浜正金銀行条例（明治二〇年七月六日勅令第二九号）によって法的根拠を与えられた横浜正金銀行を挙げることができる。利谷＝水林・前掲注（9）五七―五八頁参照。

(16) 利谷＝水林・前掲注（9）五八頁参照。具体的には、日本鉄道会社、日本郵船会社などである。

(17) 伊牟田敏充「明治期における株主の議決権」大阪市立大学経済学雑誌六二巻六号七九―八〇頁（一九七〇年）参照。明治五年夏頃までは、「会社」の定款・申合規則にも、会社知識解説書にも、株主総会や出資者＝株主の議決権についての規定と説明は存在しない。政府にとっても、設立計画者にとっても重要なのは資金の集中であって、会社の民主的運営ではなかったとの指摘がある。伊牟田・前掲八〇頁参照。

(18) 明治五年国立銀行条例五条九項。

(19) 明治五年国立銀行条例五条一項。

(20) 明治九年国立銀行成規六条定款雛形二四条。

(21) 小山賢一「日米の国立銀行条例」大阪経大論集一二一＝一二二号二二五頁（一九七八年）参照。

(22) その他にも、明治維新とともに華士族に与えられた俸禄を政府に対する債権である金銭公債と交換する、いわゆる秩禄処分との関係も指摘されている。この公債を国立銀行資本に転嫁することが想定されており、その結果、士族の零細株主が増加するので、政府は大株主の権利の濫用を抑制する必要を感じていたと説明される。伊牟田・前掲注(17) 八六頁参照。秩禄処分と明治九年国立銀行条例改正との関係について、浜田・前掲注（6）一一四―一一五頁を参照。

(23) 浜田・前掲注（6）三五頁、利谷＝水林・前掲注（9）一九頁、福島・前掲注（9）二五二頁など参照。

(24) 伊牟田・前掲注（17）八五頁参照。株式取引所条例については、明治一一年五月に、それまでの一株一議決権原則から大株主の議決権を制限するものへと改正が行われた。

(25) 明治一八年制定の日本郵船会社の定款四四条は、「株主総会ニ於テ投票ヲ為スニ当リ、其所有数十株ニ付一個ノ投票権ヲ有ス、十一株以上二十株迄ハ毎十株ニ一個、二十一株以上百株迄ハ毎二十株ニ一個、百一株以上千株迄ハ毎五十株ニ一個、千一株以上五千株迄ハ毎百株ニ一個、五千一株以上総テ毎二百株ニ一個ヲ増加シ、一人ニシテ百個ヲ極度トシ、其余ハ投票ノ権ナキモノトス、但代理ヲ受タル株数ハ其人所有ノ株数ニ通算シテ本文ノ例ニ拠ルベシ」と定めていた。明治一四年制定の日本鉄道会社の定款四三条は、「総会ニ於テ発言投票ノ権ハ其株主所有ノ株数百株毎ニ一ノ投票権アル者トス、然レドモ一人ニシテ二十五名以上ノ投票権ヲ有スル許サズ　但代理ヲ受ケタル者ト雖トモ本文ノ例ニ拠ル」と定めていた。渋沢青淵記念財団竜門社編『渋沢栄一伝記資料 第八巻』一三五頁、五六九頁（一九五六年・渋沢栄一伝記資料刊行会）参照。

(26)　伊牟田・前掲注（17）九〇―九一頁。

(27)　伊牟田・前掲注（17）一〇一頁参照。

(28)　伊牟田敏充「明治中期会社企業の構造」社会経済史学三五巻二号一六〇頁（一九六九年）参照。

(29)　福島・前掲注（9）二四九頁参照。ここでいう商業高利貸資本とは、いわゆる利子生み資本と商人資本の双方を指す用語として用いられている。利子生み資本とは、貨幣を貸して利子を取ることで利潤を獲得する資本である。商人資本とは、貨幣で商品を購入して、それを仕入れ値段より高く販売して利潤を獲得する資本である。三和・前掲注（4）一一頁参照。この両者は、産業資本が生産過程で生み出した剰余価値の分配に預かる派生的な資本の形態である。金森＝荒＝森口・前掲注（5）四六三頁。産業資本の発展は利子生み資本と商人資本の発展にもつながるが、利子生み資本と商人資本が発展しようとも、産業資本の発展には限界があるということである。

(30)　旧華族・旧士族の家禄を公債に転換する秩禄処分は、旧華族・旧士族を金融資産の保有者に転化させた。特に、旧大名・上級公卿などの華族層の金融資産は多額にのぼり、工業化のための資本として機能することになった。三和・前掲注（4）四〇頁。

(31)　伊牟田敏充「明治期における株式会社の発展と株主層の形成」大阪市立大学経済研究所編『明治期の経済発展と経済主体』一〇二頁（一九六八年・日本評論社）。

(32)　神山恒夫「財政政策と金融構造」石井寛治＝原朗＝武田晴人編『日本経済史 第二巻産業革命期』六一―六二頁（二〇〇〇年・東京大学出版会）。

(33)　石井寛治「金融構造」大石嘉一郎編『日本産業革命の研究 上巻』一一三頁（一九七五年・東京大学出版会）参照。

(34)　石井・前掲注（33）八一頁、石井寛治『近代日本金融史序説』五〇一頁（一九九九年・東京大学出版会）、神山・前掲注（32）六九頁、三和・前掲注（4）五六頁等参照。

(35)　一方、「会社」に対する資金の供給者としての金融機関の重要性は、明治一九年から明治二二年にかけて訪れた企業勃興期における金融業部門の資本金（日本銀行、横浜正金銀行などの事実上の政府機関から農村高利貸が会社形態の衣をまとったにすぎない銀行類似会社まで様々なものが含まれる）と、綿紡績業と鉱山業を中心とする鉱工業部門と鉄道業に代表される運輸業部門の会社資本金を比較することから自ずと明らかになる。つまり、明治一九年の段階で、金融業部門の資本金の合計は約八、五〇〇万円、鉱工業部門の資本金の合計は約八〇〇万円、運輸業部門の資本金の合計は約二、五〇〇万円であった。企業勃興期を経た明治二二年になって、金融業部門の資本金の合計は約九、五〇〇万円、鉱工業部門の資本金の合計は約八、〇〇〇万円、運輸業部門の合計は約一億円となったのである。日本では、産業資本確立過程を特徴づけるものとして金融業部門の発展の先行性と優越性が存在したのである。石井・前掲注（33）七九―八〇頁参照。

(36)　前注（14）参照。

(37)　実際に、大株主に対する危険な融資によって、国立銀行が経営危機に陥ることもあった。

(38)　伊牟田・前掲注（17）一〇二―一〇四頁、高村・前掲注（14）六四頁参照。

(39)　石井・前掲注（34）五〇三頁参照。

(40)　石井・前掲注（34）五一五―五一六頁参照。

(41)　伊牟田敏充「企業勃興期における社会的資金の集中――『大阪朝日新聞』所載、株主募集広告の分析――」高橋幸八郎編『日本近代化の研究 上』七〇頁（一九七二年・東京大学出版会）には、以下のような指摘がある。「仮説的にいうならば、当時の社会的資金集中における支配的なメカニズムは、およそ次のように考えることができるのであるまいか。有力財界人を発起人に多く並べ、これらの資本系列は異なっても発起人グループとしては一体化した、それぞれ資産と名望を有する財界人を起点とした血縁的・地縁的・同業者仲間的連鎖を通じて賛成人や株式応募者がたぐり寄せられるという、いわば共同体的なフレームワークのもとに遊休資金が会社に出資されるというメカニズムである。このような有形無形の共同体的資金連鎖構造を欠如したままでは、無名の発起人が当時唯一の広域情報伝達手段であった新聞広告を通じて潜在的投資家層の動員を図ったとしても、成功する確率は低かったのではないだろうか」。

(42)　伊牟田・前掲注（17）六五頁。

(43)　明治二六年に一部修正の上施行された明治二三年旧商法の二〇四条は、「株主ノ議決権ハ一株毎ニ一箇タルヲ通例トス然レトモ十一株以上ヲ有スル株主ノ議決権ハ定款ヲ以テ其制限ヲ立ツルコトヲ得」と規定していた。明治三二年商法一六二条の実質的な内容は、明治二三年旧商法二〇四条と同じく、「各株主ハ一株ニ付キ一個ノ議決権ヲ有ス但十一株以上ヲ有スル株主ノ議決権ハ定款ヲ以テ之ヲ制限スルコトヲ得」と規定していた。明治二三年旧商法二〇四条では、「一株毎ニ一箇タルヲ通例トス」となっていたのが、明治三二年商法一六二条で「一株ニ付キ一個ノ議決権ヲ有ス」と修正されたのは、旧商法の文言では、一株につき一個の議決権を与えるのではなく、一議決権を一株ではなく、一〇株といった株式数に従って付与することが可能と解される恐れがあったからと説明されている。『商法修正案理由書』一四四頁（一八九八年・東京博文館）。なお、商法修正案理由書は、起草委員の校閲を経たものではなく、公式の理由書ではない。しかし、その執筆者は起草委員補助（会社の部分は志田鉀太郎）が執筆したものである。志田鉀太郎『日本商法典の編纂と其改正』八九頁（一九三三年・明治大学出版部）。

(44)　明治二三年旧商法施行前に設立された株式会社については、商法施行法六一条により、株主の議決権の制限が旧商法一六二条の規定に反する場合でも、定款の定めに従うことが認められた。ただし、旧商法施行後に定款変更によって制限の内容を変更する場合には、商法の規定に従う必要があった。竹田省「株主ノ議決権」京都法学会雑誌七巻九号一三二七頁（一九一二年）、志田鉀太郎『商法論巻之』二五七六―五七七頁（一九〇〇年・有斐閣）参照。

(45)　草案二四四条は、「参決権ハ一株ニ付キ一口ヲ通例ト為ス但シ十株以上ヲ有スル株主ノ参決権ハ申合規則中ニ於テ制限スルコトヲ得ヘシ」と規定する。ロエスレル草案は明治二三年旧商法の基盤となったが、明治二三年商法の起草にあたっては相当の変容が加えられたようである。伊藤紀彦「近代的会社法の出発――レースラー商法草案と明治二三年商法――」北沢正啓先生古稀祝賀記念論文集『日本会社立法の歴史的展開』四六頁（一九九九年・商事法務研究会）。ただし、草案二四四条については、議決権を制限することができる株式数の下限が、明治二三年旧商法では「十株」から「十一株」へと修正されたにすぎない。

(46)　ロエスレル・商法草案上巻四一九頁（一八八四年・司法省）参照。

(47)　利谷＝水林・前掲注（9）一〇六頁参照。

(48)　一八六七年フランス会社法二七条一項は、株主が行使する議決権数は、各株主が所有する株式数に基づき定款をもってこれを定めると規定していた。この規定のもとでは、一株一議決権原則を採用することも、大株主の議決権を制限することも、個々の株式会社に委ねられていた。鳥山恭一「フランス会社法における資本多数決原則の形成と展開——一株一議決権原則の再検討——」早法五九巻一＝二＝三号一九六頁（一九八四年）参照。一方、ドイツの一八六一年ADHGBの二二四条第二項は、定款で別に定めない限り、一株につき一議決権が付与されると規定していた。この規定のもとで、大株主の議決権を制限することなどが広く行われていた。Vgl.,Martina Zeißig, Mitgliedschaft und Stimmrechtsmacht in der Aktiengesellschaft - eine Untersuchung zu Höchststimmrechten und Mehrstimmrechten, S. 42-43 (Freien Universitaet, Berlin, 1996).

(49)　伊牟田・前掲注（17）六七頁、高村・前掲注（14）六三—六四頁参照。

(50)　岸本辰雄『商法正義第二巻』四八五頁（一八九〇年・新法注釈会）、梅謙次郎『改正商法〔明治二六年〕講義（会社法・手形法・破産法）』『日本立法資料全集別巻一八〔復刻版〕』四七五頁（一九九七年・信山社）参照。明治三二年商法の起草者である岡野敬次郎も同趣旨の見解を述べている。「法典調査会第三十二回商法委員会議事録要録」法務大臣官房司法法制調査部監修『日本近代立法資料叢書一九巻』一七八頁（一九八五年・商事法務研究会）参照。明治二三年旧商法と明治三二年商法の他の起草者については、志田・前掲注（43）四〇頁注（二二）、八六頁参照。

(51)　梅・前掲注（50）四七五頁参照。岸本辰雄も、一株一議決権原則に従った場合には、所有する株式数が多い特定の株主が、常に株主総会の意見を左右することになって他の株主は「大ナル迷惑」を蒙ること、当時の日本の状況から判断すると、株式の過半数を所有する株主が数多く存在したことなどを根拠に、定款による議決権の制限を説明する。岸本注・前掲注（50）四八六頁参照。また、岸本辰雄も、定款による大株主の議決権の制限が「会社ノ利益」になるとも指摘しており、梅謙次郎と同じく、会社が多くの資金を集中するためには定款による議決権制限が必要であったと考えていたと評価できるのかもしれない。

(52)　梅謙次郎の説明から明確とはいえないが、そこでは実際に大株主が権利を濫用するか否かではなく、濫用の可能性を認識して小株主が会社に出資しなくなることが問題視されているようである。

(53)　志田・前掲注（44）五七五頁参照。

(54)　これに対して、会社の設立規制、責任財産に関する規定については、法典編纂の各過程で大きな変更が加えられることになった。利谷＝水林・前掲注（9）一一三―一二一頁参照。

(55) 以下の記述は、伊牟田・前掲注（17）六八―七〇頁以下に多くを負っている。なお、伊牟田敏充が分析の対象としたのは、各種「社史」類、『大阪市史編纂資料』（大阪市立大学図書館所蔵）、『東京都公文書館所蔵文書』、『渋沢栄一伝記資料』等に含まれている二七一件の定款・申合規則中の議決権規定である。ただし、国立銀行については国立銀行条例・国立銀行成規という(国立銀行にとっての)一般法に従って定款が作成されたので分析対象には含まれていない。明治二三年旧商法が施行された明治二六年末の会社数（旧商法が想定する会社以外の会社企業も含む）は約四、〇〇〇である。伊牟田・前掲注（31）一二一頁表Ⅱ―20参照。したがって、二七一件の定款・申合規則が網羅的とはいえない。しかし、東京・大阪の主要な会社は研究対象として含まれているので、伊牟田敏充は、およその傾向を把握することはできると説明する。伊牟田・前掲注（17）五七頁注（1）参照。たとえば、王子製紙、平野紡績、京都織物、大阪釜業、小野田セメント、大阪セメント、東京電灯、大阪商船、日本郵船、東京海上、明治生命、日本生命などが分析対象に含まれている。

(56) 一株一議決権原則に従う定款は五・九％にすぎない。伊牟田・前掲注（17）六八頁参照。

(57) 一株一議決権原則に従う定款は二〇・五％に増加している。伊牟田・前掲注（17）六八―七〇頁参照。

(58) 明治二三年恐慌は株式の分割払込制と密接な関係がある。当時の「株式会社」は、設立時に株式の一部払込みで発足し、その後、未払込分の追加払込みを行う資金調達方式をとっていた。松方デフレ後の企業設立ブームが起こってほどなく、追加払込みのための資金需要が急増した。しかし、株主が追加払込みのための資金を調達することは金融市場の状況からいって困難だったのである。株主は一部払込みの株式を担保に入れて銀行から融資を受け、それを払込資金に充てるのが通常であった。しかし、資金需要の規模は銀行の資金供給力からして過大であったのである。神山・前掲注（32）六九頁、三和・前掲注（4）五五―五六頁参照。

(59) 一株一議決権原則に従う定款が三一・三％に増加するが、何らかの形で大株主の議決権を制限する定款規定を採用するものは合計すると五六・三％であった。伊牟田・前掲注（17）七〇頁参照

(60) 一株一議決権原則に従う定款が六一・二％に増加する。伊牟田・前掲注（17）七〇頁参照

(61) 一株一議決権原則に従う定款の割合はさらに増えて、七六・五％に増加する一方で、大株主の議決権を制限する定款の割合は二〇・六％に減少している。伊牟田・前掲注（17）七〇頁参照。

(62)　『東京海上八〇年史』六一九頁（一九六四年・東京海上火災保険株式会社）参照。

(63)　そのほかに、大阪商船会社の定款も同じような経緯をたどり、一株一議決権原則へと至っている。原始定款（明治一五年制定）六二条は、「株主ハ其所有ノ株数五株ニ付キ一個ノ投票及ヒ発言ノ権利ヲ有ス　但五株以上百株迄ハ五株毎ニ一個ヲ増シ百一株以上ハ十株毎ニ一個ヲ増ス五百株ニ至レハ其以上之ヲ増加スルコトナカルヘシ」と規定していた。明治一六年の改正は株主の議決権に関する規定を対象としたが、大株主の議決権を制限する内容であることに変更はない。そして、明治二六年に改正された定款二四条は単に「株主ノ議決権ハ一株毎ニ一個トス」と規定するのみに至ったのである。岡田俊雄編集『大阪商船株式会社八〇年史』六九六、七〇一頁（一九六六年・大阪商船三井船舶）参照。

(64)　伊牟田・前掲注（17）七三―七四頁参照。たとえば、東京電灯会社は明治二六年の旧商法施行をきっかけになされた定款変更で大株主の議決権制限を緩和している。原始定款（昭和一五年）一二条は、「株主ハ其総会ニ於テ一株毎ニ一個ノ発言投票ヲ為スノ権アリトス然レモ其所持ノ株数拾個以上百個迄ハ五株毎ニ一個ヲ増加シ百一株以上ハ十株毎ニ一個宛ヲ増加スヘシ」と規定する。明治二六年改正後の定款四五条は、「総会ニ於テ株主ノ議決権ハ壱株ヲ壱個トシ拾株以上ハ五株毎ニ各壱個ヲ加ウ」と規定している。

(65)　伊牟田敏充は、明治二六年の旧商法施行が一株一議決権原則への流れを決定づけたと指摘している。伊牟田・前掲注（17）七一―七二頁参照。

(66)　大阪商船（現在の商船三井）、東京人造肥料（現在の日産化学）、尼崎紡績（現在のユニチカ）の株主構成の変遷を分析した先行研究では、設立当初における上位株主の均等額による出資とその後の特定株主への株式集中の傾向が指摘されている。伊牟田・前掲注（31）一七三―一八六頁参照。

(67)　野田正穂『日本証券市場成立史――明治期の鉄道と株式会社金融――』一九六頁、一九六頁（注2）（一九八〇年・有斐閣）、高村直助「紡績業と金融――大紡績会社の場合――」地方金融史研究創刊号四五頁第二表（一九六八年）、伊牟田・前掲注（28）一七七―一七八頁参照。

(68)　日本銀行統計局・明治以降本邦主要経済統計（一九六六年・日本銀行統計局）によると、大正一〇年（一九二一年）上期の産業会社六一社の自己資本比率は七三・七％であるのに対して、昭和五年（一九三〇年）上期の産業会社七五社の自己資本比率は五五・五％であった。野田・前掲注（67）一九七頁注三参照。

（69）佐藤政則「コラム：一九八〇年代の金融構造をめぐって」石井寛治＝原朗＝武田晴人編『日本経済史 第二巻産業革命期』一一二—一一三頁（二〇〇〇年・東京大学出版会）参照。

（70）倉澤康一郎『新版注釈会社法第七巻』一六四頁（一九八七年・有斐閣）、米山毅一郎「株主の新株引受権」倉澤康一郎＝奥島孝康編『昭和商法学史』四一七頁（一九九六年・日本評論社）参照。

（71）伊牟田・前掲（31）一〇二—一〇七頁参照。

（72）明治三二年商法一六三条、一六四条四項参照。

（73）投資家のリスク許容度との関係では、日本銀行→民間金融機関→株主・株式会社という資金供給の流れが確立したことも指摘することが適切かもしれない。明治一九年（一八八六年）頃からの企業勃興期を中断させた明治二三年（一八九〇年）恐慌の原因は、民間金融機関の資金供給力が過小であったために、株主が、払込分の追加払込資金を、株式担保金融によって調達することができなかったことが原因であった。それを受けて、日本銀行は、明治二三年（一八九〇年）から、民間金融機関が事業活動を営む株式会社に資金を供給することをバックアップするために、担保品付手形割引制度を設けて、株式（主として鉄道株）を担保とする手形割引による資金供給を開始し、金融逼迫を緩和させる措置をとったのである。三和・前掲注（4）五五—五七頁、神山・前掲注（32）六〇頁参照。

（74）伊牟田・前掲注（17）一〇四—一〇五頁。

（75）伊牟田・前掲注（17）一〇一頁参照。

（76）伊牟田・前掲注（17）一〇六頁参照。さらに、伊牟田は一株一議決権原則の確立を資本の論理の貫徹の結果として、肯定的に評価しているように見える。

（77）大株主の議決権制限は、上位株主間の協調を可能にするとともに、中小株主の出資の呼び水となっていた、少なくとも、政府はそう考えていたことについては前述した。

（78）昭和一三年改正後、株主間の議決権配分について定める二四一条一項は以下のような内容であった。「各株主ハ一株ニ付一個ノ議決権ヲ有ス但シ定款ヲ以テ十一株以上ヲ有スル株主ノ議決権ヲ制限シ又ハ株式ノ譲受ヲ株主名簿ニ記載シタル後六月ヲ超エザル株主ニ議決権ナキモノトスルコトヲ得」改正後の二四一条一項は、単に「各株主ハ一株ニ付一個ノ議決権ヲ有ス」と規定するのみである。

(79)　鈴木竹雄＝石井照久『改正株式会社法解説』二二頁（一九五〇年・日本評論社）、大隅健一郎＝大森忠夫『逐条改正会社法解説』二一三頁（一九五一年・有斐閣）、田中誠二『確定改正会社法解説』一〇四頁（一九五一年・千倉書房）参照。

(80)　矢沢惇「株主の地位の強化」『株式会社法改正の諸問題』一〇九頁（一九四九年・法曹会）参照。

(81)　鈴木＝石井・前掲注(79)一二一頁、大隅＝大森・前掲注(79)二一三頁参照。総会荒しを防止する手段として、定款で名義書換後の期間が短い株主の議決権を剥奪する制度を廃止したことも同趣旨と説明されている。矢沢惇も、株主の地位の強化の一環として大株主の議決権の制限、名義書換後の期間が短い株主の議決権の剥奪の制度の廃止を説明する。しかし、後者の点については、会社荒しの防止と株主の地位の強化を両立させることの困難さを指摘している。矢沢・前掲注(80)一〇九頁参照。

(82)　鈴木＝石井・前掲注(79)一二一頁、大隅＝大森・前掲注(79)二一三頁、矢沢・前掲注(80)一〇九頁参照。

(83)　ここでいう「会社構造の民主化」とは、株主の地位の強化、つまりは少数株主の地位の強化・保護を意味するものであった。株主の地位の強化が必要となったのは、直接的には政治的な根拠から説明されている。つまり、日本の民主化を実現する手段として、「生産及び商業手段の所有及び所得を廣範囲に分散させる政策」（米国の初期の対日方針）が支持され、具体的には、財閥解体や集中排除その他再建整備にあたってもこの方針が貫かれていることである。その結果、株式の大衆保有が促進されることになったが、そのためには、このような分散した個々の株主の地位を経営者に対して強化することは当然に必要となるのである。矢沢・前掲注(80)九九頁、西脇敏男「株主の議決権」戸田修三先生古稀記念図書刊行委員会編『戦後株式会社法改正の動向』一一〇―一一一頁（一九九三年・青林書院）参照。

(84)　「株主の地位の強化」という立法目的は、日本側の起草者から自生的に発生したのではなく、GHQとの協議の中で、GHQによって要求された結果、改正作業に反映されたものであった。日本側の起草者の改正の重点は、昭和二三年改正によって廃止した株式分割払込制にかわる資金調達の手段として、授権資本制度と無額面株式を採用することにあったからである。中東正文・編著『商法改正［昭和二五年・二六年］GHQ／SCAP文書 日本立法資料全集本巻九一』一九―二七頁（二〇〇三年・信山社）参照。株主の地位の強化を要求するGHQに対しては、それが会社荒しを利することになるのではないかとの懸念が持たれていたようである。鈴木竹雄＝竹内昭夫『商法とともに歩む』一六二頁（一九七七年・商事法務研究会）参照。

(85)　同じことは無議決権株式を発行する場合のみならず、利益配当、残余財産分配に関する議決権付きの優先株式を発行する場合にもあてはまる。より一般的にいえば、会社が複数の種類の株式を発行する場合、種類株式ごとに一議決権を得るために必要な条件が異なることになってくるのである。この状態が望ましいか否かは一株一議決権原則の内容をどのように理解するかにかかわってくるように思われる。この問題については、次款で検討する。

(86)　昭和一三年改正後の商法二四二条は以下のように定める。「(一項) 会社ガ数種ノ株式ヲ発行スル場合ニ於テハ定款ヲ以テ其ノ或種類ノ株式ニ付株主ニ議決権ナキモノトスルコトヲ得此ノ場合ニ於テハ定款ヲ以テ其ノ種類ノ株式ヲ有スル株主ニ第百九十七条第一項、第二百三十七条第一項第二項、第二百四十五条第二項、第二百六十八条第一項、第二百七十九条第一項、第二百九十四条第一項、第四百二十六条第二項及第四百三十条第二項ノ権利ナキモノトスルコトヲ妨ズ　(二項) 前項ノ株式ノ株金総額ハ資本ノ四分ノ一ヲ超ユルコトヲ得ズ」

(87)　このほかに、昭和一三年改正は、定款で名義書換後六カ月を経過してない株主の議決権を剥奪する制度を認めた。昭和一三年改正後商法二四一条一項但書参照。この制度の目的は会社荒しに対する予防策を提供することにある。もちろん、同制度も議決権配分に関する法規制の一つであり、本書の目的と無関係とはいえない。しかし、同制度は昭和二五年改正によって廃止されたため、その重要性は高くはないと思われる。また、制度の発生の背景となった事情は、後に述べるように無議決権株式の場合と同じ株主層の分解（企業家株主・投資株主・投機株主）にある。したがって、以下の本文の記述では、議論の焦点を絞るために無議決権株式のみを扱うことにし、他の改正については無議決権株式の分析に必要な程度で触れることにする。なお、定款による名義書換後六ヵ月を経過していない株主の議決権剥奪の制度の立法趣旨などについては、高倉史人「戦前の商法及び商法改正における株主権に関する一考察——株主権の変遷と立法・改正理由を中心に——」高岡法学一六巻一＝二号七三—七五頁（二〇〇五年）参照。

(88)　松本烝治「改正法案に於ける株式に関する規定について」法時八巻三号五—六頁（一九三六年）、烏賀陽然良＝大橋光雄＝大森忠夫＝八木弘「商法改正法案を評す（一三）」法学論叢三六巻二号三三五頁（一九三七年）、豊崎・前掲注（1）一一三頁、田中耕太郎『改正商法及有限会社法概説』一八〇頁（一九三九年・有斐閣）、菅原菊志『新版注

釈会社法第五巻』二三七―二三八頁（一九八六年・有斐閣）参照。なお、昭和一三年改正の要綱には無議決権株式の導入は挙がっていなかった。しかし、要綱の解説では、議決権に関する差異を設けることについて起草作業の段階で検討することが示唆されていた。ただし、議決権に差異を設けると言っても、諸外国で大いに議論があることを理由にして、複数議決権株式の採用については否定的な見解が述べられていた。松本烝治「商法改正要綱解説（三）」法協四九巻一一号一二六頁（一九三一年）。

(89)　このほかにも、世間に対する気兼ねとかその他の理由から、会社の経営には参加しないということを標榜する大株主の要望に応えること、外資の導入に際して外資による日本国企業の支配権奪取を防止するということが考えられていたようである。松本・前掲注（88）五―六頁、田中耕太郎・前掲注（88）一七九―一八〇頁参照。会社経営に参加しない大株主の要望に応えるという点は、諸外国に例を見ない日本独自の理由づけであった。豊崎・前掲注（1）一一二―一一三頁参照。しかし、当時の経済状況、特に、株式会社の規模の拡大に伴う所有と経営の分離と株主層の分解を前提にすると、本文で指摘した理由が最も重要ではないかと思われる。

(90)　豊崎・前掲注（1）一一二頁。ただし、後に述べるように、昭和一三年改正法が普通株式・劣後株式を無議決権株式とすること、無議決権株式の議決権以外の共益権を排除することなどを認めていたことについて批判が存在した。

(91)　株主の議決権の性質をいかに解するにせよ、すべての株主に完全なる議決権を与えることは必ずしも重要な意味を有さないからこそ、無議決権株式の導入が可能となる。一般株主は会社支配・自己の利益保護の面について議決権行使に無関心であり、定足数の充足等を妨げ、かえって白紙委任状のような形で経営者に利用されるという弊害も生じうる。菱田政弘「無議決権株（二）」法学論集一〇巻三号二九四頁（一九六〇年）参照。たとえば、戦前の株主総会において、平均すると、出席する株主は株主総数の一・三七％であるのに対し、白紙委任状を提出する株主は三九・七％に達していたとの研究がある。増地庸治郎『株式会社：株式会社の本質に関する経営経済的研究』二一六、二二〇頁（一九三七年・巌松堂書店）参照。

(92)　大隅健一郎「株式会社の構造変革と株式会社法理の変遷（一）」法学論叢四四巻一号六四―六五頁（一九四一年）、三藤正「わが国会社法の性格とその変質（一）」民商一四巻五号七一七―七一八頁（一九四一年）、中村宗悦「金本位制移行から昭和恐慌まで：歴史的外観」岩田規久男編『昭和恐慌の研究』七―九頁（二〇〇四年・東洋経済新報社）

参照。
(93) 淺木愼一『日本会社法成立史』三一一—三一二頁（二〇〇三年・信山社）参照。
(94) 淺木・前掲注（93）三一八頁参照。
(95) 大隅・前掲注（92）六九頁、大隅健一郎『新版株式会社法変遷論』一五九—一六〇頁（一九八七年・有斐閣）、三藤正「わが国会社法の性格とその変質（二・完）」民商一四巻六号八六八、八七〇頁（一九四一年）参照。
(96) 株主層の分離を正面から認めるといっても、それは、株主が無議決権株式に投資することによって自分の意思で議決権を放棄することを認めるという意味であり、個々の株主の意思によらずに議決権の剥奪を認めるという意味ではない。鈴木竹雄「共益権の本質——松田博士の所説に対する一批判」『商法研究（Ⅲ）会社法（二）』二六頁（一九七一年・有斐閣）参照。
(97) もちろん、日本においてすべての株式会社の規模が巨大化したというわけではない。正確には、株式会社の二極分化が進行していたとするのが適切である。大正期および昭和初期において、一方で資本金規模の漸次拡大による大会社の発達があり、他方で個人経営からの法人転換による小会社の着実な増加が見られる。淺木・前掲注（93）三一七頁参照。なお、近代的工業を経営する大企業と、江戸時代以来の在来産業（養蚕、竹細工、茶業、開墾、耕作など）を経営する中小企業の分化は、明治時代の会社制度の導入時から存在していた。伊牟田・前掲注（31）一一七頁参照。
(98) 立法作業においては、コンツェルンなどを規制対象とする企業結合法制についても議論があったようである。ただし、「コンツェルン関係を会社法の改正に取入るべきかといういふことに就いては、又それぞれ意見が分かれて来るのであり、斯ういふ状態はまだハッキリ確定して居ない、流動絶え間ないやうな関係である」として、法律による規定は時期尚早であり、議論が落ち着いた段階で立法することが考えられていた。田中・前掲注（88）一八頁参照。
(99) 大隅健一郎「持株会社の一考察」法学論叢四二巻四号五三三—五三五頁（一九四〇年）、三藤・前掲注（95）八六七—八六八頁、菱田政弘「無議決権株（一）」法学論集一〇巻二号一一七頁（一九六〇年）参照。
(100) 菱田・前掲注（99）一四三頁参照。
(101) 具体的には以下のとおりである。一九世紀後半、ヨーロッパにおいて生産技術は日進月歩の勢いで進歩した。しかし、それは企業にとって、他社との競争に打ち勝つために、不断の技術の改善による合理化、それによる生産費の削減、またこのような措置を可能とするより大きな固定資本を必要とするということを意味した。そのため、小規模企業は強者に併合され、経済単位は巨大資本を有する企業に変化しつつあった。ヨーロッパにおいて、資本の集積および集中は、カルテル・トラスト・コンツェルンの形成によって促進された。第一次世界大戦後においては、株式所有を通じた資本的支配関係を基礎に成立するコンツェルンが、企業集中の形態として最も完璧なものとして、産業合理化の時代に急激な発展をとげることになった。大隅・前掲注（92）五八—六五頁、大隅・前掲注（95）一〇二—一〇三頁参照。

(102)　三枝・前掲注（9）二七四—二八〇頁。既に昭和四年（一九二九年）の段階で、産業合理化の手段としての企業合同を促進にするための方策として、商法改正の要望が商工審議会によって出されていた。その中には、「株式、社債については外国の立法例を参照し、事業の合同を便ならしむるが如き規定を設くること」との記載がある。しかし、昭和一三年商法改正では企業合同やカルテル、トラスト、コンツェルンに関する問題は取り上げられることはなかった。大橋光雄「新改正会社法の思想的立場」法学志林四一巻四号六六頁（一九三九年）参照。

(103)　カルテル強化保護政策としては、一九三一年に公布された重要産業統制法が重要な役割を果たした。しかし、同法はカルテル強化の側面とともに、公益の観点から、価格つり上げを規制する根拠法としても活用されたことは注意を要する。三和・前掲注（4）一三〇頁、宮島英昭「独占資本主義成立論争」石井寛治＝原朗＝武田晴人編『日本経済史　第三巻両大戦間期』一三六頁（二〇〇〇年・東京大学出版会）参照。

(104)　淺木・前掲注（93）三一二頁、三和・前掲注（4）一三七—一三八頁参照。本文記載の五大銀行とは三井、三菱、住友、安田、第一の各都市銀行を指している。

(105)　大隅・前掲注（92）六三頁、大隅・前掲注（95）一〇六頁、三藤・前掲注（95）八六六—八六七頁参照。具体的なプロセスは以下のように説明されている。①産業資本と銀行資本の相互依存が増大する結果、銀行資本が投下した資本が固定化される。固定化により生産者が市場競争を行うことのリスクが大きくなるので競争を制限しようとする。②銀行資本が産業資本に投資した資本が固定化されることは、銀行資本自体が集中によって巨大化されることを余儀なくされる。

(106)　株式会社が近代企業の法的形態として持つ意味は、法律関係を単純化することにある。具体的には、「企業の所有者たる複数人を一つの団体関係に結合しかつその団体を法人として、これに企業の所有権を単一的に帰属せしめると同時に、その企業における取引関係をもこれに統一的に帰属せしめようとする仕組みである。」大隅・前掲注（95）一四九頁参照。第一次世界大戦後、「企業の所有権」が通常の所有権と同じように、移転の対象とされるようになったのである。

(107) 大隅・前掲注（92）六七頁参照、大隅・前掲注（95）一六七頁、三藤・前掲注（95）八六七頁参照。企業集中の手段としてカルテル、トラストは株式会社制度によることなく形成することが可能である。一方、コンツェルンの形成にとって、株式所有を通じた支配関係の形成は必須の要素であった。大隅・前掲（92）六二頁参照。

(108) たとえば、第三者が株式会社の支配権を得ようと株式の買占めを計画・実行している場合、その対象は議決権付株式である。この場合、議決権付株式の所有者は買占めによって上昇した高値で持株を売却することができる。

(109) 本文では、無議決権株式に特有の規制についてのみ検討する。したがって、定款変更における種類株主総会など、種類株式一般の規定で無議決権株式の株主の保護に関する規定については必要に応じて触れるにとどめることにする。

(110) 烏賀陽然良＝大橋光雄＝大森忠夫＝八木弘「商法改正法案を評す（一一）」法学論叢三五巻六号一四〇三頁（一九三六年）、豊崎・前掲注（1）一一〇頁参照。

(111) 鈴木＝石井・前掲注（79）一二二頁、大隅＝大森・前掲注（79）二一五頁参照。ただし、鈴木＝石井は、そのような株式が発行されることはあり得ないが、法律で明確にすることが望ましいという立場であるのに対し、大隅健一郎＝大森忠夫は制度趣旨との矛盾を重視するという立場である。両者の立場には微妙なニュアンスの差異が感じられる。昭和一三年改正の立法過程に深く関与した田中耕太郎は、後者の見解に近い。田中耕太郎・前掲注（88）一八一一―一八二二頁参照。

(112) 昭和二五年改正後商法二四二条一項は以下のように規定する。「会社ガ数種ノ株式ヲ発行スル場合ニ於テハ定款ヲ以テ利益ノ配当ニ関シ優先的内容ヲ有スル種類ノ株式ニ付株主ニ議決権ナキモノトスルコトヲ得但シ其ノ株主ハ定款ニ定ムル優先的配当ヲ受ケザル旨ノ決議アリタル時ヨリ其ノ優先的配当ヲ受クル旨ノ決議アル時迄ハ議決権ヲ有ス」

(113) 鈴木竹雄＝竹内昭夫『会社法［第三版］』一一四頁（一九九四年・有斐閣）、大隅健一郎＝今井宏『会社法論上巻［第三版〕』三六八頁（一九九一年・有斐閣）、田中誠二『会社法詳論上巻〔三全訂版〕』五三三頁（一九九三年・勁草書房）参照。

(114) 鈴木＝石井・前掲注（79）一二三頁、大隅＝大森・前掲（79）一一五頁、田中誠二・前掲注（79）一〇五頁参照。なお、議決権が復活する時期について、「優先的配当ヲ受ケザル旨ノ決議アリタル時」は、文字どおり決議のなされた時を標準とするのか、決議のなされた総会を標準とするのか、争いが存在していた。詳しくは、菅原・前掲注(88) 二四二―二四三頁を参照。

(115) 鈴木＝石井・前掲注（79）一二四頁、大隅＝大森・前掲注（79）二一六―二一七頁参照。無議決権株主の議決権以外の共益権の範囲は、以後、議決権の存在を前提とするか否かで区別されることになった。このような解釈の妥当性については後に検討する予定である。

(116) 鈴木＝石井・前掲注（79）一二五頁、大隅＝大森・前掲注（79）二一六頁参照。昭和二五年改正後商法二四二条二項は以下のように規定していた。「前項ノ株式〔無議決権株式：筆者注〕ノ総数ハ発行済株式ノ総数ノ四分ノ一ヲ超ユルコトヲ得ズ」。

(117) 司法省民事局・商法中改正法率案理由書〔総則・会社〕（改定）（一九三八年）、田中耕太郎・前掲注（88）一八〇―一八一頁、石井照久『会社法上巻』一四〇頁（一九六七年・勁草書房）。

(118) 矢沢惇＝稲葉威雄＝竹中正明＝野尻孝夫＝反勝彦＝加藤一昶「研究会・優先株をめぐる法律問題（Ⅵ・完）」商事法務七五四号二八―二九頁〔矢沢発言〕（一九六七年）、山下友信『新版注釈会社法〔補巻・平成二年改正〕』二〇九―二一〇頁（一九九二年・有斐閣）、大隅＝今井・前掲注（113）三六九頁参照。

(119) ただし、実務家の中には、無議決権優先株式の発行限度の規制を、議決権復活によって優先株式の議決権総数が普通株式の議決権総数を上回り、経営が混乱することを防止する点に求めていた見解もあった。神崎克郎＝遠藤博志＝木下公明＝古瀬政敏＝洲崎博史＝森本滋「座談会・企業金融と商法改正 優先株発行の機動性確保と商法改正（二・完）」民商九七巻二号一六七頁〔木下、遠藤発言〕（一九八七年）参照。

(120) たとえば、ドイツの一九六五年株式法を参考に、他の株式の券面総額までの発行を認めても差し支えないとの見解（田中誠二・前掲注（113）五三二頁）、議決権のある株式の総数の一定倍（四倍、五倍）まで拡大するべきとの見解（松田二郎『会社法概論』一三六頁（一九六八年・岩波書店））も存在した。

(121) 山下・前掲注(118)二一〇頁、大谷禎男『改正会社法』一四四頁（一九九一年・商事法務研究会）参照。

(122) もちろん、無議決権株式の発行限度の規制には、企業経営者への監督（モニタリング）が過小となることへの予防措置という側面があるので、無議決株式に投資した投資家の保護の制度でもある。大杉謙一「優先株式の法的問題」鴻常夫先生古稀記念『現代企業立法の軌跡と展望』三二二頁（注16）（一九九五年・商事法務研究会）参照。ただ、投資家保護の必要性は、無議決権株式の発行によって、支配権の獲得・維持が容易になったことから生じるものと思われるので、本文では独立して分析することにした。

(123) 神田秀樹「改正商法と優先株」代行リポート九五号一—三頁（一九九一年）、大杉謙一「優先株の実務的問題［Ⅲ・完］」商事法務一四四六号二四頁（一九九七年）。

(124) 稲葉威雄「優先株に関する諸問題」神崎克郎ほか『優先株制度』二四〇頁（一九九二年・有斐閣）、『条解・会社法の研究3株式(2)（別冊・商事法務一四一号）』一四八頁以下［稲葉威雄発言］（一九九二年）参照。

(125) 矢沢惇＝稲葉威雄＝竹中正明＝野尻孝夫＝反勝彦＝加藤一昶「研究会・優先株をめぐる法律問題（Ⅰ）」商事法務七四八号五八—五九頁［矢沢発言］（一九七六年）、江頭憲治郎『株式会社法』一三六頁注（10）（二〇〇六年・有斐閣）、大杉・前掲注(123)二四頁参照。普通株式の株価は企業業績に連動し、社債型優先株式の市場価額は市場金利に反比例するのが通常である。大杉・前掲注(123)二五頁注（73）参照。

(126) ただし、「株価近似の要請」を厳格に解することに対して否定的な見解は、社債型優先株式と普通株式の関係を前提にしていたのであって、議決権が付与されている種類株式間の「株価」の乖離を是認しているわけでは必ずしもないとの指摘がある。洲崎博史「平成一三年・一四年商法改正と一株一議決権原則」森本滋編著『比較会社法研究——二一世紀の会社法制を模索して——』三三三頁（注一〇）（二〇〇三年・商事法務）参照。

(127) 矢沢＝稲葉＝竹中＝野尻＝反＝加藤・前掲注(125)五九頁［矢沢発言］、大杉・前掲注(123)二六—二七頁参照。本文記載の規制は、ニューヨーク証券取引所（NYSE）で実際に要求されている。See, New York Stock Exchange Listed Company Manual § 313.00 Voting Rights (C) Preferred Stock, Minimum Voting Rights Required (http:www.nyse.com/content/publications/1043269645687.html).

(128)　平成一七年改正前商法二八〇条の二第二項、会社法一九九条三項・二〇〇条二項・三〇九条二項五号参照。この点は、平成二年改正以後になされた総ての商法改正、そして、平成一七年の会社法制定でも維持されている。

(129)　普通株式のみを発行する会社が、後に、発行価額（株式の単位）が大きい議決権付優先株式を発行する場合、議決権付与の観点で優遇されるのは普通株式の所有者である。劣後的に取り扱われる議決権付優先株式の取得者からなる種類株主総会というものは制度上、存在しない。しかし、議決権付優先株式の取得者は劣後的取扱に納得して株式を取得している。いわば、個々の投資家の同意の下で議決権付与の場面における株主間の不平等取扱いがなされているのである。したがって、普通株式を有利発行する場合よりは、劣後取扱いされる投資家の意思が尊重されているとも評価できるのである。

(130)　なお、脚注において平成一七年改正前商法を引用するときは単に〇〇条と、平成一七年に成立した会社法を引用するときは会〇〇条と表記する。

(131)　二二二条一項五号［会一〇八条一項三号］。

(132)　二二二条一項五号［会一〇八条一項三号］。

(133)　二二二条五項［会一一五条］。二分の一の発行限度が維持されたことと関係して、以下のような指摘がなされている。資本多数決の原則のもとでは五〇％以下の出資しか行わない者は、株主総会の意思決定に自らの意思を結実できない。二分の一の発行限度は、このような消極的な側面から見た資本多数決原則の機能を理論的根拠とする。したがって、二分の一の発行限度は、資本多数決の原則を維持しつつ議決権制限株式の発行を認める際の限界値である。川島いづみ「種類株主の取締役等選任・解任権と資本多数決原則の修正」ジュリ一二二九号一六頁（二〇〇二年）参照。

(134)　株価、発行価額といった株式の単位としての大きさは、株式の種類ごとに異なる場合もある。したがって、発行限度規制の方法として株式数を基準とすることに、再検討の余地があるとの指摘がある。落合誠一＝神田秀樹＝斉藤静樹＝深尾光洋「座談会・会社法大改正の意義」ジュリ一二〇六号二九頁［深尾発言］（二〇〇一年）、鈴木隆元「種類株式の多様化」ジュリ一二二〇号二一頁（注18）（二〇〇二年）参照。

(135)　前田庸「商法等の一部を改正する法律案要綱の解説［上］――株式制度の見直し・会社関係書類の電子化等――」商事法務一六〇六号八頁（二〇〇一年）、神田秀樹＝武井一浩編著『新しい株式制度』一五九頁［中山龍太郎執筆］（二〇〇二年・有斐閣)、近藤光男＝志谷匡史『改正株式会社法Ⅰ』九一頁(二〇〇二年・弘文堂)。会社法では、会一〇八条二項三号ロが議決権行使に条件を付することが可能であることを明文で認めている。

(136) 前田・前掲注(135)八頁参照。

(137) 原田晃治＝江原健志＝太田洋＝濱克彦＝郡谷大輔「改正商法の解説——株式制度の改善・会社関係書類の電子化等——」登記研究六五〇号四二頁(二〇〇二年)、久留島隆「平成一三年および一四年改正商法と種類株式の多様化」横浜国際経済法学一二巻二号一〇頁(二〇〇四年)参照。すべての決議事項で議決権を奪われているわけではない議決権制限株式がどのように利用されていくかは、今後の推移を見守る必要がある。現時点の評価は、基本的には会社と投資家間の合意形成に委ねることができる問題であって、法が事前に禁止するまでもないとの指摘がある。近藤＝志谷・前掲注(135)九〇頁参照。

(138) 前田・前掲注(135)八頁、服部育生「種類株式」愛知学院大学論叢法学研究四六巻二号一〇二頁(二〇〇五年)参照。

(139) 原田＝江原＝太田＝濱＝郡谷・前掲注(137)四二頁参照。

(140) 会一一五条は公開会社(会二条五号)についてのみ規律し、株式譲渡制限会社については規定していない。議決権配分について規制がなかった有限会社と株式譲渡制限会社の規律を調和するための改正である。江頭憲治郎「『会社法制の現代化に関する要綱案』の解説〔Ⅳ〕」商事法務一七二四号一四頁(二〇〇五年)参照。

(141) 相澤哲編著『一問一答 新会社法』五七頁(二〇〇五年・商事法務)、相澤哲＝岩崎友彦「株式(総則・株主名簿・株式の譲渡等)」商事法務一七三九号四二頁(二〇〇五年)参照。要綱試案の補足説明では、有限会社と株式譲渡制限会社では、社員間・株主間の人的なつながりが強く、少数者による会社支配の弊害に対する配慮の必要性が低いので、議決権制限株式の発行についても、社員間・株主間で自由に決めることを認めることが合理的であると説明されていた。法務省民事局参事官室「会社法制の現代化に関する要綱試案補足説明」商事法務一六七八号六三頁(二〇〇三年)参照。議決権制限株式の所有者の立場からすると、議決権制限株式が発行される場合は、完全な議決権を行使できる株主が、リスクの一部を議決権制限株式に移転することが可能となり、議決権制限株式の株主としての利益を害される可能性が高くなる。したがって、補足説明のような正当化のほうが妥当と考える。

(142) 会社法の要綱案の解説では、新会社法の下で、発行済株式総数の二分の一を超えて議決権制限株式を発行している株式譲渡制限会社が、公開会社になる場合があり得るが、この場合、議決権制限株式の議決権制限がすべて当然に廃止になるとの解釈論が呈示されていた。江頭・前掲注(140)一六頁(注19)参照。しかし、会一一五条は二分の一の発行限度を超過した場合は、「直ちに、議決権制限株式の数を発行済株式の総数の二分の一以下にするための必要な措置をとらなければならない」と規定し、議決権制限は有効であることを明示している。相澤・前掲注(141)五七頁、相澤＝岩崎・前掲注(141)四二頁参照。「必要な措置」をとることが取締役の善管注意義務の内容となることは明らかである。近藤光男＝志谷匡史『改正株式会社法Ⅳ』五九八頁(二〇〇五年・弘文堂)参照。しかし、取締役が「必要な措置」をする義務を怠っても、会社に具体的な損害が生じる場合を想定することは困難である。したがって、損害賠償責任によって義務の履行が確保されることは期待できないように思われる

(143)　この改正には規制強化の側面と規制緩和の側面がある。たとえば、議決権制限株式であるA株式が九万株(一単元は一〇〇株)、普通株式であるB株式が一万株(一単元は一〇株)発行済であるとする。議決権制限株式の単元数は九〇〇、普通株式の単元数は一、〇〇〇となる。現行商法では、議決権制限株式の単元数は総単元数一、九〇〇の二分の一以下に該当するので合法であるが、会社法では、議決権制限株式九万株は発行済株式総数一〇万株の二分の一を超えるので違法となるのである。一方、議決権制限株式であるC株式を一万株(一単元は一〇株)、普通株式であるD株式を九万株(一単元は一〇〇株)発行することは、現行商法では違法であったが、会社法では合法となる。普通株式所有者が議決権制限株式を利用して自己の支配権を確保できる範囲が狭められたという点では規制強化である。一方、議決権制限の程度が極めて小さい議決権制限株式(たとえば、組織変更についての株主総会決議についてのみ議決権が制限されている株式)によって支配権を確保できる範囲が広がったという意味では、規制緩和の側面もある。

(144)　議決権制限株式の発行限度の規制については、会社が普通株式を自己株式として保有することで規制の潜脱が可能であることが指摘されていた。中村直人＝松山遙『平成一四年改正商法勉強会ノート』六三頁(二〇〇三年・商事法務)参照。会社法(平成一七年法律第八六号)でも、この問題は対処されていないようである。

(145)　二二二条九項。

(146)　神田＝武井・前掲注(135)一七六頁[中山龍太郎執筆]参照。

(147)　平成一三年改正前商法三四五条(定款変更がある種類の株主に損害を及ぼす場合)、三四六条(新株の引受等につ

き株主の種類に従い格別の定めをするとき、および、合併等によってある種類の株主に損害を及ぼす場合）参照。

(148) その結果、法定の種類株主総会と、定款で定められた種類株主総会の関係について再検討する必要性が生じることになった。神田＝武井・前掲注（135）一八二頁［中山龍太郎執筆］参照。この点に関係して、平成一五年一〇月二二日に公表された「会社法制の現代化に関する要綱試案」には、以下のような内容が含まれていた。①商法三四五条（定款変更の際の種類株主総会）で種類株主総会が要求されるのは、当該種類株式の内容を変更する場合及び新たな種類株式の定めを置く、他の種類株式の内容を変更する、若しくは他の種類株式を発行することができる数を引き上げる場合に限定する。②商法三四六条（新株引受けなどの際に株式の種類ごとに格別の定めをする場合、合併など会社の基礎的変更が、ある種類の株式に損害を及ぼす場合の種類株主総会）の適用を、ある種類株式につき、あらかじめ定款で排除することができる。①、②の規定は法定の種類株主総会が要求される場合を限定し、会社の基礎的変更の際に生じうるデッドロックを防止することを目的とする。そして、法定種類株主総会以外に、種類株主にいかなる保護を与えるべきかは、商法二二二条九項（定款の定めに基づく種類株主総会）のもと、個々の会社に委ねられることになったのである。法制審議会会社法（現代化関係）部会「会社法制の現代化に関する要綱試案（平成一五年一〇月二二日）」商事法務一六七八号一二頁（二〇〇三年）、法務省民事局参事官室「会社法制の現代化に関する要綱試案補足説明」商事法務一六七八号六四頁—六六頁（二〇〇三年）参照。このような方針は、会社法によって採用されることになった。会三二二条参照。

(149) 会一〇八条一項八号参照。改正の理由としては、拒否権に関してのみ内容が異なる株式を発行しようとする場合、二二二条一項各号に掲げられている事項について非常に微妙な差異しか存在しない株式を発行することが可能であり、拒否権の定めを株式の種類として扱わないことに実務上の意味があまりないと考えられたことが挙げられている。相澤＝岩崎・前掲注（141）三六頁参照。

(150) 前田・前掲注（135）九頁—一〇頁、原田＝江原＝太田＝濱＝郡谷・前掲注（137）四四頁参照。たとえば、株主間契約では、一部の株主（ベンチャー・キャピタル）の同意がない限りは、組織変更、新株発行、利益処分等を行うことができないとの定めが置かれることがある。

(151) 会社法の制定以前から、拒否権付株式を敵対的企業買収防衛策として利用できることは指摘されていた。大塚章男「株式制度に関する商法改正の企業買収防衛策としての活用」商事法務一六一八号二八頁（二〇〇二年）など参照。ただし、拒否権付株式は敵対的企業買収防衛策としての効果が強すぎることから、その利用には慎重な態度が求められている。武井一浩「企業価値報告書・買収防衛指針と買収防衛策の実務［中］」商事法務一七三六号三二頁三三―三四頁（二〇〇五年）など参照。第一次世界大戦後のドイツ・フランスの状況から明らかなように、敵対的企業買収防衛策の許容範囲と議決権配分の自由度は密接に関係する。

（152）　任意種類株主総会・法定種類株主総会の用語法は、神田＝武井・前掲注（135）一七五―一七六頁［中山龍太郎執筆］に従った。

（153）　江頭・前掲注（125）一五四頁、神田＝武井・前掲注（135）一八〇―一八二頁［中山龍太郎執筆］参照。これに対して、法定種類株主総会では、権利内容が僅かでも異なっていれば、別々の種類株主総会を開催する必要があると解されている。山下・前掲注（118）一四七―一四八頁、大杉・前掲注（122）四七頁参照。

（154）　平成一三年四月の商法改正の中間試案では、拒否権の付与から生じるデッドロックに配慮して、総会検査薬の選任、取締役の選解任、監査役および会計監査人の選解任、株主の譲渡に関する取締役会の承認、会社の清算に関する事項に関しては、拒否権を付与できないとされていた。「商法等の一部を改正する法律案要綱中間試案（平成一三年四月一八日法務省民事局参事官室）」第二五　ジュリ一二〇六号一六六頁（二〇〇一年）（以下、中間試案という）参照。しかし、要綱試案の段階では、経営に重大な支障を来す事項とそうでない事項とを明確に区別することが困難であり、企業の判断に委ねても差し支えないこと、また、デッドロックは強制転換条項を置くことで防止できることなどを理由に、拒否権の制限に関する事項は削除された。前田・前掲注（135）一〇頁参照。

（155）　二二二条一項柱書・六号、商法特例法二一条の三六第四項［会一〇八条一項柱書・九号］。委員会設置会社では、指名委員会が取締役選任議案の内容を決定すること（商法特例法二一条の八第一項［会四〇四条一項］）と、種類株主総会ごとに取締役を選任することが相容れないと考えられたので、種類投票制度の適用対象からはずされている。江頭・前掲注（125）一五五頁（注42）参照。

（156）　平成一三年四月の商法改正の中間試案では、種類投票は種類株式の属性であり、それのみでは株式の種類ではないとされていた。中間試案・前掲注（154）一六六頁参照。しかし、これに対して、日本では、ベンチャー企業で優先株式を発行する実務が一般的ではないこと、合弁会社では普通株式間で取締役の選解任権の分配を行う需要が高いことを理由に、取締役の選解任権に関してのみ内容の異なる種類株式の発行を許容すべきとの批判がなされた。宍戸善一「種類株式、ストック・オプション等の自由化」ジュリ一二〇六号四四頁（二〇〇一年）参照。立法の際、このような批判が考慮されることになった。

(157)　具体例が示すように、取締役又は監査役の選任に関する種類投票を行うためには、各種類の株式からなる種類株主総会が取締役・監査役を選任できるか否か、選任できるとして、その人数について定款で定めなければならない。二二二条七項一号［会一〇八条二項九号イ］

(158)　具体例Ⅱのように選任権を配分するためには、複数の種類の株式からなる種類株主総会が取締役又は監査役を選任できることを定款に定める必要がある。二二二条七項二号［会一〇八条二項九号ロ］参照。

(159)　平成一三年改正では、具体例Ⅲのように、一部の株式からなる種類株主総会が取締役又は監査役を選任できない場合、その株式の数は発行済株式総数の二分の一を、単元株制度が採用されている場合は、総単元の二分の一を超えてはならないとの規定が存在した。二二二条八項参照。議決権制限株式に発行限度の定めがあることと平仄を合わせたためである。会社法では、種類投票の定めをできるのは株式譲渡制限会社に限られ、かつ、株式譲渡制限会社については議決権制限株式の発行限度が撤廃されたので、商法二二二条八項に該当する規定が置かれなかったと考えられる。

(160)　ただし、会社法では、本文で以下に述べることに加えて、役員（取締役・会計参与・監査役）の解任について拒否権を持つ種類株主総会が、株主総会で可決された解任決議に対して拒否権を行使した場合にも、解任の訴えを提起することを認めている。会八五四条一項参照。

(161)　二六六条・二六六条の三［会四二三条一項・四二九条］参照。前田庸「商法等の一部を改正する法律案要綱試案の解説［Ⅰ］」商事法務一六二一号六頁（二〇〇二年）、泰田啓太＝濱克彦＝中原裕彦＝郡谷大輔「平成一四年商法改正の概要（上）」登記研究六五九号六頁（二〇〇二年）、神田秀樹『会社法［第九版］』七九頁（注1）（二〇〇七年・弘文堂）参照。ただし、種類投票によって選任された取締役が、選任母体である種類株主と他の株主との間で板ばさみになる場合は存在する。したがって、問題の本質は種類株主間の利害衝突にあり、この問題を取締役の責任の枠組みで扱うことの不適切さを指摘する見解もある。むしろ、対立する株主間の事前事後の交渉によるほうが問題の解決は容易である。大杉謙一「種類株式の取締役選解任権」法教二六五号一〇―一一頁（二〇〇二年）参照。また、種類投票が認められることは「会社全体の利益」の解釈に影響を与えると主張する見解もある。服部育夫・前掲注（138）一〇八―一〇九頁参照。

(162) 二五七条の三第一項・三項本文［会三四七条・三三九条一項］参照。

(163) 二五七条の三第三項但書・六項後段［会三四七条・三三九条一項］参照。

(164) 二五七条の三第四項一号参照。本号の制度趣旨としては、選任母体である種類株主総会の解任議案の否決を要求しないのは、種類株主によって選任された取締役も、すべての株主に対する関係で善管注意義務を負っていることが前提とされているからであると説明されている。前田・前掲注（161）一〇頁参照。

(165) 二五七条の三第四項、六項後段。

(166) 泰田＝濱＝中原＝郡谷・前掲注（161）七頁参照。

(167) ただし、②について会社法には二五七条の三第四項に該当する規定が存在しないため平成一七年改正前商法と同じ範囲で解任の訴えが認められるのか不明確な点がある。種類株主総会で解任決議が否決された場合に、株主が解任の訴えを提起できることについては規定がある。会八五四条一項・三項・四項参照。しかし、平成一七年改正前商法で認められていた、解任決議自体が存在しない場合の解任の訴えに相当する規定は存在しない。八五四条一項柱書は、株主総会・種類株主総会で解任決議が否決された場合と、拒否権が行使された場合（会三二三条）しか想定していないように読めるからである。

(168) 前田・前掲注（161）五頁、泰田＝濱＝中原＝郡谷・前掲注（161）三頁参照。

(169) 前田・前掲注（161）六頁、泰田＝濱＝中原＝郡谷・前掲注（161）三頁参照。

(170) 宍戸・前掲注（156）四四頁、近藤光男＝志谷匡史『改正株式会社法Ⅱ』二三〇―二三一頁（二〇〇二年・弘文堂）参照。

(171) 二二一条一項、二四一項一項但書［会一八八条一項・三〇八条一項但書］。

(172) 江頭・前掲注（125）二七〇頁、龍田節『会社法大要』二〇九―二一三頁（二〇〇七年・有斐閣）、岸田雅雄『平成一三年改正商法・株式制度改革と金庫株』九九頁（二〇〇一年・中央経済社）。

(173) 種類株主間で異なった一単元の定めをすることが合理的な場合として、以下の点が指摘されている。たとえば、優先株式が普通株式よりも市場で高く評価されている場合、一単元の数を同じにすると、議決権の配分に関して優先株式は不利益を被る。このような場合、普通株式の一単元の数を優先株式よりも多く設定することで優先株式の不利益を排除することが可能である。原田晃治＝泰田啓太＝郡谷大輔「自己株式の取得規制等の見直しに係る改正商法の解説［中］」商事法務一六〇八号一〇二頁（二〇〇一年）、江頭・前掲注（125）二七三頁参照。

(174)　二二一条三項［会一八八条三項］。第三の点について。単位株制度も単元株制度も、単位未満・単元未満の株式に議決権が付与されないという点で、一株一議決権原則の例外であった。単位株制度に関して、一株一議決権原則の例外を許容することは、以下のような理由で正当化された。すなわち、単位株制度は暫定的な制度であり、将来なされる株式併合のための過渡的措置である。河本一郎『新版注釈会社法⑷』二三六頁（一九八六年・有斐閣）参照。しかし、単元株制度は恒久的な措置として定められた。したがって、本制度と議決権は株主の資本参加に比例して定められるとする原則の関係が問題となるのである。岸田・前掲注（172）九九―一〇〇頁参照。

(175)　落合誠一＝前田雅弘＝堀内啓＝中西敏和「座談会・金庫株解禁等に伴う商法改正の問題点と実務対応」商事法務一六〇二号二四頁［中西発言］（二〇〇一年）、鈴木・前掲注（134）一八頁注（13）、神田＝武井・前掲注（135）一五四頁［中山龍太郎執筆］、村瀬孝子＝高田剛＝小出一郎『これからの株式制度・新株予約権制度の実務』一九九頁（二〇〇二年・商事法務）、洲崎・前掲注（126）三三五頁参照。

(176)　二二一条一項但書。ただし、会社法のもとでは、総単元数が発行済株式総数の二〇〇分の一を下回ってはならないという制限は撤廃されている。会一八八条二項、会社則三四条。

(177)　江頭・前掲注（125）二七二頁、岸田・前掲注（172）一〇二頁、青竹正一「株式の大きさ等」法教二六四号一八頁（二〇〇二年）参照。ただし、本文のような規制では、以下のような場合に対応できないことが主張されている。例えば、一株式五万円の額面で時価が一〇〇万円の株式について、議決権数を減少し、その管理費用を節約するために一〇〇株を一単元とすると、一単元株の時価は一億円となり、一般の個人投資家はほとんどその議決権を行使できなくなるのである。岸田・前掲注（172）一〇三頁参照。

(178)　本節第二款第二項⑴④参照。

(179)　洲崎・前掲注（126）三三八頁、小出一郎「種類株式の実務」商事法務一六四九号二八頁（二〇〇二年）、鈴木・前掲注（134）一八頁参照。

(180) 前田・前掲注(135)八頁、近藤＝志谷・前掲注(135)九〇頁参照。神田＝武井・前掲注(135)一五四頁［中山龍太郎執筆］でも、一株一議決権原則、市場における流通性を根拠に、単元株制度のこのような利用に注意が喚起されている。
(181) 以下の問題は、洲崎・前掲注(126)三二八頁以下で指摘された。本稿では、本文で具体例として示す利益配当の定めは、現行法では有効であることを前提に議論を進める。詳しくは、洲崎・前掲注(126)三二九―三三〇頁を頁参照。
(182) 洲崎・前掲注(126)三三一頁では、会社に対する株主としての経済的権利として、会社債権者の取り分を除いた会社財産が、すべて株主のものになるという意味での残余的利益を有しているか否かが重要であるとの指摘がなされている。
(183) 神崎＝遠藤＝木下＝古瀬＝洲崎＝森本・前掲注(119)一五九頁［洲崎発言］では、本文記載と同様の設例において、株式単位の均一性、二四一条一項の一株一議決権原則に正面から違反するのではないかとの疑念が提起されていた。また、神崎＝遠藤＝木下＝古瀬＝洲崎＝森本・前掲注(119)一六〇頁［神崎発言］は、本文記載のB種株式は実質的に複数議決権株式ではないかと指摘している。
(184) 本節第二款第二項(4)参照。
(185) このような解釈論を提示する論者も、立法論として、この点に関する平成一三年・一四年改正商法の妥当性には疑問を提示している。洲崎・前掲注(126)三三二頁参照。
(186) 山田泰弘「種類株式」法教二五八号一一頁(二〇〇二年)参照。
(187) 稲葉威雄「優先株に関する諸問題」神崎克郎ほか『優先株制度』二四〇頁(一九九二年・有斐閣)参照。
(188) 山田・前掲注(186)一一頁参照。
(189) 本節第二款第二項(4)参照。
(190) 議決権制限株式の発行限度を発行済株式総数の二分の一に制限するとの規定が、単元株制度によって骨抜きにされていることについて、洲崎・前掲注(126)三三一―三三二頁を参照。ただ、会社法が議決権制限株式の発行限度を単元数ではなく、株式数を基準にしたことで、単元株制度による骨抜きの問題は緩和されたと考えられる。しかし、利益配当について権利内容が微妙に異なる二種類の議決権付株式を発行し、単元数に差異を設けることで、複数議決権株と類似の機能を持つ株式を作り出すことは依然として可能である。
(191) 無議決権株式に関して、大規模上場会社では、それを認めることの弊害は、優先株主が害されるおそれにあるというより、むしろ、紐のついていない資金が無責任に利用されるおそれにあるとの指摘がある。大杉・前掲注(122)四八頁参照。

(192) 本節第二款第二項(1)③参照。

(193) 小林量「コーポレート・ファイナンス法制の柔軟構造化」森本滋編著『比較会社法研究――二一世紀の会社法制を模索して――』三〇八頁(二〇〇三年・商事法務)、宍戸・前掲注(156)四四頁参照。宍戸善一は種類投票の定めを一般的な規定とし、規制の必要性は上場規則に委ねるほうが望ましいと主張する。実際、優先株式を発行する上場会社において、優先株式の株主からなる種類株主総会で、社外取締役ないしは社外監査役を選任することを認めるべきといった主張がなされることもあるようである。

(194) 前田・前掲注(161)六頁、泰田＝濱＝中原＝郡谷・前掲注(161)三頁参照。

(195) 始関正光「平成一四年改正商法の解説［Ⅰ］」商事法務一六三六号一七―一八頁注(13)(二〇〇二年)参照。

(196) 本文記載の意味で、株式の相互保有が無議決権株式と同等の役割を果たしていた可能性はある。株式相互保有の形成要因については、三宅一宏「株式持ち合いの歴史的形成要因と今後における問題点」神田秀樹編『徹底討論 株式持ち合い解消の理論と実務』二八―二九頁(二〇〇一年・財務詳報社)など参照。

(197) 以下に本文で指摘する説明は、明治期の日本において、大株主の議決権を制限する必要性が存在したことを説明するものにすぎない。これに対して、大株主の議決権制限は日本特有の事情ではなく、欧米諸国に広く存在したという事実には注意を払う必要がある。英米の状況については、David L. Ratner, The Government of Business Corporations: Critical Reflections on the Rule of "One Share, One Vote", 56 Cornell L. Rev. 1, 3-11 (1970) を、ドイツの状況については、Zeißig, a.a.O. (Fn. 48), S. 32-48 を参照。大株主の議決権制限の意味、また、そこから一株一議決権原則への収斂の過程を正確に分析するには比較法的検討が欠かせないように思われる。特に、資本主義の発展、株式会社の社会における位置づけの変遷の分析が必須である。

(198) 会社法に準拠すると、株式譲渡制限会社に限定されるのは取締役又は監査役選任に関する種類株式(会一〇八条一項九号)の利用のみである。議決権制限株式(会一〇八条一項三号)、拒否権付株式(会一〇八条一項八号)に利用については、公開会社についてのみ議決権制限株式の発行限度に差異が在ることを除き(会一一五条)、すべての株式会社に同じ内容の規定が適用される。

第二節　一株一議決権原則の意味

第一款　学説における議論の状況

第一項　一株一議決権原則の学説における位置づけ

昭和一三年商法改正によって無議決権株式が導入されるまで、法制度上、定款で一一株以上所有する株主の議決権を制限できることを除き、一株一議決権原則以外の議決権配分は存在していなかった。(1)定款による議決権制限は、その利用者が少なかったこともあり、昭和二五年商法改正によって廃止された。一方、無議決権株式については、昭和一三年商法改正以後、幾度かの改正を経たにもかかわらず、実務における利用は活発とはいえなかった。(2)このように一株一議決権原則から逸脱した議決権配分の利用が少なかったこともあり、学説において、一株一議決権原則それ自体の意義についての研究はそれほど多くはないように思われる。(3)(4)それでも、以下のように一株一議決権原則を理論的に基礎づける作業は行われていた。(5)

一株一議決権原則は、株式会社の資本団体としての特質や株主平等原則を根拠にその存在が基礎づけられてきた。(6)株式会社の資本団体としての特質から、一株一議決権原則は以下のように根拠づけられる。すなわち、株式の自由譲渡性が広く認められる結果、株主としての地位は非個性化する。その結果、株主は単に株式会社に対する危険資本の拠出者として利益配当や残余財産分配を受ける地位しか有さなくなる。そして、議決権は、株主の自益権を守るために付与されるものである(7)。したがって、議決権は自益権の量、つまり、危険資本の負担額に比例させることが公平となる(8)。

このほかに、一株一議決権原則と株主民主主義との関係を指摘する見解が存在した(9)。一株一議決権原則の根拠として株主民主主義を挙げる見解は、株主が株式会社という団体の構成員であることを重視していると評価することができるかもしれない(10)。また、このような解釈は、ヨーロッパにおける一株一議決権原則の沿革と整合的である(11)。株主総会の議決権は、当初は一定数以上の株式を所有する株主（主要株主）にしか付与されなかった。それが、フランス革命を契機とする民主主義的平等思想の高まりを受けて、すべての株主に株式数に応じて議決権を付与することに改められたのである(12)。

確かに、株式会社の資本団体としての特質や、株主民主主義との関係によって一株一議決権原則を基礎づけることは不可能ではないように思われる。しかし、このような理由によって一株一議決権原則を基礎づけた場合、無議決権株式など同原則とは異なる議決権配分を正当化することは困難ではなかろうか。すなわち、一株一議決権原則とは異なる議決権配分を一定の範囲で許容する日本法の現状を前提にした場合、株式会社の資本団体としての特質や株主民主主義のみが、議決権配分に関する法規制に影響を与える要素ではないといえるのではないであろうか。

結局、これまでの学説の議論を総括すると、一株一議決権原則の理論的な基礎づけが優先され、一株一議決権原則が現実社会において持っていた機能については関心が希薄であったように思われる。たとえば、一株一議決権原則が会社の利害関係人に与える種々の影響について考察するものは見られない。もちろん、複数議決権株式を比較法的に研究する文献の中には、早くから、資本出資の裏付けのない議決権が濫用的に行使される危険性を指摘するものが存在した。(13)日本法においても、議決権制限株式の発行限度の制限は、少額出資者による会社の支配の弊害を根拠に説明されていることは既に述べた。(14)しかし、なぜ資本出資の裏づけのある議決権が、資本出資の裏づけのない議決権よりも濫用的に行使される危険性が少ないと考えられていたのかを詳細に論じる見解は存在しなかった。この問題との関係で、最近になって、株主に議決権が付与されている根拠との関係で一株一議決権原則を説明する見解が現れている。

第二項　株主に議決権が付与されている根拠との関係

(1)　残余権者としての株主と一株一議決権原則

株主に議決権が付与されることは、株主が会社利益に対する残余権者であることから正当化されることがある。(15)会社利益に対する残余権とは、賃金、利息、取引代金といった、契約から確定的に生じる支払いの後に、会社に残る利益に対する権利を指す。そして、残余権者は、議決権を行使し、他の会社に対する利害関係人の行為を監視することから生じる利益を獲得する。すなわち、残余権者には議決権を最も会社利益向上のために行使するインセンティブが存在するのである。もちろん、他の利害関係人にも、会社利益向上のために議決権を行使するインセンティブが存在しないわけではない。しかし、彼らは会社利益に対する残余権者ではないため、議決権行使から生じる利益や損失を必ずしも引き受けるわけではないのである。したがって、彼らに議決権を付与する場合、その議決権が望ましい形で行使されることを保障するための仕組みが必要となると考えられるのである。一方、残余権者に議決権を与える場合、彼らは、議決権行使から生じる利益や失を最終的に引き受けなければならないので、いわば、

「監視者を監視する（“Agent watching agent!”）」ための仕組みを設ける必要性が存在しないのである。[16] 株主に議決権が付与されることが以上のように説明できるのであれば、株主間で議決権を配分する方法として、議決権が最適に行使されることを担保するために、残余権と議決権の量を比例関係に置くことが望ましいものと評価されると考えられる。[17]

すなわち、議決権行使のインセンティブの観点から、一株一議決権原則を以下のように説明することができるのである。会社の支配権の移転が生じる場合、一株一議決権原則のもとでは、会社の支配権を確保するためには会社に対して多くの出資をしなければならない。その結果、企業価値を向上させるように議決権を行使するインセンティブを有するものが、会社の支配権を獲得することになる。[18] なぜなら、もし、議決権行使が会社の利益を損なうことにつながれば、それは自らが所有する株式価値の下落に直接つながることになるからである。したがって、濫用的な議決権行使の危険は減少する。さらに、支配権者が会社の残余的利益に対して有する権利の割合が大きければ大きいほど、積極的に会社利益を向上させるために支配権が行使される可能性が高まると考えられる。[19][20]

(2) 議決権行使のインセンティブと法規制

一株一議決権原則が議決権行使のインセンティブと密接な関係があるとすれば、議決権配分に関する法規制として、単に株価（発行価額、払込価額の均一性）の近似を要求することが妥当ではないことが明かとなる。第一に、種類株式が利用されることによって、議決権が付与される株式の経済的権利の内容が多様化する可能性が生じる結果、以下のような問題が生じうる。[21] すなわち、株価（発行価額）の近似を要求しても、議決権が付与される種類株式所有者のインセンティブが会社利益最大化と一致しない状態が生じるのである。たとえば、トラッキング・ストックに完全な議決権が付与された場合、他の議決権付株式の発行価額との近似を要求しても、そもそも、トラッキング・ストック所有者は、会社全体ではなく、特定の企業部門や子会社の業績にしか関心がないと考えられ、その議決権行使が会社全体の利益と一致するとは限らないであろう。(22) 第二に、付与される議決権の内容が多様化したことから生じる問題を挙げることができる。ある会社が、完全な議決権が付与された株式、議決権制限株式、拒否権付株式を発行する場合、そもそも付与されている議決権が異なる以上、単に、発行価額の近似を要求することにどれほどの意味があるか疑問である。いずれにせよ、一株一議決権原則の逸脱を認めることから生じうる弊害に対しては、「株価の近似」ではなく、より実効的な方法を探究することが必要であることは明らかであると考えられるのである。(23) たとえば、複数議決権株式の発行を正面から認める場合、普通株式よりも有利な議決権が付与されることに対して、追加的な出資がなされるべきことを要求するだけでは、複数議決権の行使が他の株主や株主以外の会社利害関係人の利益を害するように行使されることに対する十分な保証とはいえないであろう。(24) 第一項で述べた意味での一株一議決権原則が、現在の日本法でも意味があるとするのであれば、議決権制限株式の発行限度を規制するのみでは不十分である。規制すべきは、議決権行使のインセンティブを生み出す株式の経済的な権利の内容ということになる。

以上のような分析からは、議決権配分を規制するよりも、議決権行使自体を規制するほうが適切な規制方法ではないかと考えられるかもしれない。実際、株主が株主自身の利益のために議決権を行使することを否定し、議決権は会社の利益のために行使すべきであるとの主張がなされたことがあった。(25)

このような主張の背景には、株式会社の規模の巨大化、企業集中の強化・拡大により、株主層に分離が生じたことが挙げられる。(26) つまり、議決権行使のインセンティブを持つ一部の企業家株主と、議決権行使のインセンティブを持たない投資株主・投機株主の間に深刻な利害対立が生じることになったのである。[27] このような利害対立を解消する方法の一つとして、「議決権行使の自由を否定することが主張されたと思われる。[28] しかし、「議決権は会社の利益のために行使されるべきである」といっても、このような義務を執行することは不可能に近い。議決権行使に際しての株主の動機の審査が必要だからである。[29]

ただし、議決権行使の自由を否定する見解からは以下の二点の示唆を得ることができる。第一に、ある議決権配分のもとで株主がどのように議決権を行使するかを分析する必要がある。[30] 第二に、事後的な動機の審査が困難であるからこそ、事前に望ましいインセンティブの仕組みを株式会社に組み込む必要性が存在する。[31]

株主が株主自身の利益のために議決権を行使することを認める見解は以下の点を指摘する。議決権行使の制約としては、株主が株主としての地位とは関係のない純個人的な利益を追求することが認められないのみである。[32] 株主が「株主の株主としての利益」のために議決権を行使することは、結果として、株式会社自体の利益にも適合する。株主は共同の目的のために議決権を行使し、多数決によって調整されるのは共同の目的を達成する方法についての意見の差異のみだからである。[33] そして、株主が議決権を株主としての利益を守るために自由に行使できることを前提にしているからこそ、会社に対する経済的利益の割合に従った議決権配分、すなわち、一株一議決権原則の実質的な意義が存在するのである。[34] このような前提が、現在の日本法、それも一株一議決権原則とは異なった議決権・支配権の配分が可能な状況でも成立しうるのかどうか、検討されるべきはなかろうか。

第三項　議決権配分を規制する根拠としての株主平等原則

会社法一〇九条一項は株主平等原則を整理した規定と説明されている。[35] 文言に従えば、会社が種類株式を発行する場合、定款で定められた内容及び株式数に従って株主を平等に処遇する必要がある。したがって、たとえば、議決権制限株式と普通株式を発行する会社は、「議決権を行使できる事項」という点を除いて、双方の種類の株主を株式数に従って平等に扱わなければならない。一方、同条が規定する株主平等原則は、株式の内容、すなわち、種類株式の設計については何も規定していない。

しかし、平成一七年改正前商法下では、株主平等原則の適用範囲は解釈に委ねられていたため、株主平等原則の具体的表現とされた一株一議決権原則についても、条文の文言を超えて、「同一の出資には同一の議決権」といった種類株式の設計に関する議論を生み出してきたものと思われる。(36) しかし、株主平等原則が会社法一〇九条一項の範囲内に限定されるとするならば、種類株式の設計の段階で、たとえば、「同一の出資には同一の議決権」を要求する根拠がなくなってしまうことになる。

会社法の下では、株主平等原則を通じた解釈による議決権配分の規制の可能性に疑いがある以上、議決権配分に関する法規制をそれ独自の理論によって根拠づける必要が生じつつあるように思われる。(37)

第二款　本書の検討課題と議論の方法

第一項　検討課題――株式会社法における議決権配分の位置づけ・規制の方向性

以上の検討から、現時点において、日本法における議決権配分に関する法規制について、その必要性と方向性についての検討が不可欠であることが明らかになったように思われる。これまでの分析から、少なくとも以下のような検討課題を挙げることができるのではなかろうか。

第一の検討課題は、一株一議決権原則の意味を明らかにすることである。いわゆる「株価近似の要請」についての検討から明らかであるように、日本法においては、一株一議決原則の内容や存在意義自体が必ずしも明かであるとはいえない状況にある。(38) 明文上、同じ種類の議決権付株式を所有する株主には、株式数に応じて同じ内容の議決権が付与されることが要求されている。(39) 問題なのは、一株一議決権原則を、会社法が明文規定によって要求している内容に限定して理解するのか、それとも明文規定以上の内容を持ったものと考えるべきかである。しかし、これまでの考察から明らかであるように、立法や学説においては、株主間の議決権配分を規制する原則としての一株一議決権原則に、会社法が明文で規定する以上の意味を与えてきたことは明かではなかろうか。ただし、会社法が明文で規定する以上に、株主間の議決権配分について、いったい何が要求されているのかが不明確なのである。

そこで以下では、さしあたって、一株一議決権原則を株主としての経済的利益と議決権の比例関係を要求する原則として定義し、その機能や存在意義について検討することにする。その理由としては、以下の二点を挙げることができる。第一に、無議決権株式や複数議決権株式に関する日本法の議論においては、株主としての経済的利益に比較して過大な議決権が付与されることが問題とされていたことである。(40) 第二に、株主としての経済的利益と議決権の比例関係を要求することは、会社の利害関係人の中で株主のみに議決権が付与されていることと密接な関係があることである。(41)

このように、一株一議決権原則は、理論的には、会社のあらゆる利害関係人にとって望ましい形で議決権を行使するインセンティブが大きいものに、多くの議決権を与えることを要求していると解釈することが可能である。一株一議決権原則の実質的内容をこのように理解することが正しいのであれば、同原則は、株主を含めた会社のあらゆる利害関係人にとって望ましい法規制と評価することができる。しかし、一株一議決権原則は歴史的に見て絶対的な原則ではなかった。それはなぜなのか。それは、一株一議決権原則に従った議決権配分が会社のあらゆる利害関係人にとって望ましいという理論自体に問題があったからなのか。それとも、一株一議決権原則に期待されていた役割は別の点にあったからなのか。

先に述べた第一の検討課題は、会社利益最大化の視点から議決権配分に関する法規制を考察しようとするものである。しかし、議決権配分に関する法規制に関する議論は、このような視点にとどまらないように思われる。たとえば、従前の学説がすでに指摘していたことであるが、一株一議決権原則と株主民主主義との間には一定の関係があることは否定できないように思われるのである(42)。株主民主主義の意味自体にも争いがあると思われるが、その考え方次第では、出資額に比べて過大、もしくは過少な議決権しか付与されない株主が混在することは、意思決定権限の配分方法として不適切であるとの批判が提起されるかもしれない(43)(44)。また、最近になって、個人投資家や機関投資家の議決権行使に関する関心が高まってきた点に注意が払われなければならないと思われる(45)。議決権配分に関する法規制は、このように積極的に議決権を行使しようとする株主が増加することに対する法的かつ政策的な評価との関係でも議論されるべきであろう。従って、第二の検討課題として、会社利益の最大化以外の要素、特に、株主民主主義の考え方が、議決権配分に関する法規制にどの程度の影響を与えるかを挙げることが適切であると考える。

第三の検討課題として、議決権配分に関する具体的な規制方法について検討する必要がある。先に述べたように、株主間の議決権配分を決定する要素としては、資金調達者である会社側の事情、資金提供者である投資家側の事情、証券市場の成熟度などが関係していた可能性がある(46)。現在の日本の状況を前提にした場合に、一株一議決権原則の維持が望ましいのか、一株一議決権原則から逸脱を規制する方法として議決権制限株式の発行限度を規制することが適切なのか否かなどを検討することにしたい。

本書は、以上に述べた三点で、議決権配分に関する法規制について検討されなければならない課題が尽くされたと考えるわけではない。特に、平成一三年・一四年商法改正は個々の会社が、単元株制度によって議決権が付与される単位を定めることを認めたこと、議決権制限株式に付随する共益権の範囲など、議決権配分に関係する重要な問題を提起した。たとえば、議決権制限株式に付与される総会決議取消訴訟提起権の範囲は、一株一議決権原則からの逸脱を許容するか否かの判断に際して、重要な要素となる可能性もある。通説は、平成一三年・一四年商法改正以前から、議決権を有さない株式に、総会決議取消訴訟提起権など議決権があることを前提とする権利を認めてこなかった[47]。したがって、合併決議にしか議決権を有さない株式には、他の決議、たとえば、利益処分案に関する決議の取消しを請求する権利は付与されないのである。確かに、総会の招集通知を受ける権利は議決権を有する株式の所有者にしか付与されないので、議決権を有さない株式の所有者が手続的な瑕疵を争う権利を奪われることは当然とも考えられる[48]。しかし、内容的な瑕疵、特に、会社法八三一条一項三号が示すように、不当な決議が成立し、それが会社全体に損害を及ぼす場合にまで、取消訴訟提起権を否定することは妥当とはいえないように思われるのである[49]。取消訴訟提起権の付与は柔軟に配分された議決権が不当に行使されることを防ぐ機能を果たすのであって、それは投資家保護だけではなく、会社が健全に経営されることを確保するためにも必要と考えられる。議決権の有無と関係なく、株主一般に、決議の内容的な瑕疵を争う権限を付与することで、一株一議決権原則からの逸脱が許容される範囲を拡大することが正当化できるように思われる。

しかし、これらの問題について考察を加えるための前提として、まず、先に述べた三つの検討課題の検討を通じて、一株一議決権原則の機能と限界を明らかにする必要があると考えられる。

第二項　議論の方法

序論の最後として、本書の目的、議論の方法について明らかにすることにしたい。本書は、前項で示した三つの検討課題を中心に、一株一議決権原則の機能と限界の考察を行い、日本法の議決権配分に関する法規制に関する示唆を得ることを目的としている。そして、その目的を達成するために、アメリカ法とドイツ法における議決権配分に関する法規制の変遷を検討することを考えている。それは次の理由による。二〇世紀の初頭、アメリカ法もドイツ法も、それ以前の議決権配分を柔軟に設定することを認める立場から、一株一議決権原則を厳格に適用する立場に転換した。しかし、現在、アメリカ法は議決権配分の柔軟化に寛容であるのに対して、ドイツ法は一株一議決権原則を厳格に適用する立場を堅持しているのである。両者の規制は、いったんは交わり、しかし、現在に至っては対照的な様相を呈しているのである。両国の規制の変遷を追うことは、一株一議決権原則の機能と限界を議論する上で有益な示唆を与えてくれるものと考えられる。第二章ではアメリカ法を、第三章ではドイツ法に関して検討を加える。そして、第四章で、アメリカ法とドイツ法の検討を通じ、日本法における一株一議決権原則の機能と限界について議論することとする。

なお、本書は、閉鎖会社ではなく、公開会社、それも特に上場会社における議決権配分を主に取り上げる。閉鎖会社では、上場会社と異なり、一般に株主の数が少ない。したがって、議決権の配分に関しても、当事者の交渉に委ねることが合理的である場合が存在する。(50) 一方、株主数の多い上場会社では、株主間の交渉に、閉鎖会社の場合と同程度の期待を持つことはできない。したがって、上場会社の問題を扱うことで、株式会社において、議決権配分に関する定款自治を一定の範囲に制限することが妥当であるか否か、妥当である場合に、その妥当性を基礎づける要素は何かを導き出すことができるものと考えられる。

(1) 当時、一株一議決権原則は強行法規と考えられていた。竹田省「株主ノ議決権」京都法学会雑誌七巻九号一三二三―一三二四頁（一九一二年）、田中誠二「株主の議決権について」法協四三巻八号一三五七―一三五八頁（一九二五年）、松本烝治『日本会社法論』二五六頁（一九二九年・巌松堂書店）、水口吉蔵「株主の議決権を論ず」明治大学法律論集八巻六号六五九頁（一九二九年）、烏賀陽然良「株主ノ議決権ヲ論ズ」二一六―二一七頁『商法研究第二巻』（一九三六年・有斐閣）、野間繁「株主の議決権とその行使（一）」明治大学法律論叢一七巻四号四二八頁（一九三八年）参照。

(2) 洲崎博史「優先株・無議決権株に関する一考察（一）」民商九一巻三号三二九頁（一九八四年）参照。

(3) これに対して、複数議決権株式や無議決権株式に関する比較法研究は比較的豊富である。特に、第一次世界大戦後のヨーロッパ諸国の状況を紹介するものが多かった。たとえば、増地庸治郎「議決権株と無議決権株――ドイツ新会社法草案に於ける其の取扱」明大商学論叢九巻六号二九頁以下（一九三一年）、大隅健一郎「議決権株に就いて」『企業合同法の研究』（一九三五年・弘文堂）、豊崎光衛「議決権なき株式（一～二・完）」法協五五巻一二号二二七六頁（一九三七年）、法協五六巻一号八二頁（一九三八年）、嘉野敏夫「議決権株に就いて（一～三・完）」法学新報五五巻九号五一一頁（一九四八年）、五五巻一〇号六一〇頁（一九四八年）、五五巻一一号六八四頁（一九四八年）、嘉野敏夫「フランスに於ける議決権株について」法学新報五六巻二号（一九五〇年）、加藤修「複数議決権株式」法学研究六六巻一号七九頁（一九九三年）、荒谷裕子「フランスにおける複数議決権制度」酒巻俊雄還暦記念『公開会社と閉鎖会社の法理』二七頁（一九九二年・商事法務研究会）など参照。

(4) 学説の議論は議決権の本質論を中心に展開された。すなわち、社員権否認論、議決権の倫理性の妥当性をめぐり、活発な議論が展開された。大森忠夫「議決権」田中耕太郎編『株式会社法講座第三巻』八七八―八八六頁（一九六一年・有斐閣）参照。しかし、株主間の議決権配分とこれらの論争の関係は不明確である。ただし、社員権否認論や議決権の倫理性の主張者が、議決権行使の自由を否定していたことは、議決権配分の法規制を考える上では興味深い。この点については後述する。

(5) 最近では、日本法において、議決権配分の柔軟化を積極的に認める見解も現れ始めている。たとえば、柳明昌「差別的議決権の理論的検討――アメリカ法を中心として――」東北大学法学六七巻六号六五頁以下（二〇〇三年）、木村芳彦「公開会社における議決権コントロールの柔軟化に関する一考察――証券取引所によるコーポレート・ガバナンス関与の今日的意義」ソフトロー研究二号三一頁以下（二〇〇五年）参照。柳明昌論文の主張の要点は以下の二点にあると思われる。第一に、日本法では、単元株制度、議決権制限株式、種類投票、トラッキング・ストック、持株会社など、議決権とキャッシュフローの分離を可能にする制度は既に存在する。それにもかかわらず、一株一議決権原則の存在を認めることは論理的ではない。第二に、一株一議決権原則からの逸脱を認める場合が望ましい場合がある。具体的には、残余的権利を有する経営者にそれに対応したコントロール権を与えることなどが指摘されている。柳・前掲七〇頁参照。本稿の筆者は、「経営者の残余的利益」の評価を除き、第二の点には賛成する。しかし、第一の点には疑問を持っている。それは、議決権とキャッシュフローの分離の程度、その永続性などから、ある特定の方法による議決権とキャッシュフローの分離を制限することに合理性があるのではないかと考えているからである。木村芳彦論文は、証券取引所が積極的に関与することを前提に、上場会社における議決権配分について（柔軟化の方向での）再考の余地があることを指摘している。議決権配分の柔軟化に関する筆者の見解は、第四章「総括と結論」で詳細に述べる予定である。

（6）田中・前掲注（1）一三二三頁、大森・前掲注（4）八六七頁、野間繁「株主の議決権とその行使（二）」明治大学法律論叢一七巻五号五六五頁（一九三八年）、菱田政宏「株式の種類・出資・権益（二）」関西大学法学論集二〇巻四号四一八―四一九頁（一九七〇年）、鈴木竹雄「株主平等の原則」『商法研究Ⅱ会社法（一）』二五七、二六三頁（一九七一年・有斐閣）、鈴木竹雄＝竹内昭夫『会社法［第三版］』二三二頁（一九九四年・有斐閣）、大隅健一郎＝今井宏『会社法論上巻［第三版］』四七頁（一九九一年・有斐閣）、田中誠二『会社法詳論上巻［三全訂版］』五一〇頁（一九九三年・勁草書房）、龍田節『会社法大要』一五七―一五八頁（二〇〇七年・有斐閣）、上村達男「株主平等原則」竹内昭夫編『特別講義商法Ⅰ』一五頁（一九九五年・有斐閣）など参照。

（7）大隅健一郎「株主の共益権について」『新版 会社法の諸問題』一五一頁（一九八三年・有信堂）、西原寛一「株式会社の社団法人性」田中耕太郎編『株式会社法講座第一巻』七八頁（一九五五年・有斐閣）、服部榮三「株式の本質」田中耕太郎編『株式会社法講座第二巻』四一六頁（一九五六年・有斐閣）、大森・前掲注（4）八八一頁参照。

(8)　大森・前掲注(4)八八七頁、野間・前掲注(6)五六五頁、米津昭子「株主の議決権の特異性」慶應義塾大学法学部編『慶應義塾創立百年記念論文集(法学部)第一部・法律学関係』三三四、三三九頁(一九五八年・慶應義塾大学法学部)、鳥山恭一「フランス会社法における資本多数決原則の形成と展開――一株一議決権原則の再検討――」早法五九巻一＝二＝三号二〇八頁(一九八四年)参照。

(9)　田中・前掲注(1)一三二三頁、大森・前掲注(4)八六七頁参照、水口・前掲注(1)六五九頁参照。

(10)　商法では、会社は営利社団法人であると定義されていた。平成一七年改正前商五二条参照。一方、会社法では、会社とは「株式会社、合名会社、合資会社又は合同会社をいう」として定義されている。会二条一号参照。この点に関しては、会社は社団であることに変化はないとする見解(神田秀樹『会社法［第九版］』六頁(二〇〇七年・弘文堂)、弥永真生『リーガルマインド会社法［第九版］』(二〇〇五年・有斐閣)参照)、会社とは出資者である社員を構成員(所有者)とする組織体であるとする見解が提示されている(宮島司『新会社法エッセンス』六頁(二〇〇五年・弘文堂)参照)。立案担当官は、会社は社団であることを前提にしているようである。相澤哲編著『一問一答 新会社法』一八二頁(二〇〇五年・商事法務)参照。

(11)　大隅健一郎「株式会社の構造変革と株式会社法理の変遷(四)」法学論叢四五巻二号二四六―二四七頁(一九四一年)、三藤正「わが国会社法の性格とその変質(一)」民商一四巻五号七一四頁(一九四一年)、菱田・前掲注(6)四一八頁参照。

(12)　ただし、一株一議決権原則と株式会社の社団性、株主民主主義の当然の結びつきを否定する見解も存在する。その根拠は、一株一議決権原則のもとでは、資本多数決によって過半数の株式を所有した株主の支配権が完全なものとなり、すべての株主が資本的に平等に経営に対するコントロールを与えられていないからである。鳥山・前掲注(8)二〇四―二〇五頁、二一一頁参照。また、株式と債権との区別との関係で、株式に議決権が付与されていなくても、他の手段によって株主の利益について実質的保護が図られている以上、株式としての特質が失われるわけではないとの見解も見られる。菱田・前掲注(6)四二六―四二七頁参照。

(13)　大隅・前掲注(3)三五四頁、菱田政宏「複数議決権株(三)」法学論集一九巻四・五・六号二五九頁(一九七一年)、荒谷・前掲注(3)四九頁など参照。

(14)　本章第一節第二款第一項(2)、第二項(1)①参照。

(15)　藤田友敬「株主の議決権」法教一九四号一九—二二頁（一九九六年）、神田秀樹「株式と社債」竹内昭夫先生還暦記念論文集『現代企業法の展開』二五二頁（一九九〇年・有斐閣）参照。株主が残余権者であることから議決権の付与を正当化することは日本に限ったことではない。See, Frank H. Easterbrook and Daniel R. Fischel, The Economic Structure of Corporate Law, 73（Harvard University Press, 1991）; Armen A. Alchian & Harold Demsetz, Production, Information Costs, and Economic Organization, 62 Am. Econ. Rev. 777, 782（1972）; Henry Hansmann, The Ownership of Enterprise, 12（1996, Harvard University Press）. 確かに、株主が残余権者であることは、株主に議決権が付与されることを正当化するように思われるが、同時に、議決権が株主のみに付与されるということをも正当化するわけではないことは注意されなければならない。なぜ、一般的に、従業員、債権者といった会社の利害関係人に議決権が付与されていないかは、さらに論証が必要である。この点に関する詳細な検討は別稿に譲ることにしたいが、この問題については、Dale A. Oesterle and Alan R. Palmiter, Judicial Schizophrenia in Shareholder Voting Cases, 79 Iowa L. Rev. 485, 516-519（1994）; Hansmann, supra at 66 ff で議論されている。アメリカ会社法で中心的な役割を果たしているデラウエア州一般会社法では、定款によって、社債権者に、株主に付与される内容と同じ議決権を与えることが認められていることに注意が払われるべきである。See, Delaware General Corporation Law § 221（2007）. 確かに、制定法で、社債権者に議決権を与えることを認めることが、アメリカの州会社法の主流の考え方になっているといえるわけではない。See, Jesse H. Choper & John C. Coffee, Jr. & Ronald J. Gilson, Cases and Materials on Corporations 564（6th ed., Aspen Law & Business, 2004）. しかし、デラウエア州一般会社法が、社債権者が議決権を有することを認めていることは、株式会社の性質や本質といった議論から、当然に株主のみが議決権を有することが導き出されるわけではないということを示しているように思われる。

(16)　"Agent watching agent" の問題は、特に機関投資家が積極的に議決権を行使し会社経営に関与しようとする場合に問題になる。すなわち、機関投資家の利害とその会社の他の株主の利害は必ずしも一致しないため、機関投資家が議決権行使などを通じて経営者を監視することが、株主全体の利益にならない可能性があるのである。See, John C. Coffee Jr., Liquidity versus Control : The Institutional Investors as Corporate Monitor, 91 Colum. L. Rev 1277（1991）;

Edward B. Rock, The Logic and (Uncertain) Significance of Institutional Shareholder Activism, 79 Georgetown L. Rev. 445 (1991); Roberta Romano, Public Pension Fund Activisim in Corporate Governance Reconsidered, 93 Colum, L. Rev. 795 (1993); Edward B. Rock, Controlling the Dark Side of Relational Investing, 15 Cardozo L. Rev. 987 (1994); Bernard S. Black, Agents Watching Agents: The Promise of Institutional Investor Voice, 39 UCLA L. Rev. 732, 850-851 (1992). "Agent watching agent"の一般的な問題については、Varian, Montitoring Agents with Other Agents, 1990 J. Instituional & Theoretical Econ. 153 などを参照。

(17)　Frank H. Easterbrook と Daniel R. Fischel は、議決権と残余権の量を比例関係に置くことが、経営者、株主、債権者、労働者といった会社の利害関係人のために、議決権が事前に契約によって規律できない経営者の行動を監視するために行使されるという、議決権に期待される機能の、"a logical consequence"であるとする。See, Easterbrook and Fischel, supra note 15, at 73.

(18)　畠中薫里「企業の資金調達と議決権および利益の配分」三輪芳朗＝神田秀樹＝柳川範之『会社法の経済学』二九二頁（一九九八年・東京大学出版会）以下。前掲書二九六頁以下では、ある条件のもとでは一株一議決権原則が企業価値の向上につながらない場合があることを示している。それは以下のような具体例で示されている。現経営陣（Ｉ）のもとでの株式価値をＳ（Ｉ）、現経営陣が獲得できる私的利益（配当又は株式価値向上以外の利益）をＰ（Ｉ）、支配権の獲得を狙う投資家（Ｒ）のもとでの株式価値をS(Ｒ)、投資家が獲得できる私的利益をP(Ｒ)とする。また、S(R)＞S(I)+P(I) が成立していると仮定する。一株一議決権原則のもとでは、投資家（Ｒ）はＳ（Ｒ）を既存株主に支払えば支配権を獲得することができる。次に、各株式は経済的利益に関しては平等な権利を有するが、議決権は財産的権利の二分の一が付随する甲株式にしか存在しない場合を考える。したがって、甲株式の所有権をめぐって支配権争いが生じる。ここで、S(R)/2+P(R)＞S(I)/2+P(I) とともに、S(R)/2＜S(I)/2+P(I) も成立すると仮定する。この場合、甲株式に関して投資家（Ｒ）は、既存株主に対して、S(R)/2ではなくS(I)/2+P(I) より高い額を申し出ないと支配権を獲得することはできない。一方、投資家（Ｒ）が支配権を獲得することで甲株式以外の株式の価値はS(R)/2に上昇する。したがって、S(R)/2+S(I)/2+P(I)＞S(R) が成立し、既存株主は一株一議決権原則の場合よりも高い価値を得ることができる。ただし、このような条件が存在することはまれであるし、既存株主が得ることができる価値を基準とすることの妥当性などから、やはり、一般的にいって一株一議決権原則が最も企業価値向上につながる場合が多いとも指摘する。

(19)　支配者が所有する会社に対する株主としての経済的利益の割合と、支配権の行使がどのような関係にあるかを明らかにするために、以下の具体例を考える。支配者が所有する株式価値の割合をα（$0 \leqq \alpha \leqq 1$）とする。今、株式価値を一〇〇向上させる事業Xと一二〇向上させる事業Yがあり、それぞれの事業から支配者が得ることができる私的利益は、事業Xでは20、事業Yでは1とする。企業価値向上の観点からは、事業Yが選択されることが望ましい。しかし、$\alpha \cdot 120 + 20 > \alpha \cdot 120 + 1$［①式］が成立する場合、支配者は事業Xを選択する。支配者は彼が所有する株式に生じる株式利益のほかに、私的利益を獲得することができる。そして、①式から明らかなように、αの値が小さければ小さいほど、支配者は株式利益の多寡ではなく、私的利益の多寡を重視して事業選択を行うことになるのである。以上の説明から、αの値が大きければ大きいほど、株式価値向上の観点から事業選択がなされる場合が多くなることが示された。そして、株主の議決権配分との関係では、支配権者が株式所有から得られる利益が大きければ大きいほど、支配権・議決権が会社利益向上のために行使される可能性が高くなるのである。See, Lucian Arye Bebchuk, Reinier R. Kraakman, and George G. Triantis, Stock Pyramids, Cross - Ownership, and Dual Class Equity, in : Randall K. Morck, Concentrated Corporate Ownership 301-302 (The University of Chicago Press, 2000). このような主張に対しては以下のような反論が考えられる。まず、αの値が小さいのは議決権配分とは無関係であるとの主張がなされるものと考えられる。すなわち、株式所有が分散状態にある場合、たとえ一株一議決権原則が堅持されていても、支配者は株主の合理的無関心を利用して支配権を維持することが可能であるから、αの値は小さくなることが多いのである。しかし、このような場合、敵対的企業買収の可能性が、経営者に対して、株式価値を向上させるインセンティブを与えるとの反論がなされている。See, Bebchuk, Kraakman, and Triantis, supra at 301.

(20)　本文で示した論拠に対しては、以下のような批判が加えられている。まず、決議事項に関して、一般的にいって、それぞれの株主が特別な利害関係を有していない限り、いずれの株主も会社の価値を最大化させるインセンティブを持つものと考えられる。にもかかわらず、危険資本の六〇％を拠出するものと、四〇％を拠出するものが存在する場合、前者に決定権を与えることが望ましいのであろうか。危険資本の拠出割合が拮抗する場合、どちらの判断力が優れているのか、どちらがより高い判断のインセンティブを有しているのか判別することは困難である。したがって、議決権の配分に関してはある程度形式的に割り振る必要があるが、この場合、頭数よりは危険資本の大きさで割り振った方がましと考えることができる。いわば、一株一議決権原則は一種の「割り切り」として合理的なルールと考えられる。そして、一株一議決権原則を一種の割り切りと考えるのであれば、それからの逸脱を厳格に規制する必然性は存在しないことになる。藤田・前掲注（15）二一一頁。

(21)　平成一三年改正によって、種類株式の内容として定款に記載が要求される事項が緩和されたことについて、神田秀樹＝武井一浩編著『新しい株式制度』一六七頁以下［中山龍太郎執筆］（二〇〇二年・有斐閣）参照。なお、柔軟な証券設計を可能とするためには、議決権配分に関する規制の緩和も必要であることが主張されることもあった。『「デットとエクイティに関する法原理についての研究会」報告書』七一頁（二〇〇一年・日本銀行金融研究所）参照。本文の例が示すように、株式の経済的権利の多様化を認める以上、それに対応して議決権・支配権の柔軟な配分を認める方が望ましい場合は存在する。問題は、許容されるべき柔軟化の程度や具体的な規制の方法の内容である。もし、実現可能な規制の方法を導き出すことができないのであれば、議決権があるかないかしか認めないという硬直的な規制を採用することが合理的な場合もあるように思われる。

(22)　トラッキング・ストックとは、その価値（直接的には配当を始めとするその株主の自益権）が、発行会社の特定の事業部門または子会社の価値に連動するよう設計された株式である。西村総合法律事務所編『ファイナンス法大全(上)』四三〇頁（二〇〇三年・商事法務）参照。

(23)　すなわち、投資家保護のレベルの規制に加えて、「ある種のガバナンスのメカニズム（議決権の偏在）が当該企業のパフォーマンスとの関係で望ましいか否か」というレベルの規制の必要性が問題となる。江頭憲治郎＝神作裕之＝藤田友敬＝武井一浩編著『改正会社法セミナー』四五四頁［藤田発言］（二〇〇五年・有斐閣）参照。既に、議決権配分の柔軟化に対しては、議決権濫用のような事後的救済を手厚くする措置を検討すべきことを主張する見解も存在する。稲葉威雄「新しい会社法制を求めて(2)――会社法現代化要綱試案に関連して――」民事法情報二一二号一〇頁（二〇〇四年）、江頭＝神作＝藤田＝武井・前掲四五二頁［山下友信発言］。

(24)　菱田政宏は、複数議決権株式が、「公正に発行され適正に流通され、何人でも容易にそれを取得しうるものであれば」、議決権の数が甚大ではない場合、無議決権株式が認められる現行法の下では、本質的に異質的なものとはいえないと指摘する。菱田・前掲注（13）二六四頁参照。もし、このような主張の趣旨が、株式の投資価値に見合った出資がなされればよいということであれば、規制の方法としては不適切である。

（25）　松田二郎「経済事情の変遷と株主の議決権の性質」法協五〇巻一二号二二二五頁（一九三二年）以下、松田二郎『株式会社の基礎理論』四八頁（一九四二年・岩波書店）、田中耕太郎『改訂会社法概論下巻』三五八―三五九頁（一九五五年・岩波書店）、西島彌太郎「株主の議決権について」竹田省先生古稀記念論文集『商法の諸問題』一八三頁（一九五二年・有斐閣）以下参照。以下の本文では、この問題について最も詳細な研究を行った松田二郎の見解を中心に分析を行うことにする。ただし、このような見解は、学説で一般的に支持を集めることはなかった。大隅・前掲注（7）一四一頁以下、鈴木竹雄「共益権の本質――松田博士の所説に対する一批判」『商法研究（Ⅲ）会社法（二）』一頁以下（一九七一年・有斐閣）、江頭憲治郎『株式会社・有限会社法〔第四版〕』一二〇頁注（三）（二〇〇五年・有斐閣）など参照。批判の根拠は、議決権（共益権）は株主自身の利益のためではなく、会社自体の利益のためにのみ行使されるべきであると解することが、株式会社の営利法人性と矛盾しているという点にあった。大隅・前掲注（7）一五〇―一五一頁、鈴木・前掲一五頁、三〇―三一頁参照。

（26）　松田・前掲注（25）二二三一―二二三二頁参照。

（27）　三藤正「わが国会社法の性格とその変質（二・完）」民商一四巻六号八七〇―八七二頁（一九四一年）参照。企業集中がそれほど進んでいない状況では、一部の株主の議決権（共益権）の濫用を規制するだけでよかった。しかし、親子会社関係や持株会社が広く存在するに至り、議決権行使の自由を否定する（議決権の倫理性を協調する）必要が生じたと説明される。松田・前掲注（25）二二三一―二二三二頁、二二三九―二二四〇頁、二二四二―二二四三頁参照。

（28）　松田二郎は、株主が利己的に議決権を行使することで、「一部株主のため、他の株主、会社債権者更に従業員が其犠牲となる事を肯定し、従つて会社自体の利益が全然蹂躙せらるるに至る」と指摘する。松田・前掲注（25）二二六七頁参照。松田二郎の見解の背景には、白紙委任状による議決権の代理行使、議決権拘束契約、議決権信託、複数議決権株式、持株会社など、事業から生じるリスクを負担することなく支配権を確保することができることに対する危機感が存在したのである。森淳二朗「株式本質論――株式と株主のはざまで見失われたもの」倉澤康一郎＝奥

島孝康編『昭和商法学史』三一八頁（一九九六年・日本評論社）参照。

(29)　明確に濫用と評価できる場合を除き、裁判所による事後的な審査が機能することは期待しにくい。裁判所による厳格な審査は、経営に対する過剰な介入になる可能性もある。取締役の注意義務違反の場合に経営判断原則の適用を認めるのと同じ理由が、議決権ないしは支配権の行使の事後的な審査にも該当する場合がありうると思われる。経営判断原則の根拠について、吉原和志「取締役の経営判断と株主代表訴訟」小林秀之＝近藤光男編『新版・株主代表訴訟体系』七九―八〇頁（二〇〇二年・弘文堂）参照。

(30)　議決権行使の自由を否定する論者は、一株一議決権原則でも望ましいインセンティブを与えていないと評価していた可能性はある。このような評価の妥当性については、現在の日本の株主構成などの分析が必要である。

(31)　松田二郎は、「議決権は会社の利益のために行使すべきである」との原則を維持しつつ、株式会社の規模の巨大化、企業集中の拡大・強化から生じる問題に対しては、無議決権株式の積極的な利用を提唱する。つまり、議決権行使のインセンティブの小さい投資株主・投機株主には議決権を付与せず、彼らの議決権が議決権信託、議決権拘束契約、白紙委任状による議決権の代理行使によって利用されることを防止しようとした。その一方で、議決権を唯一付与される企業家株主の責任を加重することが提案された。松田・前掲注(25)二二七〇―二二七一頁参照。法理論として責任を加重する必要性は理解できるが、その執行可能性は疑わしい。大隅健一郎は、複数議決権株式の採用と同時に、複数議決権株式から生じる支配権に相当する重大な責任を課すことの必要性を説いた。そして、このような責任の制度が日本法では整備されていないことを根拠に、複数議決権株式の日本法における採用に否定的な立場をとっていた。大隅・前掲注（3）三五六頁（注6）参照。

(32)　会社法でも、特別利害関係人の議決権行使によって成立した著しく不当な株主総会決議の取消は可能である。会八三一条一項三号参照。一方、昭和五六年改正以前の商法では、特別利害関係人の議決権行使自体が排除されていた。特別利害関係人の議決権行使については、神田秀樹「資本多数決と株主間の利害調整（五・完）」法協九九巻二号二八六頁（一九八二年）以下を参照。

(33)　大隅・前掲注（7）一五三頁参照。このように株主の利害が等質であることを前提とする議論については、以下のような批判がなされている。即ち、一般株主であるか、資本多数決によって会社を支配できる株主であるかによって、

「株主の経済的利益」の内容が異なるのである。森・前掲注（28）三一三—三一四頁参照。

(34) 大隅・前掲注（7）一五五頁参照。

(35) 相澤哲＝岩崎友彦「株式（総則・株主名簿・株式の譲渡等）」商事法務一七三九号三九頁（二〇〇五年）参照。

(36) 本章第一節第二款第二項⑵参照。

(37) （普通）株式に議決権を付与することの理論的基礎を失わせるような種類株式は認めるべきではないかもしれない。この点に関しては、神田・前掲注（15）二六二—二六三頁参照。切り分けが困難な場合には、議決権は普通株式のみに付与し、他の種類株式に付与することは認めず、後者の利益は種類株主総会によって保護するという制度も検討に値するのではないか。

(38) 本章第一節第二款第一項⑶参照。

(39) 会三〇八条。ただし、単元株制度を利用している場合には、一単元につき一個の議決権が付与されることになる。

(40) 本章第一節第二款第一項⑵、本章第二節第一款第一項参照。

(41) 本章第二節第一款第二項参照。

(42) 株主民主主義との関係から、一株一議決権原則の強行法規性を基礎づけようとする見解として、田中・前掲注（1）二四頁、大森・前掲注（4）八六七頁がある。また、二〇〇三年五月に発表された、「ＥＵにおける会社法現代化のためのアクション・プログラム」でも、株主民主制（Aktionaerdemokratie）の確立を説く中で、一株一議決権原則との関係が触れられている。そこでは、敵対的企業買収との関係で、議決権が付与されていない又は制限されている株式の発行を禁止するという厳格な立場が存在することを認めている。しかし、ＥＵ委員会がその立場をとることを明言しているわけではなく、短期ないしは中期的な検討課題として示すのみである。Vgl., Mitteilung der Kommission an den Rat und das Europä ische Parlament-Modernisierung des Gesellschaftsrechts und Verbesserung der Corporate Governance in der Europä ischen Union-Aktionsplan Mitteilung der Kommission an den Rat und das Europä ische Parlament-Modernisierung des Gesellschaftsrechts und Verbesserung der Corporate Governance in der Europä ischen Union-Aktionsplan /* KOM/2003/0284 endg.*/ なお、同アクション・プログラムについては、「海外情報：ＥＵにおける会社法現代化のためのアクション・プログラム」商事法務一六六八号三六—

三七頁（二〇〇三年）参照。

（43）　本章第二節第一款第三項で述べたように、この問題は株主平等原則の適用範囲の議論とも密接に関係する。また、議決権の配分方法は、それを前提として成立した決議の正当性とも関係するように思われる。すなわち、多数決で事を決することの妥当性の限界の問題である。多数決の妥当性については、議決権（投票権）の配分方法を直接扱ったわけではないが、長谷部恭男「なぜ多数決か？――その根拠と限界――」レファレンス六二三号四頁以下（二〇〇二年）を参照。

（44）　たとえば、敵対的企業買収に対して取締役会に拒否権を与えること（Board Veto）も、ある特定の「民主主義」の解釈から正当化できることを示唆する論稿として、Marcel Kahan & Edward B. Rock, Precommitment and Managerial Incentives : Corporate Constitutionalism : Antitakeover Charter Provisions as Precommitment, 152 U. PA. 473（2003）がある。

（45）　この点に関して、たとえば、佐藤敏昭「公開会社における主要株主の議決権」奥島孝康教授還暦記念論文集第一巻『近代企業法の形成と展開』一三三―一三四頁（一九九九年・成文堂）、山口幸代「英国における株主の議決権について」法雑四八巻四号六〇七―六一三頁（二〇〇二年）、若杉敬明監修・財団法人年金総合研究センター編『機関投資家の株主議決権行使とコーポレート・ガバナンス』（別冊商事法務二七四号）三―四頁（二〇〇四年・商事法務）などを参照。

（46）　本章第一節第三款参照。拒否権付株式を利用することで、閉鎖会社についてはベンチャーキャピタルに、上場会社については、財務上の問題がある企業に対してエクイティによって資金提供を行う投資家などに、自己防衛の手段を与えることができる。しかし、いったん拒否権付株式が導入された後、新しく別の当事者から資金調達することが困難になる可能性があることについて指摘されることがある。高原達弘「種類株式設計の多様化［下］――ベンチャー企業における種類株式の利用――」商事法務二〇〇四年三一頁、三二―三三頁（二〇〇四年）参照。拒否権付株式や複数議決権株式などのように、その所持者に強力な支配権を与える種類株式の利用については、他の株主・投資家の理解を得るような手当てが必要である。もちろん、法律によってそのような手当てをする必要があるか否かは、別に検討されなければならない。

（47）　菅原菊志『新版注釈会社法第五巻』二四四頁（一九八六年・有斐閣）、江頭憲治郎『株式会社・有限会社法［第四版］』

三二六頁（注2）（二〇〇五年・有斐閣）参照。

(48) 平成一七年改正前商二三二条四項。ただし、会社法では、取締役会を設置しない会社に限り、「株主総会において決議をすることができる事項の全部につき議決権を行使することができない株主」を除き、招集通知の対象とされている。会二九八条二項括弧書・三項、二九九条一項参照。取締役会を設置しない会社の株主は、行使期間の制限のない単独株主権として、議題提案権を行使することができるからである。会三〇三条一項参照。しかし、この改正も、議題提案権の範囲が議決権を行使できる事項に限られているので、通説的理解に従えば、取締役会を設置しない会社の議決権制限株主が、自分が議決権を行使できない決議事項について決議取消訴訟を提起できる根拠とはならないと思われる。

(49) 岩原紳作『新版注釈会社法第五巻』三二九頁（一九八六年・有斐閣）、洲崎・前掲注（2）五五七頁、菅原・前掲注（47）二四五頁参照。

(50) 会社法はこのような立場から議決権制限株式の発行限度の定めを株式譲渡制限会社に限って撤廃したものと思われる。前注（140）参照。閉鎖会社における支配権の配分を扱う最近の研究として、河村尚志「定款による支配分配と種類株式の活用（一）（二）（三・完）」法学論叢一五七巻二号七四頁以下、一五七巻四号八〇頁以下、一五七巻六号五〇頁以下（二〇〇五年）がある。

第二章　アメリカ法

本章では、アメリカ法における議決権配分に関する規制について検討を加える。第一節ではアメリカ法の現状を概括する。その結果、議決権配分に関する規制の中心は証券取引所の上場規則にあることが明らかになる。この上場規則は、一九八〇年代にＳＥＣが制定した規則19ｃ－４を模範として制定されたものである。(1) したがって、第一に、規則19ｃ－４の制定過程とその背景にある議論の内容を明らかにしなければならない。第二節では、この点を検討する。しかし、アメリカ法の検討はそれにとどまるべきものではない。なぜなら、規則19ｃ－４は、集合行為問題ないし経営者による戦略的行動によって、株主が議決権配分の変更に対して自由意思に基づいて同意することが想定されない典型的な取引を禁止するのみであるからである。しかし、株主の行動が自由意思と乖離するおそれがあるのは、議決権配分に関する意思決定に特有の問題ではない。したがって、議決権配分を特別扱いする理由を探求する必要がある。つまり、議決権の実質的な内容、すなわち、議決権が企業統治において果たす役割の明確化と、議決権配分を株主の投資判断に完全に委ねることの妥当性に関する検討が必要となる。(2) 本稿では、前者を第三節で、後者を第四節で、それぞれ扱うことにする。このような検討を通じて、初めて、アメリカ法を正確に理解することが可能となる。そして、アメリカ法の議決権配分に関する規制の背景にある根本的な考え方を明らかにすることが本章の最終的な目的となる。

第一節　アメリカ法の現状

第一款　州会社法による規制と株主間の議決権配分

アメリカでは、州会社法と証券取引所の上場規則が、議決権の配分に関する定めを置いている。(3) 現在の州会社法には、株主間の議決権配分を規制する明確な規定は存在しない。(4) 議決権の配分についても、額面の有無、配当受領権の内容、清算時の残余財産受領権の内容と同じく、定款の規定によって個々の会社が自由に定めることができる。ただし、最低でもある一つの種類の株式が完全な議決権を有する必要があるといった規制を置く州も存在する。(5) しかし、日本法と比べて、かなり柔軟な議決権配分を許容していることは明らかである。(6)

もちろん、株主間の議決権配分が裁判所で争われることが皆無というわけではない。しかし、争点となるのは、議決権配分の実質的な内容というよりは、むしろん、その手続面についてである。Lehrman v. Cohen（議決権のみしか付与されない株式）(7) と Providence & Worcester Co. v. Baker（最高議決権制度（capped voting））(8) の二つの最高裁判例によって、株式の内容に関して規定するデラウエア州一般会社法一五一条(a)の解釈として、あまりにも不合理な内容ではない限り、議決権配分自体が株式の無効を根拠づけることはないとの解釈が確立したように思われる。(9) また、判断に際して株式上場の有無が重視されているわけでもない。(10)

裁判例で問題となるのは、第一に、いわゆる Blank Check Preferred Stock を利用する場合、第二に株主総会の承認手続の瑕疵が問題とされる場合である。第一の点との関係では、取締役会限りで敵対的企業買収防衛措置として優先議決権株式（supervoting stock）を発行した事件で発行差止めを認めた事例があるが、[11]防衛措置として発行する場合でも、株主総会決議を得ていれば差し止められることはないようである。[12]第二の点との関係では、株主総会決議の際の開示のあり方が問題とされる。支配株主が他の株主に賛成票を投じる圧力をかけた場合には株主総会決議を得た場合でも新株発行差止めが認められた事例があるが、[13]重要な情報が開示されていれば新株発行が差し止められることは原則としてないと思われる。[14]

会社法に関する判例では、一般的に、問題となった議決権の配分が合理的な目的のために採用され、かつ、株式の発行の段階で詐欺的な行為がなされたことの証明がない限り、特殊な議決権配分も認められる傾向にあるといえよう。[15]

第二款　証券取引所による規制と株主間の議決権配分

一方、NYSE、NASDAQ、AMEXといった、アメリカの著名な証券取引所の上場規則には、議決権の配分について制限的な規定が置かれている。それは以下のようなものである。「証券取引所法一二条の規制の下、公開取引されている普通株式の所有者の議決権は、あらゆる会社の行為、株式発行によって差別的に減少、制限されたりしてはならない。[16]」そして、そのような会社の行為の具体例として、時差議決権制度（tenure voting）の採用、最高議決権制度（capped voting）の採用、優先議決権株式（supervoting stock）の発行、[17]優先議決権株式ないし劣後議決権株式を交換申込（Exchange offer）によって発行することが挙げられている。ただし、ここで規制の対象とされているのは、既存株主の議決権が不当に稀釈されることである。ただし、無議決権普通株式の発行と無議決権優先株式の発行には、投資家保護の見地から特別の規制が課されている[18]。

したがって、たとえば、上場に先立って既に優先議決権株式を発行していた会社は、この規則に抵触することなく上場することは可能である。なぜなら、議決権を侵害される既存株主がそもそも存在しないからである。また、以前は一株一議決権原則に従って議決権が配分されていた上場企業が、新たに、劣後議決権株式を発行することも可能とされた[19]。このような規則は、一九八八年に制定され[20]、そして、一九九〇年に裁判所により無効を宣告された[21]ＳＥＣ規則19ｃ－4とほぼ同様の内容を有するものである[22]。ただし、以下の点については規則19ｃ－4の内容を緩和している。⑴ＩＰＯ時に優先議決権株式が存在している限り、追加的に優先議決権株式を発行することを許容した。⑵劣後議決権株式を発行した後、一株につき一議決権が付与される普通株式を発行することを許容した。⑶形式的には基準に違反するような場合でも、証券取引所がケース・バイ・ケースで議決権配分の変更を認めることを可能にした[23]。しかし、原則として、ある特定の取引形態を禁止するという態度に変更はない。

⑶について、たとえば、財政難に陥った企業が資金調達に際して優先議決権株式を発行した事例が存在する[24]。この事例で、ＮＹＳＥは取締役総数の過半数の選任権が付与された株式を支援企業に発行することを許可した。その根拠とされたのは以下の諸点である。①現実に緊急の資金調達を行う必要性が存在すること、②支援企業の出資額が自己資本のかなりの部分を占めること[25]、③取締役の選任権が他の投資家に譲渡されない仕組みが取られていること、④取締役の選任権は永続的なものでなく、明確な期限が付されていることである。

①の発行の必要性という観点で、ＮＹＳＥは興味深い判断をしている。すなわち、合併に際して議決権付株式を発行することを計画していた会社が、既存の優先議決権株式所有者の議決権が希釈されるのを防ぐために、彼に追

加的に優先議決権株式を発行したことが上場規則に違反すると判断したのである。(26)通常、すでに優先議決権株式を発行している会社が同じ優先議決権株式を発行することは禁止されない。しかし、本件のような優先議決権株式所有者の議決権支配を保持することを目的として発行することは、上場規則が規制しようとした既存株主の議決権を不当に奪うことにあたると判断されたのである。(27)

第三款　小　括

このように、州法と取引所規則の規制は対照的である。そうすると、以下のような疑問が生まれてくる。なぜ、取引所規則は州法が認めた会社の権限を制限する必要があったのであろうか。また、なぜ、既存株主の議決権が稀釈されることのみ規制の対象としたのであろうか。このような疑問に答えるためには、現在の上場規則の元になったＳＥＣ規則19ｃ－４の制定過程とその背景にある議論についての検討が欠かせないと思われる。以下では、まず、同規則が制定された当時の状況、主張された根拠について検討を加えることとしたい。そして、このような規制のあり方が望ましかったのか否かについて検討を加えることとする。

(1)　一九八〇年代にアメリカで盛んに議論された一株一議決権原則をめぐる諸問題について、すでに日本語による紹介もなされている。鈴木隆元「アメリカにおける一株一議決権原則(一)(二)」法学論叢一三一巻一号四九頁(一九九二年)、四号六八頁(一九九二年)参照。
(2)　この点に関して詳しくは、本章第二節第三款第四款参照。
(3)　アメリカの各州はそれぞれ証券法を有している。そして、州の中には取引される証券の内容について、いわゆるメリット規制を設けているものもある。その中には、議決権に関する規定も含まれる。ただし、各州証券法はＮＹＳＥとＡＭＥＸで上場されている証券には州証券法の規制の適用除外を認めている（Blue chip Exemption）。ＮＡＳＤＡＱは一九八五年に初めて、企業統治に関する規制を設けた。その主たる動機は、ＮＹＳＥ等と同じく、州証券法の適用除外を受けるためであった。See, Douglas C. Michael, The Untenable Status of Corporate Governance Listing Standards under the Securities Exchange Act, 47 Bus. Law. 1461, 1476-77 (1992). 州証券法のメリット規制について、Ad Hoc Subcommittee on Merit Regulation of the State Regulation of Securities Committee , Report on State Merit Regulation of Securities Offerings, 41 Bus. Law. 785 (1986) を参照。

しかし、現在では、本稿が対象とするような上場企業の規制について、州証券法が果す役割は大きくない。なぜなら、National Securities Markets Improvement Act of 1996, Pub. L. No. 104-290, 110 Stat. 3416 (1996), Securities Act, §18 (a)(3), 15 U. S. C. §77r (a)(3) により、ＮＹＳＥ、ＡＭＥＸ、ＮＡＳＤＡＱで取引される証券は、州証券法のメリット規制から適用除外されることが連邦法で定められたからである。

（4） Delaware General Corporation Law §151 (a); Revised Model Business Corporation Act §6.01 (a); N. Y BUS. CORP. LAW §501 (a). Stephen M. Bainbridge, The Short Life and Resurrection of SEC Rule 19c-4, 69 Wash. U. L. Q. 565, note 42 (1991) は、株主間の議決権配分について明確な制限規定を置いているのは、ミズーリ州とネブラスカ州のみであると指摘する。Mo. Ann. Stat §351.180 は無議決権株式や議決権に対する制限を禁止し、Neb. Rev. Stat. §21-2014 は取締役の選任に関する普通株式の議決権の制限のみを禁止している。しかし、現在では、このような規定は存在しない。See, §351.180 R. S. Mo.; R. R. S. Neb. §21-2035 (3).

（5） N. Y BUS. CORP. LAW §501 (a); RMBCA §6.01 (b).

（6） 会一〇八条。

（7） 222 A. 2d 800 (Del. Supr. 1996). 事案の概要は以下のとおりである。A会社は一九三五年にデラウエア州一般会社法に基づいて設立された。A会社は創業以来、X家とY家によって支配・経営されてきた。支配の仕組みは、取締役の定員を四名として、それぞれ二名の取締役を選任できる権利が付与されたX株式とY株式をX家とY家が保有するというものであった。その後、X家とY家の間に経営方針をめぐる争いが勃発した。また、X家の中で創業者の一人が死去した後に相続人間で争いが生じた。このような状況を解決するために、五人目の取締役を選任できる権利が付与されたZ株式を一株、Zに付与するという方策がとられた。なお、Z株式にはA会社の収益から配当を受領したり残余財産の分配を受ける権利は付与されていない。

A会社は一九五九年に無議決権株式を公募発行することによって三〇〇万ドル以上の資金を調達した。その際に利用された目論見書にはZ株式にはA会社の収益から配当を受領したり残余財産の分配を受ける権利は付与されていないことが明示されていた。なお、無議決権株式の上場・非上場については判決文からは明らかではない。

その後、Zの社長就任と報酬契約をめぐり、X家とY家・Zの間で争いが生じた。Zの社長就任と報酬契約はX家が選任した取締役の一人と、Y家とZが選任した取締役三名の賛成によって取締役会で承認された。承認決議に反対したX_1が、Z株式を発行することはデラウエア州一般会社法に反するとして本件訴訟を提起した。X_1の主張はZ株式の発行が議決権信託に該当すること、議決権のみが付与された株式の発行はpublic policyに反するというものであった。デラウエア州最高裁判所は、デラウエア州一般会社法一五一条(a)に反映されているpublic policyは、定款によって、議決権と経済的権利を株主間で自由に配分できるというものであることであり、また、議決権信託を規制する同法二一八条の趣旨は秘密裏に議決権信託が設定されることを防止することであるから、議決権のみが付与された株式の発行を妨げるものではないなどと判示し、Z株式の発行を認めた。

Stroh v. Blackhawk Holding Corp. 48 Ill. 2d 471 (Ill. Supr. 1971) も議決権のみしか付与されない株式の有効性が争われた事件であるが、イリノイ州最高裁判所は、Lehrman v. Cohenを引用して、その有効性を認定した。一方、模範事業会社法では、株式（“Shares”）の定義として、会社に対する財産的利益が分配されることが要求されている。See, RMBCA § 1.40 (21).

（8）　378 A. 2d 121 (Del. Supr. 1977). 事案の概要は以下のとおりである。Y社はデラウエア州一般会社法に基づいて設立された会社であり鉄道事業を営んでいた。Y社は、一九六九年に、ロードアイランド州とマサチューセッツ州の両州法を準拠法として鉄道事業を営んでいたA会社が、デラウエア州法に基づいて新たに設立されたY社に吸収合併されるという形で成立した。Xは、鉄道会社であるB社の破産に伴い裁判所によって選任された管財人であり、Y社の発行済株式総数の二八％を占める大株主であった。Y社の定款には株主が行使できる議決権について以下のような規定が存在した（以下、本件定款規定という）。本件定款規定は、A社の設立当初から存在していた。株主は所有する株式五〇株までは一株につき一議決権が付与され、五一株以上の持株については、二〇株ごとに一議決権が付与される。ただし、他の株主の代理人として議決権を行使する場合を除き、発行済普通株式の総数の四分の一以上の議決権について行使することはできない。この定款規定の存在のため、Yは総議決権数の約三％の議決権しか行使することができなかった。

A社はY社との合併を決定する以前は、B社との合併計画を進めていた。当時からB社はA社の株主であったが、それは吸収合併したC社が所有していたA社株式を承継取得したものであった。C社はA社から鉄道施設をリースして鉄道事業を営んでいたが、C社を吸収合併したB社はリース契約の解除を検討していた。A社はリース契約が解除されることに対応するために合併をB社に対して働きかけていた。しかし、合併の条件として本件定款規定の削除が要求された。また、A社とB社とでは、その規模から、合併後、旧A社の経営はB社の主導で行われるであろうことが予想された。最終的に、A社は、Y社との合併を選択し、本件定款規定を維持することを決定した。その後、Y社は、新株発行に伴い増加する株式数に対応して本件定款規定の議決権付与の前提となる株式数の変更を内容とする定款変更を株主総会に提案した。この定款変更にXは反対したが、最終的には株主総会の承認を得て成立した。Xは、本件定款規定がデラウエア州会社法一五一条(a)に反して無効であると主張し、本件訴訟を提起した。デラウエア州最高裁判所は、デラウエア州一般会社法一五一条(a)は種類（class）を基準としないで議決権に差異を設けることを明確に否定していないこと、株主が行使できる議決権の数を定めた同法二一二条は本件定款規定のような議決権配分を明確に否定していないことなどを根拠に、本件定款規定の有効性を認めた。

(9)　デラウエア州の判例の中には、取締役の選任に関して拒否権を有する株式を発行することはデラウエア州一般会社法の根拠を欠くとして、定款の規定の無効を宣言した判決がある。See, Aldridge v. Franco Wyoming Oil Co., 14 A. 2d 380 (Del. Ch. 1940). 発行済株式総数七〇万株のうち、取締役選任に拒否権を有する株式は、わずか五、〇〇〇株にすぎなかった。普通株式と拒否権付株式は、拒否権の有無を除いて全く同じ内容の株式である。したがって、事実上、自己資本の〇・七％しか拠出しない株式の所有者が会社の絶対的な支配権を保持することが可能であったのである。しかし、この判決が否定したのと同様の結果は、一株につき一〇〇議決権が付与される株式を発行することによって達成することは可能であるように思われる。このような議決権配分は、明らかに、デラウエア州一般会社法の許容範囲内にある。See, John C. Coffee, Jr., The Mandatory/Enabling Balance in Corporate Law: An Essay on the Judicial Role, 89 Colum. L. Rev. 1618, 1630 note 21（1989）. 一方、同判決は取締役選任に関する議決権についてのみ特別扱いをしているとの評価も可能である。See also, Rodman Ward, Jr., Edward P. Welch, and Andrew J. Turezyn, Folk on the Delaware General Corporation Law § 151.4 (4th ed. 2005) この点に関する詳細な分析は、第二章第三節で行う予定である。

（10）Lehrman v. Cohen では、議決権のみしか付与されていない株式の導入は閉鎖会社であったときであるが、訴訟が提起されたのは無議決権株式の公募発行がなされた後である。

（11）Unilever Acquisition Corp. v. Richardson-Vicks, Inc., 618 F. Supp. 407.（S. D. N. Y. 1985）. 事案の概要は以下のとおりである。Y会社は、デラウエア州一般会社法に基づいて設立された取引所上場会社である。X会社からの敵対的企業買収に対抗するために、取締役会限りで、一株につき二五議決権が付与される優先株式を株式配当の形で普通株主に交付した。ただし、この優先株式はいったん譲渡された後の三六ヵ月間、譲受人は五議決権しか行使できない。この結果、Y会社の支配株主Aは、三六ヵ月間、従前の総議決権数の三分の一から、絶対的な議決権多数を獲得できるようになった。したがって、X会社の買収は著しく困難になった。X会社は、本件優先株式の発行の差止めを請求した。裁判所は以下のように判示し、本件新株発行差止めの仮処分を命じた。敵対的企業買収に対抗措置をとること自体はデラウエア州法と矛盾しない。しかし、経営判断原則は、不誠実な行為、entrenchment を目的とした行為を正当化しない。かつ、会社の構造の変化、会社内の権力を一つの主体から別の主体に移譲するような取締役会の行為は、経営判断原則では正当化できない。本件のように、いつ、株主が株式を獲得したかによって株主を差別すること自体は違法ではない。しかし、既存株主の議決権を譲渡する権利を、事前の注意、補償、株主の同意なく奪うことは正当化できない。本件優先株式の発行は、株主が議決権を行使する権利を譲渡する権利を妨げ、彼らの財産に大きな変化を与えたのであって、株主の同意がない限り正当化できない。

他州の事例であるが、Asarco Inc. v. Court, 611 F. Supp. 468（D. N. J. 1985）でも、Blank Check Preferred Stock を利用して、最高議決権制度（capped voting）に服する新株を発行することが差し止められている。

（12）Hahn v. Carter-Wallace, Inc. et al, 1989 Del. Ch. Lexis 495（Del.Ch. 1987）. 事案の概要は以下のとおりである。Y会

社には、普通株式の過半数を保持する支配株主Aがいる。Y会社は、一株一〇議決権のB種株式を、すべての株主に交付した。B種株式には譲渡制限がかけられており、現在の支配株主以外に譲渡する場合、B種株式は通常の普通株式に転換するとの定めがあった。この計画は、特別に設定された独立委員会の賛成と、取締役会、支配株主以外の株主の八〇%の賛成を獲得した。

Y会社の株主Xは、本件新株発行が、支配株主の権力を増加、保持することが目的であるとして、差止めを請求した。なお、Y会社に敵対的企業買収の危険が現実化していたわけではない。

(13)　Lacos Land Co. v. Arden Group, Inc., 517 A. 2d 271 (Del. Ch. 1986). 事案の概要は以下のとおりである。デラウエア州一般会社法に基づき設立されたY会社は、定時株主総会で、新たにB種類株式を発行するために必要な定款変更と、B種株式一株とA種株式一株の交換をすべての株主に申し込むことに対して、株主総会の賛成を得た。その後、会社は、B種株式一株をA種株式一株と交換する申込みを、すべての株主に行った。B種株式はA種株式と異なり、一株につき一〇議決権が与えられるが厳格な譲渡制限（特定者への譲渡のみ可能。制限違反によるA種株式への強制転換）に服していた。デラウエア州衡平法裁判所は、以下のように判示した。上記の内容のようなB種類株式を発行することと自体は、デラウエア州法と抵触しない。したがって、B種類株式の発行が許されるかどうかは、株主総会決議の有効性に係ってくる。以下の理由から、本件株主総会決議が不当な方法によって成立したものであり、したがって、voidableであるとし、新株発行の差止めの仮処分を認めた。すなわち、支配株主（A種株式を約二〇%所有）であり取締役でもあったAが、B種類株式の発行が株主総会決議で同意されない限り、今後、会社の利益になる取引に賛成しないと発言したことによって、株主総会決議が不適切な形で影響を受けたのである。Aの発言は、株主をcoercionするものである。しかし、それ自体は何らの法的効果をもたらさない。問題は、彼がどのような立場でこのような発言をしたかである。彼は、経営者の一人としてこのような発言をした。これは、信認義務に明らかに違反する。

(14)　Williams v. Geier et al., 671 A. 2d 1368 (Del. Supr. 1996). 事案の概要は以下のとおりである。Y社はデラウエア州一般会社法に基づき設立された会社であり、Tenure Votingと呼ばれる議決権配分の仕組みを導入するために、同法二四一条に基づき、取締役会の決議、株主総会の決議を経て、定款変更を行った。Tenure Votingの内容は以下のとおりである。①定款変更で定める基準日現在の普通株式所有者は、一株につき一〇議決権を付与される。②株式の所有者が売買などによって変化した場合、その株式については一株につき一議決権しか付与されない。③所有者の変更後、三年間、株式が継続して保有された場合、その株式については、一株につき一〇議決権が付与される。④基準日後に新株を発行する場合、その新株は当初は一株につき一議決権しか付与されないが、三年間継続して保有すると、一株につき一〇議決権が付与される。Tenure Voting は、株主の属性に関係なく少数株主であろうと、大株主が所有する一部の株式であろうと適用される。

Xは、定款変更が無効であると主張して本件訴訟を提訴した。その理由として、本件定款変更は、大株主を不当に優遇し、少数株主に不利益を与えるものであること、その目的はM社の現経営者の保身にあること、大株主が会社に対する支配権を維持する一方、持株を売却することを可能にすることが主たる目的であることを挙げた。デラウエア州衡平法裁判所がY社の申し立てに基づくサマリジャッジメントを認めたのに対して、原告が上告した。デラウエア州最高裁判所は、定款変更の有効性については、株主総会において株主に対して十分な情報が開示され、株主全員の同意によって正当化できない fraud, waste, manipu lative, inequitable な行為が存在しない場合、株主総会で承認されれば定款変更は有効になると判断した。

同様の判示は、Williams v. Geier et al. 以前にも見られる。See, also Weiss v. Rockwell Intern. Corp., 1989 Del. Ch. LEXIS 94 (Del. Ch. 1989). また、既発行済みの二種類の普通株式を一種類に統合する場合も、同様である。See Rosser v. New Valley Corp., 2005 Del. Ch. LEXIS 81 (Del. Ch. 2005).

(15) See James D. Cox & Thomas Lee Hazen, Cox & Hazen on Corporations, § 13.31 (2nd ed. 2003); Ward, Welch, and Turezyn, supra note 9 § 151.4.

(16) New York Stock Exchange Listed Company Manual, § 313.00 Voting Rights (A) Voting Rights Policy (Last Modified : 10/01/98. See, http://www.nyse.com/Frameset.html?nyseref=http%3A//www.nyse.com/audience/listedcompanies.html&displayPage=/about/listed/1022221393251.html). 〔hereinafter NYSE Listed Company Manual〕.

(17) NYSE Listed Company Manual § 313.00 Voting Rights (A) Voting Rights Policy (Last Modified : 10/01/98). それぞれの制度の概略は以下のとおりである。時差議決権制度では株式所有の期間によって議決権の数が変化する。最高議

決権制度では、ある株主が単独ないしは共通して行使できる議決権の最高限度が設定される。優先議決権株式とは一株あたりの議決権の数が一つよりも多い株式（複数議決権株式）、種類株主総会で、取締役会の構成員の過半数を選任することが可能である株式、ある特定の取引について拒否権を持つ株式などを指す。劣後議決権株式とは、一株あたり二分の一個の議決権しか有さない株式など他の株式よりも議決権の数が少ない株式を指す。交換申込みとは、普通株式の株主に対し、普通株式一株と他の種類の株式との交換を申し込む取引をいう。これらの株式のデラウエア州一般会社法における扱いについては、前款を参照。

(18)　無議決権普通株式を発行している会社の普通株式の上場と無議決権普通株式自体の上場は、以下の条件を満たす場合にのみ認められる。(1)証券取引所に上場される無議決権普通株式は、上場基準を満たさなければならない。無議決権普通株式の所有者の権利は、議決権を除いて、実質的に、議決権付普通株式の所有者の権利と同等でなければならない。(2)上場企業は、少なくとも年一回、年次報告書などを発行しそれを株主に送らなければならないとの要求は、議決権付普通株式の所有者と無議決権普通株式の所有者の双方に等しく適用される。(3)上場された無議決権普通株式の所有者は、株主総会の決議事項について一般的に議決権を行使する権限はないが、あらゆる上場された無議決権普通株式の所有者は、委任状資料を含めた、上場企業の議決権付証券の所有者に一般に送られる情報を得ることができるようにしなければならない。See, NYSE Listed Company Manual, § 313.00 Voting Rights (B) Non-Voting Common Stock (Last Modified : 10/01/98). 無議決権優先株式に関しては、例えば、以下のような規定が存在する。優先株式は、種類投票によって、六四半期分の配当が不履行である場合、最低でも二名の取締役を選任する権利を有さなければならない。取締役の選任権は、累積配当が全額支払われるか、非累積配当が少なくとも一年間定期的に支払われるまで効力を有する。優先株式の種類投票の定足数は、権利が発生次第、すぐに行使できるように、十分に低く設定されなければならない。あらゆる場合において、優先株式の定足数は、普通株式による取締役選任に要求される定足数よりも高く設定されてはならない。取引所は、優先株式による取締役選任に関しては定足数が設定されないことが望ましいと考える。See, NYSE Listed Company Manual, § 313.00 Voting Rights (C) Preferred Stock, Minimum Voting Rights Required (Last Modified : 10/01/98).

(19)　Self-Regulatory Organization ; Notice of Filing of Proposed Rule Changes by New York Stock Exchange, Inc., American

Stock Exchange, Inc., and National Association of Securities Dealers, Inc. ; Order Granting Approval to Rule Changes Relating to the Exchanges, and Association's Rules Regarding Shareholder Voting Rights, [SEC Release No. 34-35121 ; File Nos. SR-AMEX-94-29, SR-NASD-94-45, R-NYSE-94-20] 59 FR 66570, Ⅲ. Description B. Interpretation of the Policy: Presumptively Permitted Transactions (December 27, 1994) 〔hereinafter Notice of Filing of Proposed Rule Changes I〕.
　ただし、劣後議決権株式の発行を、交換申込みによって行う場合、劣後議決権株式に優先配当権を付与することは既存の株主から不当に議決権を奪うことにあたり、取引所規則に違反する（このような立場については、本章第二節第二項(2)を参照）。一方、劣後議決権株式の発行の特殊な事例として、正当な目的を持った企業結合の際に、新規に発行される株式の議決権を既存の株式の議決権よりも劣後させることは取引所規則に抵触しないとの推定が働く。具体例として、買収される資産の価値に応じて取締役会の選任権を与えるための手段として劣後議決権株式が用いられる場合などが挙げられている。

(20)　Voting Rights Listing Standards ; Disenfranchisement Rule, 53 FR 26376 (July 12, 1988).

(21)　Business Roundtable v. SEC, 905 F 2d 406 (D.C. Cir. 1990).

(22)　詳しくは、Self-Regulatory Organization ; Notice of Filing of Proposed Rule Changes by New York Stock Exchange, Inc., American Stock Exchange, Inc., and National Association of Securities Dealers, Inc., Relating to the Exchanges, and Association's Rules Regarding Shareholder Voting Rights, [SEC Release No. 34-34518 ; File Nos. SR-NYSE-94-20, SR-AMEX-94-29, SR-NASD-94-45] 59 FR 42614 (August 18, 1994) 〔hereinafter Notice of Filing of Proposed Rule Changes II〕; Notice of Filing of Proposed Rule Changes I を参照。

(23)　ＮＹＳＥの上場規則には、以下のような規定がある。"In evaluating such other actions or issuances, the Exchange will consider, among other things, the economics of such actions or issuances and the voting rights being granted. The Exchange's, interpretations under the Policy will be flexible, recognizing that both the capital markets and the circumstances and needs of listed companies change over time.", NYSE Listed Company Manual, § 313.00 Voting Rights (A) Voting Rights Policy (Last Modified : 10/01/98). ＮＹＳＥのＨＰ上には、ケース・バイ・ケースの判断についての事例集が存在する。See, PARA. 313.00 INTERPRETATION (http:www.nyse.com/pdfs/para313.pdf) 〔hereinafter

Interpretation〕.

(24) See, Interpretation No. 96-03 (June 7, 1996) and Interpretation No. 96-05 (September 17, 1996)〕. №九六―〇三の事案の概要は以下のとおりである。X会社には現在は支払能力があるが、深刻な財政難にあり、新規の資金調達が必要な状態であった。そのため、以下の二段階からなる資金調達を行うことを提案した。

〔第一段階：支援企業Yが新しく発行されるB優先株式を全部購入する。X会社は既存株主に、新しく発行されるA優先株式を、支援者がB優先株式を購入するのと同じ条件で購入できる権利を付与する。第二段階：権利が行使されなったA優先株式と同数のB優先株式を支援者は購入しなければならない。〕

　Yが、第一段階でB優先株式しか購入しないならば、Yの出資額はXの自己資本の三二%を占めることになる。しかし、第二段階でXの現在の株主のすべてが権利を行使しない場合、追加的にB優先株式を購入することによって、Yの出資額は最大で自己資本の六四%を占めることになる。A、B優先株式は、B優先株式の種類投票で取締役七名のうち四名を選任できること、Yによる譲渡によってB優先株式はA優先株式に転換すること以外は同種の権利であった。すなわち、一株対一株で普通株式に転換できる、同等の配当受領権を有する、一二年後に償還される、普通株式と同じ議決権を持つ。当該取引以前、支援者とX会社に関係はなく、交渉は独立当事者間でなされた。また、Xには、より有利な条件があれば本件取引を破棄できる権利があり、取引が成立するためには既存株主の賛成が必要とされた。さらに、本件取引でYが取締役の支配権を握ることを金融支援の条件とする金融機関が多数存在した。

　№九六―〇五の事案の概要は以下のとおりである。X会社は財政難の状態にあり、緊急に資金調達を行う必要性が存在した。X会社と同業に対して投資をしていた商業銀行Yが支援を申し出た。それは、四、五〇〇万ドルで、新しく発行される優先株式（累積配当参加型で普通株式に転換可能）と五〇〇万株の普通株式を購入できるワラントを購入するというものであった。優先株式の具体的な内容は以下のとおりである。優先株式には累積配当受領権が付与され、また、優先株式所有者は本件取引以前の普通株式の市場価額を転換価額として優先株式を普通株式に転換できる権利を持っていた。優先株式に対して、一年間、配当は支払われないが、その後、四半期ごとに、一年間は現物で三%、その後は現金で六%の配当が支払われる。X会社の主張によれば、この配当受領権は市場の利子率と比較して割安であり、また、Yも本件取引からの利益は優先配当ではなく、普通株式の株価向上から期待されると主張した。したがって、Ｙの利益とＸの普通株式所有者の利益は密接に関連する。議決権に関しては、五年の間、優先株式所有者には取締役会の過半数を選任する権利が付与される。ただし、ＹがＸの総議決権数の二〇％を所持し続けることが条件である。さらに、優先株式所有者は転換権行使後の状態に基づいて、普通株式所有者と一つのClassとして株主総会で投票する権利を有する。ただし、例外として、優先株式所有者は、取締役の過半数を選任できる期間、他の取締役の選任に関して議決権を行使することはできない。さらに、優先株式所有者によって選任された取締役は、普通株式所有者によって選任された取締役の欠員補充を行う取締役会決議では議決権を有さない。五年経過後については、総議決権数の二〇％を所持していることを条件に、優先株式所有者は取締役会の半数より一名少ない取締役の選任権を行使でき、かつ、残りの取締役の選任においても議決権を行使できる。なお、転換後の状態では、Ｙは総議決権数の約三八％、ワラント行使後は四二％を獲得することになる。また、投資総額は、Ｘの自己資本の三六％、また、ワラント行使後は四二％を占めることになる。ＸとＹには以前、何らの関係もなく、交渉は独立当事者間で行われた。また、本提案が実行されるためには、ＳＥＣの委任状規則を遵守した委任状勧誘資料に従って行使される株主の賛成が必要である。

(25)　No.九六—〇三では、自己資本の三二％から六四％が、No.九六—〇五では自己資本の三六％から四二％の出資が見込まれていた。See, Interpretation No. 96-03 (June 7, 1996) and Interpretation No. 96-05 (September 17, 1996)].

(26)　Interpretation No. 99-01 (December 1999).

(27)　その他、企業結合に関する課税優遇措置を得るために資本構成を変更する方法として、優先議決権株式を発行することを認めた事例などが存在する。See, Interpretation No. 95-01 (January 10, 1995).

第二節　SEC規則19c—4制定

規則19c—4は、以下のような内容である。[1]

(a) 取引所の規則は、以下のように定められなければならない。発行者が、証券取引所法一二条に従い登録され流通している普通株式の議決権を無力にする、制限する、差別的に減少させる効果を持つ証券の発行、その他の行為を行った場合、取引所の規則、確立した政策、実務、解釈のいずれによっても、内国企業の普通株式、若しくは他の株式の上場、上場の継続は認められてはならない。

(b) は、証券取引業協会の取引規則について(a)と同様の規制を定める。)

(c) 本規則の(a)(b)の適用において、以下の行為は、流通している普通株式の議決権を無力にする、制限する、差別的に減少させる効果を持つと推定される。

(1) 所有する株式の数に従って、議決権の効力に制限を設ける会社の行為

(2) 株式が所有されている期間の長さに従って、普通株式の議決権の効力に制限を設ける会社の行為

(3) 流通している普通株式と引き換えに、流通しているあらゆる普通株式の一株あたりの議決権の数よりも多いもしくは少ない議決権を有する証券が発行される交換申込み

(4) 株式配当その他のあらゆる種類の証券の株主への配分によってなされる、流通しているあらゆる普通株式の一株あたりの議決権の数よりも多いもしくは少ない議決権を有する証券の発行

(d) 本規則の(a)(b)の適用において、以下の行為は、それ単独では、流通している普通株式の議決権を無力にする、

制限する、差別的に減少させる効果を持つと推定されるべきではない。

(1)　初めてなされる（証券取引所法に基づいて）登録された募集に基づく証券の発行

(2)　登録された募集を通しての、流通しているあらゆる種類の普通株式の一株あたりの議決権よりも劣後した議決権を有する、あらゆる種類の証券の発行。

(3)　誠実な合併、買収を実現するための、流通しているあらゆる種類の普通株式の一株あたりの議決権よりも劣後した議決権を有する、あらゆる証券の発行

(4)　ある州の内国企業に対して、会社の議決権のある一定の割合を所有する株主の議決権の効力を、その会社の独立した株主の賛成に条件付けることを要求する州会社法に基づく会社の行為

規則19c－4(b)に例示列挙された行為からわかるように、SECが規制を行おうとしたのは、Dual Class Recapitalizationと呼ばれていた会社の行為であった。(2) Dual Class Recapitalizationは、優先議決権株式の発行、優先議決権株式ないし劣後議決権株式を交換申込みによって発行することなど、多種多様な方法によって実施された。(3) しかし、これらはいずれも、議決権について差異のある普通株式を発行し、優先議決権株式を経営者ないしそれに近いグループ、劣後議決権株式を一般株主に所有させるという点で共通していた。(4) このように、議決権に差異がある株式（特に、普通株式）を発行していることに特徴を有する資本構成は、Dual Class Stock Plan、Disparate Voting Plan、Dual Class Common Stockと呼ばれていた。本稿では、以後、このような資本構成の総称としてＤＣＳを用いる。また、ＤＣＳを採用するために用いられる取引行為（Dual Class Recapitalization）の総称として、ＤＣＲを用いる。

ＤＣＳの採用は、既存株主の議決権を侵害することが多かった。なぜなら、前述のように、優先議決権株式は経

営者ないしそれに近いグループが独占して所有し、一方、経営者から独立して存在する一般株主は、たとえば、優先議決権株式が第三者への譲渡によって劣後議決権株式に強制的に転換される条項などによって、議決権の多数を獲得することができない仕組みがとられていたからである。そして、この既存株主の議決権侵害が、SECにDCSないしはDCRの規制の必要性を認識させることになったのである。(5)

以下では、まず、SEC規則19c―4が制定された当時のDCSの採用状況を検討する。そして、それを前提に、本規則の妥当性について検討することとしたい。

第一款　一九八〇年代における Dual Class Stock Plan の隆盛

(1)　DCRないしDCS自体は決して、新しいものではない。(6)しかし、NYSEが上場企業に対して一株一議決権原則を事実上強制して以来、採用する企業は稀であった。(7)このような状況は、一九八〇年代に一変した。その主たる原因は、敵対的企業買収の隆盛と他の証券取引所、特にNASDAQとAMEXに対するNYSEの競争力の減退である。(8)

(2)　一九八〇年代、敵対的企業買収の数は急増した。このような状況の変化に対し、上場企業の経営者は種々の防衛策を考え出した。(9)その一つとして、DCSも位置づけられていた。(10)

DCSの採用は、敵対的企業買収の防衛策として絶大な効果を持つ。(11)なぜなら、議決権の過半数を握ることは、絶対的な買収防御策となるからである。また、たとえ、議決権の過半数を支配していなくても買収防衛策としての意味を失うことはない。他の買収防衛策を定款などで採用する場合に、株主総会の決議を得やすくなるからである。

また、前述のように議決権において優先するClass B Common Stockに譲渡制限がかけられている場合、買収者がClass B Common Stockを買い集めることは不可能に近い。なぜなら、Class B Common Stockには、譲渡されることによって強制的に劣後議決権株式に転換される旨、定められる場合が多かったからである[12]。したがって、買収者が買い集めれば買い集めるほど、流通するClass B Common Stockは減少し、その一方で、Class B Common Stockを保持し続ける経営者の議決権の割合が高まることも考えられるのである。

一方、DCSが必ずしも、敵対的企業買収防衛策としてのみ機能するわけではないと主張する見解もある[13]。確かに、敵対的企業買収防衛策としてではなく、DCSが会社利益の向上に資することは考えられる。しかし、DCSの採用数の増加と敵対的企業買収の増加の時期が一致すること、及び、採用の目的いかんにかかわらず、DCSが防衛策としての側面を持つことは否定できないと考えられる。

(3)　NYSEは一九二六年以来、無議決権普通株式の上場と無議決権普通株式を発行している会社の普通株式の上場を認めてこなかった[14]。したがって、DCSの採用を検討する企業にはNYSEへの上場は事実上閉ざされていた。これに対して、AMEX、NASDAQにはNYSEのような厳格な議決権の配分に関する規則はなかった[15]。その結果、新興企業が株式を公開する場合、まず、DCSの採用が認められているAMEXに上場することが通常となった[16][17]。そして、会社が成長しNYSEへの上場を目指す場合、DCSから一株一議決権への転換が行われたようである[18][19]。しかし、一九八〇年代になり、NYSE、NASDAQ、AMEXの格差は縮小した。特に、科学技術の発展により、NASDAQはNYSEの有力な競争者たりうる地位を獲得した。したがって、この三者の間には激しい競争状態が生じることになった[20]。その結果、NYSEは、大規模な資金調達や高い流動性に対する上場企業の需要を満たすことについて、以前のような絶対的な競争力を消失することになったのである[21]。そして、この三者のうち、一株一議決権原則の適用を強制していたのは、NYSEのみであった。このことが、NYSEが敵対的企業買収の増加を理由とする企業側の防衛策の需要を満たすことを困難にしたのである。

このような状況下でNYSEは、一九八四年に、一株一議決権原則に関する上場基準の維持の適否についての諮問委員会を設けた。NYSEをこのような判断に追い込んだ決定的な事件は、GMによるDCSの採用であったと考えられる。[22] GMによる宣言の後、多くの企業が続いてDCSの採用を宣言した。[23] そして、NYSEは、上場基準の一株一議決権原則に関する部分の遵守についてモラトリアムを宣言した。モラトリアムの宣言がなされた後、四六社以上のNYSE上場企業がDCRを行った。[24]

一九八五年一月に、諮問委員会は、条件をつけてDCRを行った企業の証券の上場を認めることを勧告した。[25] そして、最終的にNYSEは一九八六年九月にSECに対して、一株一議決権原則に関する上場基準の緩和を含む基準の変更を諮問した。[26] その際、基準変更の理由として以下の点が指摘された。[27] ①AMEX、NASDAQとの競争の観点から、NYSEの厳格な基準は競争上の不利益をもたらすこと、②敵対的企業買収防衛策としてDCRを行うことに対するNYSE上場企業の需要が増加したこと、③NYSEは、発行者に資金調達、企業買収、資本構成の選択の際に柔軟性を与えることを望んでいること、④一九二六年当時と比べ、投資環境と規制の環境が変化したこと。特に、NYSEでは、株主の利益を守るため、上場企業に最低二名の独立取締役を入れること、独立取締役のみからなる監査委員会を設けることを求めていることである。

その後、NYSE、AMEX、NASDAQ、SECの三者で議決権に関する上場基準の統一について協議が行われた。それは、株式間の議決権の平等原則を体現する統一基準の採用を目標とした。しかし、結局、合意に至ることはなかった。その結果を受けて、SECは自らDCRの規制に乗り出すことになったのである。[28]

第二款　ＳＥＣ規則19ｃ―４をめぐる議論の状況

　ＳＥＣ規則19ｃ―４の制定理由と当時の議論の状況は、一九八七年六月二四日と一九八八年七月一二日のＳＥＣの公式発表にまとめられている。(29) 議論は大きく二つの点に分けられる。第一に、ＤＣＳを規制する必要性がそもそも存在するのか、という点である。第二は、どのような規制のあり方が望ましいか、という点である。前者は、ＤＣＳが会社ないし株主の利益に与える影響についての問題である。後者の問題は、当然、前者の議論を前提になされるべきであろう。したがって、まず、ＤＣＳが会社ないし株主の利益に与える影響について検討し、続いて、第二の問題について検討する。

　第一の点について、ＳＥＣ規則19ｃ―４のような統一基準を制定することに賛成する見解は、以下の点を根拠にする。①ＤＣＳの採用によって、会社と株主が損害を被ること、②ＤＣＳの採用にあたり、株主総会決議などの形で株主の意思決定の機会を保障することは株主保護に不十分であること、である。一方、反対派は、ＤＣＳが株主、会社の利益向上に資すること、会社の資本構成の柔軟性を向上させる必要性があることを主張する。(30)

　以下では、ＳＥＣ規則19ｃ―４に肯定的な見解の主張と否定的な見解の主張を比較しつつ論じることとしたい。

第一項　ＤＣＳと株主利益

(1)　ＤＣＳと株主利益（エージェンシー問題）

一株一議決権原則に従って議決権を配分していた会社がＤＣＳを採用する場合、株主は、二つの点で損害を被る可能性がある。第一は、エージェンシー費用が増大することによって経営者の accountability が低下することであり、第二は、企業買収の際に支配プレミアムを得る機会を喪失することである。以下、順に検討する。

本書が検討対象とする上場企業では、株主が分散している場合が多い。したがって、単独で議決権の過半数を占める大株主が存在することは稀である。その結果、会社の所有者とされる株主ではなく、経営者が会社を実質的に支配することが多い(31)。もちろん、経営者が株主の利益に適った経営を行えば、株主が損害を被ることは考えにくい。しかし、経営者が株式を一〇〇％所有しない限り、経営者と株主の間の利益相反関係は解消しない(32)。経営者は、例えば、自己取引、過剰報酬、コングロマリット形成などを通して自らの利益を図ることが可能である。しかし、これらの行為によって生じる損害の一部、場合によってはその大部分を株主が負うことになるのである。

したがって、いかにして経営者に株主の利益に適った行為をさせることができるかという問題が生じることになる。この問題を分析する枠組みが、いわゆる、Principal-Agent モデルである(33)。このモデルに従えば、株主と経営者との関係は以下のように表現されることになる。株主（principal）が経営者（agent）に会社経営に関する広い裁量権を与える。そして、株主は主に二つの手段を用いて経営者を監視する。①ストックオプションなどのインセンティブを付与する。②独立取締役を選任すること、監査委員会を設けることなどにより、経営者の業績を監視・評価する。一方、経営者も、③自主的に業績連動報酬を採用するなどして、株主のために行為することを約束することが考えられる。しかし、①②③によって完全に経営者の行為を規制することは不可能である。可能であるとしても、費用が便益を上回る可能性が高い。そのため、ある程度の経営者の逸脱行為は許容されざるを得なくなるのである。(34) 結果として、株主が経営者を監視するためには以下の三種類の費用がかかることになる。①許容される逸脱行為の結果生じる損害。②株主がモニタリングのために拠出する費用。③経営者が自らの行為を拘束するために拠出する費用。これらを合わせたものがエージェンシー費用である。

上記の枠組みにおいて、株主の議決権は監視メカニズムの一つとして機能すると考えられている。(35) 取締役の選任、定款変更、合併などの重要な行為については、議決権所有者の賛成が必要である。(36) そして、残余権者である株主は他のステイクホルダーと比較して、会社の利益になるように議決権を行使するインセンティブを多く有している。(37) 確かに、個々の株主のレベルで考えると、議決権行使にも費用がかかること、議決権行使から生じる利益は議決権行使者だけではなくすべての株主に帰属することを原因とした集合行為問題が存在するため、すべての株主が最適なインセンティブを有しているとはいえない。(38) しかし、委任状闘争や敵対的企業買収を通じて集合行為問題が克服されることがある。そして、少額の投資しかせず議決権行使のインセンティブに欠ける一般投資家と比較して、委任状闘争や敵対的企業買収を起こす投資家は会社に対してより多くの投資をしているので、より望ましい議決権行使のインセンティブを持つことになるのである。このような経済実態を反映したのが、一株一議決権原則である。(39) また、たとえ実際に委任状闘争や敵対的企業買収が起こらなくても、経営者はその可能性を認識せざるを得ないので、株主の利益になるように経営するインセンティブを有することになる。(40)

このように、一株一議決権原則に従って議決権が配分され、かつ、株主が分散している場合、議決権は株主総会で積極的に行使されることに意味があるのではなく、委任状闘争ないしは敵対的企業買収によって経営者を交代させることを可能にする必要条件としてしか意味がないかもしれない[41]。しかし、だからといって、監視メカニズムとしての議決権の重要性が著しく減少するわけではない。株主総会で常に、議決権が積極的に行使されることが必ずしも望ましいわけではないことに対して注意が払われなければならない[42]。それは以下の理由による。第一に、株主総会で活発な議論が行われ、議決権が積極的に行使されることは、確かに、取締役と経営者を監視する機能を持つ。しかし、その反面、会社経営に責任を持つ取締役と経営者の裁量の幅を過剰に狭める可能性がある[43]。第二に、確かに、ある株式会社の株式に投資する投資家は、当該株式会社の利益の最大化という点で同様の利害関係を持つ。しかし、短期保有を目的とするか長期保有を目的とするかで望ましい会社の経営政策に差異が生じうるし、また、投資利益に課される税金に差異が存在すれば、投資家にとって望ましい配当政策に差異が生じる可能性がある。議決権の積極的な行使は、このような利害の対立を表面化させる可能性があるのである[44]。

先に述べたように、ＤＣＳが採用される場合、同時に、譲渡制限条項などを利用することで、議決権が内部者に集中することを促進する仕組みが採用されることが多い[45]。その結果、モニタリング・メカニズムとしての議決権の機能は著しく限定される可能性がある。すなわち、第一に、株主総会決議が経営者の権力を制限する機能を失うことになる。第二に、敵対的企業買収が不可能になり、経営者が会社支配権市場から完全に隔離される。第三に、内部者が議決権を有することは、既存のモニタリング・メカニズムに悪影響を与える。たとえば、独立取締役の独立性に影響を与えることになる[46]。

(2)　ＤＣＳと株主利益（支配プレミアムの消失）

Leveraged Buy Out（ＬＢＯ）ないしは Management Buy Out（ＭＢＯ）とＤＣＳは、経営者が安定的支配に足る議決権を獲得するという意味で共通の機能を果たしているとの指摘がなされることがある。(47) ＬＢＯの結果、株主は敵対的企業買収に応じて支配プレミアムを獲得する機会を失うことになる。しかし、通常、ＬＢＯがなされる場合、株主は、敵対的企業買収から得ることができる利益に相当するプレミアムを獲得することができる。(48) しかし、ＤＣＳの結果、株主は敵対的企業買収の機会のみならず、議決権付株式を売却しプレミアムを得る機会自体も失うことになるのである。

(3)　ＤＣＳと株主利益（企業価値向上の可能性）

(1)と(2)の主張に対する反論は、二つに分けられる。一つは、株主の議決権はモニタリング・メカニズムにすぎない以上、すべての会社に必要であるとはいえないことである。もう一つは、現実に株主の利益に適ったＤＣＳが採用されていることである。以下、順に検討する。

まず、株主の議決権は、独立取締役の採用や監査委員会の設置と同じく、数あるモニタリング・メカニズムの一つにすぎないと主張されることがある。(49) それに引き続き、以下のような主張がなされる。一株一議決権原則を維持すること、つまり、会社支配の移転に可能性を残しておくことは、当然、他のモニタリング・メカニズムと同様に費用がかかる。費用の大きさは会社の規模や発展の状況によって異なる。また、他のモニタリング・メカニズムが存在することが、一株一議決権原則の役割を減少させることも考えられる。したがって、一株一議決権原則を維持し、一般株主に議決権を与えることが効率的かどうかは、各会社ごとで異なる。したがって、議決権の配分についても当事者のアレンジメントに委ねた方が望ましい結果がもたらされる(50)(51)。

また、ＤＣＳは議決権を内部者に集中させることで、以下のような利益を生み出す可能性があることが指摘されている(52)。①経営者が関係特殊的投資を行うインセンティブを向上させる(53)。敵対的企業買収等により地位を失うことが予想される場合、経営者は関係特殊的投資を控える可能性がある。関係特殊的投資が促進されることで、株主も利益を得ることができる。②経営者が潜在的な買収者、または、既存株主に対し、現在の会社の経営が効率的であることを伝達するための費用を減少させることができる。また、長期的利益をもたらす投資が促進される。ＤＣＳを採用しない場合、現在の経営が効率的であることを示すために、経営者は自己株式の取得や配当の増額を行わなければならない。また、買収を意識して短期的に利益があがる投資しか行わない可能性がある。③議決権が集中しているので会社を売却するときの売主の交渉力が上がり、その結果、より高いプレミアムを獲得できる可能性がある。

もちろん、①②③の利益は、経営者が過半数の議決権付株式を確保することでも達成される利益である(54)。しかし、ＤＣＳは経営者が過半数の株式を継続的に持ち続けることなく、支配の確保を可能にする。その結果、さらなる利益を生み出す可能性があることも指摘されている。④発展段階にある企業では、創業者である企業家が依然として大株主である場合が多い。彼らが支配権を維持することは①②③の利益をもたらす。しかし、このような会社は、新規投資のための資金を常に必要とする状態にあることが多い。そして、負債ではなく、新株発行が必要であることもある。ここで企業家はジレンマに陥る。すなわち、議決権付株式を発行すれば、自分の支配権が揺らぎ、かといって、さらに自己資金をつぎ込めば、会社特有のリスクをさらに引き受けることになるからである(55)。そもそも、会社特有のリスクは分散投資によって対処することが可能である。そして、分散投資は内部者よりも外部の投資家の方が行いやすい[56]。したがって、ＤＣＳは最適なリスクの引受け手である外部の投資家から資金を調達しつつ、会社の支配を企業家に固定することを可能にする。その結果、投資が促進されるのである[57]。

ＤＣＳが以上のような利益を生み出すことは確かである。しかし、また、ＤＣＳの結果、一般株主の議決権、会社支配権市場といったモニタリング・メカニズムが消滅することも確かである。したがって、真にＤＣＳが株主利益に資するといえるためには、前述の利益がモニタリング・メカニズム消滅の費用を越えていることを立証することが必要であるとも指摘されている[58]。

ＤＣＳが企業価値に与える影響についての実証研究がいくつか存在する[59]。しかし、これらの実証研究の多くはＤＣＳが企業価値に与える影響は中立であるとの結果を示した。このほかに、ＤＣＳを採用する企業の特質を明らかにした実証研究も存在する[60]。これらによれば、ＤＣＳを採用する企業は以下の特質を有するという。①経営者の議決権の比率が、ＤＣＳの採用前からかなり高い。②経営者は配当受領権などの株主としての経済的権利に比べて過大な議決権を有している。しかし、会社には多額の出資をしている。③ＤＣＳを採用した後、議決権の特定株主への集中が見られた。④ＤＣＳを採用した企業は、家族経営の状態であることが多い。⑤資金調達手段に占める負債比率が低い。⑥会社が取引所、店頭市場で取引されるようになってから日が浅い企業が多い。⑦ＤＣＳを採用した後、すぐに新株発行を行うケースが多い。

ＤＣＳを採用した会社が①～⑦の特徴を有するという事実と、ＤＣＳが企業価値を高める理由は整合すると思われる。実際にＤＣＳを採用した会社は経営にも関与する大株主が存在し、かつ、新興企業であるがゆえに、資金不足の状況にあったと考えられるからである。そして、ＤＣＳの採用によってもたらされる不利益についても、同様の性質を持つ会社では生じない。なぜなら、新興企業であるがゆえに製品市場での競争による規律が働き、また、家族経営であるがゆえに、家族間に特有の関係に起因する規律が働くからである。また、④の議論を前提にすると、ＤＣＳが企業価値に中立であったことも説明可能である。なぜなら、既に大株主が存在する企業では①②③の利益が新たに生じることは考えにくいからである。結局、ＤＣＳによる利益は大株主が有する支配権についてのみ生じるのである。したがって、一般投資家が所有する株式の価値には影響を与えないのである。

(4)　ＤＣＳと株主利益（小括）

自己資本と負債の割合といった資本構成や株式の集中・分散の程度に関して、全く同じ会社が存在することは稀である[(61)]。したがって、株主の議決権が機能する度合いが会社ごとで異なるのは当然である。この点で、個々の会社ごとの柔軟な取り決めを認めた方が良い結果をもたらすという主張は説得的である。しかし、議決権が独立取締役や株主代表訴訟といった内部規制と、敵対的企業買収や委任状闘争といった外部規制の双方と関係することは否定できない。この両者のうち、規制に必要な費用（濫用や誤用のおそれを含む）や株主以外の利害関係人に対する影響などを考慮すると、内部規制が中心的な役割を果した方が望ましいといえるかもしれない。しかし、外部規制が“Failsafe”の役割を果しているということも無視されてよいわけではない。この Failsafe としての役割の検討なくして、外部規制の契約による排除を認めることは稚拙と評価されるのではなかろうか。

確かに、実証研究から、実際に、ＤＣＳが企業価値の向上のために採用される場合が多いという結論を導き出すことは可能である[(62)]。このことは、ＤＣＳの採用が企業価値向上につながる場合があることを示しているように思われる。しかし、これらの実証研究には、ＮＹＳＥが厳格な一株一議決権原則を堅持していた時期のものである。すなわち、研究対象として、NYSEに上場するような大規模公開企業は含まれていなかったのである。したがって、NYSEが上場基準によって一株一議決権原則を厳格に適用することをやめた一九八〇年代後半以降も、DCSが、実際に、企業価値向上のために採用されていたことを直接的に基礎づけるわけではない。NYSEが一株一議決権原則の適用に関してモラトリアムを宣言した時点を持って、DCSを採用する企業の性質が大きく変化したとも考えられるのである。(63)

第二項　株主の選択に関する問題

(1) 株主の選択に関する問題（集合行為問題）

DCSの採用の仕方は多種多様である。しかし、必ず、株主総会決議ないし個々の株主の意思決定が必要となる。(64) 優先議決権株式の発行、時差議決権制度、最高議決権制度の採用のためには定款変更が必要だからである。また、優先議決権株式ないし劣後議決権株式と普通株式の交換申込みでは、最終的な判断は個々の株主に委ねられることになる。

そうであれば、株主は自らの不利益になる会社の行為に賛成することはないはずである。しかし、SEC規則19c－4に肯定的な見解は、株主に選択の機会が保障されていることが、濫用的なDCSの採用を抑制する制度として不十分であることを指摘する。(65) すなわち上場企業では、株式所有が分散状態にあることに起因する集合行為問題と、株主の自由意志による選択を歪める経営者の戦略的行動によって、株主の意思決定という規制メカニズムが機能不全に陥っていると主張するのである。(66) 以下、順に検討する。

株式所有が分散状態にある場合、以下の理由によって、株主が効果的に議決権を行使することを妨げられる可能性がある。①株主が、経営者から提供される情報や自ら調査して得た情報を分析し、議決権を行使することには費用がかかること。②ある株主が情報分析に基づいて議決権を行使し、その結果、会社の利益が向上したとする。その場合、当該株主だけでなく、他の株主も利益を受けること。①を原因として、株主の合理的無関心の問題が発生する。②を原因として、株主のただ乗り問題が発生する。(67)

株主が情報分析に基づいて議決権を行使するのは、議決権行使の費用が、議決権行使の結果得ることができる利益を越える場合である。(68) しかし、株式所有が分散状態にある場合、このような状況は稀にしか存在しない。(69) また、ほとんどの株主は少数株主である。したがって、自らの議決権行使が、決議の成否に決定的な役割を果すとは考えていない場合が多いと考えられる。(70) したがって、これらの株主にとっては、議決権行使に関心を持たないことが合理的な判断となるのである。

持株割合が高い株主は、低い株主よりも情報分析や議決権行使に多くの投資をすると考えられている。(71) しかし、その投資の結果、会社の利益が向上するとは限らない。なぜなら、持株割合が高い株主の投資が、たとえば、経営者側の提案を否決するために必要な投資額を下回っている可能性があるからである。(72) すなわち、仮に費用を株主全員で分担すれば会社の利益に資する決議を成立させることが可能であったとしても、そのような決議は成立しないのである。(73)

一方、ある株主が、経営者側の提案に反対する、もしくは取締役選任のための委任状合戦を行うことによって、会社ないし株主全体の利益が向上する可能性もある。この場合、他の株主も委任状合戦などから生じた利益を享受することができる。しかし、原則として、他の株主は委任状合戦の費用を負担することはない。(74) また、委任状合戦の費用を会社に負担させることは不可能でないにしても困難である[75]。そのため、他に合理的無関心を克服し委任状合戦を仕掛ける可能性がある株主が存在する場合、彼らの間では、委任状合戦を行わないことが合理的な選択になる場合がある[76]。なぜなら、費用を負担することなく、他の株主の行った委任状合戦によって利益を得ることが可能だからである。結局、効果的な議決権行使がなされない結果となるのである。

ＳＥＣ規則19ｃ－4制定に好意的な論者は、ＤＣＲが現実に行われた事例の分析を行い、経営者が株主の集合行為問題を利用していると指摘する[77]。ある実証研究によれば、ＤＣＲを採用する企業は既に経営者の持株比率が高い場合が多く、機関投資家の持株比率が少ない場合が多いという結果が出ている[78]。このような場合、経営者はＤＣＲのための定款変更決議を容易に得ることができる。なぜなら、反対派が定款変更決議を否決するためには、経営者側の株主以外の株主から、かなりの割合の委任状を集めなければならないからである。したがって、反対派の委任状勧誘費用は高まり、勝利の確率は下がることになる[79]。そのため、集合行為問題が悪化するのである。

(2)　株主の選択に関する問題（経営者の戦略的行動）

経営者の戦略的行動により、株主の意思決定が歪められるのは、以下の場合である[80]。①優先議決権株式と普通株式との交換申込み[81]、②優先議決権株式に関する定款変更と配当の増額などを同時に決議させる場合、③優先議決権株式に関する定款変更に際して、その決議が否決された場合に、会社にとって有益な事業を行わないことを宣言すること、④上場廃止の可能性について宣言すること、である。以下、順に検討する。

①について。優先議決権株式と普通株式の交換の場合、優先議決権株式は通常、配当受領権が他の株式に劣後するように仕組まれている。そのため、一般株主が交換に応じて優先議決権株式を取得することは稀であり、優先議

決権株式を取得するのは経営者のみということも考えられる。この場合、たとえば、優先議決権株式を経営者に集中させることが、会社の利益を損なうと仮定しよう。株主全体としては、優先議決権株式を取得することが最適な行動となる。しかし、個々の株主にとっては、他の株主が交換に応じるか不確定である以上、常に、交換に応じないことが最適な選択となるのである。(82)

②について。経営者は、株主の利益を減少させる提案を、その提案と全く無関係であるが株主の利益を向上させる提案と一括して決議を求めることができる。優先議決権株式に関する定款変更では、この提案と一括して配当の増額等が決議されることが多い。このような決議の方法をとることは、経営者の戦略的行動であると評価されている。なぜなら、定款変更と配当増額は全く無関係であり、もし、定款変更自体が会社の利益を向上させるのであれば、配当増額決議を一括する必要はなく、このような決議を求めることは、定款変更が株主に不利益を与えるものであることを示しているからである。決議の内容にもよるが、経営者は恒久的に配当増額の義務を負うわけではない。したがって、定款変更議案と配当増額議案が真に株主の利益に適うか否かの判断が困難になるのである。(83)

③について。会社がある有益な事業機会を有しているとしよう。しかし、そのためには必ず外部資金の調達を行わなければならない。この場合、経営者としてはＤＣＲを採用しない限り、有益な投資を行わないと宣言をすることが考えられる。アメリカ連邦法では、そのような内容を委任状資料に書き込むことで、連邦法上の責任を利用して宣言の信憑性を担保できる。(84)また、経営者もしくは大株主が得ている私的利益の重要性について、株主に宣言することも同様の効果をもたらす。(85)

④について。アメリカ法では一般的に、デフォルトルールとして定款変更に株主総会の単純多数決による決議が要求されている。(86)しかし、ＮＹＳＥが一九八六年に提案した上場基準改正案では、ＤＣＲを行うためには、経営者等

を除いた株主の三分の二の賛成が要求されていた[87]。この場合、たとえ定款変更が望ましくないと考える株主でも、定款変更に賛成せざるを得ない状況に追い込まれることが考えられる。なぜなら、もし、反対票が多数になったとしても、州法上は過半数の賛成でＤＣＲは実行され、かつ、彼らは取引所から上場廃止を宣告されてしまう可能性があるからである[88]。

(3) 株主の選択に関する問題（反論）

第一に、株主の選択に関する問題はＤＣＳに固有の問題ではなく、株主総会の決議事項全てに当てはまるということが挙げられている[89]。たとえば、二段階公開買付などにも同様の問題がある[90]。したがって、その対処も、ＤＣＳという特定の取引に対してではなく、州法における取締役の忠実義務や連邦証券法などで一般的に行うべきであるとの主張がなされている[91]。第二に、ＤＣＳの採用とともに配当額の増加が決定される場合には、株主は議決権の代償を得ているという主張がなされている[92]。第三に、機関投資家の存在が集合行為問題、戦略的行動の問題を解消するとの主張がなされている[93]。第四に、議決権を有する株主の選択が規制メカニズムとして機能しないことを主張しつつ、同時に一般株主の議決権を監視メカニズムの一つとして維持するべきであると主張することは矛盾しているとの主張がなされている[94]。

(4) 株主の選択に関する問題（小括）

(1)から(3)では、ＤＣＳが企業価値向上につながるか否かではなく、ＤＣＳが採用される過程が問題とされた。持株数が少ない株主にとって、議決権行使は費用がかかり、かつ、具体的な利益が保証されているわけではない。このような状況は以下の二点の問題を引き起こす。第一に、議決権行使の結果が、株主に不利益をもたらす可能性があること、第二に、持株数が少ない株主は、議決権を必ずしも高く評価していないことである[95]。後者の問題が、DCSに関する株主総会決議において経営者が決議方法などを利用して株主の自由意思に介入することを容易にするのである[96]。

(3)で述べたように、集合行為問題も経営者の戦略的行動も、DCSに関してのみ生じるわけではなく、株主総会のあらゆる決議事項に関係する問題である。したがって、DCSの採用といった議決権配分の変更に関してのみ特別の規制を設けることを正当化するためには、議決権行使に集合行為問題と戦略的行動に起因する問題が存在することに加えて、DCSに特有の理由が要求されるように思われる。この関係で、SECは規則19c−4の制定に際して、現実に、株主の議決権が適切な補償なく、強制的に剥奪されている状態が存在したことを指摘するのみである[97]。しかし、本来であれば、適切な補償の有無という経済的な権利としての側面だけでなく、議決権が企業統治において重要な役割を果たす可能性がある点に注意が払われてしかるべきであったように思われる[98]。議決権を放棄する株主にとっては意味がない議決権であっても、敵対的企業買収や委任状闘争といった監視メカニズムが機能する前提条件としての意味を失うわけではないのである。

(3)では、機関投資家の存在が議決権行使に関する問題を解消するとの反論がなされた。この点に関しては、DCSは主に、機関投資家の持株比率が少ない会社で、すでに存在する大株主が支配権の固定のために実施される場合が多かったことに注意が払われるべきであろう[99]。もちろん、今後、機関投資家の持株比率がさらに高まり、多くの株式会社において、より一般的に、議決権行使が適切になされる可能性は否定できない。しかし、年金基金のファンドマネージャーの利益と株主の利益が常に一致するわけではないこと、最もモニタリングに熱心な公的年金基金の判断は、公的機関の影響を受けざるを得ないことなどから、機関投資家によるモニタリングに過剰の信頼を置くことが不適切であることも事実であるように思われる[100]。

また、DCSを規制することで議決権行使による監視メカニズムを維持する根拠として、議決権行使が規制のメカニズムとして機能不全に陥っていることを挙げることは不適切であるとの批判に対しては、以下のような反論が可能である。すなわち、DCSの採用は、敵対的企業買収ないし委任状闘争によって集合行為問題が克服され、議決権が監視メカニズムとして機能する機会を奪うことにつながるのである[101]。議決権の意味を、敵対的企業買収や委任状闘争など会社支配権市場を通じた規律の必要条件としてのみ理解する立場からは、DCSを採用し会社支配権市場から経営者を隔離するか否かの選択を、株式所有が分散状態にあるため、情報収集と情報分析に基づいて議決権を行使することを必ずしも期待できない株主に委ねることに対する否定的な評価が導かれることになる。

第三項　規制の方法論について

(1)　規制の方法論について（SEC規則19c—4の見解）

SECはDCSが株主の利益に資する場合もあれば害する場合もあることを認めていた。したがって、DCSを採用することそのものが問題を発生させるとは考えていなかった。SECが規制の必要性を根拠づけたのは、既存株主の議決権が不当に剥奪されているという事実認識であった[102]。すなわち、実際にDCSが、交換申込みなど株主の選択が歪められる方法で採用される場合が多いことに着目したのである。SECは、一九八〇年代の状況を以下のように認識した。DCSの採用によって、議決権が存在することを前提に株式を購入した株主は、以後、会社の意思決定に関与することが不可能になり、公開買付でプレミアムを得る機会を失う。しかし、このような不利益に対して十分な補償がなく、また、議決権を放棄することについて株主の意思決定が真意に基づいたものとはいえない。(103)

一方、SEC規則19c－4(d)に例示列挙された行為から明らかであるように、SECはIPO、劣後議決権株式の新株発行などは問題が生じない行為であると考えていた。(104)このような場合、既存株主の議決権が不当に稀釈されることはない。また、新規に証券を購入する場合、十分な情報提供がなされるので、投資家としては、企業がDCSを採用していることを十分に認識することができる。そして、もし、議決権がないことが第一項(1)(2)に掲げた問題を生じさせると考えるのであれば、その分、価額をディスカウントすることで自己防衛することが可能である。(105)ディスカウントの機会を与えられ、投資を見合わせるという選択肢もあるので、これらについては投資家保護は必要が無いと考えられた。したがって、投資家の判断が歪められることがなく、市場規律も働く場合、SECは規制の必要性を見出さなかったのである。(106)SECは、DCSが採用されること自体を問題視していたわけではない。個々の会社に柔軟な資本構成の余地を認めることの必要性を認識していた。したがって、規制の範囲が、株主の意思決定を信頼することが困難な場合に限られたことは当然のことであった。

(2)　規制の方法論について（反論）

SECがDCSを採用する一部の方法のみを規制したことに対し、DCSをより厳格に規制すること、たとえば、一株一議決権原則を上場企業に強制すること等を主張する見解も存在した。(107)このような見解は共通して、DCSが採用される結果、上場企業の経営者が巨大な権力を有するにもかかわらず、誰にも責任を負うことがない状態が発生することを問題視する。[108]そして、それは public policy に反すると主張する。この主張は、会社の正統性と効率性の双方に及ぶ。

会社の正統性の問題について、株主の議決権行使によって取締役が選任され、続いて取締役会が経営者を選任するというメカニズムが、経営者の権力の正統性を担保すると主張する。証券取引所法一四条が制定されたのは、経営者が委任状機構を支配し自らの保身を図ることが、証券市場に対する信頼を毀損したことが認識されていたからであった。[109]株主が議決権を有することは、歴史的に他に代替するものがない最低限の監視メカニズムであるとの主張がなされている。[110]

会社の効率性の問題について、これらの見解は、経営者を規律するメカニズムとして、他のモニタリング・メカニズム、たとえば信認義務の規制では不十分であることを主張する。[111]信認義務の規制は明白な義務違反行為の規制には適している。しかし、信認義務に基づく事後規制は、日々の経営を規律することに最適であるとはいえない。個々の経営判断に立ち入った規制は、むしろ、経営判断における萎縮を招き、会社に不利益をもたらすことも考えられる。[112]もちろん、このような見解も、独立取締役が多数を占める取締役会が経営者を十分に規律する場合があることを認めている。しかし、選任主体が一般株主でない場合、その独立性に疑問が生じうるとも考えられているのである。[113]

以上の見解は、SECと根本的な点で異なる。議決権が私的取引の対象となることを、そもそも疑問視する。利益配当を受領する権利などと議決権はその性質が根本的に異なると考えているようである。[114]

これに対して、DCS規制の根拠を集合行為問題ではなく、経営者と株主の利益が衝突する事例の一種として捉える見解は、利益相反取引や敵対的企業買収防衛措置の規制を念頭に、DCS採用について独立取締役の同意と利害関係のない株主の同意を要求すべきことを主張する。[115]このような見解は、議決権を経営者を規律するモニタリング・メカニズムの一つにすぎないことを前提にして、ＤＣＳの問題を、経営者の自己保身と市場メカニズムによる規律が働かないことに求めている。[116]

(3) 規制の方法論について（小括）

(1)と(2)の議論は、ＤＣＳによって既存株主が議決権を奪われることに対して何らかの規制が必要であることについては共通する。ただし、ＤＣＳに対する規制の根拠として何を想定するかについて見解を差異にする。(1)で述べたように、ＳＥＣはＤＣＳの採用に際して株主の選択が歪められることを中心に置く。一方、これに反対する見解は、ＤＣＳによって議決権配分が変更され、もはや経営者から独立した株主が議決権を行使する可能性が存在しなくなること自体を問題としたり、ＤＣＳ採用時の経営者の自己保身や市場メカニズムによる評価の不存在を批判の根拠としている。

もちろん、ＳＥＣも議決権配分が変更されることによって生じうる不利益について失念していたわけではない。[117] ただ、そのような不利益に対して、投資自体を中止する、株式の購入価額を引き下げるといった形で、株主に防衛手段が与えられれば、保護としては十分であると評価しているのである。[118] ＤＣＳによって引き起こされる問題、たとえば、敵対的企業買収の際に支払われるプレミアムの減少、経営者とは独立した株主による監視の不存在は、ＤＣＳの採用から長期間が経過して顕在化する場合が多い。[119] 確かに、投資家は、このような不利益を想定して、投資自体を中止する、出資価額ないし株式の購入価額を引き下げることで防衛することが可能である。しかし、このような投資家の判断の結果、多くの上場企業で議決権が経営者に集中する事態が発生することまでを、ＳＥＣが許容していたと断定することはできないように思われる。

第三款　検　討

第一項　ＳＥＣの着眼点とその問題点

第二款で検討した事項の中で、ＳＥＣが重点を置いたのは、株主の選択に関する問題であった。もちろん、ＳＥＣもＤＣＳの結果、会社ないし株主の利益が侵害されることを全く問題としなかった訳ではない。しかし、ＳＥＣは規則19ｃ－４の制定過程を通じて、ある一つの前提を堅持し続けていたことは確かである。それは、会社の資本構成、そして、それと必然的に関係を持つ議決権配分については、会社ないし株主の判断に委ねられるべきである、ということである。[120] したがって、問題は、議決権配分が変化することから生じる影響を株主が判断することができ、そして、株主に十分な補償が支払われるか、そうでない場合は、株主がその状況を納得していたかという点であった。[121]

現に、ＳＥＣ規則19ｃ－４は、議決権配分の実質的内容について規定していない。ただ、第二款で指摘したような株主の選択を歪める可能性がある行為を禁止するだけである。そして、ＩＰＯや新株発行の状況では、十分な情報開示がなされ、投資家に圧力がかかることも考えにくい。したがって、この場合、投資家はＤＣＳが採用されることに対して投資額のディスカウントをすることで自衛することが可能であると考えられたのである。[122]

しかし、このようなＳＥＣの規制のあり方は以下のような問題を内包している。第一に、株主の選択に関する他の問題に対する規制との整合性を欠くことである。第二は、議決権配分の実質的内容についての規制を欠く結果、一般株主が全く議決権を有さない会社の存在を認めてしまったことである。このような会社を認めることの妥当性について、何らの検討はなされていない。以下、順に検討する。

第二項　株主の選択と議決権

ＳＥＣは、実際に、ＤＣＳの採用に関して株主の選択が歪められていることを規制の根拠として挙げている。[123]ＳＥＣは、現実に問題が発生していることを重視することによって、株主総会決議一般ではなく、ＤＣＳの採用という特定の決議を対象とした規制を行うことを正当化しているように思われる。ただし、他の規制との関係では、以下のような疑念が残る。

たとえば、株主が会社に対する権利を強制的に奪われるという点で、ＤＣＳとFreezeoutは状況が類似している。ＤＣＳでは、株主は、集合行為問題や経営者の戦略的行動を原因として、半強制的に議決権を放棄する、もしくは、議決権が縮減することを容認せざるを得ない状況に追い込まれる。Freezeoutでは、まさに、少数株主がそれぞれの意思と無関係に会社から追い出されるのである。[124]しかし、その規制のあり方は異なる。前者では、株主の判断を歪める可能性がある取引を禁止するのに対して、後者では、取引を禁止するのでなく、取引の実態に対しfair dealingとfair priceを要求する。[125]もちろん、両者は規制の対象が異なる。[126]しかし、株主の判断が歪められる、すなわち、株主に取引の承認が事実上強制されるという点は、共通していると考えられる。そうすると、この両者の規制の差異を説明する要素、すなわち、ＤＣＳに対する規制のような議決権配分が変更されることを特別に扱う根拠は何かという問題が生じることになる。

規制の方法を別にして、ＤＣＳの採用について何らかの規制を行う必要性があることについては意見の合致が存在していた。[127]先に述べたように規制の方法について意見の対立が存在したわけであるが、その対立は規制根拠の差異を反映したものである。たとえば、ＤＣＳの採用を一律に禁止することは、規制を構築するための費用の問題を除けば、議決権を通じたモニタリング・メカニズムの存在が、すべての上場企業のコーポレート・ガバナンスにとって絶対に必要であることによってのみ基礎づけられる。(128) ＳＥＣが集合行為問題一般ではなく、ＤＣＳの採用についての集合行為問題に対してのみ特別の規制を設けたのは、やはり、ＳＥＣが株主の議決権を株主の権利の中で特別視していることを示しているように思われる。(129)

以上の問題を解明するために本稿では、議決権売買に関するアメリカ法の議論を検討する。(130) いわば、議決権自体を取引の対象とすることの妥当性を検証することにしたい。その理由は以下の点にある。第一に、議決権売買もＤＣＳも、資本出資に比して過大な議決権を特定の株主が獲得するという点で共通するからである。第二に、議決権売買も、ＤＣＳと同じく、議決権配分に関する個々の株主の判断が問題とされるからである。(131) 第三に、議決権売買の問題は一九世紀から存在し、当初、それは原則として禁止されていたが、比較的最近になって議決権売買の規制に緩和の傾向が見られるからである。(132)

第三項　議決権と企業統治

議決権と企業統治の関係について検討されるべきことは、第一に、議決権が果してきた機能は何かという点である。そして、第二に、その機能を他のメカニズムが代替することが可能であるのかという点を検討する必要がある。議決権とその存在を前提にした会社支配権市場が、取締役会や株主代表訴訟といった制度と同じく、経営者に対するモニタリング機能を果すことは明らかである。(133) しかし、それぞれの制度には当然のごとく長所と短所が存在する。それを踏まえて、議決権の存在が企業統治の仕組み全体の中で位置づけられるべきである。(134)

このような作業を行うためには、一九二六年にNYSEによってなされた、上場企業に対して一株一議決権原則の適用を要求するとの宣言、そして、一九三四年に制定された証券取引所法一四条の立法過程を検討することが欠かせないものと思われる。まず、一九二六年のNYSEの宣言は、一九八〇年代と同じく、議決権が特定の株主に集中することに対する対応策として出されたものである。その結果、株式所有が分散状態にある場合には議決権もまた分散するという状況が生じることとなった。このような状況を前提に、一九三四年証券取引所法一四条は、経営者が委任状機構を濫用し、自らの保身を図ることに対して規制を行ったと考えられる。したがって、一九三四年証券取引所法一四条の立法過程を探求することで、分散状態にある議決権が、企業統治において、いかなる役割を果たすことが期待されているかを明らかにすることができると思われる。

第四款　今後の議論の方法

アメリカ会社法において、株主間の議決権配分は主に、証券取引所の上場規則によって規制されている。[135] その内容は、一九八〇年代に、多くの上場企業が敵対的企業買収防衛策としてDCSを採用したことをきっかけにしてSECが制定した規則19c—4と基本的に同様である。[136] 規制の特徴は、議決権配分の実質的内容、すなわち、当該議決権配分によって達成されるであろう目的や付与される議決権の量などを規制するのではなく、株主の選択が歪められる形で議決権配分が変更されることを防止するという点にある。[137]

しかし、前款までの検討が示すように、議決権配分をこのような手続規制によってのみ規制することにはいくつかの疑念が存在する。[138] また、アメリカの法規制の背景には、株主としての経済的利益と議決権の関係が著しく不均衡な議決権配分は、必ずしも多いとはいえないという事実が存在するように思われる。(139) 機関投資家や投資銀行などの証券市場の専門家によって、会社又は株主の利益を著しく害する議決権配分を採用した株式会社は、証券市場から排斥されていると評価することが可能である。このような状況を前提に、株主間の議決権配分に関する種々の規制が構築されているのである。したがって、現在のアメリカ法の株主間の議決権配分に関する規制を正確に理解するためには、証券市場、そして、アメリカ社会が、株主としての経済的利益と議決権の比例関係をどのように評価しているかにまで遡った研究が必要となるのではなかろうか。そのためには、議決権配分を株主の投資判断に完全に委ねることの妥当性と議決権が企業統治において果たすべき役割に関して詳細な議論をする必要がある。

本款第二項で述べたように、議決権配分を株主の投資判断に完全に委ねることの妥当性は、議決権が企業統治において果たすべき役割についての評価に依存している。したがって、まず、次節において、一九二六年にＮＹＳＥによってなされた上場企業に対して一株一議決権原則の適用を要求するとの宣言、そして、一九三四年に制定された証券取引所法一四条の立法過程の検討を通じて、議決権が企業統治において果たすべき役割について検討を加えることとする。その理由は以下の点にある。一九二六年のＮＹＳＥの宣言の結果、上場企業で株式所有が分散状態にある場合には議決権も分散しているという状況が生じることになった。しかし、それは同時に、集合行為問題により個々の株主が積極的に議決権を行使することを期待できない状態を招来することでもある。(140) そして、一九三四年証券取引所法一四条は、このような状況において、経営者が委任状機構を濫用して議決権を支配することで、自らの保身を図ることを規制したのである。したがって、一九三四年証券取引所法一四条の立法課程の検討は、企業統治における議決権の役割について重要な手がかりを与えてくれると考えられるのである。

これに引き続き、議決権配分を株主の投資判断に完全に委ねることの妥当性に関して、議決権売買の問題を取り上げる。そして、第五節として、アメリカ法の検討を通じて導き出される、議決権配分の規制に関する「あるべき姿」について明らかにすることとする。

(1) Thomas Lee Hazen, Securities Regulation : Selested Statutes, Rule and Forms, 1156-11588 (2003ed. Thomson WEST).

(2) ポイズン・ピル、ロックアップオプションなどは規制の対象外である。その理由として、株主が“disenfranchise”されないことが挙げられている。See, Voting Rights Listing Standards ; Disenfranchisement Rule, 53 FR 26376 (July 12, 1988).

(3) Douglas C. Ashton, Revisiting Dual-Class Stock, 68 St. John's L. Rev. 863, 877-885 (1994).

(4) 前者の普通株式を、Class B Common Stock, 後者の普通株式をClass A Common Stockと呼ぶことが通例であった。また。Class B Common Stockには譲渡制限の規定があり、いったん譲渡されると自動的にClass A Common Stockに転換されることが多かった。場合によっては、ある特定の譲受人、たとえば、経営者とその家族に対して譲渡する場合にのみ、譲渡制限規定が及ばないと規定することもあった。

もちろん、時差議決権制度や最高議決権制度のように、必ずしも会社の資本構成に影響を与えない仕組みも用いられた。しかし、最終的にはこれらも、経営者の議決権支配の固定を目的としたものであり、以後、他の仕組みと特に区別することなく扱うこととする。

(5) 本節第二款第三項⑴参照。ここで注意すべきは、規則19ｃ－4が対象としたのは、ＤＣＲという特異な議決権の配分の方法であったということである。

(6) General Investment Co. v. Bethlehem Steel, 87 N.J. Eq. 234, 100 A. 347 (N.J. Ch. 1917).

(7) Ronald C. Lease, John J. McConnell, and Wayne H. Mikkelson, The Market Value of Control in Publicly-Traded Corporations, 11 J. Fin. Econ. 439, 450-452 (1983) によれば、一九四〇年から一九七八年までの間にＤＣＳへと移行した取引所上場企業の数は、わずか三〇社である。また、同じ時期のある一年間に、ＤＣＳを採用した会社の数が一一社を超えることはなかったとされている。Id. at 456.

(8) Jonathan Macey & Hideki Kanda, The Stock Exchange as a Firm : The Emergence of Close Substitutes for The New

York and Tokyo Stock Exchange. 75 Cornell L. Rev. 1007, 1010 (1990).

(9)　防衛策の詳細な内容については、Ronald J. Gilson & Bernard S. Black, The Law and Finance of Corporate Acquisitions 731 (2d ed., Foundation Press, 1995) に詳しい。

(10)　Stephen M. Bainbridge, The Short Life and Resurrection of SEC Rule 19c-4, 69 Wash. U. L. Q. 565, 570-71 (1991); Richard M. Buxbaum, The Internal Division of Powers in Corporate Governance, 73 Cal. L. Rev. 1671, 1713-1715 (1985); George Dent Jr., Dual Class Capitalization : A Reply to Professor Seligman, 54 Geo. Wash. L. Rev. 725, 726(1986); Jeffrey N. Gordon, Ties That Bond : Dual Class Common Stock and the Problem of Shareholder Choice, 76 Cal. L. Rev. 1, 4 (1988); Joel Seligman, Equal Protection in Shareholder Voting Rights : The One Common Share, One Vote Controversy, 54 Geo. Wash. 687 (1986); Richard S. Ruback, Coercive Dual-Class Exchange Offers, 20 J. Fin. Econ. 153 (1988).

Megan Partch, The Creation of a Class of Limited Voting Common Stock and Shareholder Wealth, 18J. Fin. Econ. 313, 314 (1987) によれば、一九六二年から一九八四年の間にＤＣＳを採用した四四社の上場企業のうち、三六社は一九八〇年一月以降に採用したことが示されている。また、SEC Office of the Chief Economist, Update – The Effects of Dual-Class Recapitalizations on Shareholder Wealth : Including Evidence from 1986 and 1987 2 (July 16, 1987) によれば、一九八六年三月と一九八七年五月の間に限っても、さらに三四社の企業がＤＣＳを採用したことが示されている。

(11)　Stephen M. Bainbridge, Revisiting the One Share/ One Vote Controversy : The Exchanges, Uniform Voting Rights Policy, 22 Sec. Reg. L. J, 175,179 (1994).

(12)　前注(4)参照。

(13)　Daniel R. Fischel, Organized Exchanges and the Regulation of Dual Class Common Stock, 54 U. Chi. L. Rev. 119, 149-151 (1987); Comments of the United States Department of Justice before the Securities and Exchange Commission 15-17 (Dec. 5, 1986). 後述するように、General Motors Corporation (GM) が、ＥＤＳ (Electronic Data Systems Corporation) を買収するにあたり、一株につき二分の一の議決権しか有さない Class E Stock を発行したが、これは敵対的企業買収防衛策としての意味を持たないものと考えられる。むしろ、ＧＭとＥＤＳの企業価値を考慮し、既存

のＧＭ株主の議決権が不必要に希釈されるのを防ぐということを一つの目的として採用されたように思われる。

(14) Robert S. Karmel, Qualitative Standards for "Qualifies Securities": SEC Regulation of Voting Rights, 36 Cath. U. L. Rev. 809, 816 (1987); NYSE ListedCompany Manual § 313 (1983).

(15) NYSE Listed Company Manual § 313.00 (D) (1983) は、資本出資と合理的に関係のある場合に限って、議決権に差異のある普通株式の発行を認めていた。ただし、「合理性」については事例ごとに判断されていたようであり、明確な基準は設けられていなかった。合理性の例として、会社の内部者（経営者など）によって保有される非公開の株式で、種類株主総会で取締役会の過半数を選任する株式などが考えられていたようである。See Karmel, supra note 14, at 816.

(16) ＡＭＥＸは無議決権普通株式の上場は認めなかったが、議決権が制限された普通株式の上場を以下の条件が満たされた場合に限り認めていた。①株式間の議決権の差異は、一〇対一を超えないこと、②劣後議決権株式は、その株式のみの投票によって、取締役会の二五%にあたる数の取締役を選任できる権利を有すること、③優先議決権株式が、流通している普通株式の一二・五%未満の割合しか占めない場合、劣後議決権株式は優先議決権株式とともに、取締役会の残りの七五%を選任する権限を獲得する、④劣後議決権株式の所有者の議決権を減少させる株式の追加発行は認められない、⑤要求されるわけではないが、発行者は、劣後議決権株式に対して配当優先権を与えることが望ましい。Am. Stock Ex. Guide (CCH) § 122 (1985).

(17) 当時、ＮＡＳＤＡＱは議決権に関する要求をしていなかった。See, Fischel, supra note 13, at 126.

(18) 一九五〇年代に行われた調査では、ＮＹＳＥ上場企業の半分以上は、ＡＭＥＸの前身であるNew York Curb Exchangeに上場されていたことが示されている。See, A. C. Pritchard, Markets as Monitors: A Proposal to Replace Class Action with Exchanges as Securities Fraud Enforcers, 85 VA. L. Rev. 925, note 72 (1999).

(19) 後述するように、ＤＣＳが会社利益に資するか否かを判断する一つの要素として、会社の発展の度合いを挙げることができる。そして、一九八〇年代以前には、取引所間の格差が、結果として、ＤＣＳの採用を、ＤＣＳによる資金調達の必要性が高い新興企業に限っていたとも考えられる。

(20) Macey & Kanda, supra note 8, at 1036-37; Bainbridge, supra note 10, at 576.

(21) Macey & Kanda, supra note 8, at 1032 ; Paul G. Mahoney, The Exchang as Regulator, 87 Va. L. Rev. 1453, 1477-78 (1997).

(22) 一九八四年に、ＧＭが、ＥＤＳを買収するにあたり、一株につき二分の一議決権しか有さない Class E Stock を発行した。この株式は、従前のＥＤＳの株主に交付され、また、配当権限はＥＤＳの純利益と連動するように設計されていた。See, Henry T. C. Hu, New Financial Products, the Modern Process of Financial Innovation, and the Puzzle of Shareholder Welfare, 69 Texas L. Rev. 1273, 1294-1295 (1990). ＧＭのようなＮＹＳＥを代表する大企業がＤＣＳを採用することは稀であった。なぜなら、一九八四年以前、ＤＣＳは主に、新規上場企業もしくは家族経営企業において採用されていたからである。ＧＭの採用は、一九八〇年代のＤＣＳに関する議論の端緒となったのである。See, Ashton, supra note 3, at 895.

(23) Bainbridge, supra note 10, at note 54.

(24) Manning Gilbert Warren Ⅲ, One Share, One Vote: A Perception of Legitimacy, 14 J. Corp. L. 89, 92-93 (1988) ; Timothy K. O, Neil, Comment, Rule 19c-4 : The SEC Goes Too Far in Adopting a One Share, One Vote Rule, 83 NW. U. L. Rev. 1057, 1064-65 (1989); Voting Rights Listing Standards; Disenfranchisement, 53 FR 26376 (June 24, 1987).

(25) NYSE Subcommittee on Shareholder Participation and Qualitative Listing Standards, Initial Report – Dual Capitalization (January 3, 1985) は、以下の条件が満たされた場合に、ＤＣＲを認めた。①総株式の三分の二の賛成、②発行者が過半数の独立取締役を有している場合、独立取締役の過半数が賛成していること、有していない場合、すべての独立取締役が賛成していること、③議決権の数の差異が一〇対一を超えないこと、④二種類の普通株式の権利は、一株あたりの議決権を除いて実質的に同じであること。ただし、交換申込みによらない劣後議決権株式の発行も、上記の規則に服することとされた。また、依然として無議決権普通株式の発行は禁止されていた。

(26) Amendments to Section 313.00 of the NYSE Listed Company Manual, File No. SR-NYSE-86-17 (proposed Sept. 16,1986) が提案した上場基準の変更は以下のとおりである。①発行者の独立取締役の過半数と②議決権を有する株主で、取締役、役員 (officer)、彼らの家族、総議決権数の一〇％以上を有している株主ではないものの過半数の賛成があれば、ＤＣＲを認める。モラトリアム期間中にＤＣＳを採用して企業については、二年の猶予期間を設けて、①と②の承認を要求する。提案された上場基準は、以下の場合には適用されない。①会社分割の際に既存の普通株式の所有者になされる議決権について優先もしくは劣後する株式の配分、②会社が、初めて株式の公開を行う際に、すでにＤＣＳを採用していた場合。

(27) Securities Exchange Act Release No. 23803 (November 13, 1986), 51 FR 41715.

(28) Bainbridge, supra note 10, at 577-578.

(29) Voting Rights Listing Standards ; Disenfranchisement, 53 FR 26376（June 24, 1987）〔hereinafter Proposing Release〕と Voting Rights Listing Standards ; Disenfranchisement Rule, 53 FR 26376（July 12, 1988）〔hereinafter Adopting Release〕である。

(30) ＳＥＣ規則19ｃ—４を巡っては、規則の内容の妥当性に加え、ＳＥＣの連邦法上の権限というアメリカ法特有の問題がある。本稿では、この問題について特段の検討を行うことはしない。この問題を中心に扱う論稿として、Lyman Johnson, Sovereignty over Corporate Stock, 16 Del. J. Corp. L. 485（1991）がある。

(31) Adolf A. Berle & Gardiner C. Means, The Modern Corporation & Rrivate Property with a new introduction by Murray Weidenbaum & Mark Jensen（Transation Edition, 1991).

(32) Stephen M. Bainbridge, Corporation Law and Economics 36（Foundation Press, 2002）; Jesse H. Choper & John C. Coffee, Jr. & Ronald J. Gilson, Cases and Materials on Corporations 30（6th ed., Aspen Law & Business, 2004）.

(33) Michael Jensen & William Meckling, Theory of the Firm: Managerial Behavior, Agency Costs, and Ownership Structure, 3 J. Fin. Econ. 395（1976）.

(34) もちろん、株主が合理的に行動することが前提である。

(35) Frank H. Easterbrook and Daniel R. Fischel, The Economic Structure of Corporate Law 63 (1991) ; Dale A. Oesterle and Alan R. Palmiter, Judicial Schizophrenia in Shareholder Voting Cases, 79 Iowa L. Rev. 485, 514 (1994)

(36) Delaware General Corporation Law §211（b）（取締役の選任・解任）、242（定款変更）、251（企業結合）、271（会社財産の譲渡）、275（解散）（2003）; RMBCA §8.03 (c) (取締役の選任・解任）; §10.03（定款変更）; §11.04（企業結合）; §12.02（会社財産の譲渡）; §14.02（解散）。株主総会の決議事項に関して詳しくは、Oesterle and Palmiter, supra note 35, at 501を参照。

(37) Armen A. Alchian & Harold Demsetz, Production, Information Costs, and Economic Organization, 62 Am. Econ. Rev. 777, 782 (1972).

(38) Alchian & Demsetz, supra note 64, at 787. 集合行為問題について、詳しくは、本款第二項⑴参照。

(39) Fischel, supra note 13, at 136.

(40) 敵対的企業買収を通じて会社支配権市場が機能するためには、以下の条件が必要である。①議決権が存在すること、②議決権の売買が可能であること（通常は、株式に付随して売買は生じる。しかし、議決権が単独で売買の対象となることも考えられる。本章第四節参照）、③議決権の購入者が支配権獲得のために投入した費用に対してそれなりの利益を獲得できること、である。会社支配権市場の価値は、株主の議決権が常に積極的に行使されることとは無関係に存在する。すなわち、集合行為問題は、会社支配権市場を通じて解決されるので、議決権が日常的に積極的に行使されない、もしくは、経営者の提案に賛成の票しか投じられないということは重大な問題ではない。See, Robert C. Clark, Corporate Law, 398 (Aspen Law & Business, 1986); Melvin Aron Eisenberg, The Structure of the Corporation 66-68 (1976); Henry Manne, Merger and the Market for Corporate Control, 73 J. Pol. Econ. 110, 112-113 (1965); Henry Manne, Some Theoretical Aspects of Share Voting, 64 Colum. L. Rev. 1427, 1430-1434 (1964); Henry Manne, The "Higher Criticism" of the Modern Corporation, 62 Colum. L. Rev. 399, 410-413 (1962); Bainbridge, supra note 10, at 565.

(41) 前注参照。

(42) Oesterle and Palmiter, supra note 35, at 519-520; Bainbridge, supra note 39, at 200-205; Bainbridge, supra note 32, at 512-517.

(43) Kenneth J. Arrow, The Limits of Organization 78 (Norton, 1974).

(44) Stephen M. Bainbridge, Precommitment Strategies in Corporate Law: The Case of Dead Hand and No Hand Pills, 2003 J. Corp. 1, 29 (2003). 個人投資家と機関投資家間に加えて、機関投資家間にも激しい利害の対立がある。See Anabtawi, Iman, Some Skepticism about Increasing Shareholder Power (August 2005). UCLA School of Law, Law-Econ Research Paper No. 05-16 Available at SSRN: http://ssrn.com/abstract=783044

もちろん、ある会社の経営状態が芳しくない場合、積極的な議決権行使によって経営方針が影響を受け、会社の経営が好転する可能性はゼロではない。また、積極的な議決権行使が配当の増加につながるかもしれない。しかし、本文で述べたような見解は、株主にとっては費用をかけて議決権を行使するよりも、分散投資によって企業特殊的なリスクを減少させる方が望ましい投資行動であるとの認識があるように思われる。すなわち、ある会社に特有の問題を解決するために、株主は議決権を積極的に行使する必要性はないとの立場である。

(45)　本節第一款参照。

(46)　Seligman, supra note 10, at 721-722.

(47)　Ronald J. Gilson, Evaluating Dual Class Common Stock: The Relevance of Substitutes, 73 Va. L. Rev. 807, 813（1987）.

(48)　Gilson, supra note 47, at 816.

(49)　Michael Dooley, Two Models of Corporate Governance, 47 Bus. Law. 461.468（1992）.

(50)　Fischel, supra note 13, at 135.

(51)　取締役の信認義務（Fiduciary Duties）を契約によって排除できるかについて検討した論稿として、Henry N. Butler and Larry E. Ripstein, Opting Out of Fiduciary Duties : A Response to the Anti-Contractarians, 65 Wash. L. Rev. 1（1990）がある。この論稿では、信認義務も会社と株主との契約条項の一つであると主張する。そして、信認義務の規制を契約によって排除することを正当化する理由として、他の監視メカニズムの存在、契約条項に対する市場規律の存在を挙げる。特に、監視メカニズムを評価する場合、個々の監視メカニズムの評価に止まることなく、全体として評価することの必要性が強調されている。

(52)　Fischel, supra note 13, at 136 ; Dent, supra note 10, at 746 ; Ashton, supra note 3, at 922.

(53)　Benjamin Klein, Robert G. Crawford, and Armen A. Alchian, Vertical Intergration, Appropriate Rents, and the Competitive Contracting Process, 21 J. L. & Econ. 297（1978）; Oliver E. Williamson, Transaction-Cost Economics: The Governance of Contractual Relations, 22 J. L. & Econ.233（1979）. ある会社の経営を行うために経営者が行わなければならない投資は二種類ある。一つは、外部の労働市場での自分の評価を高めることにつながる投資である。一つは、当該企業の経営にしか役立たない投資である。後者が、関係特殊的投資と呼ばれる。

(54)　Fischel, supra note 13, at 136.

(55)　株式投資には、すべての企業を脅かす、経済全体に関する危険要素から発生する市場リスク（Market Risk）と、個々の企業、あるいはそれに極めて近い競争企業に特有の要素から発生する個別リスク（Unique Risk）が伴う。本来、後者の個別リスクは分散投資によって取り除くことが可能である。詳しくは、リチャード・ブリーリー＝スチュワート・マイヤーズ＝フランクリン・アレン（藤井眞理子＝国枝繁樹監［訳］『コーポレートファイナンス（上）［第八版］』一八五―一九六頁（日経ＢＰ 二〇〇七年））を参照。

(56)　Eugene F. Fama and Michael C. Jensen, Agency Problems and Residual Claims, 26 J. L. & Econ. 327 (1983); Eugene F. Fama and Michael C. Jensen, Organizational Forms and Investment Decisions, 14 J. Fin. Econ. 101 (1985).

(57)　ただし、企業家は既にかなりの投資をしているのであり、ＤＣＳの採用の可否にかかわらず、資金調達をせざるを得ないとの見解もある。See Gilson, supra note 47, at note 62.

(58)　Fischel, supra note 13, at 140.　もちろん、議決権によるモニタリング・メカニズムに代替するものを投資家が要求することは当然ありうる。

(59)　Partch, supra note 10, at 313; Gordon, supra note 10, at 4; Gregg A. Jarrel and Annette B. Poulsen, Dual Class Recapitalization as Antitakeover Mechanisms; The Recent Evidence, 20 J. Fin. Econ. 129 (1988).

(60)　Harry DeAngelo and Linda DeAngelo, Management Ownership of Voting Rights, 14 J. Fin. Econ. 33 (1985); Lease, McConnell, Mikkelson, supra note 7; Partch, supra note 10.

(61)　Harold Demsetz and Kenneth Lehn, The Structure of Corporate Ownership: Causes and Consequences, 93 J. Pol. Econ. 1155 (1985).

(62)　DeAngelo and Deangelo, supra note 60; Lease, McConnell, and Mikkelson, supra note 7; Partch, supra note 10.

(63)　ＮＹＳＥが議決権に関する上場規則のモラトリアムを宣言したのは一九八四年である。Partchは、ＤＣＳの採用は既存株主に不利益を与えていないと主張するが、実証研究の対象となったサンプル（四四社）の中にＮＹＳＥ上場企業は六社しか含まれていない。See, Partch, supra note 10, at 316. 一方、Jarrell and Poulsenによれば、一九七六年から一九八七年までに採用されたＤＣＳは既存株主に不利益を与えているが、さらに、ＮＹＳＥのモラトリアム後のＤＣＳに調査を限定すると、より大きな不利益が発生している。See, Jarrel and Poulsen, supra note 59 at 141. 議決権・

支配権の配分と企業価値の関係については、依然として、実証研究が盛んに行われている。See, e.g., Gompers, Paul A., Ishii, Joy L. and Metrick, Andrew, Extreme Governance: An Analysis of Dual-Class Companies in the United States (March 2006)（AFA 2005 Philadelphia Meetings Available at SSRN: http://ssrn.com/abstract=562511); Gompers, Paul A., Ishii, Joy L. and Metrick, Andrew, Incentives vs. Control: An Analysis of U.S. Dual-Class Companies (January 2004)(NBER Working Paper No. W10240. Available at SSRN : http://ssrn.com/abstract=492353); Tatiana Nenova, The Value of Corporate Voting Rights and Control: A Cross-Country Analysis, 68 J. F. Econ. 325 (2003).

(64)　Delaware General Corporation Law § 151 (a); New York Business Corporation Law § 501 (a); Revised Model Business Corporation Act § 6.01 (a).　ただし、種類株式の内容を定款に定めることなく、新株を発行する際に取締役会決議で定めることができることを定款で定めておくことも可能である。このような手続で発行される株式は、"Blank Check Preferred" と呼ばれている。Delaware General Corporation Law § 151 (g).　この規定を用いて、取締役会限りでＤＣＳの採用を行うことに対して否定的な態度をとる判例があることについては前述した。本章第一節第一款参照。See also, Unilever Acquisition Corp. v. Richardson-Vicks, Inc., 618 F. Supp. 407. (S. D. N. Y., 1985).

(65)　Gordon, supra note 10, at 4.

(66)　株主が多数決によって意思決定することが、株主全体の利益と矛盾する場合があることを一般的に分析する論稿として、"Zohar Goshen, Controlling Strategic Voting: Property Rule or Liability Rule?, 70 S. Cal. L. Rev. 741 (1997) がある。

(67)　集合行為問題一般については、M. Olson, Jr., The Logic of Collective Action (1965)（依田博＝森脇俊雄［訳］『集合行為論』（一九八三））; A. Hirshaman, Exit, Voice, Loyalty (Harvard University Press, 1970) がある。株主の意思決定に、集合行為問題が内在的に存在していることは一般的に認識されている。Clark, supra note 40, § 9.5; Robert C. Clark, Vote Buying and Corporate Law, 29 Case W. Res. L. Rev. 776, 779-83 (1979); Choper, Coffee, & Gilson, supra note 32, at 560.

(68)　議決権行使の費用の中には、機会費用も含まれる。機会費用の意味については、ハル・Ｒ・ヴァリアン（大住栄治ほか訳＝佐藤隆三監　訳『入門ミクロ経済学』二六頁（勁草書房二〇〇〇年））参照。

(69)　まず、株主が委任状勧誘資料を読むためには、委任状勧誘資料を読むことによって得られる期待利益が、費用を上回らなければならない。仮に、経営者が提案する合併提案に反対することが、たとえば、一株当たり一〇、〇〇〇ドルの利益をもたらすとしても、そのような事態が生じる確率はかなり低いものと考えられる。したがって、期待利益で比較する場合、費用が上回ることが多く、そもそも委任状勧誘資料を分析することさえ行われない可能性があるのである。See, Clark, supra note 40, at 391.

(70) Choper, Coffee, & Gilson, supra note 32, at 560.

(71) James Brickley, Ronald Lease & Clifford Smith, Ownership Structure and Voting on Antitakeover Amendments, 20 J. Fin. Eco. 267 (1988).

(72) 合理的な株主は、反対することによって会社が得る利益に持分割合を乗じた額までしか投資しない。

(73) 株主間のコミュニケーションそのものにも費用がかかる。後述するように、委任状勧誘に関するＳＥＣ規則自体が、株主間のコミュニケーションの費用を増加させている。

(74) ＳＥＣに対する委任状資料の提出（ＳＥＣ規則）、株主への勧誘を行うためには、多くの専門家を雇う必要がある。

(75) Lucian Arye Bebchuk & Marcel Kahan, A Framework for Analyzing Legal Policy Towards Proxy Contests, 78 Cal. L. Rev. 1071 (1990).

(76) この場合、委任状合戦を行った株主は、他の株主によって搾取されていることになる。

(77) Gordon, supra note 10, at 4.

(78) Partch, supra note 10, at 320 ; Jarrel and Poulsen, supra note 59, at 141-143 ; Gordon, supra note 10, at 52.

(79) Gordon, supra note 10, at 46.　一方、ＤＣＳと同様の効果を持つＭＢＯは、経営者の持株比率が高くはない場合に行われる。すなわち、ＤＣＳを行おうとしても株主総会決議を得ることができない場合に、ＭＢＯが採用されるとも考えられるのである。See Gilson, supra note 47, at 820-822.

(80) 経営者が戦略的な行動を行うことで、自分に有利な意思決定を株主にさせることが可能である。この場合、議決権によって集団の意思を表現し、取引の効率性を担保するという議決権制度の前提が揺らぐことになる。See Goshen, supra note 66, at 746.

(81) 劣後議決権株式と普通株式の交換の場合も、考慮すべき事項は同様である。なぜなら、劣後議決権株式には配当の増額が約束されることが通常であるからである。この場合、一般株主は交換に応じ、経営者は交換に応じないことになる。したがって、以下の議論は、優先議決権株式と普通株式の交換についてのみ扱う。

（82）いわゆる囚人のジレンマである。See Goshen, supra note 66, at 771. そして、この問題は株主間でのコミュニケーションが可能であっても、解決しない場合がある。なぜなら、優先議決権株式の配当が劣後する場合、たとえ交換に応じることについて株主間で合意があったとしても、その合意を破ることが個々の株主にとって利益をもたらすからである。すべての株主がこの事実を認識していれば、結局、交換に応じるのは経営者のみということになる。Id., at 760, 774. ただし、拘束力のある合意を株主間で形成することができれば、囚人のジレンマを克服することも可能である。Id., at note 45.

（83）Gordon, supra note 10, at 48-49 ; Ruback, supra note 10.

（84）Mills v. Electric Auto-Life Co., 396 U. S. 375（1970）. しかし、優先議決権株式発行のための定款変更決議に関するLacos Land Co. v. Arden Group, Inc., 517 A. 2d. 271 (Del. Ch. 1986) は、支配株主が委任状勧誘資料で同様の宣言をした場合、当該決議は無効であると判断した。

（85）Gordon, supra note 10, at 53-54.

（86）Delaware General Corporation Law § 242 ; New York Business Corporation Law § ; RMBCA § 10.03（e）.

（87）Amendments to Section 313.00 of the NYSE Listed Company Manual, File No. SR-NYSE-86-17 (proposed Sept. 16,1986).

（88）Gordon, supra note 10, at 55-56.

（89）Bainbridge, supra note 10, at 580-581. また、集合行為問題の原因の一つはＳＥＣの厳格な委任状勧誘規則にあることを指摘し、ＳＥＣ規則19ｃ－４を集合行為問題で基礎づけることに批判的な見解として、Peter N. Flocos, Toward A Liability Rule Approach To the "One Share, One Vote" Controversy : An Epitaph for the SEC's Rule 19c-4?, 138 U. Penn. L. Rev. 1761（1990）がある。

（90）Goshen, supra note 66, at 765; Stanford J. Grossman & Oliver D. Hart, Takeover Bids, the Free-Rider Problem,and the Theory of the Corporation, 11 Bel J. Econ. 42, 59 (1980).

(91)　Bainbridge, supra note 38, at 208.　経営者の戦略的行動に対して、議決権制度に一般的に共通する規制の必要性を説く見解として、Goshen, supra note 66, at 771 がある。

(92)　Bainbridge, supra note 10, at 581-82.　ただし、代償が適切な額であるか否かであるかの判断が困難であることは、Bainbridge も認識している。

(93)　Roberta Romano, Answering the Wrong Question : The Tenure Case for Mandatory Corporate Law, 89 Colum. L. Rev. 1599, 1610 (1989) ; Bainbridge, supra note 10, at 632 ; Ashton, supra note 3, at 948.

(94)　Dent, supra note 10, at 726.

(95)　Sanford J. Grossman & Oliver D. Hart, One Share-One Vote and the Market for Corporate Control, 20 J. Fin. Econ. 175, 177 (1988) ; Frank H. Easterbrook and Daniel R. Fischel, Voting in Corporate Law, 26 J. L. & Econ. 395, 411 (1983).

(96)　経営者による株主の自由意思への介入の具体的内容については本節第二款第二項(2)を参照。

(97)　Adopting Release, Ⅲ. Discussion, A. Need for Rule 19c-4. ＳＥＣは、ＤＣＳによって引き起こされる問題、たとえば、敵対的企業買収の際に支払われるプレミアムの減少、経営者とは独立した株主による監視の不存在は、ＤＣＳの採用から長期間経過後に顕在化するという認識を得ていた。しかし、規制の根拠はこの点にあるのではなく、このような不利益が生じる可能性があるにもかかわらず、不適切な決議方法などによって、株主が議決権を奪われているという点にあった。

(98)　この点に関しては、本節第三款を参照。

(99)　本節第二款第二項(1)参照。

(100)　E.g., Edward B. Rock, The Logic and (Uncertain) Significance of Institutional Shareholder Activism, 79 Georgetown L. Rev. 445 (1991) ; Roberta Romano, Public Pension Fund Activisim in Corporate Governance Reconsidered, 93 Colum, L. Rev. 795 (1993) ; Edward B. Rock, Controlling the Dark Side of Relational Investing, 15 Cardozo L. Rev. 987 (1994) ; Roberta Romano, Less is More: Institutional Investor Activism a Valuable Mechanism of Corporate Governance, 18 Yale J. on Reg. 174 (2001) ; Anabtawi, supra note 71.

さらに、機関投資家が企業の四半期利益の評価に重点を置きすぎていたことや過剰なインセンティブ報酬の付与を積極的に後押ししたことが、エンロンなどが破綻した一因であったとの見解も主張されている。See Roberta S. Karmel, Should a Duty to the Corporation Be Imposed on Institutional Shareholders?, 60 Bus. Law. 1, 7-8 (2004); Roberta S. Karmel. Realizing the Dream of William O. Douglas- The Securities And Exchange Commission Takes Charge of Corporate Governance, 30 Del. J. Corp. 79, 132-33 (2005). また、企業年金などを除き多くの機関投資家が議決権行使についてＩＳＳ（Institutional Shareholder Services）のアドバイスを利用していることにも問題がないというわけではない。特に、ＩＳＳはその影響力に対応する信認義務を会社に対して負ってはいないことが問題とされているようである。See Leo Strine, Jr., Toward a True Corporate Republic : A Traditionalist Response to Bebchuk's Solution for Improving Corporate America, 119 Harv. L. Rev. 1759, 1765 (2006).

(101)　本節第二款第一項(4)参照。

(102)　Adopting Release, Ⅲ. Discussion, A. Need for Rule 19c-4.

(103)　Adopting Release, Ⅲ. Discussion, C. Commission Authority to Adopt Rule 19c-4, 2. Rule 19c-4 is Necessary or Appropriate in Furtherance of the Purpose of the Act.

(104)　Adopting Release, Ⅲ. Discussion, B.Description of Rule 19c-4, 1. Permitted Actions Under Rule 19c-4, a. and b. したがって、敵対的企業買収の脅威にさらされている上場企業には、いったんＭＢＯによって会社を非公開にしてＤＣＳを採用し、その後、ＩＰＯを行うという選択肢が残されていた。Bainbridge, supra note 10, at note 82.

(105)　Fischel, supra note 13, at 147 ; Gilson, supra note 47, at 808-809 ; Gordon, supra note 10, at 10, 20-23 ; Ruback, supra note 10, at 169-171.

(106)　このような見解に対し、個々の投資家に証券の詳細な条項について交渉することを要求することはできないとの批判がある。これに対しては、個々の投資家が必ずしも交渉しなくても、十分な保護が与えられるとの再批判がなされるであろう。なぜなら、機関投資家等が情報を分析し、それに従い市場価格が決まるからである。その結果、情報分析をしなかった一般投資家も十分な保護を受けることが可能となる。See Butler and Ripstein, supra note 51, at 42.

(107)　この点を明確に主張する論稿として、Seligman, supra note 10 ; Peter L. Simon, Notes, Dual Class Recapitalization and Shareholder Voting Rights, 87 Colum. L. Rev. 106 (1987); Warren Ⅲ, supra note 24 ; Louis Lowenstein, Shareholder

Voting Rights: A Response to SEC Rule 19c-4 and to Professor Gilson, 89 Colum. L. Rev. 979（1989）がある。

(108)　この点については、すでに、Adolf A. Berle の指摘がある。Adolf A. Berle, Non-Voting Stock and "Banker's Control," 39 Harv. L. Rev. 673, 674 (1926).

(109)　Warren Ⅲ, supra note 24,at 104.　証券取引所法の立法過程で、以下のような主張がなされたことがある。"fair corporate suffrage is an important right that should attach to every equity security bought on a public exchange." See, H. R. Rep. No. 1383, 73d Cong. 2d See. 4, 13 (1934).

(110)　Lowenstein, supra note 107, at 1005.

(111)　Lowenstein, supra note 107, at 1005.　なお、ここでは、信認義務の中に、注意義務と忠実義務の双方を含むものとして検討する。

(112)　取締役の注意義務違反に関して適用される Business Judgement Rule（経営判断原則）はまさに、経営判断への裁判所の過剰な介入を防ぎ、経営に一定程度の自由裁量を保証することを目的とするものである。See, Clark, supra note 40, at 123-124.

(113)　Seligman, supra note 10, at 721.

(114)　ある見解は、議決権は governance rule であり、process rule であると主張する。See, Lowenstein, supra note 107, at 1005.

(115)　Bainbridge, supra note 10, 582-83, 628-633.

(116)　Gilson, supra note 47 が述べるようにＤＣＳとＭＢＯには類似点がある。ＭＢＯでは、会社の事情に明るい経営者によって株主に提供される対価が不当に低く設定される恐れがある。しかし、通常、経営者は競合的買収者の存在を考慮するので、fair-price に近い価格を提供するインセンティブを持っている。一方、ＤＣＳの場合は、議決権の対価の算定は困難であるし、株式市場に類似するものも存在しない。See Bainbridge, supra note 10, at 629.

(117)　本項⑴参照。

(118)　ＤＣＳの可否に関する議論が、ＩＰＯと新株発行の場面に及ぶことを "Overbroad" と批判する見解として、Gilson, supra note 47, at 809 がある。

(119) Adopting Release, Ⅲ. Discussion, A. Need for Rule 19c-4.

(120) 州会社法には議決権配分の内容について、制限的な規定がないことを前提にしていたと考えられる。Fischel, Bainbridge といったＳＥＣ規則19ｃ－４に批判的な見解は当然として、ＳＥＣ規則19ｃ－４に肯定的な Gilson, Gordon らも、議決権が株主と会社との間の契約事項にすぎない、ということは共有していた。一方、本節第二款第三項⑵で挙げた Seligman, Lowenstein などは、議決権が会社と株主の間の契約事項であることを全面的に認めていたわけではない。特に、Lowenstein は議決権が取引の対象になることの不当性を強調する。See Lowenstein, supra note 107, at 1005.

(121) 一般から寄せられた意見の集約の項では、エージェンシー費用の増加の問題が取り上げられている。しかし、ＳＥＣが示した規則の制定理由の項では、エージェンシー費用の増加などに対して十分な補償がなされることなく、株主が議決権を放棄せざるを得ない状況に置かれていることが問題とされている。See, Adopting Release.

(122) Gilson, supra note 47, at 809.

(123) 本節第二款第三項⑴参照。

(124) ただし、規制主体が異なる以上、規制のあり方も異なって当然という評価も可能であるかもしれない。

(125) 代表的な判例として、Weinberger v. UOP, Inc., 457 A. 2d 701 (Del. 1983) がある。

(126) 前者は、一般株主から議決権を奪うことであり、後者は、一般株主を当該会社から追い出すことである。

(127) 一方、立法による規制、ＳＥＣによる規制、証券取引所による規制のどれが望ましいかなど規制主体の問題は、ＳＥＣの連邦法上の権限に関する問題を除き、大きな問題とはなっていなかったように思われる。

(128) ただし、「なぜ、議決権行使を通じたモニタリング・メカニズムが必要か」という点について、意見の合致があるわけではない。Bebchuk は、最近の一連の著作において、これまで取締役会の専権事項であった事項（企業買収など）について株主の発言権を強化すべきことを主張しているが、その根拠は、株主の発言権の強化が会社全体の利益の向上につながるという点にある。Bebchuk 自身、会社民主主義（Corporate Democracy）と呼ばれる考え方をとらないことを明言している。See Lucian Arye Bebchuk, The Case for Increasing Shareholder Power, 118 Harv. L. Rev. 833, 842-843 (2005). 一方、Seligman や Lowenstein は、むしろ、会社民主主義と呼ばれる考え方に近いように思われる。

(129) Freezeout と問題が本質的に同じであれば、Bainbridge が主張するように、独立取締役と利害関係のない株主の承認を要求することで、規制としては必要十分となる。See Bainbridge, supra note 10, at 630-31. また、本節第一款で述べたように、ＤＣＳの採用の結果、議決権が経営者等に集中する仕組みとして譲渡制限条項の存在が大きな意味を持っていた。したがって、優先議決権株式の発行を禁止するにしても、支配の集中につながる譲渡制限条項付の優先議決権株式の発行を禁止することのみで足りたはずである。しかし、ＳＥＣはこのような区別をしなかった。

(130) 以下、本文で示す内容について詳しくは、本章第四節の導入部分を参照。

(131) Choper, Coffee, & Gilson, supra note 32, at 596-97.

(132) Schreiber v. Carney, 447 A. 2d 17 (Del. Ch. 1982).

(133) 本節第二款第一項(4)、第三項(2)参照。

(134) 会社支配権市場による外部からのモニタリングを、独立取締役や株主代表訴訟といった内部のモニタリングと対比し、批判的に検討した論稿として、John C. Coffee, Jr., Regulating the Market for Corporate Control : A Critical Assessment of the Tender Offer's Role in Corporate Governance, 84 Colum. L. Rev. 1145, 1199 (1984) がある。

(135) 本章第一節参照。

(136) 本章第一節第二款参照。

(137) Adopting Release, Ⅲ. Discussion, A. Need for Rule 19c-4.

(138) 本節第三款参照。

(139) 一九九四年一月一日から一九九七年七月一日までにＩＰＯを行った三一〇社の中で、特異な議決権配分を採用することで経営者が過半数の議決権を確保したのは、二〇社（六・四％）であり、ベンチャー・キャピタルが関与するＩＰＯでは、その割合は二・八％に低下する。See, Robert Daines and Michael Klausner, Do IPO Charters Maximize Firm Value? Antitakeover Protection in IPOs, 17J. Law, Econ. & Org. 83, 95-96 (2001). また、一九九五年〜二〇〇二年、S&P が提供する Compustat 掲載企業のうち、ＤＣＳを利用していたのは約六％であり、その時価総額は約八％を占めていたにすぎない。See, Gompers, Paul A., Ishii, Joy L. and Metrick, Andrew, "Extreme Governance: An Analysis of Dual-Class Companies in the United States", at 31 (March 2006). AFA 2005 Philadelphia Meetings Available at SSRN :

http://ssrn.com/abstract=562511.

(140)　集合行為問題について、本節第二款第二項(1)を参照。

第三節　アメリカ資本主義確立期における議決権の規制

本節では、二〇世紀初頭における議決権の規制について検討する。この時期、二つの重要な規制が生まれたからである。一つは、一九二六年にNYSEが無議決権普通株式の上場と無議決権普通株式を発行している会社の他の株式の上場を認めないこととし、上場基準として、事実上、一株一議決権原則を採用することを宣言したことである。もう一つは、一九三四年証券取引所法によって初めて州法の差異を越えた委任状規則が作られたことである。本節では、一九世紀後半から二〇世紀初頭の経済的、思想的背景の中にこれらの規制を位置づけることで、企業統治における議決権の位置づけを明らかにすることを目的とする。

第一款　経済的背景

一九世紀後半に始まった企業合同運動(トラスト運動)をきっかけとして、会社の規模と株主数は急激に増加した。一九〇〇年には、アメリカの全株式会社で約四四〇万人の株式所有者がいたと推定されているが、一九一七年には約八六〇万人、一九二八年には約一、八〇〇万人に増加した(1)。個々の企業を企業合同運動へと駆り立てた原因は様々であり、一言で言い尽くすことはできない(2)。しかし、それは、結果として、アメリカの経済社会に二つの現象をもたらすことになった。一つは、経済力・富の集中であり(3)、もう一つは所有と支配の分離である(4)。そして、これらの現象はいずれも、個人の活動を基本とする一九世紀的な諸前提と相容れないものであると考えられていた。

第一項　企業集中の不可避性

企業集中が個人の経済活動に与える影響について、Louis D. Brandeis は以下のような指摘を行っている。(5) すなわち、以前であれば、ほとんどすべての人間は、農業であれ工業であれ、独立した経済活動をすることができた。しかし、企業集中とそれにともなう会社の規模の拡大の結果、彼らは、一生、何らかの形で雇用者であり続けなければならなくなった。個人は、いわば、生活のために企業に依存せざるを得なくなったのである。(6)

企業合同運動初期の段階では、鉄道等の自然独占が起こりうる業界を除いて、企業合同は長期的には市場競争に屈服するであろうと考えられていた。(7) にもかかわらず存続する企業合同は、"Unfair Methods of Competition" もしくは "Market Failure" のせいであるとされたのである。しかし、一八八〇年代後期には、大規模な企業形態の効率性を正当化する主張が見られるようになった。(8)

そして、かつて懐疑的であった人々の間でも、二〇世紀初頭の段階では、大企業が経済的に優れた存在であることが広く認識されるようになったといわれている。(9) しかし、企業規模の拡大が無条件に許容されたわけではない。なぜなら、規模の経済が働く業種であっても、以下に述べる所有と支配の分離の結果、期待される生産性が獲得されない場合があると考えられていたからである。

第二項　所有と支配の分離の不可避性

企業合同の結果、大量の証券が発行されたこと、また、会社規模の拡大に対応して階層式管理機構が必要とされるようになったことなどを原因として、所有と経営・支配の分離が進んだ。(10) この結果、以下のような問題が生じることになった。すなわち、財産所有者の私的利益追求が、結果として社会全体の利益向上につながるという前提の崩壊である。

財産所有者が、自らその財産を利用して事業を行う場合、財産所有者には事業から得ることができる利益も損失も帰属する。したがって、彼らには、その財産を有効活用しようという動機が存在する。一方、所有と支配が分離する場合、財産所有者と経営者の間には、その財産の活用方法に関して利害の不一致が存在する。経営者には、事業から生じる利益も損失も直接には帰属しないからである。したがって、経営者が、会社を利用して私的利益を図る可能性が生じることとなった。その結果、財産が利益をもたらす事業に投資され、事業から生じた利益が再び投資されるといったメカニズムが機能不全に陥る可能性が生じることになったのである。(11)

そして、企業集中と所有と支配の分離によって経営者に与えられた裁量権は、具体的な形で問題を引き起こすことになった。会社経営者が金融機関と手を組み、会社の株価を操作し、私的利益を図ったのである。この問題は一九三四年法による規制がなされるまで、根本的に対処されることはなかった。(12)

第三項　具体的問題——証券市場における濫用

(1)　The Hughes Committee and the Money Trust Investigation

証券市場における会社経営者の行為に大衆の注目が集まったのは、一九〇七年の株式市場の大暴落が最初であるといわれている。(13)このような事態に対して、二つの著名な調査が実施された。一つは、ニューヨーク州知事であるEvans Hughesによって実施されたものである。(14)もう一つは、下院決議を根拠に下院議員のPujoによって実施されたいわゆる“The Money Trust Investigation”である。[15]

双方の調査とも、共通して、NYSEで行われている取引の大半が投機的なものであると指摘した。[16] Pujo Reportでは、特に、プール取引について焦点があてられた。[17] プール取引は株価操作の一種である。[18] このような取引に常に会社経営者が関与していたわけではない。しかし、オプションの取得、会社情報の提供などは当然、経営者がプール取引に参加していた方が円滑に進むものと考えられる。したがって、この取引に会社経営者が関与することは、株価操作を容易にし証券市場に大きな問題をもたらす可能性があることが認識されたのである。Pujo Reportでは、取引所の規制を通じて、会社経営そのものの規制を行うべきとの主張が明確に提唱されているのは、この点を根拠にするものと考えられる。[19]

しかし、この二つの調査結果を踏まえて現実に立法がなされることはなかった。[20] 一九〇七年の混乱が比較的早期に収集したこと、ニューヨーク州とNYSEが、両報告で明らかにされた濫用行為について一定の規制をしたことが、その理由である。[21]

(2) Pecora Hearing

証券市場における会社経営者の行為が再び大衆の注目を集めたのは、一九二九年のNYSE上場企業の株価の大暴落とそれに続く大恐慌の時代であった。特に、証券取引所規制のための準備作業として実施された上院の調査により、証券市場における会社経営者の行為が明らかにされることになった。この調査自体は、Herbert Hoover大統領の時代に始まったが、その調査が実績を上げ、大衆の注目を集め始めたのは、Franklin Rooseveltが大統領に就任し、Ferdinand Pecoraが調査の指揮をとるようになってからである。[22] そして、このPecoraの指揮のもと、多

くの経営者が前述のプール取引に関与していたことが明らかにされることとなったのである。(23)

会社経営者がプール取引に関与することは、以下の理由から問題視された。それは、彼らが株価に影響を与えることが容易な立場にあったからである。まず、会社の経営方針や情報提供などに関する決定権を利用し、投機によって利益を得ることが可能であった。(24)(25)(26)このような行為は、会社の経営状況そのものを毀損するだけではない。それに加え、市場における投機を誘発する効果を持つと考えられていた。(27)

もちろん、自社株に関するプール取引に経営者が関与することが直接的に会社に損害を生じさせるわけではない。しかし、前述したプール取引の性質を考慮にいれた場合、その評価は変わらざるを得ない。(28)なぜなら、プール取引に利害関係を有する経営者が、その利害関係に惑わされることなく、会社の利益に適った行動をとることを期待することが難しくなるからである。(29)

(3) 小　括

以上の記述は、証券市場に関する経営者の行為についてのものである。もちろん、証券市場を経由しない濫用的な行為も存在した。(30)しかし、証券市場における問題は、当時、特別な意味を持っていたと考えられる。それは、以下の理由による。まず、一九三〇年代の大恐慌は証券市場の崩壊が原因であり、証券市場の崩壊は過剰な投機が原因とされていた。(31)そして、問題とされる投機に会社の経営者が関与していたと考えられていたのである。経営者が会社の利益でなく、私的利益の追求にふけっていたことは、会社の組織構造そのものの改革の必要性を大衆に訴えることになったのである。

第二款　所有と支配の分離とＮＹＳＥによる一株一議決権原則

前款の検討から、二〇世紀初頭の会社において、所有と支配が分離することによって、経営者が株主の利益に反した行動をとることが問題とされていたことが明らかになったと思われる。それに引き続き、本款と次款で、株主‐経営者間の問題に対してとられた対応策について検討することにする。種々の対応策の中で、株主の議決権に関して採用されたものが、一九二六年のＮＹＳＥによる一株一議決権原則と一九三四年証券取引所法一四条とそれに基づく委任状規則である。

本款では、まず、一九二六年のＮＹＳＥによる一株一議決権原則について検討する。ＮＹＳＥの一株一議決権原則は、以下に述べるように、出資に比して過大な議決権が特定の株主に与えられるという問題に対処するために宣言された。そして、出資に比して過大な議決権が与えられることは、所有と支配の分離と同様の問題を引き起こすと考えられていた。なぜなら、両者とも、損失の危険を十分に引き受けない経営者による権限の濫用の問題を引き起こすからである。このような意味で、まさに一九二六年のＮＹＳＥによる一株一議決権原則は、所有と支配の分離に起因する問題の対応策としての側面を有するのである。

第一項　一九二六年のＮＹＳＥによる一株一議決権原則の背景

(1)　州法の状況

Common Law においては一株一議決権原則ではなく、一人一議決権原則が採用されていた[32]。その根拠として挙げられるのは、パートナーシップに関する法の類推、政治理論の類推などであった[33]。会社の設立が州の特別法によってなされていた時代、一株につき一議決権が与えられるとの規定が存在することもあった[34]。しかし、このような定めがあったとしても、何らかの形で、個々の株主が所有し行使できる議決権の数を制限することが通常であった[35]。このような制限は、会社そのものへの不信感、一八世紀終わりに生じつつあった株式所有の集中への懸念によって基礎づけることが可能であると考えられる[36]。

一九世紀になり、徐々に一般会社法が特別法に代わるようになった。当初は、一株につき一議決権を与えるとの規定に加えて、個々の株主が所有し行使できる議決権の数に対する制限が存在する場合が多かった[37]。しかし、一九世紀の終わりには、事業会社に関して、議決権の配分に関する州法の制限的な規定は姿を消した。そして、行使できる議決権の数の制限が撤廃された結果、一株一議決権原則が議決権配分の支配的なルールとなったのである[38]。

一株一議決権原則が支配的なルールとなった理由として、以下の点が考えられる[39]。①株式所有を複数の名義人に分けることで、行使できる議決権の数に関する規制を潜脱することが容易であったこと、②大株主が議決権の増加を通じて出資に応じた経営支配権の配分を要求したこと、③会社をパートナーシップと区別して扱うことが定着したこと、④事業会社の私的性格が強まり、会社経営に関する内部事情に関する公的な関心が薄れたこと、⑤一般会社法の制定が会社の数そのものを増加させ、その結果、会社間での競争も促進されたので、結果として規制の必要性を減少させたこと、である。

しかし、一般会社法においては、一株一議決権原則が強行法規として扱われていたわけではない。条文上、議決権の内容について差異のある株式を発行する事が認められていた。[40] ただし、議決権の差異がいかなる程度まで許容されるかは、条文上明らかではなかった。この点について経営者と既存株主の間で争いが起きることもあった。[41] しかし、アメリカ各州の判例では、最終的に、無議決権普通株式の発行まで認められることとなったのである。[42] 立法・判例のいずれにおいても、一九二六年にNYSEによって一株一議決権原則が宣言されるまで、概して議決権の差異について寛大な評価がなされていたと考えることが可能である。[43]

(2)　無議決権株式の利用状況[44]

比較的規制の緩い一般会社法のもとでも、一株一議決権原則から逸脱した株式が、二〇世紀初期を通じて常に発行されていたわけではない。一九世紀終わりから二〇世紀の始めにかけては、むしろ、優先株式も普通株式も、一株一議決権原則に従って、議決権が配分されることが多かったことが指摘されている。[45] その理由として、企業合同運動との関係が挙げられている。[46] すなわち、企業合同に参加する会社の所有者に対して、その会社の株式と交換に優先株式が交付されたのである。もともと、経営者であった彼らが、新しく組織される会社に一定の発言権を得ようとすることは当然といえよう。

しかし、ある種類の株主の議決権を制限する傾向は徐々に高まりつつあった。[47] そして、遂には、無議決権普通株式が採用されるまでになったのである。[48] 時期を同じくして、企業合同運動に参加した旧企業の所有者が徐々に合同企業の取締役の地位を失っていくとともに、株式所有の分散が進んだことが指摘されている。[49] 無議決権普通株式はいずれも、Class A Common Stock と Class B Common Stock の仕組み中で用いられた。[50] この仕組みの特徴として以下の二点を挙げることができる。第一に、普通株式全体に占める無議決権普通株式の割合が概して高いこと、[51] 第二に、大衆に販売されるのは無議決権普通株式のみであり、議決権付株式は経営者や投資銀行などの内部者が所有するということ、である。[52][53]

(3)　Ripley の見解――concentration and populism

一九二五年まで、議決権に差異ある株式の発行は大衆にとって関心の的となることはなかった。しかし、同年に、NYSEが Dodge Brothers, Inc. の上場を認めたことが、大衆からの痛烈な批判の端緒となった。[54] このような雰囲気を作り出したのは、William Z. Ripley の一連の主張にほかならない。[55][56]

Ripley の主張の骨子は、以下の二点に集約されると考えられる。[57] 第一に、所有と支配の分離によって生じる経営の非効率性の問題、第二に、銀行業界による産業界支配への懸念、である。[58]

第一の点について、Ripley が問題としたのは、権力の濫用の問題である。専門経営者の躍進、無議決権株式により支配が投資銀行に集中する状況が、次のような事態を生み出すことになったからである。それは、専門経営者も投資銀行も、効率的に会社を経営する動機を十分に有していない場合があるということである。[59] 特に、無議決権普通株式が発行される場合、会社経営の失敗のリスクの大部分を負うのは一般投資家のみである。[60] なぜなら、専門経営者は会社に対してわずかな財産しか拠出しないからである。[61] このような場合、会社利益よりも自己利益が優先される可能性が高くなる。[62] これに対して、証券市場を利用した資金調達について独占的な立場にあった投資銀行など

は、そもそも、自らが支配する会社に進んでリスクを引き受けさせるようなインセンティブを持ってはいなかった。(63)

第二の点について、Ripleyは、銀行家と企業家の利害関係が相反することを問題にしていたと考えられる。(64) ただし、彼は、大規模企業において双方の役割が必要であることは認めていた。しかし、企業内での主導権争いでは、銀行家が企業家を屈服させる場合が多いと考えていたようである。(65) その結果、第一の点で述べたことと同じような事態が生じることになる。(66) このような批判の背後には、金融機関による産業界支配に対するアメリカ世論の根強い拒絶反応が存在していたと考えられる。(67)

以上の検討から明らかであるように、所有と支配の分離の問題と、無議決権株式による議決権の集中の問題の本質は同じである。それは、損失の危険を十分に引き受けない経営者による権限の濫用の問題である。ただし、無議決権株式が利用されることによって、所有と支配の分離に起因する問題は悪化する。なぜなら、所有と支配の分離が固定化又は永続化してしまうからである。その結果、株主の無関心により事実上、少数者支配が達成されている場合に比べて、経営者の独立性は格段に強化されることになるのである。(68)

(4)　一九二六年NYSE一株一議決権原則の宣言

無議決権普通株式への批判の高揚を受けて、NYSEは一九二六年一月に、初めて、無議決権普通株式の上場を拒否した。そして、以後、議決権について慎重な態度を取ることを宣言した。(69) このような宣言をした理由として、無議決権株式の上場を認めることがPublic Policyに反するということが主張された。(70) (三) の議論を前提にすると、この宣言が、企業支配の集中と所有と支配の分離という問題への対処を目的としていたことは否定できないように思われる。

後に、この宣言の目的は以下のように記されることとなった[71]。すなわち、高いレベルの corporate democracy[72] を奨励し、会社の株主に対する responsibility, integrity, accountability を高めるということである[73][74]。

第二項　一株一議決権原則の意義——連邦会社法との関係

一九二六年のＮＹＳＥの宣言の結果、ＮＹＳＥ上場企業では一株一議決権原則が支配的なルールとなった。本款では、当時、一株一議決権原則が強制されることが、企業統治の仕組みの中でどのように評価されていたのかについて検討する。ここでは特に、連邦会社法に関する議論を中心に検討する。

(1)　株主像の変化

連邦会社法の問題は、二〇世紀初頭を通じて活発に議論された[75]。革新主義の時代に提案された連邦会社法の主たる目的は、トラスト規制であったと考えられる[76]。すなわち、革新主義者の標的は、大企業であった。なぜなら、大企業の急激な発達が、市場の独占と富の集中を招いたからである。その結果、アメリカ民主主義の担い手と考えられていた自主独立の「企業家意識」を持つ中産階級の活動が阻害されることになったのである[77]。ただし、トラスト規制が主であったため、規制の内容は、会社の規模に関するものがほとんどで、株主の議決権に関するものは見当たらない[78]。

しかし、革新主義の思想的背景を前提にするならば、以下のような推測を立てることが可能であると考える。すなわち、個々の会社の規模が小さければ小さいほど、株主が経営に関与することは容易になる。その結果、会社制度を維持しつつ、一九世紀的な個人主義を維持することが可能になると考えられていたのではなかろうか[79]。また、前款で述べたように、少なくとも一九〇〇〜一九一〇年頃までは、すべての株主が議決権を有していたということも、株主が企業家として会社経営に参加するべきとの理念が存在したとの推測を基礎づけよう。(80)

一方、革新主義の時代に続くニューディール時代にも、連邦会社法は活発に議論された。(81)しかし、そこで前提とされている株主像は、革新主義の時代の株主像と大きく異なるように思われる。企業家としてではなく、投資家としての株主の存在が明確に認識されているからである。(82)(83)このことは、提案された連邦会社法提案の中に如実にあらわれている。

(2) 株主の議決権に関する規制

ニューディール期に会社法の改革を提案した人々の中で、William O. Douglas と Adolf A. Berle は代表的な人物であるといえよう。(84)もちろん、双方の提案は、異なるところも多い。Douglas の提案の中心を占めるのは、経営者から独立した取締役による監督体制の構築である。(85)一方、Berle の提案の中心を占めるのは、会社法を信託法の一体系として扱い、取締役の責任を強化することである。(86)

しかし、彼らが前提とする株主像には類似する点も多いのである。それは、以下のような株主像である。まず、小規模株主が増加し、証券市場が発達した結果、一般株主は会社の経営よりも、証券市場の動向、即ち、株価の動向に注意を払う傾向にあった。(87)そして、結果として、彼らは、会社の支配権を、経営者や投資銀行といった集団に対して放棄したというものである。

Berle が取締役の責任強化を主張した根底には、もはや、株主に期待することができないという認識があったと考えられる。(88)一方、Douglas は無議決権株式の規制を主張するなど、株主の行動に一定の期待をしていたと考えられる。(89) しかし、彼は、一株一議決権原則を固持するだけでは、問題の解決にならないことも認識していたのである。(90) 集合行為問題は依然として存在し続けるからである。(91) 結果として、彼は、一般株主の代理人として議決権行使を行う公的団体の設立を提案した。(92)

Berle にせよ、Douglas にせよ、もはや、企業統治の枠組みの中で、株主が主役となることを考えることはできなかったのである。(93) Douglas は確かに、株主の発言権の強化につながるような改革を主張した。しかし、それも、彼の主張の骨子である独立取締役の基盤を強化するという目的のためであったのである。(94)(95)

第三項　小括――一九二六年当時における一株一議決権原則の意義

Ripley によって無議決権普通株式の批判が展開される以前は、無議決権普通株式は目立った批判がなされることもなく投資家に受け入れられていた。(96) このことは、当時の株式市場の主役は個人投資家であり機関投資家の主要な投資対象が社債であったことに注意する必要はあるが、立法者を含めた会社を取り巻く利害関係人の間に、企業家ではなく、投資家としての株主というイメージが浸透していたことを示しているように思われる。(97) したがって、一株一議決権原則を堅持したとしても、個々の株主が積極的にそれを行使することは期待できないとの見解が存在したことは当然といえよう。(98) また、金融機関による産業界支配に対するアンチテーゼとして無議決権株式に対して痛烈な批判が加えられたことを考慮すると、一株一議決権原則自体は、一種のイデオロギーとしての色彩を帯びていたようにも思われる。しかし、このことを踏まえたとしても、一株一議決権原則は、当時でも、会社法上の原則として一定の意味を持っていたものと考えられる。

すなわち、まず、会社に少量の出資しかしないものが会社を支配するという事態が生じることを避けることができるように思われる。Ripley の批判に典型的に見られるように、このような状況は会社に不利益をもたらすことが多いと考えられる。[99] このことを、裏側から見れば、一株一議決権原則が維持されることによって、多くの出資をしたり他の株主と連携したりすることなどにより、会社経営に対し投資家が意見を表明する機会が確保されるということである。[100] また、確かに、利益追求を目的とする事業会社では、一株一議決権原則、すなわち、出資額に議決権の量を比例させることは、株主が会社に対して有する経済的利益の大きさを基準とすることであり、議決権配分の方法として、一見すると合理的な方法であるようにも思われる。[101]

このような機能が、個々の株主にとって積極的な意味を持つとはいえないかもしれない。しかし、少なくとも、株式会社の議決権配分に関して、Ripley が指摘したような不利益が生じることを防止するという消極的な意味を持つという評価は可能である。

第三款　一九三四年証券取引所法一四条における規制——株主・経営者関係の規制

前款で述べたように、一九二六年のＮＹＳＥによる宣言の結果、大規模上場会社では一株一議決権原則が事実上、強制されることとなった。[102] その結果、議決権が出資の額と無関係に経営者や特定の株主に集中することが妨げられ、代わりに、株式所有が分散状態にある場合には議決権も分散するという状態が生じることになった。これを受けて本款では、一株一議決権原則のもと、議決権が企業統治においていかなる機能を果たすことが想定されていたかについて検討する。このためには、何より、一九三四年証券取引所法一四条に関する立法資料の検討が欠かせないいものと考えられる。[103] それは以下の理由による。

一九三四年証券取引所法は、過剰な投機といった証券市場における問題に対処するために制定された。[104] しかし、証券市場における濫用行為を規制することは、必然的に、証券取引所に上場された企業の企業統治に介入するという側面を有していた。[105] なぜなら、Pecora Hearing の結果、証券市場における問題と、所有と支配の分離・企業支配権の集中といった会社の内部事情の問題が密接な関係にあることが明らかにされていたからである。[106] そして、企業統治との関係では、特に、証券取引所一四条に規定された委任状規則は重要な意味を持つと考えられる。なぜなら、委任状規則は、経営者が委任状機構を濫用し、自らの保身を図ること防止するために制定されたと評価されているからである。

したがって、本款の目的は、一九三四年証券取引所法一四条の立法過程の検討を通じ、株主の議決権が、株主－経営者間に存在する具体期問題の解決にどのような機能を果たすことが期待されていたかについて明らかにすることにある。なお、以下では、まず、上院と下院の委員会報告を中心に、一九三四年証券取引所法の立法過程と立法資料を検討していくことにする。[107] その後、株式会社を取り巻く問題を解決する手段として、株主の議決権にどのような役割が期待されていたのかについて検討していくことにする。

第一項　証券取引所法一四条をめぐる立法過程

(1)　上院と下院の各委員会に提案された法案（修正提案を含む）は一〇以上存在する。[108] この中で、最終的に一九三四年証券取引所法として成立したのは、H. R. 9323 である。[109] 上院にも、これとほぼ同じ内容を持つ S. 3420 が提出されていた。[110] これらの法案を実質的に作成したのは、James M. Landis, Tomas G. Corcoran, Benjamin Cohen らによっ[111]

て率いられたスタッフであった。(112) したがって、H. R. 9323を提出した下院議員のRayburn(113)、上院議員のFletcher(114)、各委員会のスタッフ、Landisグループが立法作業の中心であり、かつ、彼らの間ではかなりの程度、意見の一致があったようである。(115)

(2)　Raybumが提出したH.R. 7852、Fletcherが提出したS. 2693は委員会において激しい議論にさらされた。これは何よりも、規制の対象である経済界が反対活動を組織化することに成功したからであるといわれている。(116) 一四条については、まず、委任状勧誘資料で開示すべき情報について問題となった。最初にRayburnとFletcherによって提出された法案では、事実上、委任状に株主名簿を添付することが要求されていたからである。(117) この規制は会社に莫大な費用を負担させ、(118) かつ、過大な要求であると認識されたので多くの批判を引き起こした。(119) しかし、法案のこの部分は、委員会報告が出される前に削除された。(120)

その後なされた一四条に対する批判の中で、最も重要なものは一四条の規制が取引所の規制を超えて会社の内部事情まで規制しているという主張であった。この懸念は、一四条に関して、SECに過大な権限が与えられているという評価と連動していたと考えられる。(121) このような批判に対応するため、上院の委員会報告では、本法によってCommissionが会社の経営に干渉することが正当化されるという主張が否定されるに至った。(122)

(3)　S. 3420とH. R. 9323に関する委員会報告がなされた後、一四条に関して修正はなされなかった。このことは、Hearingの段階でかなりの議論がなされたことを示していると考えられる。(123) しかし、(2)で示したように、Floor Debateでは依然として、一般論として、証券取引所法が会社の内部事情にどこまで干渉できるかが問題とされていたようである。(124)

第二項　立法資料（一四条関係）

前注（107）で示したように、まず、考慮されるべきは委員会報告である。一九三四年証券取引所法では、以下の三つの委員会報告が重要と考えられる。第一に、Conference Committee の報告[125]、第二に、最終的な法律の原案となったH.R. 9323 に関する報告[126]、第三に、H. R. 9323 と、ほぼ同じ内容を持つ S. 3420 に関する報告[127]である。

これらに加え、もう一つ、重要な委員会報告が存在する。それは、一九二九年の株式市場大暴落についての調査に関する上院決議[128]に基づいて提出された報告である[129]。この報告は、Fletcher Report と呼ばれている。この報告では、調査の結果、判明した問題、一九三四年証券取引所法が対処しようとした問題、その対処方法が示されている[130]。そして、この委員会報告も他の委員会報告と同じく重要性が高いと考えられている。なぜなら、Fletcher Report は Landis を始めとする主要な起草者の共同の下、立法作業の総括の意味で作成されたと考えられているからである[131]。また、その記述が他の委員会報告よりも詳細であることからその重要性は高いとも考えられる。

ヒアリング、Floor Debate に関しても、以下の理由から、本稿では検討を行うこととする[132]。第一に、第一項が示すように、一四条に関しては、立法の比較的初期の段階で活発な議論がなされたこと、第二に、一四条が、取引所規制が企業経営に介入することの是非という立法作業を通じて議論され続けた問題と直結すること、第三に、本稿の目的が議決権に関する規制の背景事情を探究するということにあることである[133]。

以下では、上述の立法資料について順に検討を加えることとする。

（1）Fletcher Report[134]

Fletcher Report では、株主の委任状と証券取引所法一四条(a)の機能について、以下のことが述べられている。

「株主が自らの利益が保護される方法について適切な知識を持つためには、彼は会社の財務状況に関してだけでなく、株主総会で決議される重要な会社の政策に関する問題についても啓蒙されることが必要である。また、委任状は、たびたび、議決権行使の代理権が求められている事項の実際の意義について株主に説明されることなく勧誘されている[135]。」。

そして、上院の調査によって発見された経営者が委任状機構を濫用したことを示す特徴的な例が一つ示された後[136]、以下のような言明がなされた。

「Commission によって制定された諸規則と諸規制が、投資家を、一方では、誠実で良心的な会社経営者から会社の支配を奪取しようとする無責任な外部者による、他方では、事実を隠蔽したり歪曲させたりすることで経営権を維持しようとする悪徳会社経営者による、不適切な委任状勧誘から保護するであろうことが考えられている。諸規則と諸規制はまた、証券に対して一切の受益権を有さないブローカーが、彼らの顧客の議決権を権限なしに用い、それによって顧客から彼らが証券を有している会社支配への発言権を奪うことを不可能にするであろう[137]。」。

（2）Conference Report[138]

一四条に関して、Conference では特段の調整がなされなかった。本稿との関係では、上院の法案の一三条(d)が削除されたことが意味を持つ[139]。一三条(d)は、以下のような内容である。

「本法のあらゆる条文は、Commission が発行者の経営に干渉することを認めるように解釈されてはならない[140]。」。

Conferenceでは、法案が会社経営に対する介入を正当化するといった誤った解釈の余地を残しているとは考え難いとして、一二三条(d)は削除された。(141)

(3) The House Report on H. R. 9323(142)

本報告は、法案の目的は、「証券取引所を規制することと、投資家である大衆と取引所に上場することで大衆から投資を集める会社との関係を規制すること(143)」であると叙述した。そして、本報告は以下のような言明をもって、株主の議決権について明確な指摘をした。

「〝Fair Corporate Suffrage〟は、公開された取引所において取引されるあらゆるエクイティ証券に備わるべき重要な権利である。投資家たる大衆によって所有されている財産の管理者は、委任状を濫用することで自らの地位を永久に確保することを認められてはならない。彼らによって管理されている財産に対して少量の利益、もしくは全く実質的な利益を持たない内部者は、しばしば、彼らの利害関係を適切に開示することも、彼らが追及しようとする経営政策について適切に説明することもなく、彼らの支配権を維持してきた。内部者は、多くの場合、株主に委任状によって追及される目的を公正に開示することなく委任状を勧誘した。そして、そのような委任状を自らの利益のために株主から価値ある財産的利益を搾取するために用いた。取引所のみが証券を投資家たる大衆の間で広く流通させることを可能にする限り、その当然の結果として、取引所の利用は、株主にfair suffrageを与えるという対応をする義務を含むべきである。このため、提案された法案は、FTCに委任状が勧誘される条件を株主の議決権の自由な行使を妨げてきた濫用行為の再発を防止することを考慮に入れて、定める権限を与えている。(145)」。

(4) The Senate Report on S. 3420[146]

本報告は、株主の議決権について Fletcher Report と全く同じ言明をしている。[147] したがって、今後、基本的に、本報告を独立して取り上げることはしない。

(5) Committee Hearing and Floor Debate

法案に賛成の立場からは、企業の経営者は株主の代理人に過ぎないとの発言も見られた。[148] さらに、明確に、一四条の目的は、少数派株主が支配権争いにおいて他の株主とコミュニケーションすることを容易にすることであるとの主張もあった。[149] 一方、提案された制度は、株主の行動を阻害するのみであり、十分な参加を確保できないとの批判も存在した。[150]

これに対し、法案に反対の立場の主張は、株主の経営参加の是非というよりは、証券取引所法が証券取引所の規制を用いて、企業経営に介入するということであった。[151] 特に、Commission に大きな裁量を与えたことが批判の対象であった。[152] その批判の仕方は様々であった。[153] ただし、株主の参加を否定的に解する発言は存在しなかったようである。[154]

第三項　企業統治における議決権の役割

一九三四年証券取引所法は、過剰な投機といった主に証券市場における問題に対処するために制定された。[155] しかし、証券市場における濫用行為を規制することは、必然的に、証券取引所上場企業の企業統治に介入するという側面を有していた。[156] なぜなら、Pecora Hearing の結果、証券市場における問題と、所有と支配の分離・企業支配権の集中といった会社の内部事情の問題が密接な関係にあることが明らかにされていたからである。[157] 結果として、一九三四年証券取引所法は証券取引や証券取引所に関する規制に加え、企業統治に関する規制を含むことになった。[158] 一四条に規定された委任状規則は、それを代表するものといえる。

アメリカの株式会社の歴史において、二〇世紀初頭はいくつもの矛盾が社会的問題として顕在化した時代であった。一九三三年証券法・一九三四年証券取引所法を初めとするニューディール期の一連の立法も、株式会社を取り巻く社会問題を解決するという点では共通するものと思われる。本項では、本節第一款から前項までの検討を踏まえ、二〇世紀初頭のアメリカが直面した社会的問題への対応という局面の中で、会社法、その中でも株主の議決権が果たすことが期待されていた役割について分析することにする。まず、最初に、一九三四年証券取引所法一四条が、株主と経営者の関係にどのような変化を与えようとして制定されたのかを明らかにする。その後、株式会社の存在とその権力（power）の正統性という観点から、株主の議決権の存在意義について検討することにする。

⑴　一九三四年証券取引所法一四条の目的

立法資料の検討から明らかなように、一四条は、委任状勧誘における強制開示の問題を対象としている。[159] そして、一四条が対処しようとした具体的な問題は比較的明らかである。すなわち、上場企業の経営者が、株式所有が分散状態にあることを利用し、不正な手段で自己保身を図っていたという問題である。[160] 委任状による議決権行使は、株式会社の規模が巨大化し、株主の地理的分散の程度が拡大する中で、株主が現実に株主総会に出席することが困難となったことを受けて、会社法上、許容されるようになった。確かに、委任状による議決権行使は議決権行使の費用を下げるものであったが、株主による積極的な議決権行使につながるものではなく、最終的には、経営者による自己保身の道具として利用されるに至ったのである。

このような問題は、個々の株主が会社に関する情報に基づいて積極的な議決権行使をすることによって解決することが可能である。しかし、当時の株主構成を考えると、そのような期待が実現する可能性は極めて低かったように思われる。[161][162] この事実は、立法作業においても認識されていたようである。[163] ただし、このことを前提にしても、一四条は、少なくとも以下のような目的を持って制定されたことは間違いないものと思われる。第一に、委任状勧誘に際しての情報開示を強制することで、株主利益に反した決議が提案されることに対処すること、[164] 第二に、経営が悪化したような場合に、株主が経営者を交代させる可能性を確保すること、[165] である。[166]

ただし、このような規制が、株主の経営参加を積極的に推進するといった目的を念頭において作られたかは明らかではない。すなわち、立法過程の分析からは、一四条の目的が、積極的に経営に参加する「企業家としての株主」という理想を実現させることにあったか否かは明かとはいえないのである。[167]

(2)　一九三四年証券取引所法と一株一議決権原則

次に、一九三四年証券取引所法と委任状勧誘規則との関係で、一株一議決権原則の役割を確認しておくことにする。一九三四年証券取引所法が制定された当時、すでに、上場企業では一株一議決権原則が事実上の強行法規として存在していた。[168] したがって、一四条は一株一議決権原則を前提に立法されたのである。委任状勧誘規則と一株一議決権原則には、どのような関係があるのであろうか。

第一に、委任状勧誘規則の目的が、株主の積極的な議決権行使を促進することを通じて経営者を規制することにあるならば、一株一議決権原則は、必要条件としての意味を持つと評価できるのかもしれない。[169] なぜなら、上場企業において一株一議決権原則は、特定の株主に議決権が集中することを防ぐ機能を有するからである。反対に、一九二六年のＮＹＳＥによる一株一議決権原則以前の状況が示すように、一株一議決権原則からの逸脱が柔軟に認められる場合、議決権が特定の株主に容易に集中する傾向にあることは明らかである。[170] 議決権が既に、特定の株主に集中していては、委任状勧誘を通して、一般株主の議決権が積極的に行使されることの意味は半減してしまう。

ただし、委任状勧誘規則が株主の積極的な議決権行使を促進することで経営者を規制することを目的としていなくとも、同規則と一株一議決権原則が全く無関係であるとはいえない。なぜなら、開示規制が実効性を持ち、株主総会の公正性と透明性が確保されるためには、経営者とは独立して議決権を行使する株主が必要であるとも考えられるからである。議決権を行使する外部者が存在しない場合には、事後的な訴訟リスク等が減少するため、情報開示に対する経営者の意欲も減少するのではなかろうか。もちろん、このような考え方に対して、開示規制と議決権行使の関係は必然ではなく、開示規制を独立して強化すれば足りるとの見解もある。[171] しかし、取締役選任過程の公正性と透明性を確保するという観点からは、経営者から独立した議決権行使の主体が存在する方が望ましいとはいえないであろうか。ただし、取締役選任過程の公正性と透明性を確保するという観点からは、経営者から独立した議決権行使の主体が存在すれば足りるように思われる。[172] したがって、この点を根拠に、一株一議決権原則が論理必然的に強行法規として扱われなければならないわけではない。

しかし、ここで経営者・金融機関が出資に比例しない支配権を有することに対して、激しい批判がなされていたことを考慮するべきである。[173] この批判の背後には、会社の支配権が不公正な手段によって維持されていたことに対する懸念が存在したと考えられる。このような一般大衆からの批判を前提にすると、一株一議決権原則は、少なくとも、一般大衆にとっては、他の方法に比べて透明かつ公正な議決権配分の方法であると認識されていたことは否めないであろう。取引所規制の目的の一つとして、証券取引に対する信頼を取戻すということが存在することは明らかであるように思われる。そして、先に述べた経営者による委任状制度の濫用等を前提とすれば、信頼確保のためには、取締役選任過程の公正性と透明性を向上させる必要性があったとも考えられる。このような状況を鑑みると、一株一議決権原則が、証券市場に対する信頼の確保という目的に最も資する原則であったと評価することが不可能というわけではない。

このように、一九三四年証券取引所法における委任状規則の役割を前提にしたとしても、一株一議決権原則が当然に導かれるわけではないように思われる。むしろ、前款で述べたように、投資銀行などの金融機関による産業支配に対する一般大衆の懸念など、アメリカに特殊な思想的な影響を反映している部分が大きいように思われる。このことは、特に、二〇世紀初頭の株式会社の正統性を取り巻く問題状況における、株式会社の議決権の存在意義を検討することからも明らかになる。

(3) 株式会社の正統性と株主の議決権

1　株式会社の正統性――James W. Hurst による分析

株式会社の正統性（legitimacy）に関する詳細な分析を行ったJamese W. Hurstは、アメリカ法では、一般的に、法によって認められた組織や権力の正統性は、有益性（utility）と責任（responsibility）によって基礎づけられてきたと指摘する。(174) すなわち、組織や権力に有益性が認められるためには、その組織や権力がそれ自身の永続以外の目的の達成のために有益な存在であることが必要であり、一方、組織や権力の責任とは、その組織や権力自身によって支配することができない基準によって目的や業績が評価されることを意味する。(175) そして、Hurst は株式会社の正統性を取り巻く問題状況を、一八八〇年代以前、一八八〇年代から一九三〇年代、一九三〇年代以降の三期に分けて分析している。

その中で Hurst は、一八八〇年代から一九三〇年代の時期においては、株主が取締役の選任や合併等について議決権を行使することによって、会社を直接的に支配している者による権力の行使に形式的な正統性が付与されてきたと指摘し、株主の議決権に大きな意味を見い出している。(176) しかし、Hurst は一九三〇年代以降においては、それ以前と比べて、株式会社の正統性付与の仕組みとしての株主の議決権に高い評価を与えているわけではない。(177) 以下では、株式会社における株主の議決権の存在意義に関する今後の議論と関連する範囲で、Hurst の分析を紹介しておくことにする。

〔一八八〇年代以前〕　一九世紀後半までは、株式会社を含めた私人又は私的集団による経済活動の正統性に問題が提起されることはなく、むしろ、政府による私人又は私的集団による経済活動や私有財産に対する介入に対する正統性が問題とされる場合が多かった。私人又は私的集団による経済活動は、契約法、財産法、不法行為法、刑法などによって支えられている市場の規律を受けていることによって十分な正統性が付与されるものと考えられてきたので、市場で取引を行う主体自体の正統性が問題視されることはなかったのである。(178) 私人又は私的集団による経済活動の正統性が正面から問題になったのは、特許主義によって会社が設立されるようになってからであった。なぜなら、特許主義によって設立された会社には公的な権限（公共料金の決定、銀行券の発行、土地収用権等）が付与されたので、政府と同じくその権限の行使に正統性が要求されるようになったからである。(179)

そして、このような公的性格を持った株式会社の正統性は以下の二つの方法によって付与されていた。第一に、特別法を根拠として会社が設立されることによって、政府が、特権を与えることが公益にかなうか否かを事例ごとに判断するという形式をとったこと、第二に、会社が提供するサービスが公正かつ高品質であることに依存せざるを得ない人々の利益を守るために、特権を付与する際に、会社の行動に多くの制限を課したことである。(180)

ジャクソニアン・デモクラシーの時代に生じた、特別法による会社設立の許可という特権の付与が政治的に腐敗しているという批判を背景に、会社設立は特許主義から準則主義へと移行していった。(181) しかし、準則主義に基づいて会社を設立することが認められたといっても、その初期の段階においては、事業目的や資本額など多くの制限が残存していたことはよく知られている。(182) Hurstは、これは会社に付与された特権の正統化という問題と、会社を設立すること自体の正統化の問題が混同された結果であると説明する。(183)

［一八八〇年代から一九三〇年代］　Hurstは、一八八〇年代から一九三〇年代は、責任よりも有益性によって、私的事業を営む株式会社の正統性が基礎づけられていた時期であったと説明する。会社制度は、経済成長のために有用なものとしてその有益性に高い価値が与えられ、政府による規制に対する保護も拡大された。(184) 有益性による株式会社の正統化は、連邦最高裁判所がアメリカ憲法第一四修正の保護対象に株式会社が含まれることを明示したこと、(185) 州が会社法規制を緩和したこと（授権法化）という形で具体化した。このことを裏からいえば、最高裁判所が政府による規制から会社の財産や事業活動が保護される範囲を拡大したことと州が会社法規制を緩和したことの背景には、共通して、市場規模の拡大に対応して事業活動の大規模化を達成する手段としての株式会社制度の有用性の認識が存在していたということである。(186)

実際に会社法規制の緩和を加速させたのは、J. P. Morgan などの投資銀行である。投資銀行は、大規模化した事業活動を支えるために拡大した資金調達需要を背景に、そのために発行される証券を、経済発展によって拡大しつつあった中間富裕層に売却することに利益獲得の機会を見い出していた。投資銀行は投資家に売却するために大量の証券を必要としていたと同時に、拡大する証券市場に対する投資家の信頼を維持する必要性も認識していた。投資銀行は、そのため、過剰な競争を制限するために資本の集中から生じる支配権を戦略的に利用しようとしたのである。(187) そして、投資銀行は、資本の集中と資金調達に関する支配を可能にするような会社法の仕組みを望ましいものと考えるようになった。このような需要を巡って設立免許税収入の増加を目指す州が競争した結果、一九三〇年代には、商工業と金融業が盛んなほとんどの州の会社法のもとでは、会社を組織する者又は支配する者は自分の希望通りに会社を組織することが可能になったのである。(188)

しかし、Hurst は、州による会社法規制の緩和という政策方針の変更が一般的に生じたことから、会社法規制の緩和を、単に投資銀行の需要に応えて、設立免許税などの収入の増加を求めた州が競争した成果として説明することはできないとしている。会社法規制の緩和は、大規模な組織においては、専門経営者による能力を十分に発揮させることが生産性の向上のためには必要であるという当時の認識と一致するものであるとも説明しているのである。(189)

もちろん、有益性によって株式会社に正統性が付与されること以外に、正統性付与の仕組みが全く必要とされていなかったわけではない。Hurst は、株式会社の責任の側面では、州会社法から事業目的や資本金額等に関する法規制が撤廃された後は、競争的な商品・サービス等の市場と資本を投下した投資家（株主）による自衛行動という二つの手段を通じて、株式会社に正統性が付与されてきたと考えていた。(190) ただし、Hurst の分析では、株主の自衛行動による正統性付与はそれ自身に意味があるというよりは、競争的な商品・サービス等の市場による規律を強化する一つの手段である点に存在意義が見い出されていたように思われる。株主には以下の二つの役割が期待されていたと説明される[191]。第一に、会社の収益力に対する株主の利益を向上させることが会社の第一の目的となり、それが経営者の業績を評価する指標となる。第二に、会社内部において、取締役の選任や合併等の承認決議をする際に株主が積極的な行動をする。①②によって会社は利益を挙げることを要請され、その結果、自然人と同じく、市場の参加者として経済に寄与する存在として社会に受け入れられると考えられていた[192]。

会社法規制が緩和され、自由放任主義的な会社立法政策が採用された背景には、競争的な市場によるコントロールと株主による自主的監督を重視する立場が存在したことは既に指摘されている[193]。既に述べたように、競争的な市場の規律に服しているということは、私人又は私的集団の経済活動を正統化するという点で重要な意味を持っていた。そして、株式会社を同じような規律に服させる前提として、株主利益を最大化することが株式会社・経営者の業績の評価の基準となり、株主利益最大化のために株主が積極的に株式会社・経営者に働きかけることが重要視されたと思われる。すなわち、株式会社は株主から構成される契約的・パートナーシップ的なものと理解する立場を背景に、個人とは比較にならないほど強大な力を持つ株式会社を個人主義を重視するアメリカ社会が受け入れるために、株式会社も、株主利益という明確な基準と株主による積極的な経営参加を通じて、私人と同じく市場規律に服していることが重要視されたのである[194]。

［一九三〇年代以降］　Hurstは、有益性による正統性の付与というメカニズムが内包する問題として、物事が上手く進行している場合などには、ある制度が寄与する目的自体の妥当性の検証がなされなくなることを挙げてい

る。[195]一八八〇年代から一九三〇年代は、まさに手段としての株式会社の有益性にばかり注意が集まり、目的との関係が見失われた時代であったと思われる。有益性による株式会社の正統化という仕組みについては、それ自身が促進した株式会社の規模の巨大化によって、株式会社に関係する利害関係人の範囲が著しく拡大したことにより、正統性付与の仕組みとしての有効性に対して疑問が呈されるようになったのである。[196]株式会社の正統性に潜んでいた問題は、一九二九年の株式市場の大暴落とその後の大恐慌によって、競争的な商品・サービス等の市場と株主の自主的監督という正統性の責任の側面が全く機能していなかったことが明らかになったという形で顕在化した。[197]特に上場会社においては、少数の株主又は経営者による多数の株主の搾取が問題となった。そして、いくつかの大規模株式会社は、労働者、取引先、消費者の利益を支配することができるくらいの経済力を持つに至ったので、改めて、彼らの権力の正統性が、彼らの存在以外の価値との関係によって評価される必要性が生じたのである。

競争的な商品・サービス等の市場を通じた規律について、Hurstは、市場における競争が少数の大規模会社によって行われるようになった結果、競争市場は大規模会社の行動を規律しなくなったと指摘する。[198]競争市場による規律が弱まった結果、経営者には会社経営に関する広い選択肢が与えられることになった。しかし、競争市場による規律の弱体化は、会社の行動が社会的に有益であるか否かを判断する基準が消滅することを意味することになったのである。[199]

株主の自主的な監督を通じた規律が機能しなくなったことについて、Hurstは、二〇世紀になって株式投資が一般化・大衆化したことをその理由として指摘する。[200]一般化・大衆化した株主の関心は確実な収入と長期的な株価上昇にあるため、以前と比べて、会社経営者を監視・監督することに時間と熱意を費やすことはしなくなったと説明する。会社経営に積極的に関わろうとしない投資家数が増加することによって、大規模株式会社の企業統治において株主は（彼らに与えられた）役割を果たすことができなくなったのである。もちろん、州による会社法の規制緩和も、この結果に寄与したことは否めない。正統性を付与する（＝経営者を責任付ける）役割を果たすために、株主には、①情報、②議決権、③個人株主又は一部の株主による会社利益を代表しての行動が会社法によって認められること（株主代表訴訟など）が必要であるが、会社法は十分な手段を株主に提供することはできていなかったのである(201)。

以上のような状況の中で制定された一九三三年証券法や一九三四年証券取引所法などは、大規模会社の正統性回復のための努力の一つとして位置づけることが可能であろう(202)。特に、第二項で検討した一九三四年証券取引所法一四条は、株主による自主的な監督を通じて株式会社の正統性が付与される仕組みの復活を意図していた側面があったことは否定できないように思われる。ただし、Hurstは、情報開示の分野において、一九三〇年代以前からＮＹＳＥが上場企業に会社経営・財務に関する情報開示を要求してきたこと、それを一九三三年証券法と一九三四年証券取引所法が改善したこと以外は、会社法が株主の自主的な監督にとって必要十分となる手段を提供することができたとは評価していないようである(203)。

また、Hurstは、株式会社に対する投資家層が拡大するにつれて、公的関心が、株主の経営参加を確保することではなく、株式投資を通じた社会的利益の配分に集中することになったとも指摘している(204)。公的関心は、株式投資からの収益の確実性の向上に関係する法規制を拡充することに注がれ、その他の分野では経営者支配への嗜好が見られたと説明する。Hurstの分析からは必ずしも明らかとはいえないが、主体的に会社経営に関与する株主ではなく、受動的な株主が行う株式投資の保護という側面が重視されるようになったのではなかろうか(205)。

そして、Hurstは、アメリカ法は、一九七〇年代までに、正統性の源泉としての有益性と責任の関係について、一つの調整を行うに至ったと指摘する。(206) 会社法の主たる目的は、中央集権的な支配構造を組織することを可能とすることによって、会社制度を最大限利用可能とし、有益性の要請を満足させることにある。その一方で、会社の直接的な経済活動とより広範な社会的関係に対する責任をエンフォースする仕組みは、会社法以外の法的規制に委ねることにしたのである。会社の正統性を付与する特別な法的規制は、会社の形式的な仕組みや権力ではなく、一般社会に影響を与える会社の行動そのものを規制対象とするものである。(207)

2　株主の議決権による正統性の付与？

Hurstの分析からは、株式会社の正統性に関して、少なくとも以下のような示唆を得ることができるように思われる。第一に、株式会社の権力を正統化する必要性は思想的・社会的・経済的事情によって変化すること、第二に、株式会社の権力を正統化する方法は多様であること、である。

第一の点について、株式会社の権力を正統化する必要性が初めて生じたのは、株式会社が州の特別法によって設立され、かつ、公的な権限の一部が付与されるようになってからであった。(208) しかし、一般法に基づく会社設立（準則主義）が一般的になるにつれて、株式会社を「実定法によって創設された人工的な存在」として扱う立場が弱まり、株式会社の正統性の基礎も変化することになった。その後の学説は株式会社を州から独立した存在として理解する点で共通していたが、株主から独立しているか否かという点で争いが生じた。株式会社を株主から構成されるパートナーシップ的・契約的なものと理解する立場（以下、契約説という）と株主からも独立した存在であると理解する立場（以下、自然的実在説）の対立である。(209) 株式会社の権力を正統化する必要性は、契約説において、より強いものとなるように思われる。[210] なぜなら、契約説はあらゆる点について個人を出発点とし、株式会社を初めとする集団を例外的なものと評価していたからである。したがって、何らかの形で株式会社の存在を個人と結びつける必要があったのである。一方、自然的実在説は株式会社を例外的な存在とは認識しないのであるから、株式会社の権力を正統化する必要性は小さくなる。[211] このように、株式会社の権力を正統化する必要性は、それぞれの社会における個人主義の重要性の度合いに依存している可能性がある。[212][213]

第二の点について、株主の議決権を通じて株式会社に正統性を付与することは、株式会社をパートナーシップ的・契約的に理解する立場と整合的である。[214] 契約説を唱える者の中には、企業集中を促進するものとして、株式会社制度自体に反対するものも存在したが、その多くは、株式会社制度自体に反対するというよりは、むしろその寡頭支配的傾向に反対した。契約説は、株主による支配を再び実現する方策と評価されていたのである。[215] そして、株式会社の正統性を株主に求めるとした場合、一株一議決権原則には、正統性が付与されなければならない、会社の権力を行使する経営者や一部の株主（特に投資銀行などの金融機関）が正統性付与の仕組みである株主の議決権を支配することを防止するという意味を見い出すことができるように思われる。無議決権株式を一般投資者に大量に販売し、議決権付株式を独占的に所有していた投資銀行等には、議決権に対応した株主としての経済的利益が帰属しているわけではない。自分が所有する事業の損益がすべて帰属する個人事業主と異なり、株主としての経済的利益の裏づけのない会社支配権の所有者には会社の事業活動の損益の一部しか帰属しないのである。したがって、市場メカニズムによる規律が十分に機能するとはいえず、所有する経済力が社会にとって望ましいものといえなくなると考えられていたのである。[216]

このように「株式会社とは何か？」に関する議論と株式会社の正統性に関する議論には密接な関係があることは

否定できないように思われる。株式会社の正統性の基礎は、社会における株式会社の理解が変遷するとともに、州による規制から株主による監督へと移り変わってきたように思われる。しかし、一九三〇年代以降、「株式会社とは何か？」に関して議論することの実益に疑問が呈され、議論は沈静化した。[217] それと同時に、株式会社の正統性の問題も法理論によって解決されるものではなく、政策的な問題として再認識されたのである。[218] すなわち、「株式会社とは何か？」という問題とは独立して、株式会社の正統性を確保すること自体が議論の対象となったのである。

株式会社の正統性、特にその責任の側面について、株式会社の権力とそれを行使する経営者を規律することは不要であると主張する見解は現在においても存在しない。[219] ただし、契約説と株主との関係のように、「株式会社とは何か？」に関する議論は、株式会社の正統性を確保する手段の選択肢を制限する側面はなかったであろうか。株式会社の正統性が政策的課題として再認識されたということは、正統性を確保する手段に課せられた制限が取り去られたと表現することも可能ではないかと思われる。[220] Hurst が最終的には会社法のみによる株式会社の正統化を放棄するに至ったことも、株式会社の正統性の問題が政策課題として認識されるようになったことを示しているように思われる。

株主の議決権に株式会社の正統性付与の役割を期待するのであれば、株主の議決権行使を促進すること自体が第一の政策課題となろう。一方、株主の議決権に株式会社の正統性付与の役割を期待せず、かつ、株主利益を最大化することが株式会社の目的であると政策的に決定するのであれば、株主間の議決権配分を含めた株主の議決権に関する法規制は、それが役員・取締役のエージェンシー費用の削減に役立つか否かという点を基準にして構築することが望ましいのではなかろうか。[221] すなわち、株主の議決権行使を要求する事項を拡大することや、株主の議決権と株主としての経済的利益の結びつきを強化することも、費用対効果を考慮した上で、それが株主の議決権行使を通じて、株主利益最大化の観点から経営者を規律することに役立つ範囲でしか認められるべきではないことになる。(222)もちろん、このような観点から、議決権行使を通じた株主の積極的な参加が全く正当化できないわけではない。アメリカにおいて第二次世界大戦後に生じた会社民主主義・株主民主主義の目的は、経営者に株主の存在を常に自覚させること、より具体的には経営者に対して株主の発言に耳を傾けさせ、経営者の行動に株主の意思を反映させようとという点では共通していた。(223)しかし、経営者のエージェンシー費用を削減するという観点からは、株主が信認義務の受益者であることこそが重要であり、株主の積極的な議決権行使が必ずしも必要ではないと主張する有力な見解も存在する。(224)

株式会社の正統性を株主の議決権に求めることが望ましいのか否か、現時点で解答することは困難である。(225)また、株式会社の正統性の問題は、ある社会が株式会社を受容する条件といい換えてもよい問題であるように思われる。とするならば、それぞれの社会ごとに正統性の根拠やそれが付与される仕組みが異なっていても差し支えはないともいえようか。仮に株主の議決権に株式会社の正統性の根拠を求めるとした場合、アメリカ法の分析からは、以下のような示唆を得ることができる。第一に、大規模株式会社では株主による積極的な議決権行使を必ずしも期待することができないことである。(226)したがって、株主の議決権に正統性の根拠を求めることは、非常に基盤が弱い制度に株式会社の正統性の根拠を求めることを意味しはしないだろうか。(227)第二に、すべての株主に情報収集・分析に基づいた積極的な議決権行使を必ずしも期待できない以上、経営者又は一部の株主による委任状制度の濫用等を規制する必要性がある。しかし、このような規制には委任状勧誘や株主間のコミュニケーションの費用を増加させ、株主の議決権を通じた経営者の監視監督自体を困難にする側面があることである。(228)第三に、株式会社の正統性の観点から一株一議決権原則を基礎づけようとする場合には、一株一議決権原則を強制することによって犠牲にされる利益があることを認識するべきである。それは資金調達手段の多様性の制限にとどまらない。むしろ、一株一議決権原則を強制することが株主にとって不利益をもたらす可能性すらあるのである。たとえば、異なった証券保有者に平等の議決権を付与することは、証券保有者間の利害対立を激化させるとともに、経営者の業績を評価する明確な基準を失わせる結果になりかねない。特定の種類の証券保有者にのみ議決権を付与し、その他の証券保有者の保護は契約又は信認義務によって図ることにしたほうが望ましい場合もある。(229) 特に、一株一議決権原則が個々の株主に与える影響については、一九三五年公益事業持株会社法におけるSECの運用方針が大きな示唆を与えてくれる。株式の内容が多様化し、株主としての経済的利益も多様化するにもかかわらず、株主としての経済的利益と議決権の比例関係を維持する手段として、すべての株式に同じ内容の議決権を保障することは、SECによってすら要求されていなかったのである。

3　連邦法における一株一議決権原則

1で述べたように、一九三四年証券取引所法には、株式会社の正統性を回復するという側面があった。そして、前項の検討から、一九三四年証券取引所法一四条の目的には、少なくとも、経営者が委任状制度を支配することで、いわば「株主の議決権を通じた自己の地位の永続化」を防止することが含まれていたことは明らかであると思われる。しかし、同法は、株主間の議決権配分という、株主と経営者の関係に影響を与える問題には全く触れていない。もちろん、これは一九二六年以降、NYSEによって、上場会社が一株一議決権原則以外の議決権配分を採用することが厳格に制限されるようになったことと関係するものと思われる。

しかし、一九三四年証券取引所法の制定と同時期に制定された一九三五年公益事業持株会社法には、委任状勧誘にとどまらず、株式会社の資本構成を対象とする規定が含まれている。(230) そして、その中のいくつかの規定は株主間の議決権配分を規制している。そこで、ここでは、一九三五年公益事業持株会社法における株主間の議決権配分に関する規制を概観することを通じ、株主と経営者の関係の問題を解決する手段として、一株一議決権原則はどのように評価されていたのかを明らかにすることにする。その理由は以下のとおりである。まず、一九三五年公益事業持株会社法はガス事業と電力事業を営む株式会社等を規制するものであり、Hurst の分析からは、公益事業を行う株式会社の存在と権力については、より一層強固な正統性の基盤が要求されるはずである。(231) また、一九三五年公益事業持株会社法は規制の具体化又は執行のためにＳＥＣに大きな裁量権を付与している。(232) したがって、同法の検討は、株主間の議決権配分に関するＳＥＣの立場を明らかにする手がかりを与えてくれるものとも思われる。(233)(234)

①　一九三五年公益事業持株会社法における議決権配分に関する規制

一九三五年公益事業持株会社法の中では、以下の二つの規制が株主間の議決権配分に関連する。

第一に、一九三五年公益事業持株会社法六条(a)は、七条が定める条件を満たしていることをＳＥＣが認めない限り、あらゆる証券の発行と、発行済証券の内容を変更することができないと定めている。(235) 新たに証券を発行する場合について、七条(c)(1)(A)は、株式を発行する場合には、その内容はすべての発行済株式と利益配当・議決権について平等な権利が付与された額面株式である普通株式であることを要求している。(236) ただし、証券の発行目的が発行済証券の償却や合併等の組織再編行為を行うためである場合や、公益事業会社が行う事業のための資金調達である場合には、七条(c)(1)(A)の条件を満たす必要は必ずしもない。(237) 一方、発行済証券の優先劣後関係、議決権、その他の権利の変更について、七条(e)は、州会社法上の手続を遵守したとしてもＳＥＣが証券の内容の変更によって、証券保有者の間で、議決権が不公正又は不衡平に分配される、又は、公益又は投資家や消費者の利益を害する結果になると判断した場合には、発行済証券の内容を変更することはできないと定めていた。(238)

第二に、ＳＥＣは、一九三五年公益事業持株会社法一一条(a)によって、持株会社とその子会社の会社構造、持株会社組織における会社間の関係、所有又は支配している資産について調査することを義務づけられていた。(239)その目的の一つは、証券保有者間で議決権がどの程度、公正かつ衡平に分配されているかを判断するためであった。(240)そして、ＳＥＣは、一一条(b)(2)に基づき、告知と聴聞の機会を与えた後に、持株会社とその子会社が、ＳＥＣが、持株会社組織における会社構造又は会社の存在自体が、不当に又は不必要に持株会社組織の会社構造を複雑にせず、又は持株会社組織の証券保有者間で議決権を不公正又は不衡平に配分することがないようにするために必要と考える措置を執るように命令をすることができた。(241)

② 不公正又は不衡平な（Unfair or Inequitable）議決権配分とは？

一九三五年公益事業持株会社法七条(c)(1)(A)は、一株一議決権原則を定めているが、先に述べたように多くの例外規定が存在するため、同規定は象徴的な規定と評価されている。(242)むしろ、株主間の議決権配分の規制としては、七条(d)、七条(e)、一一条(b)が重要な意味を持っていた。(243)そして、これらの規定は、いずれも、不公正又は不衡平な議決権配分に対して厳格な態度を示しているという点で共通する。そこで次に、どのような議決権配分が不公正又は不衡平と評価されるかが問題となる。議決権配分の不公正又は不衡平の意味については、一九三五年公益事業持株会社法は直接的に言及しているわけではなく、ＳＥＣによる解釈に委ねられることになった。しかし、一九三五年公益事業持株会社法が対処しようとした問題について述べる一一条(b)では、証券が、実際に投資された額又は財産の収益力と公正な関係のない架空の又は根拠のない財産価値に基づいて発行される場合や、公益事業会社の支配権が他の投資家と比べて不釣り合いに低い額しか投資していない者によって行使される場合に、公益と投資家又は消費者の利益が害される可能性があることが指摘されていた[244]。したがって、ＳＥＣは、一九三五年公益事業持株会社法で認められた権限の行使にあたって、投資額や収益力と議決権の関係に着目することになった。

一九三五年公益事業持株会社法の適用がある株式会社の資本構成において、最も問題とされたのは、無議決権優先株式の株主の保護であった[245]。一九三五年公益事業持株会社法制定前は、持株会社であるか事業会社であるかを問わず、一部の株主が議決権付普通株式を独占し、一般投資家に無議決権優先株式を販売することが広く行われていた[246]。具体的に、優先株式の株主の利益は、優先権や累積未払優先配当金の削減と資本剰余金からの利益配当によって害された[247]。前者については、当時、合併等を行う際に種類株主総会決議が不要であることを奇貨として、既存の優先株式の株主に対して合併の対価である新株を発行する際に、彼らの同意を得ることなく、発行済優先株式の優先配当額や累積未払優先配当金の削減が行われた。後者については、優先株式が拠出した資金が普通株式に対する配当原資として使われたため、純資産が、優先株式の残余財産分配に対する優先額を割り込む事例等が存在した。

ＳＥＣは、問題の本質は、会社にわずかな投資しかしていない株主による支配権にあり、彼らは会社に大きな投資をしている株主を適切に代表しているとはいえない状態にあると考えていた[248]。このような認識を反映してか、当初ＳＥＣは、優先株式についても、優先株主が投資した額にふさわしいだけの議決権が付与されるべきと明示することもあった[249]。しかし、このようなＳＥＣの方針はすぐに変更され、依然として、無議決権株式も正当な資金調達の方法として認められることが明らかにされた[250]。その一つの要因として、ＳＥＣは、議決権を単に投資額に比例させることは、証券の種類によってリスクやリターンに差異が存在することを考慮すると、公正又は衡平な議決権配分とはいえないと評価していたことが挙げられる。(251) ただ、むしろ、SECの議決権配分に関する規制方針に影響を与えたのは、優先株式の株主に他の株主と同じ内容の議決権を付与することでは、優先株式の株主の保護にならないのではないかという懸念が存在したことではないかと思われる。(252) たとえば、普通株式の数が優先株式の数よりも圧倒的に多ければ、優先株式に完全な議決権を付与することの意味は小さい。(253) また、優先株式は普通株式と比べて投資リターンが安定しているため、優先株式の株主は会社経営方針に限定的な関心しかなく、結局、会社の支配を普通株式に委ねてしまうので、問題の解決にならないとの指摘もあった。(254)

むしろ、問題の本質は普通株式と優先株式の利害が対立する点にある。したがって、累積未払優先配当額の削減や資本剰余金からの配当といった普通株式の利益にはなるが優先株式を害する会社の行為そのものを規制したり、優先株式の種類株主総会を要求する方が、効果的な保護を優先株式の株主に与えることができよう。(255) また、優先株式の株主の興味関心が安定した投資収益にあるのであれば、それが害される場合に、取締役会の過半数の選任権など効果的な権利を付与した方が、より実効的な保護を優先株式の株主に与えることになる。(256)

実際にも、公正又は衡平な議決権配分の名の下にSECが実行してきた規制は、証券保有者間における平等な議決権配分を達成するというよりは、証券の種類ごとに効果的な保護を与えることではなかったかと思われる。具体的には、すべての株式に議決権を付与することを求めるのではなく、持株会社や事業会社の資産価値や収益力を算定し、それに占める社債、優先株式、普通株式の割合に着目して規制を行っていた。(257) 優先株式に関しては、貸方に占める社債の割合が大きい場合には、優先株式の発行を認めないという立場とられた。(258) また、優先株式の発行を認める場合でも、一年分に相当する累積未払優先配当が不払いの場合に優先株式の株主が取締役会の過半数を選任できることを要求したり、発行済優先株式に優先する株式を発行する場合に発行済優先株式の株主の種類株主総会の承認を要求していたようである。[259]

さらに、ＳＥＣが投資額と議決権の比例関係を厳格には要求しなかったことを示す一例として、議決権信託の扱いを挙げることができる。議決権信託は議決権配分に関する一九三五年公益事業持株会社法の理想に反する面もある。しかし、ＳＥＣは、議決権信託は様々な目的、特に、会社の再建手続の中で再建手続を任された経営者が存分に能力を発揮できるように一定の地位を保証したり、再建手続が軌道に乗るまで債権者の利益を保護するために利用される可能性があることを認識し、議決権信託の利用を禁止しなかったのである。[260]

以上のように、ＳＥＣは、一九三五年公益事業持株会社法の運用の初期においてすら、一株一議決権原則の適用に積極的であったとは必ずしもいえず、むしろ、投資家保護や会社の事業経営上の必要性によって、一株一議決権原則とは異なった議決権配分を広く認めていたのである。

（1）　See, Adolf A. Berle & Gardiner C. Means, The Modern Corporation & Private Property with a new introduction by Murray Weidenbaum & Mark Jensen 56 (Transaciton Edition, 1991)

（2）　この点については、谷口明丈『巨大企業の世紀』第二章（有斐閣・二〇〇二年）に詳しい。

（3）　著名な文献として、Charles Van Hise, Concentration and Control : A Solution of the Trust Problem in the United States (1912) がある。

（4）　既に、一九〇四年の段階で、所有と支配の分離を指摘する論稿が存在するようである。See, Thorstein Veblen, The theory of Business Enterprise 146 (1932ed) ; L. Z. Zacharias, Repaving the Brandeis Way : the Decline of Developmental Property, 82 N. W. L. Rev. 596, 627 (1988).

（5）　Louis D. Brandeis, Our New Peonage : Discretionary Pensions, 73 The Independence 187 (July, 25, 1912), reprinted in Louis D. Brandeis, Business-A Profession65 (Erneset Poole ed. 1914, reprinted 1971 by Augustus M. Kelley).

（6）企業集中による個人の企業への依存は、後に述べる所有と支配の分離を原因とする経済的な意味のほかに、政治的にも大きな意味を持った。すなわち、このように経済活動において企業へ依存せざるを得ない個人が、アメリカの民主主義の担い手となるべき「自由な個人」たりうるかについて疑念が生じることとなったのである。この点については、See, Zacharias, supra note 4, at 620-621.

（7）Theodore W. Dwight, The Legality of Trusts, 3 Pol. Sci. Q. 592 (1888).

（8）鉄道業界の企業規模について論じた、Arthur Hadley, Railroad Transportion (G. P. Putnam's Sons 1885) がその端緒と考えられる。これに続いて刊行された、Henry C. Adams, The Relations of the State to Industrial Action, 1 Publications Am. Econ. Ass'n 7（1887）が初めて、一般的に、企業集中の不可避性を説いた。これらを含めた、当時の議論については、Morton J. Horwitz, The Transformation of American Law, 1870-1960 (Oxford Univ. Press. 1992)（樋口範雄［訳］『現代アメリカ法の歴史』一〇〇頁以下（弘文堂・一九九六年））に詳しい。

（9）Zacharias, supra note 4, at 626. Brandeis の見解に対して批判的な論者は、彼が、企業集中を無条件に否定することに焦点をあてる。See, Thomas K. McCraw, Prophets of Regulation 99（Belknap Press 1984）. 特に、McCraw は、Brandeis が提唱した "Small is Beautiful" は、個々の企業が属する業界ごとに適正な企業規模があることを無視した主張であると非難する。しかし、彼の非難は、企業集中に関する Brandeis の考えのみを扱っている。このような批判は、Zacharias が主張するように的を射たものではない。See, Zacharias, supra note 4, at 617. なぜなら、Brandeis が取り扱った問題には企業集中にとどまらず、後に述べる所有と支配の分離も含まれるからである。これは、当時の議論において一般的にいえるものと考えられる。

（10）Alfred D. Chandler, Jr., The Visible Hand : The Management Revolution in American Business, 87 (Cambridge, Mass. : Belknap Press, 1977). 企業合同運動に参加した主だった企業の所有構造の変化などについて、谷口・前掲注（2）二一九頁以下が詳しい。平均株主数は以下のような推移をたどった。一九〇〇年は七、三三三、一九一〇年は一万三、〇九八、一九二〇年は二万二、一七〇、一九二九年は三万八、八四七である。谷口・前掲注（2）二二〇～二二一頁参照（H. T. Warshow, The Distribution of Corporate Ownership in the United States, Q. J. Econ. 39, 24-25 (1924)）。

（11）Zacharias, supra note 4, at 627.　Brandeis は以下のように述べている。"The managers of the Steel Trust may be good men and true, but the permanent separation of ownership from control must prove fatal to the public interest. The responsibility of ownership is lacking.", See, Louis D. Brandeis, The Cure of Bigness : Miscellaneous Papers 110 (O. Frankel ed 1934).

もちろん、専門経営者による経営が所有と支配の分離によって生じる不利益を凌駕する可能性もある。See, Alfred D. Chandler, Jr., Scale and Scope : The Dynamics of Industrial Capitalization (1990).

(12) 一九三四年証券取引所法の中で、この問題を直接扱うのは、Securities Exchange Act of 1934, Pub. L. No. 73-291, §16, 48 Stat. 881 (codified as amended at 15 U. S. C. §78p (2003)) である。

(13) ニューヨーク州の銀行が、彼らが支配していた銅鉱山会社の株式を買い占めることに失敗した。その結果、銀行は多大な損害を被り、預金者の信頼が喪失した。これが引き金となり、NYSE上場企業の株価暴落と、銀行への取り付け騒ぎが起こったのである。See, Steve Thel, The Original Conception of Section 10 (b) of Securities Exchange Act, 42 Stan. Rev. 385, 395 (1990).

(14) Report of Governor Hughes's Committee on Speculation in Securities and Commodities (June 7, 1909). 以下、Hughes Reportとして引用する。

(15) Money Trust Investigation: Investigation of Financial and Monetary Conditions in the United States Under House Resolution Nos. 429 and 504 Before A Subcomm. of the Comm. on Banking and Currency, 62d Cong., 2d Sess. (1913); H. R. Rep. No. 1593, 62d Cong., 3d Sess. (1913). 以下Pujo Reportとして引用する。Pujoの委任を受け現実の調査を取り仕切ったのは、弁護士のSamuel Untermyerである。

(16) Hughes Report, at 4; Money Trust Investigation, at 46.

(17) Money Trust Investigation, at 46.

(18) Louis Loss & Joel Seligman, Fundamentals of Securities Regulation1119-20 (5th Aspen Law & Business 2004). プール取引の概要を述べると以下のとおりとなる。まず、プール取引の管理者は、大量の株式を購入できるオプションを取得する。次に、馴れ合い売買や誤情報の提供により、一般投資家を取引に誘引し株価を上昇させる。株価がオプション行使価額を上回ったらオプションを行使する。できるだけ高株価でオプション行使によって得た株式を処分する。

株価が下落するが、これに対しては空売りによって対処する。

(19) Pujo Report, at 114-115.

(20) Pujo Report には、取引所規制法案が添付されている。Pujo Report, at 170-173.

(21) Thel, supra note 13, at 406.

(22) Joel Seligman, Transportation of Wall Street, at 20 (Houghton Mifflin Company 1982). Pecora の指揮によってなされたヒアリングは、Stock Exchange Practices: Hearings on S. Res. 84 (72d Cong.) and S. Res. 56 and S. Res. 97 (73d Cong.) Before the Committee on Banking and Currency, United States Senate, 73d Cong., 1st Sess. に記録されている。以下、これを Pecora Hearing として引用する。

(23) また、Pecora Hearing では、J. P. Morgan を代表とする投資銀行と、企業経営者との関係も問題視された。See, David Saul Levin, Regulating the Securities Industry : The Evolution of A Government Policy 231-250 (Columbia University, Ph. D, 1969) ; Ferdinand Pecora, Wall Street Under Oath : The Story of Our Modern Money Changers Ch1 (New York : Simon and Scuster, 1939). 注目されたのは以下の点である。投資銀行のパートナーが多くの他社の取締役の地位を占めていたこと、preferred lists の存在とリスト掲載者への利益の供与などである。後者のリストには、政府、証券取引所、金融機関、一般企業などの関係者が含まれていた。See, Levin, id. at 237-238. Pecora は、J. P. Morgan に関する調査からは、明らかな不正行為が行われていたとはいえないことを認めている。しかし、経済支配力がごく少数の人間に集中していることが明らかにされたと評価している。See, Pecora id. at 5-6.

(24) 一九三三年二月一八日に提出された、調査結果に関する予備段階の報告である Letter from the Counsel for the Committee on Banking and Currency Under S. Res. 84, 73d Cong., 1st Sess. 3-4 は、立法措置が必要な問題として、空売りなどに加え、会社経営者が経営方針などを変更することにより株価を操作し、利益を得ていることを明確に指摘していた。

(25) S. Rep. No. 1455, 73d Cong., 2d Sess. 55-68 は、会社経営者が関与したプール取引の実例を紹介している。特に大衆の注目を集めたのは、Chase Bank の Chairman であった Albert H. Wiggin であった。See, Levin, supra note 23, at 322-323.

(26) 配当権限を用いた株価操作について、General Asphalt Co. の事件が特徴的である。同社に関係した結成されたプールには、取締役である John L. Week と執行委員会の議長である Horatio G. Lloyd が参加していた。そして、以下のような配当方針がとられた。まず、従前は無配であったにもかかわらず、プールが結成された直後に配当を開始したこと、当期利益を超える配当の支払いを行ったことこと、欠損が生じているにもかかわらず配当の支払いを行ったことである。

(27) Thel, supra note 13, at 460.

(28) Loss & Seligman, supra note 18, at 1119-20.

(29) General Asphalt Co. に関して、S. Rep. No. 1455, 73d Cong., 2d Sess.67 に以下のような指摘がある。"It is difficult to believe that the conduct of Messrs. Weeks and Lloyd was not influenced by their interest in the pool, when as directors they approved the payment of an initial dividend in November 1929 and the payment of subsequent dividend while the company was showing a deficit."

　配当政策とそれに対する株主の評価については、議論がある。See, Robert C. Clark, Corporation Law 594-602 (Aspen Law & Business, 1986). しかし、経営者が自己利益のために配当政策を歪曲させるという問題は、それとは独立して問題となると考えられる。

(30) たとえば、過剰な報酬、優先株主の利益侵害などが問題視されていたようである。

(31) 大恐慌の原因が証券市場の崩壊とどのような関係にあるかについては、争いがある。See, Paul G. Mahoney, The Exchange as Regulator, 87 VA. L. Rev. 1453, 1472-73 (1997); Roberta Romano, The Sarbanes-Oxley Act and the Makings of Quack Corporate Governance, 114 Yale . L. J. 1521, 1592-93 (2005). しかし、一九三四年取引所法等の立法過程では、大恐慌が証券市場の崩壊を原因として起こったという考えは前提とされていた。See Seligman, supra note 22, at 76; Thel, supra note 13, at note97; Stephen M. Bainbridge, The Short Life and Resurrection of SEC Rule 19c-4, 69 Wash. U. L. Q. 565, 601 (1991).

(32) Jeffrey Kerbel, An Examination of Nonvoting and Limited Common Shares-Their History, Legality, and Validity, 15 SEC. REG. J. 35, 47 (1987); Taylor v. Griswold, 14 N. J. 222 (Sup. Ct. 1834). これに対して、Common Law として一人

一議決権原則が確立していたことに反対する見解として、David L. Ratner, The Government of Business Corporations: Critical Reflections on the Rule of "One Share, One Vote," 56 Cornell L. Rev. 1, 9 (1970) がある。

(33) Samuel Williston, History of Law of the Law of Business Corporate Before 1800, 2 Harv. L. Rev. 105, 156 (1888); L. Gower, Gower's Principles of Modern Company Law 403 (4th ed. 1979); Milton M. Bergerman, Voting Trusts and Non-Voting Stock, 37 YALE L. J. 445, 447 (1928).

(34) Ratner, supra note 32, at 5-6.

(35) たとえば、株主が獲得することができる議決権の数の最高限度の定め、株式所有が増加するにつれて、限界的に増加する議決権の数が逓減する定めなどである。しかし、一株一議決権原則へ収斂する傾向が既に存在した。See, Joseph S. Davis, 2 Essays in the Earlier History of American Corporations 323-24 (New York Russell & Russell, 1965). また、既に、北アメリカ銀行（ペンシルバニア、一七八三年）、マサチューセッツ銀行（一七八四年）、ニュージャージー工業協会（一七九一）、ニューヘイブン保険会社（一七九七）では、一株一議決権原則が採用されていた。Id. at 324.

(36) Davis, supra note 35, at 304, 302; Ratner, supra note 32,at 6. 当時存在した会社に対する不信感については、Louis K. Liggett Co. Et Al. v. Lee, Comptroller, Et Al., 288 U. S. 517 (U. S. Supreme Court 1933) の Brandeis 裁判官の反対意見に特徴的に現れている。彼は会社に対する不信感の内容として、以下の点を指摘した。会社による個人の自由と機会に対する侵害、労働の資本に対する従属、独占や資本の集中と永続性に起因する mortmain と同じ弊害、会社によって多くの資本が所有されることに必然的に生じる濫用の恐れ、などである。Id. at 549-550.

(37) Ratner, supra note 32,at 7. 一般会社法による自由設立主義への移行は、ジャクソニアンデモクラシーの時代に、州特別法による会社設立が政治的に腐敗していることが指摘されたことを端緒とする。See, Morton J. Horwitz, Santa Clara Revisited: The Development of Corporate Theory, 88 W. Va. 173, 181 (1985). しかし、依然として会社に対する不信感、議決権の集中への懸念から、当初は、従前の制限が維持されたものと考えられる。このような懸念は特に、人々の生活に身近な公的な事業を行う会社にあてはまる。たとえば、ニューヨークでは、事業会社（manufacturing corporations）に関して一八一一年に制定された一般会社法では、一株一議決権原則が採用されていた。しかし、有料道路会社では、依然として、議決権の増加速度は逓減する仕組みが取られていたのである。See, Ratner, supra note

32, at 7.

(38) Ratner, supra note 32, at 8; Earl Sneed, The Stockholder May Vote as He Pleases: Theory and Fact, 22 U. Pitt. L. Rev. 23,23-24 (1960). 判例の状況については、63 A. L. R. 1106-1113 (1929) が詳しい。

(39) Kerbel, supra note 32, at 49.

(40) たとえば、ニュージャージー州会社法は以下のような規定である。"Every corporation organized under this act shall have power to create two or more kinds of stock, of such classes, with such designations, preferences and voting powers or restrictions or qualifications thereof as shall be stated and expressed in the certificate of incorporation or in any certificate of amendment thereof." See, § 18 Corporation Act. Revision of 1886, Comp. Stat. 1608. New York Stock Corporation Law § 50 (1923) でも、ある種類の株式を無議決権にしたり、議決権を制限することが明文で認められていた。See also, Adolf A. Berle, Jr., Non-Voting Stock and "Bankers. Control", 39 Harv. L. Rev. 673, 675 (1926). デラウエア州では、一八九七年に、憲法で一株一議決権原則が強行法規として定められた。しかし、この規定は一九〇一年と一九〇三年の改正手続を経て削除された。そして、一九〇一年に定められた一般会社法では、一株一議決権原則からの逸脱が可能であることが明文で定められた。See, Providence & Worcester Co. v. Baker, 378 A. 2d 121, 123 (Del. Sup. 1977).

(41) 初期の代表的な判例として、General Investment Co. v. Bethlehem Steel Corp., 100 A. 347 (N. J. Ch. 1917) がある。本件では、株式配当と公募による無議決権普通株式の発行差止が問題となった。株主である原告は、無議決権普通株式の発行がpublic policyに反すると主張した。その内容は、普通株主は、議決権行使等に関して、他の普通株主との交流、他の普通株主の助言、行動などを期待する権利があること、会社は" a majority of its stock" によって経営されなければならないことである。すなわち、議決権は普通株式に必然的に付随する権利であるとの主張である。裁判所はこのような主張を排斥した。最大の理由は、議決権も結局は、株主と会社との契約によって変更を加えることができるということであった。

(42) Chester Rohrlich, Corporate Votiny ; Majority Control, 7 St. John's L. Rev. 218, 219-20 (1933). 州憲法によって累積投票が強制されているイリノイ州を除き、無議決権株式は適法に発行することができた。また、条文の規定上、優先株式にとどまらず、普通株式も無議決権にすることが可能と解釈されていた。See Bergerman, supra note 33, at 465.

(43) Kerbel, supra note 32, at 51.

(44) この点については、既に、菱田政宏「無議決権株（一）」関西大学法学論集一〇巻二号三二頁以下に詳細な紹介がなされている。

(45) ただし、例外として、一八九八年に設立されたInternational Silver Companyが存在する。同社では、一九〇二年一月まで、無議決権普通株式が流通していた。そして、同月をもって、一株一議決権原則に移行した。See, Note, "The Development of Class A and Class B Stock," 5 Harv. Bus. Rev. 332,333 (1927) ; W. H. S. Stevens, Stockholders. Voting Rights and The Centralization of Voting Control, 40 Q. J. Econ. 353, 355 (1926).

(46) Stevens, supra note 45, at 354-355 ; William Z. Ripley, Wall Street and Main Street 85 (Boston, Little Brown, 1927). 企業合同において発行される普通株式は適正な対価を得ずに全額払込済みとして発行される株式、すなわち、watered stockであった。したがって、普通株式はボーナスの意味で企業合同運動参加者に付与されたり、報酬としてプロモーターに支払われたり、大衆に売却されたりした。

(47) W. H. S. Stevensは、一九〇三年以降、このような傾向が見受けられるようになったと主張する。See Stevens, supra note 45,at 355. Ripleyは一九一一年から一九一二年の時期においても、無議決権優先株式の利用が目立つことはなかったと主張する。しかし、彼も、徐々に、議決権を制限する傾向が強まりつつあったことは否定しない。See Ripley, supra note 46, at 86.

(48) 後述のように、無議決権普通株式は、議決権が少数に集中することを理由として、批判を巻き起こした。しかし、この傾向は、すでに、二〇世紀初頭から存在した。無議決権優先株式を大衆に所有させ、普通株式を経営者に所有させるという仕組みと、本文で示すClass A/ClassB Common stockの仕組みにこの点で大差はない。いずれも、議決権が集中する傾向の一段階でしかなかった。See, Note, supra note 45, at 333 ; Adolf A. Berle, Jr., Protection of Non-Voting Stock, 4 Harv. Bus. Rev. 258, 258 (1926).

(49) 谷口・前掲注（2）二七八頁参照。

(50) Stevens, supra note 45, at 360. Arthur S. Dewing, The Financial Policy of Corporations 163 (New York, Ronald Press,

5th 1953）によれば、無議決権普通株式の新規発行は、一九一九年から一九二九年にかけて大体において増加傾向にあった。一九一九年は一六件、一九二〇年は一三件、一九二一年は六件、一九二二年は七件、一九二三年は一八件、一九二四年は二〇件、一九二五年は六七件、一九二六年は三七件、一九二七年は四五件、一九二八年は九三件、一九二九年は一一六件、一九三〇年は二一件、一九三一年は六件、一九三二年は七件であった。増加が鈍った一九二一年、一九三〇年、一九三一年、一九三二年は、不況のため新株発行そのものが減少した時期である。また、一九二六年は株式市場が下落傾向にあったことが原因とされる。

（51）Stevens, supra note 45, at 361. 発行済普通株式の中で議決権付普通株式が占める割合が特に少ない場合、たとえば、一二・五％（Dodge Bros.）、一五・〇％（Bethlehem Steel）という事例も存在した。しかし、一方では、八八・〇％（McCrory Stores）、一〇〇％（Pierce Oil）という事例も存在する。後者は、無議決権株式の発行が授権されたにもかかわらず、発行されていない場合である。

（52）Philip A. Loomis, Jr. & Beverly K. Rubman, Corporate Governance in Historical Perspective, 8 Hofstra L. Rev. 141, 152 (1979); Ripley, supra note 46, at 86-90. 後に述べるように、彼の批判の中心は、この点にあると考えられる。

（53）前注（50）で示したように一九二〇年代に無議決権普通株式が頻繁に用いられるようになった理由として、以下の三点が挙げられている。①第一次世界大戦期を通じて高まった、投資家・投機家の、産業界で蓄積されつつあった利益の配分と、投資の安全性に対する二重の期待、②経営者の、財務制限条項もなくかつ自らの支配権を稀釈することがない証券の発行に対する期待、③銀行と投資家の中に存在する、漠然とした何か新しい商品に対する期待、である。See, Dewin supra note 50, at 163-164; Kerbel, supra note 32, at 49.

Class A/Class B Common Stock の権利などの具体的内容については、Note, supra note 45, at 337を参照。普通株式という名称にもかかわらず、配当に関して両者に差異がある場合が多かった。調査対象となった八五件のうち、議決権に関してのみ差異が存在したのは、一五件のみである。このような調査は、一九二〇年代に無議決権普通株式が、優先株式の代替品として発行されたことを示すものと考えられる。See, id. at 335-336.

（54）Dodge Brothers, Inc. が一九二五年に発行した、Class A-Class B common stock は本文（2）で示した特徴を有していた。一般投資家に販売された無議決権の Class A common stock と優先株式の販売総額は、約一億三、〇〇〇万ドルであった。一方、議決権付のClass B common stockは、投資銀行であるDillion, Read and Companyに所有されたが、販売額は二二五万ドルに達しなかったとされる。See, Joel Seligman, Equal Protection in Shareholder Voting Rights: The One Common Share, One Vote Controversy, 54 Geo. Wash. 687, 694 (1986). この証券の販売の目的は、銀行が企業買収のための資金を大衆から集めることが目的であったとされる。一般投資家は、この企業買収の資金のほとんどを拠出したにもかかわらず、その後の経営に関与する権利を有していなかったのである。See, J. A. Livingston, The American Stockholder, 186-187 (J. B. Lippincott, 1958).

(55) Seligman, supra note 54, at 694.

(56) Ripleyの一連の主張に対応するかのごとく、Interstate Commerce Commission、New Jersey Public Utility Commission, Industrial Securities Committee of the Investment Banking Associationなどが、無議決権株式、議決権信託に対する否定的な対応を行った。詳しくは、Seligman, supra note 54, at 696を参照。

(57) 無議決権普通株式についてのRipleyの主張については、Ripley, supra note 46, 78-117に詳しい。

(58) この二つの問題は、無議決権普通株式の領域にとどまらず、会社の規模の巨大化に必然的に伴う問題である。したがって、この問題は、ニューディール期にも取り扱われることとなった。See, E. Merrick Dodd, Jr., The Modern Corporation, Private Property, and Recent Federal Legislation, 54 Harv. L. Rev. 915, 926-927 (1941).

(59) Ripley, supra note 46, at 83, 89.

(60) Dodge Brothers, Inc. のClass A/ Class B Common Stockの発行が、典型例である。See, Seligman, supra note 54, at 694 (1986); Livingston, supra note 54, at 186-187.

(61) 当時、普通株式が水増しされることが多かったことについて、前注（46）参照。

(62) Ripleyは所有権者が、同時に、responsibility for its（ownershipを指す。）efficient, farsighted, and public-spirited managementを負うことの必要性を主張していた。See, Ripley, supra note 46, at 83. Berleも無議決権株式によって引き起こされる最大の問題は、power dissociated from responsibilityであると考えていた。See, Berle, supra note 48, at 259.

(63) ラグラム・ラジャン＝ルイジ・ジンガレス（堀内昭義＝アブレウ聖子＝有岡律子＝関村正吾［訳］）『セイヴィングキャ

ピタリズム』（二〇〇六年・慶應義塾大学出版会）四六—四七頁。二〇世紀初頭のウォール・ストリートの投資銀行・株式会社・投資家の関係については、ロン・チャーナウ（青木榮一［訳］）『モルガン家（上）金融帝国の盛衰』（二〇〇五年・日本経済新聞社）を参照。当時の投資銀行は、自らが販売した証券について、投資家に対して何よりも安定したリターンを保証することに対して、一種の倫理的責任を負っていた。そのため、投資銀行は、自らが支配する株式会社の事業リスクを減少させることに利害関係を持っていたのではないかと思われる。

（64）　前者の視点は、会社の経営内容というより、証券の販売、株価動向、配当の多寡に向くことが多かったと考えられている。See, Ripley, supra note 46, at 91. この点については、すでに、Louis D. Brandeis, Other People's Money and How the Bankers Use It: Edited with an Introduction by Melvin I. Urofsky 133-149 (St. Martin. s, 1995) に指摘がある。

（65）　Ripley, supra note 46, at 90-95.

（66）　この点については、Adolf A. Berle, High Finance: Master or Servent, 23 Yale Rev. 20 (1934) にも同様の指摘がある。

（67）　この点について詳しくは、Mark J. Roe, Strong Managers, Weak Owners : The Political Roots of American Corporate Finance 26-49 (Princeton, 1994) を参照。また、このような世論が具体的な会社法上の制度に与えた影響については、David A. Skeel, Jr., An Evolutionary Theory of Corporate Law and Corporate Bankruptcy, 51 Vand. L. Rev. 1325 (1998) を参照。

（68）　無議決権株式の採用ではなく、株主の無関心により事実上、少数者支配が達成されている場合には、以下の特徴が存在する。第一に、経営者等がかなりの株式を所有している場合が多いこと、第二に、経営が悪化した場合、株主の行動による経営者の交代の可能性が存在することである。経営者などの会社支配者が株式を所有することは、経営者が会社の不利益になる行動をとることを防止する役割を果たす。なぜなら、会社が損害を被ることは株式価値の下落を通じて経営者自身の損害となるからである。また、交代の可能性が存在することは、それが現実化しなくても、経営者に対し、株主に対して経営方針を正当化しなくてはならないという圧力を発生させる。これらは、安全弁としての機能を果たす可能性がある。See Bergerman, supra note 33, at 466-467; Adolf A. Berle, Non-Voting Stock and "Banker's Control," 39 Harv. L. Rev. 673, 674-675 (1926). 無議決権株式によって所有と支配の分離が達成される場合、このような安全弁すら存在しないことになるのである。

(69)　Louis Loss & Joel Seligman, Securities Regulation 1833-34 (Little Brown, 3th ed., 1990) ; Seligman, supra note 54, at 697.

(70)　Stock Exchange Practices : Hearing on S. Res. 84 and S. Res. 56 & 97 Before the Senate Com. on Banking and Currency, 73d Cong., 1st See. 6677 (1934). ここでは、無議決権株式について以下のような評価がなされている。"This device（common stock without voting power：筆者注）was being increasingly used to lodge control in small issues of voting stock, leaving ownership of the bulk of property divorced from any vestige of effective voice in the choice of management." 一方、NYSE の宣言は、"clear the air after the Dodge deal" が目的であったとの主張もある。See Livingston, supra note 54, at 186.

(71)　N. Y. Stock Exchange Listed Co. Manual 301.00 (1983).

(72)　Corporate Democracy の具体的意味については後述する。なお、その多義性について、See, Patrick J. Ryan, Rule 14a-8, Institutional Shareholder Proposals, and Corporate Democracy, 23 Ga. L. Rev. 97, 102 (1988).

(73)　このような、ＮＹＳＥの表向きの説明に対し、一株一議決権原則は政治的理由によって定められたとの見解も有力である。See, Seligman, supra note 54, at 700; Loss & Seligman, supra note 69, at note 297. ＮＹＳＥがこの基準の運用に関し、本文で示した一般論しか述べることができず、かつ、上場企業を引き止めるために、一九二六年以後も無議決権普通株式の上場を認めた事例が存在する。後者の典型は、Ford Motor Company である。See, Livingston, supra note 54, at 166-177. このような事実は、ＮＹＳＥの規則が確固たる原理原則によって制定されたものではないということを示している。

(74)　無議決権優先株式に関して、規制が行われなったことについては、以下のような正当化が可能であると考えられる。つまり、優先株式が無議決権であることは、会社民主主義と齟齬を来たさないのである。なぜなら、会社財産の価値ではなく、経営の良し悪しによって証券の価値が左右される普通株主は、完全なる議決権を有するからである。すべての株式は議決権を有さなければならないという議論は、パートナーシップの理論に基づく部分が大きい。パートナーシップでは、構成員の財産がパートナーシップの成功に依存していることが、平等な発言権を保証する根拠となる。See Berle, supra note 48, at 259.

(75)　二〇世紀初頭に連邦会社法の議論が活発になされたことについては、第一款で示したような経済事情の変化と、州の一般会社法制定が大きな意味を持つ。一般会社法とそれと併行する規制の緩和傾向については、Horwitz, supra note 37, at 183-222 が詳しい。

(76)　この時代の連邦会社法に関する議論の概観として、Melvin I. Urofsky, Proposed Federal Incorporation in the Progressive Era, 26 Am. J. L. His. 160 (1982) がある。

(77)　See, Richard Hofstadter, The Age of Reform. From Bryan to F. D. R. (New York: Alfred A. Knopf, Inc.,1955)（邦訳として清水知久＝斎藤眞＝泉昌一＝阿部斉＝有賀弘＝宮島直機［訳］『改革の時代-農民神話からニューディールへ』（みすず書房・一九六七年みすず書房）がある。以下、引用は邦訳の頁で行う。）: Brandeis, supra note 64. したがって、「革新主義は、富の減少というより、むしろ尊敬と権力の配分の型の変化によって時代の犠牲者となった人々によって、相当の程度指導されていた」ということは、ある意味当然であった。清水ほか・前掲二一五頁参照。彼らにとって、経済秩序は物の生産・分配の組織ではなく、個人の資質を刺激し、それに報いるための組織であるべきであったのである。清水ほか・前掲一九八頁参照。

(78)　Urofsky, supra note 76, at 176-183.

(79)　革新主義者の理想について、Hofstadter は Woodrow Wilson の演説を引用しつつ、以下のように述べる。「アメリカは『絶対的に自由な機会、いかなる人間も自己の意思と性格による以外には外からの制限をうけない……勝敗は本人次第である、といった理想』に自らを託してきた。新しい大組織は種々の手段によってこの理想体系を破壊したのである。」「新しい大組織」とは、もちろん、会社のことである。清水他・前掲注（77）一九八頁参照。したがって、彼らにとって会社とは、企業家である株主が個々の能力を発揮し経営していくものでなければ受け入れ難い存在であったと考えられる。

(80)　本款第一項（2）参照。

(81)　ニューディール期の会社規制立法に関する概観に関しては、Harold G. Reuschlein, Federalization-Design for Corporate Reform in a National Economy, 91 U. PA L. Rev. 91 (1942); Winston S. Brown, Federal Legislation : The Federal Corporaton Licensing Bill : Corporate Regulation, 27 Geo. L.J. 1092（1939）が詳しい。

（82）ニューディール期の思想を革新主義との関係で記述したものとして、Thurman W. Arnold, The Symbols of Government (New Haven, 1935) ; Thurman W. Arnold, The Folklore of Capitalism (New Haven, 1937) がある。これらによれば、ニューディール期と革新主義の間には、思想的に決定的な違いがあるとされる。それは、前者が後者の精神的基盤ともいえる道徳的要素を引き継がなかったことである。比較的、経済が好調であった革新主義の時代と異なり、ニューディール期は、経済的破綻に真正面から対応することを余儀なくされた。その結果、ニューディールを彩るのは、道徳的な要素ではなく、実際上の必要性となったのである。

（83）株主像の変化は、法理論の中にも見受けられる。いわゆる、会社の自然的実在説の影響力が強まるにつれて、会社の存在基盤（正統性）を株主から基礎づける必要性がなくなったのである。自然的実在説のもとでは、株主は、"A negligible factor in the management of a corporation" として認識されていた。See, Gerard C. Henderson, The Position of Foreign Corporations in American Constitutional Law : A Contribution t the History and Theory of Juristic Persons in Anglo-American Law 169 (The Lawbook Exchange, Ltd., Union, 1999).

（84）Berle は、所有と支配の分離にまつわる法的な問題を明確に指摘した初めての研究者である。See, Zacharias, supra note 4, at 623. また、彼は Roosevelt の Brain Trust の一員であった。Douglas は当時、連邦会社法制定を主張する学派のリーダーであった。See, Seligman, supra note 22, at 205-212.

（85）William O. Douglas, Directors Who Do Not Direct, 47 Harv. L. Rev. 1305, 1314-1315 (1934).

（86）Berle & Means, supra note 1, at 219.

（87）Berle, supra note 66, at 31: Douglas, supra note 85, at 1316.

（88）彼は、株主が会社の支配権を、経営者や投資銀行といった集団に対して放棄したことを容認していたように思われる。See Berle, supra note 66, at 35.

（89）Douglas, supra note 85, at 1330.

（90）同様の主張は、Stevens, supra note 45, at 385 にも見られる。

（91）Douglas, supra note 85, at 1330. 彼は、分散した株主の組織化を促進する仕組みが必要であると主張する。彼は、個々の株主の分散状態を放置することは、規制の必要性を高め、かつ、権力の濫用が繰り返されるだけであると考えていた。

(92) イギリスの、Shareholder Protection Association がモデルとされた。See, Douglas, supra note 85, at 1331.

(93) Ripley でさえ、個々の株主が経営に積極的に参加することは期待できないと考えていたようである。See, Ripley, supra note 46, at 129. 同書の中で、情報開示の強化について述べる部分において、比較的経営に対して興味関心を持つと思われる大株主が積極的に影響力を行使することを促進させるという点を理由にして情報開示の拡充を評価する。一方、情報開示が、所有する株式数の少ない一般株主の参加を促すとの主張はなされなかった。

(94) ニューディール期に、上院議員の O'Mahoney によって提出された連邦会社法草案である S. 3072 でも、一株一議決権原則が採用された。しかし、同時に、分散状態にある株主を組織化するために、Civil Service Commission の設立が提案された。See, Loomis & Rubman, supra note 52, at 164 ; Brown, supra note 81, at 1103-1108,1115-1116 (1939) ; Reuschlein, supra note 81 at 107-108 (1942). S.3072 は結局、立法化されなかった。この経緯については、Seligman, supra note 22, at 205-217 に詳しい。

(95) 株主による経営の監督が機能不全に陥りやすいからこそ、彼らの代わりに経営を監督する取締役会の重要性が増すことになった、という解釈が可能である。See, Loomis & Rubman, supra note 52, at 155.

(96) Bergerman, supra note 33, at 450.

(97) 一九二〇年代の株式市場における投資家の属性については、Pritchard, supra note 31, at 1010 を参照。

(98) たとえば、Bergerman は、事業会社における少数者支配に批判的であるが、企業家としての株主像に賛成しない。See, Bergerman, supra note 33, at 450. また、本款第二項(1)も参照。

(99) 本款第一項(3)参照。

(100) このような機会が確保されることの意味については、前注（68）参照。

(101) Sneed, supra note 38, at 23-24 ; Bergerman, supra note 33, at 448.

(102) 本節第二款第一項(4)参照。

(103) 一九三四年取引所法の立法資料については、J. S. Ellenberger and Ellen P. Mahar, Legislative History of the Securities Act of 1933 and Securities Exchange Act of 1934（1973）の Volume4 から Volume11 にまとめられている。

(104) 本節第一款第三項参照。

(105) Steve Thel, The Genius of Section 16 : Regulating the Management of Publicly Held Companies, 42 Hastings L. J. 391, 457-458 (1991) : Letter from the Counsel for the Committee on Banking and Currency Under S. Res. 84, 73d Cong., 1st Sess. 3-4.

(106) 本節第一款第三項参照。See also, Thel, supra note 105, at 409-411.

(107) 以下の検討に先立ち、連邦法に関する立法資料と制定法解釈の関係に関する、アメリカの判例・学説について付言することとする。確かに、本項の目的は具体的な制定法の解釈ではない。しかし、立法資料の検討を行うにあたり、立法資料間の序例について明らかにしておくことは有益と考えられる。ここでは、特に、裁判所がどのような資料を重視してきたかについて着目することとしたい。以下の記述は、Frank H. Easterbrook, The Role of Original Intent in Statutory Construction, 11 HARV. J. L. & PUB. POL'Y 59 (1988) ; George A. Costello, Average Voting Members and other "Benign Fictions" : The Relative Reliability of Committee Reports, Floor Debates, and other Sources of Legislative History, 1990 Duke L. J. 39, 41 (1990) ; William N. Eskridge, Jr., The New Textualism, 37 UCLA L. Rev. 621, 636 (1990) に多くを負っている。

　裁判所が法律解釈の際に注目する立法資料の種類として以下の四つを挙げることができる。①委員会報告 (Committee Report)、②Conference Committee Report、③Floor Debates、④Hearing、である。①から④の中で最も権威があると考えられているのは、①委員会報告 (Committee Report) である。なぜなら、①は当該立法に関する研究作業や起草作業に関った議員達の「熟慮の末に共有するに至った (Considered and Collective)」見解であると考えられているからである。そして、委員会報告の中でも、②Conference Committee Report は特に権威があると考えられている。なぜなら、Conference で議論される法案が最終的な立法となり、そこで上院と下院の法案の間にある差異が調整されるからである。したがって、Conference Committee が、ある解釈問題について明確な判断をした場合、それは決定的な意味を持つと考えられている。

　③と④は例外的な場合を除き、立法資料として高い権威を与えられてこなかった。③に関しては、委員会報告で取り上げられなかった問題が議場で取り上げられた場合、議場での修正によって文言に変更が加えられた場合に意味を持つことがある。この場合、重視されるのは委員会の構成員や起草作業に関った議員の発言である。④に関しては、

それが立法作業の比較的初期に行われることから、当該立法が提案された目的や対処しようとした課題等を明らかにすることがある。また、議員ではないが、起草作業に関った識者や行政庁の発言などはHearingにしか現れないことも考慮されるべきである。

(108) 上院では、Banking and Currency Committeeが、下院ではInterstate and Foreign Commerce Committeeが担当した。以下では単に上院委員会、下院委員会と呼ぶ。各法案の内容については、Ellenberger and Mahar, supra note 103, volume 10,11を参照のこと。

(109) Ellenberger and Mahar, supra note 103, volume 4 at xiv.

(110) 重要な差異が二つ存在したとされる。一つは、上院が一九三三年証券法と一九三四年取引所法の執行を監督する新しいFederal Agencyの設置を主張したことである。もう一つは、下院が信用取引証拠金制度を監督の対象とすることを主張したことである。Conferenceでは、いずれもの提案も採用された。See, H. R. 1838, 73d Cong., 2d Sess., at 30-31 (1934); Ryan, supra note 72, at 130.

(111) 以下、Landisグループと呼ぶ。彼らは、一九三三年証券法の起草作業でも重要な役割を果している。最初に提出されたH. R. 4314, S. 875は議会で激しい批判にさらされた。これに対し、Rooseveltの側近であるRaymond MoleyはFelix Frankfurterに支援を求めた。そこで、FrankfurterがHarvard Law Schoolでの彼の教え子であったLandisらを派遣したのである。そして、彼らが修正した草案が一九三三年証券法として成立したのである。See, James M. Landis, The Legislative History of the Securities Act of 1933, 28 Geo. Wash. L. Rev. 29 (1959); W. Leuchtenberg, Franklin D. Roosevelt and the New Deal 59-60 (1963); Seligman, supra note 22, at 57-718.

(112) Leuchtenberg, supra note 111, at 148-49.

(113) 当時、下院委員会の委員長であった。

(114) 当時、上院委員会の委員長であった。

(115) Ryan, supra note 72, at 130.

(116) 特に、ＮＹＳＥの理事長であるRichard Whitneyが反対派の組織化に意欲的であった。See, Ryan, supra note 72, at 122; Seligman, supra note 22, at 75.

(117) 各委員会に、一九三四年の二月九日に提出されたS. 2693、一九三四年の二月一〇日に提出されたH. R. 7852はともに、一三条(a)で、委任状勧誘資料として、同じ目的で委任状が勧誘された株主の名前と住所を送付することを要求していた。See, Ellenberger and Mahar, supra note 103, volume 10,11.　なお、H. R. 9323 as passed Senate with amendmentsによってＳＥＣに関する条項が新しく付け加えられる以前、委任状に関しては一三条が規定していた。

(118) この規定の結果、ＡＴ＆Ｔの場合、委任状を勧誘するたびに、約九〇万ドルの費用がかかることが指摘された。See, Stock Exchange Regulation : Hearings on H. R. 7852 and H. R. 8720 Before the House Comm. on Interstate and Foreign Commerce, 73 Cong., 2d Sess.528-529 (1934).　以後、下院委員会で行われた同ヒアリングを、House Hearingとして引用する。

(119) 委任状に株主名簿を添付することに関する批判として、See, House Hearing, at 224-225, 261, 427, 494, 527, 666 (1934); Stock Exchange Practices : Hearings on S. Res. 84 (72d Cong.) and S. Res. 56 and S. Res. 97 Before the Senate Comm. on Banking and Currency, 73d Cong., 2d Sess. 6896, 6913, 7087, 7278がある。一方、株主名簿の悪用への懸念を表明するものとして、id at 7169,7265がある。以下、上院委員会で行われた上記のヒアリングをSenate Hearingとして引用する。

(120) 改めて提出されたH. R. 9323, S.3420は、現在の一四条とほぼ同じ体裁を取る。ただし、一九六四年に取引所法の適用範囲が拡大されたことに伴って技術的な変更がなされている。なお、S. 3420は一九三四年四月二〇日に上院委員会より報告され (Senate Rep. No. 792)、H. R. 9323は一九三四年四月二七日に下院委員会より報告された (House Rep. No. 1383)。

(121) ＳＥＣへ権限を委譲することへの懸念について、Senate Hearing, at 6584, 7929-31, 7961. を参照。会社の内部事情への介入への懸念は、上院委員会にS. 3234が提出されたことからうかがい知れる。この法案は、規制の対象を取引所に限り、企業開示と委任状に関して規制を要求していない。また、Floor Debateでもこの点に関する議論が存在する。See, 78 Cong. Rec. 7929,8271, 8580. Floor DebateについてはEllenberger and Mahar, supra note 103, volume 4に収録されている。

(122) S. Rep. No. 792, 73d Cong., 2d Sess., 10 (1934).

(123) House hearing, at 138,140 ; Senate Hearing, at 6466, 6518, 6533, 6544, 6679.

(124) 一四条に関する議論が、取引所法の性質、つまり、取引所の規制を超えて企業統治にまで踏み込むことが許されるか、という問題に置き換えて議論されたと考えても差し支えないであろう。

(125) H. R. Rep. No. 1838, 73d Cong., 2d Sess. (1934).

(126) H. R. Rep. No. 1383, 73d Cong., 2d Sess. (1934).

(127) S. Rep. No. 792, 73d Cong., 2d Sess. (1934).

(128) S. Res. No. 84, 72d Cong., 1st Sess. (1931). この決議に基づいて実施された調査の報告は、Letter From Counsel for Senate Comm. on Banking and Currency Committee (Feb. 18, 1933) である。この資料は、Ellenberger and Mahar, supra note 103, volume 5, item15 に収録されている。

(129) S. Rep. No. 1455, 73d Cong., 2d Sess. (1934)

(130) Ryan, supra note 72, at 131 ; Jill E. Fisch, From Legitimacy to Logic : Reconstructing Proxy Regulation, 46 Vand. L. Rev. 1129, note 235 (1993).

(131) Ryan, supra note 72, at 131. このことが、立法資料の価値に関する、Fletcher Report は法律が成立した後に報告されたという消極的な要素をも克服すると考えられている。ただし、本稿の目的は、条文解釈のために立法資料を利用するということではない。取引所法が議決権に対して有していた考え方を探求することである。したがって、Fletcher Report が法律が成立した後に作成されたという問題は、本稿にとって大きな障害とはならないと考えられる。

(132) 立法資料の重要性に関する序列については、前注（107）参照。

(133) Stephen M. Bainbridge, Redirecting State Takeover Laws at Proxy Contests, 1992 Wis. L. Rev. 1071, 1072 (1992) は、膨大な量にのぼる Hearing と Floor Debate から、自分の主張に都合の良い部分を抜き出してくることが可能であると主張する。しかし、彼も、Hearing や Floor Debate から、立法作業において議会が認識していた諸問題を明らかにできることの有用性は認めるようである。

(134) S. Rep. No. 1455, 73d Cong., 2d Sess. (1934).

(135) S. Rep. No. 1455, 73d Cong., 2d Sess. at 74 (1934).

(136) S. Rep. No. 1455, 73d Cong., 2d Sess. at 75 (1934). ここで示された例は、American Commercial Alcohol Corporation の臨時株主総会のための委任状勧誘に関するものである。臨時株主総会では、株主引受けによらない普通株式の発行の承認が議題であった。問題とされたのは、この新株発行が一連のプール取引と関係し、かつ、そのプールに経営者が利害関係を有していることが開示されなかったことである。American Commercial Alcohol Corporation に関するプール取引については、id. at 59-62 に紹介がある。

(137) S. Rep. No. 1455, 73d Cong., 2d Sess. at 77 (1934).

(138) H. R. Rep. No. 1838, 73d Cong., 2d Sess. (1934).

(139) 一三条は"Periodical and Other Reports"という表題であり、強制開示の問題を扱っている。

(140) H. R. Rep. No. 1838, 73d Cong., 2d Sess., at 35 (1934).

(141) H. R. Rep. No. 1838, 73d Cong., 2d Sess., at 35 (1934).

(142) H. R. Rep. No. 1383, 73d Cong., 2d Sess. (1934).

(143) H. R. Rep. No. 1383, 73d Cong., 2d Sess at 2 (1934).

(144) 上院によって一九三三年証券法、一九三四年取引所法を管轄する機関として、ＳＥＣの設立が提案されるまで、両法はＦＴＣの管轄下に入ることが想定されていた。前注(110)参照。

(145) H. R. Rep. No. 1838, 73d Cong., 2d Sess., at 13-14 (1934).

(146) S. Rep. No. 792, 73d Cong., 2d Sess. (1934).

(147) Ryan, supra note 72, at 139.

(148) 起草作業に関係した、Fred Y. Presley の発言である。彼は、National Investors Corporation の President である。See, House Hearing, at 44 (Feb. 14 to March 1 1934)

(149) Senate Hearing, at 7566. ＮＹＳＥの弁護士である Roland Redmond の発言である。

(150) Senate Hearing, at 6545-46; House Hearing, at 7710. 後者は、Samuel Untermyer の発言である。彼は、一四条が経営者に対抗しようとする少数派株主に負担をかけるのみで、既に支配者の地位にある経営者に何らの特別の負担をかけないことを批判する。もちろん、彼も、証券取引所法制定前から、株主の議決権が有効に機能していたと主張するわけではない。このような状況は、Very Badであるが、一四条により、Worseになると考えていた。

(151) Seligman, supra note 22, at 96 ; Thel, supra note 13, at, 434-435. これを典型的に示すのが、上院議員であるGoreが上院委員会に提出したS. 3234, 73d Cong., 2d Sess. (1934) である。この草案が提案する規制は取引所に関するものに限られる。当然、委任状に関する規制は削除されている。また、彼は、Floor Debateで、同様の主張を行った後、経済界の懸念を紹介した新聞記事のCongressional Recordへの挿入を要求した。See, 78 Cong. Rec. 8579-81 (1934).

(152) S. Rep. No. 792, 73d Cong., 2d Sess.,10 (1934).

(153) たとえば、以下のような表現が用いられた。"Planned Economy", "Communism", House Hearing, at 759-73 ; "a form of nationalization of business and industry", Senate Hearing, at 6584.

(154) Ryanはこのような状況を、"Corporate Democracy"という"myth"を、賛成派も反対派も共有していたと表現している。See, Ryan, supra note 72, at 143.

(155) 本節第一款第三項参照。

(156) Thel, supra note 105, at 457-458 : Letter from the Counsel for the Committee on Banking and Currency Under S. Res. 84, 73d Cong., 1st Sess.3-4.

(157) 本節第一款第三項参照。See also, Thel, supra note 105, at 409-411.

(158) 強制開示規定が企業統治強化の意味も持つことは否定できない。Thel, supra note 105では、証券取引所法一六条が企業統治に与える影響について検討がなされている。See also, Dennis S. Karjara, An Analysis of Close Corporation Legislation in the United States, 21 Ariz. St. L. J. 663, 666 (1989).

(159) S. Rep. No. 1455, 73d Cong., 2d Sess. at 74 (1934); H. R. Rep. No. 1838, 73d Cong., 2d Sess., at 13-14 (1934).

(160) Fisch, supra note 130, at 1188-1191.

(161) 本節第二款第二項(2)参照。下院委員会でのヒアリングで、Samuel Untermyerは、情報開示にとどまらない、より、積極的な株主の議決権行使への支援の必要性を述べている。See, Senate Hearing, at 7710. 彼は、本節第二款第三項で述べたとおり、The Money Trust Investigationを実質的に指揮した中心人物である。See, Thel, supra note 13, at 402-407.

また、Franklin D. Roosevelt が最初に取引所規制の草案を作らせたのも彼であった。See, Seligman, supra note 22, at 51-52. 確かに、彼の提案は実現しなかった。しかし、二〇世紀初頭を通じて常に、会社に関する諸問題にかかわり続けてきた彼の現状認識は注目に値するものと考えられる。

(162) ニューディール期に提案された会社法改革案の中には、普通株式に対して一株一議決権原則を強行法規として導入することを主張する見解が多い。しかし、同時に、一株一議決権原則を採用するだけでは、株主による経営者の監督が実効的になされるとは考えられていなかった。分散状態にある株主を組織化する仕組みの必要性が認識されていた。すでに、株主が経営へ直接参加することが、企業の規模の拡大に伴って困難になりつつあったこと認識されていた。しかし、何らかの形で株主の意思を反映させる仕組みが必要であるとは考えられていたのである。本節第二款第二項(2)参照。

(163) See, House Hearing, at 140 (remarks of Mr. Corcoran); Dodd, supra note 58, at 948.

(164) このような考えは、Brandeis, supra note 64, at 89-96 に由来する。Brandeis の考えが証券規制に与えた影響については、Louis Loss & Joel Seligman, Fundamentals of Securities Regulation28-31 (Aspen aw & Business, 4th ed , 2001); Seligman, supra note 22, at 41; McCraw, supra note 9, at 112-114 等を参照。

(165) Senate Hearing, at 7711 (remarks of Fletcher). 同様の見解は、Bergerman, supra note 33, at 466-467; Ripley, supra note 46, at 98-99 にも見ることができる。

(166) 開示規制を通じて経営者の権限濫用を防止することの有効性は、現在に至るまで承認されている。See, Robert C. Clark, Corporate Law, 524 (Aspen Law & Business, 1986); Donald C. Langevoort, Seeking Sunlight in Santa Fe's Shadow: The SEC's Pursuit of Managerial Accountabilitym 79 Wash. U. L. Q. 449, 453-55 (2001); Robert B. Thompsin & Hillary A. Sale, Securities Fraud as Corporate Governance: Reflections upon Federalism, 56 Vand. L. Rev. 859, 875 (2003); Lucian Arye Bebchuk and Assaf Hamdani, Federal Corporate Law: Lesson from History, 106 Colum. L. Rev. 1793 (2006). 開示規制と経営者の責任との関係は以下のように説明できる。経営者は取引に関する真実を開示しないことにより証券規制に違反し民刑事上の責任を課されるリスクを負う。一方、関連する事実を開示することは、州裁判所で取引の効力を争ったり損害賠償を求める株主に、彼らが立証責任を負っている事項を開示することになる。そ

の結果、広範囲に及ぶ強制開示規制は経営者の accountability を増加させ、株主の利益を犠牲にして自己利益を得ようとする経営者の能力を制限する。

(167) Ryan は、S. Rep. No. 1455, 73d Cong., 2d Sess. と H. R. Rep. No. 1838, 73d Cong., 2d Sess. の中に、shareholder as monitors and decision-makers という株主像の萌芽を見出している。See, Ryan, supra note 72, at 140. しかし、委員会報告では委任状勧誘に関する経営者の情報開示の問題が中心であったことは否定できない。See, George W. Dent, Jr., Proxy Regulation in Search of a Purpose: A Reply to Professor Ryan, 23 Ga. L. Rev. 815, 816 (1989) ;Bainbridge, supra note 133, at 1111-1112. ヒアリングにおいても、shareholder as monitors and decision-makers や会社民主主義、株主民主主義といった用語は用いられていないようである。

(168) 本節第二款第一項⑷参照。See also, Bainbridge, supra note 31, at 605.

(169) Reuschlein, supra note 81, at 93.

(170) 本節第二款第一項参照。

(171) See, Bayless Manning, Book Review : "The American Stockholders." by J. A. Livingston, 67 Yale. L. J. 1477, 1487 (1958).

(172) さらにいえば、このような主体が株主である必然性はない。集合行為問題を解決することができ、かつ、株主全体の利益を代表する第三者機関を創設する方が、むしろ、望ましいといえるのかもしれない。

(173) 本節第二款第一項⑶参照。

(174) James W. Hurst, The Legitimacy of the Business Corporation in the Law of the Unieted States 1780-1970, 58 (1970, The University Press of Virginia, Charlottesville). この分野における Hurst の業績の意義については、Hamill Susan Pace, From Special Privilege to General Utility : A Continuation of Willard Hurst's Study of Corporations, 49 Am. U. L. Rev. 83 (1999) を参照。

(175) Hurst, supra note 174, at 58. また、Hurst は、正統性は有益性によって基礎づけられるという主張は、何世代にも渡って未開拓の土地を開発してきたアメリカの経験から生まれた実用主義を強調するものであり、一方、正統性は責任によって基礎づけられると主張する見解は、個人の利益を重視するアメリカの文化を強調するものであると説明する。このように、ある組織や権力の正統性の根拠を何に求めるかは、それぞれの社会によって異なる可能性があることに注意する必要がある。

(176) Hurst, supra note 174, at 93. 株式会社の正統性との関係で、株主の議決権に大きな意味を見い出すことは、当時、株式会社は株主から構成されるパートナーシップに類似するものと理解する見解が有力であったこととも関係があるものと思われる。See, Horwitz,supra note 37, at 204. このように株式会社の正統性を何に求めるかは、「株式会社とは何か?」という古典的な論争と密接に関係する部分がある。したがって、以下ではHurstの見解と「株式会社とは何か?」に関する論争との関係についても適宜触れていくことにする。「株式会社とは何か?」に関する論争についての文献としては、Horwitz, id; John Dewey, The Historic Background of Corporate Legal Personality, 35 Yale. L. J. 655(1926); Gregory A. Mark, The Personification of the Business Corporation in American Law, 54 U. Chi. L. Rev. 1441 (1987); William W. Bratton, Jr., New Economic Theory of the Firm: Critical Perspectives from History, 41 Stan. L. Rev. 1471 (1989); David Millon, Theories of the Corporation, 1990 Duke L. J. 201 (1990) などを主に参照した。なお、Morton, id の内容は、モートン・J・ホーウィッツ(樋口範雄[訳]『現代アメリカ法の歴史(アメリカ法ベーシックス3)』八〇頁以下(一九九六年・弘文堂))と概ね共通している。

(177) Hurst, supra note 174, at 110. 株式会社の正統性との関係で、株主の存在の重要性が低下したのは、当時、株式会社は州からも株主からも独立した存在であるとの見解が確立したことと関係があるものと思われる。See, Horwitz,supra note 37, at 223-24.

(178) Hurst, supra note 174, at 58. See also, Bratton, supra note 176, at 1483.

(179) Hurst, supra note 174, at 60.

(180) Hurst, supra note 174, at 60-61. いわゆる特許主義の時代の会社は州による人工的創造物であり、公益目的のために設立が認められてきた。したがって、会社の対外的活動を州が規制することは自然に導かれ、かつ、それが株式会社の正統性の源泉であったのである。See, Bratton, supra note 176 at 1484; Millon, supra note 176 at 205-06, 211.

(181) Horwitz,supra note 37, at 182; Mark, supra note 176, at 1453; Millon, supra note 176 at 207-08.

(182) Hurst, supra note 174, at 44-45. 久保田安彦「初期アメリカ会社法上の株主の権利(一)」早法七四巻二号八八頁(一九九九年)も参照。なお、銀行、運送、保険といった業種ごとに異なる利害関係人の利益を守るために、異なった規制が課されることもあった。See, Millon, supra note 176 at 210.

(183) Hurst, supra note 174, at 61.

(184) Hurst, supra note 174, at 62.

(185) Santa Clara County v. Southern Pacific Railroad Co., 118 U. S. 394 (1886). ただし、当時の「株式会社とは何か？」に関する学説を前提にすると、同判決が第一四修正の保護の対象に株式会社を含めたのは、株式会社と自然人を同列に扱ったというよりも、株式会社は株主から構成されるものであり、自然人である株主の利益を守るために第一四修正の保護対象に株式会社を含めることにしたと、した方が正確な理解である。See, Horwitz,supra note 37, at 223; Mark, supra note 176, at 1463-64; Millon, supra note 176 at 214. 一八八〇年代の初期に、Victor Morawetz や Henry O. Taylor によって提唱された、株式会社を株主から構成される契約的・パートナーシップ的なものと理解する立場の当初の目的は、株式会社の規制を正当化することではなく、規制の緩和を正当化することであった。See, Mark, supra note 176, at 1457-58.

(186) Hurst, supra note 174, at 68, 73-75. See also, Horwitz,supra note 37, at 196-97.

(187) 新規参入の制限、市場シェアの固定化などを株式会社に対する支配権を通じて実現することが意図された。Hurst の分析からは必ずしも明らかではないが、投資銀行による会社支配を通じて、投資家に証券投資から安定したリターンを保証することによって、証券投資へと誘因しようとしたのではないかと考えられる。このように、投資銀行が販売した証券のについて一種の倫理的責任を負うことは、当時の銀行界の慣行として存在していたようである。ロン・チャーナウ（青木榮一［訳］『モルガン家（上）金融帝国の盛衰』二九〇頁以下（二〇〇五年・日本経済新聞社））参照。

(188) Hurst, supra note 174, at 71-73.

(189) Hurst, supra note 174, at 73-75. See also, Chandler, supra note 10, at 6-8; Horwitz,supra note 37, at 195-96 ; Bratton supra note 176, at 1487-88 ; Millon, supra note 176, at 213.

(190) Hurst, supra note 174, at 82-83.　先に述べたように、株式会社の存在とその権力を正統化する必要性は、特別法によって設立される会社に公的な権限が付与されていたことから生じた。特別法による正統化の仕組みは、鉄道事業など、その存在と権力を正統化する必要性がある業種が限定されていたからこそ機能しうるものであった。しかし、一九世紀後半から二〇世紀前半の企業合同運動によって、経済活動の種類を問わず、経済全体に強大権力を持つ株式会社が存在することとなった。そのため、より一般的な形で株式会社に正統性を付与する仕組みが必要とされるようになったのである。Id.

(191) Hurst, supra note 174, at 85.

(192) Hurst は著書の別の箇所で、アメリカは、伝統的に公的権力の濫用を防止するために憲法上の制限に依拠したのと同じくらい、私的経済権力の濫用を防止するために一般的に競争的な市場に依拠していたと指摘している。See, Hurst, supra note 174, at 41. なお、松村勝弘「会社の正当性維持の手段としての株主所有権強化の意義」立命館経営学二七巻五＝六号一八三頁（一九八九年）も参照。また、このような考え方は、Hurst に特異な見解というよりは、当時、一般的なものであった。久保田安彦「二〇世紀初頭のアメリカにおける連邦会社規制の展開と株主の法的位置づけ」名経法学第一四号七六頁（二〇〇三年）参照。See also, Berle & Means, supra note 1, at 8.

(193) 久保田安彦「初期アメリカ会社法上の株主の権利（二）」早法七四巻四号四五七頁（一九九九年）。

(194) 本文で述べたように、当時、株式会社の正統性と株主利益・株主の議決権には密接な関係があったように思われる。しかし、株式会社を州からも株主からも独立した存在として理解する自然的実在説が有力になるにつれて、このような関係の重要性は低下したのではないかと思われる。まず、自然的実在説は株式会社を特別な存在としては理解せず、かつ、企業規模の巨大化も不正な手段によって達成されたものではないと認識している。したがって、株式会社は個人とは異なる特別な存在ではないのであるから、個人の経済活動とは異なった形での正統性を要求する必要性が低下することになるのである。See, Horwitz,supra note 37, at 130; Mark, supra note 176, at 1472, 1474-78 ; Millon, supra note 176, at 216. なお、自然的実在説も、Dewey に代表される「株式会社とは何か？」について論争すること自体へのリアリズムからの痛烈な批判と、自然的実在説が内包する個人よりも集団の利益を重視するという考え方とアメリカの個人主義との矛盾などによって、一九三〇年代以降は急速に力を失うこととなった。See, Mark, supra note 176, at 1479-81 ; Bratton, supra note 176, at 1511-12. Dewey の批判の要点は、経営者の権力を増加させることを正統化する理論は、他の会社の利害関係人の権力を増加させるためにも利用することができるので、ある（法人）理論を採用することが特定の結論を導き出すために必要ではないという点にあった。See, Dewey, supra note 176, at 669-70. たとえば、自然的実在説は経営者の権力の拡大を正統化すると同時に、株式会社の社会的責任の根拠とされることがあった。See, E. Merrick Dodd, Jr., For Whom are Corporate Managers Trustees ?, 45 Harv. L. Rev. 1145, 1161 (1932).

(195) Hurst, supra note 174, at 58-59.

(196) Hurst, supra note 174, at 75-76.

(197) 本節第一款参照。

(198) Hurst, supra note 174, at 83.

(199) 競争的な商品・サービス等の市場を通じた規律について、Hurstは、競争市場による規律は短期的利益を基準にするもので、確かに多くの社会的価値を無視したり不当に劣後化する面もあるが、明確で厳格である点に意義を見い出している。See, id.

(200) Hurst, supra note 174, at 86.

(201) Hurst, supra note 174, at 88-89.

(202) Edwin M. Epstein and Dow Votaw, ed., Rationality, Legitimacy, Responsibility, Search for New Directions in Business and Society, 77-78 (1978, Goodyear Pub. Co, Santa Monica, Calif).

(203) Hurst, supra note 174, at 91-102.

(204) Hurst, supra note 174, at 103-04.

(205) Mannigは本文で示した株式投資の受動性との関連で、株主が、典型的には、収益と安定成長から生じる適度なキャピタルゲインを受動的に受け取るのみであれば、法がより積極的で責任を負う会社への参加者に対して示す種類の関心を自らに向けることを要求することはできないと指摘するに至った。See, Manning, supra note 171, at 1490-91.Hurstはこの問題を、"A fresh question of the stockholder's own legitimacy" と表現している。Hurst, supra note 174, at 104.

(206) Hurst, supra note 174, at 110-11.

(207) Sherman法、Clayton法、ＦＴＣ法、公益事業持株会社法などがその典型例であると説明される。See, Hurst, supra note 174, at 108-09.

なお、一九三〇年代以降、「株式会社とは何か？」についての論争自体が活発に行われなくなったため、株式会社の正統性の問題も法理論によって解決する問題ではなく、政策的な問題の一つにすぎなくなったと指摘されることもある。See, Bratton, supra note 176, at 1493-94. すなわち、株式会社の正統性を何に求めるかは、「株式会社とは何か？」という問題によって解決するわけではなく、経営者・取締役など、株式会社の権力を行使する主体の行動をいかにして規律するべきかが直接的に問題とされるようになったのである。確かに、Berle & Means が提示し、一九三〇年代以降の会社法に関する議論の基本的な枠組みとなった、「株式会社の所有者としての株主と fiduciary としての経営者」という理解は、株式会社は株主から構成される契約的・パートナーシップ的なものと理解する立場と親和的である。しかし、株式会社・経営者の正統性を確保するために、株主ではなく裁判所に多くの役割を期待するという点で、彼らの見解はそれ以前の見解と大きく異なるのである。See, Millon, supra note 176, at 221-22, 224-25.

(208) Hurst, supra note 174, at 60.

(209) Horwitz,supra note 37 at 184-85 ; Bratton, supra note 176, at 1489-90 ; Millon, supra note 176 at 213-14.

(210) Mark, supra note 176, at 1457-58 ; Bratton, supra note 176 at 489 ; D. Gordon Smith, Shareholder Primacy Norm, 23 J. Corp. L. 277, 302-03 (1998).

(211) 法人理論から演繹的に一定の解答が導き出されることは少ない。See, Dewey, supra note 176,at 669-70. しかし、ある特定の法人理論がある法規制の提言を基礎づけるために最適な場合は存在すると思われる。実際に、一九世紀後半から二〇世紀前半にかけて、会社をパートナーシップ的・契約的に理解するよりも、州から全く独立した自然なものとして実在すると理解する方が、会社内部における株主の地位低下を正統化することは容易であったと思われる。See, Horwitz, supra note 37, at 221 ; Mark, supra note 176, at 1474-78 ; Millon, supra note 176, at 247. もちろん、自然的実在説が株主の地位低下を正統化したのか、それとも株主の地位低下という現状が正統化原理として自然的実在説を必要としたのか不明確であることは否めない。See, Bratton, supra note 176, at 1511-12. ただし、個人主義を前提とする法理論・経済理論の中に株式会社をどのように位置づけるかという問題をめぐって、個人主義を重視する立場の論者にとって、株主の存在は重要であったということはいえるのではないかと思われる。

(212) Husrst も、アメリカにおける個人の重視という思想が、株式会社の正統性に影響を与えていることを指摘している。Hurst, supra note 174, at 58.

(213) 一方、会社を"nexus of contracts"と考える場合、そもそも株式会社を株主を含めた会社の利害関係人から独立した存在と考えないのであるから、株式会社の権力の正統性といった問題は正面から取り上げられないことになろう。Bratton, supra note 176, at 1497-98 ; Stephen M. Bainbridge, Politics of Corporate Governance, 18 Harv. J. L. & Pub. Pol'y 671, 719 (1995) ; Jennifer Hill, Visions and Revisions of the Shareholder, 48 Am. J. Comp. L. 39, 59 (2000). See also, Stephen M. Bainbridge, Corporation Law and Economics, 441-42 (Foundation Press, 2002).

(214) 会社をパートナーシップの延長線上の組織又は株主の集団から構成される組織として考える場合、取締役会の役割は株主の意思に従い株主の利益を実現することにあり、そして、株主の議決権はエージェントである取締役会に命令する法律上の権利として重要な意味を持つことになる。See, Hill, supra note 213. 一方、前款第二項(2)で述べたように株主と経営者の間に信託関係の存在を見い出す場合、受益者である株主の議決権の存在意義は小さくなるが、経営者の義務は厳格化される。ただし、株主と経営者の関係をパートナーシップと考えるか信託と考えるかの差違はあるにせよ、両者は、株主の存在を通じて経営者の権力を正統化しようとする点では同じであった。すなわち、エージェンシーにおいては、株主によって経営者の権限が制約可能であることによって、信託においては株主を受益者とする厳格な信認義務が課せられることによって株式会社の権力を正統化しようとしていたのである。See, Gerald E. Frug, Ideology of Bureaucracy in American Law, 97 Harv. L. Rev 1277, 1355 (1984).

(215) Horwitz,supra note 37, at 220.

(216) 本節第二款第三項。より具体的には以下のように説明することが可能である。個人主義を前提とする法理論・経済理論では、個人事業主が、契約法などの規律を受けつつ、商品・サービス市場で競争することが重要と考えられてきた。競争から生じる損益が個人事業主に帰属することで、所有する資産をより効率的に利用するインセンティブが発生することになるのである。See, Berle & Means, supra note 1, at 8 ; Hurst, supra note 174, at 41 ; Bratton, supra note 176, at 1483. 株式会社を契約的・パートナーシップ的なものと考える立場では、株式会社が所有する財産の真の所有者は株主となる。そして、先に述べた競争市場の規律が機能するためには、株式会社の事業活動の損益の最終的な帰属者である株主が支配権を持つ必要がある。株主間での議決権配分については、個人事業主が所有する資産について支配権を持つこととのアナロジーから、株主が株式会社を通じて間接的に「所有」する資産の割合に応じて、議決権が配分されることが望ましいとされたのである。端的にいえば、株式会社の存在を正統化するために、個人の私的所有権との結びつきを維持する必要性があったのである。See, Mark, supra note 176, at 1458.

(217) 前注(194)参照。

(218) Bratton, supra note 176, at 1493-94. 株式会社の存在が例外的であった時代においては、現実社会において株式会社が占める地位を正確に表現できる法理論の存在が重要であったかもしれない。しかし、株式会社が、事業活動を組織する方法の一つとして、例外的なものではなく、一般的なものとして扱われるようになれば、株式会社の正統性との関係で、「株式会社とは何か？」を論ずる意義は減少するものと思われる。See, Mark, supra note 176, at 1465.

(219) アメリカの会社法学者の中で、経営者の権限が裁判所と株主から独立していることを最も重視するBainbridgeも、何らかの形で経営者を規律する必要性があることは認識している。See, Stephen M. Bainbridge, Business Judgment Rule as Abstention Doctrine, 57 Vand. L. Rev. 83, 108 (2003).

(220) 前注(207)(214)参照。

(221) デラウエア州判例法における Blasius Industries, Inc. v. Atlas Corp., 564 A. 2d 651 (Del. Ch. 1988) などが示すよう、依然として、アメリカ法において、株主の議決権を通じて会社経営者の権力が正統化されるとの考えは根強く存在する。See, Bebchuk, Lucian Arye, "The Myth of the Shareholder Franchise", 1 (March 2007). Harvard Law and Economics Discussion Paper No. 567 Available at SSRN : http://ssrn.com/abstract=952078　しかし、連邦法では、サーベンス＝オクスレー法からわかるように、株主の議決権ではなく、独立取締役などそれ以外の仕組みに多くの期待がかけられているように思われる。サーベンス＝オクスレー法の概要については、Roberta Romano, The Sarbanes-Oxley Act and the Makings of Quack Corporate Governance, 114 Yale . L. J. 1521 (2005) を参照。

(222) この点は、最近のアメリカにおける株主の権限の拡大に関する議論でも前提となっている。See, Michael P. Dooley, Two Models of Corporate Governance, 47 Bus. Law. 461, 468 (1992) ; Bainbridge, supra note 213, at 719-20 ; Lucian Arye Bebchuk, The Case for Increasing Shareholder Power, 118 Harv. L. Rev. 833, 842 (2005).

(223) 前田重行「株主による会社経営者の支配についての一考察――アメリカにおける会社民主主義とその批判についての詳解――」石井照久先生追悼『商事法の諸問題』四七八頁（注27）（一九七四年・有斐閣）参照。

（224）　Henry Hansmann, The Ownership of Enterprise, 60 (1996, Harvard University Press). 厳格な会計基準、広範囲にわたる強制開示、内部者取引の禁止、株主による訴訟を促進する手続法、発達した民間の情報媒体などの存在が強調されている。また、当然ながら、株主の積極的な議決権行使がもたらす費用についても検討しなければならないことも指摘されている。Id, at 61-62. また、株式会社にとっては、「純利益の現在価値の最大化（to maximize the net present value of the firm's earnings）」という比較的明確な基準によって、株主間の利害対立の解決や役員・経営者の信認義務違反の認定、同業者との比較などを行うことが可能であることも、株主が負担しなければならないエージェンシー費用を減少させる効果を持つことが指摘されている。Id, at 62.

（225）　この問題に関する最近の包括的な研究として、松井秀征「株主総会制度の基礎理論」私法六四号一七七頁（二〇〇二年）がある。2の分析は松井論文に多くを負っている。なお、この問題については、議決権売買との関係で、本章第四節で再び触れる予定である。

（226）　機関投資家による株式保有と積極的な議決権行使の増加は、株主の議決権に関する法制度の前提に大きな変化をもたらす。See, William T. Allen and Reiner Kraakman, Commentaries and Cases on the Law of Business Organization, 173 (Aspen, 2003); Jesse H. Choper & John C. Coffee, Jr. & Ronald J. Gilson, Cases and Materials on Corporations, 553 (6th ed., Aspen Law & Business, 2004). 大規模公開会社においてさえ、株式所有が分散状態にあるため会社経営に参加することに関心がない株主を前提として法的議論を行うことの妥当性自体を再検討する必要がある。See, Hill, supra note 213, at 39.

（227）　その他にも、株主の議決権に正統性の根拠を求める場合、裁判所が経営者の行動に介入することが制約される可能性がある。一九世紀に裁判所が取締役に高い行動基準を要求しなかったことは、当時、株式会社はパートナーシップ的・契約的なものと考えられていたことに由来することが指摘されることがある。See, Hill supra note 213, at 43. 前注（193）とその本文で指摘したように、会社法規制緩和の背景には、株主の自衛行動を重視する見解が存在したが、株主の自衛行動を重視することは、その反面、他の手段によって株式会社・経営者の権力を規律する理論上の必要性を減少させることになったと思われる。

（228）　Bernard S. Black, Shareholder Passivity Reexamined, 89 Mich. L. Rev. 520, 530-66 (1990); John Pound, Proxy Voting and the SEC; Investor Protection versus Market Efficiency, 29 J. Fin. Econ. 241, 243-45 (1991). もちろん、委任状勧誘制度の濫用を防止するために必要な範囲においては、法令遵守費用が増加すること自体は批判の対象とされるべきではない。しかし、委任状勧誘制度の費用が増加すれば、株主間のコミュニケーションを阻害する等、株主の議決権が実効的に機能することを妨げることになることには注意する必要がある。証券取引所法一四条の立法過程においても、同様の批判が存在していた。前注(150)参照。特に、アメリカ法においては、強制開示規制は必ずしも委任状勧誘だけに限定されず、その前段階の株主間のコミュニケーションにも及ぶことが問題視されていた。

(229) Hansmann, supra note 224, at 63-64.

(230) 一九三五年公益事業持株会社法の主たる規制対象は、公益事業会社(public-utility company)を子会社とする持株会社である。持株会社又は子会社に該当するか否かは、議決権付株式の所有関係による形式基準のほかに、実質的な支配関係を基準としたり、SECによる個別判断によって判断されている(15 U. S. C. § 79a (7) (8))。公益事業会社は電力事業又はガス事業を営む会社として定義されている(15 U. S. C. § 79b (a) (5))。一九三五年一〇月一日以降、すべての持株会社とこれから持株会社になろうとするものは、SECに登録することで登録持株会社となることができる(15 U. S. C. § 79e (a), 79b (a) (12))。持株会社としての登録は義務ではないが、未登録の場合には、州際通商の手段を使っての事業活動や資金調達が著しく制限されることになる(15 U. S. C. § 79d (a))。なお、一九三五年公益事業持株会社法上、会社(Company)は株式会社以外に組合や事業信託等を含むものとして定義されているが(15 U. S. C. § 79a (2))、本文で単に会社と記述する場合には株式会社のみを指すものとする。

(231) 一九三五年公益事業持株会社法の規制対象は限定されているが、その規制内容の多くが、当時、連邦議会に提出されていた連邦法による会社規制の中に取り入れられていたの指摘も存在する。See, John F. Meck and William L. Cary, Regulation of Corporate Finance and Management Under the Public Utility Holding Company Act of 1935, 52 Harv. L. Rev. 216, 216 (1938).

(232) Donald C. Cook and Herbert B. Cohn, Capital Structures of Electric Utilities under the Public Utility Holding Company Act, 45 Va. L. Rev. 981, 981-82 (1959).

(233) なお、一九三五年公益事業持株会社法は二〇〇六年二月八日に Electricity Modernization Act of 2005 (Pub.L.

109-58）によって廃止され、新たに二〇〇五年公益事業持株会社法が施行されることになった。そして、二〇〇五年公益事業持株会社法の管轄は、ＳＥＣではなく、Federal Energy Regulatory Commission に移行した。しかし、一九三五年公益事業持株会社法の分析は、一九三〇年代以降、株式会社の正統性の基盤が揺らぐ中で、ＳＥＣが議決権配分に関する法規制をどのように評価していたかを明らかにするという点で意味があるのではないかと考えている。また、本文で以下に引用する条文については、一九三五年公益事業持株会社法の制定以来、大きな改正はなされていない。See, United Code Annotated; Title 15 Commerce and Trade §§ 78aaa to 140 (1997, West, Last Suppl. 2004)。したがって、条文の引用にあたっては、U. S. Code collection (available at http://www4.law.cornell.edu/uscode/html/uscode15/usc_sup_01_15_10_2C.html) を参照した。

(234) なお、連邦法において株式会社の議決権配分を規制しているのは一九三五年公益事業持株会社法に限られない。一九四〇年投資会社法にも同様の規制がある。See, Tamar Frankel, The Regulation of Maney Managers ; The Investment Company Act and the Investment Advisers Act Vol. 3, 178-97 (1980, Little, Brown and Company, Boston and Toronto). 本来であれば、一九四〇年投資会社法を含めて、連邦法における議決権配分規制を包括的に検討することが望ましい。しかし、それは筆者の能力を超えるところであり、さしあたっては、本文で述べる理由から、一九三五年公益事業持株会社法の検討を中心に行うことにする。一九四〇年投資会社法の研究については、他日を期したい。

(235) 15 U. S. C. § 79f (a).

(236) 15 U. S. C. § 79g (c) (1) (A). 一九三八年に連邦議会に提出された O'Mahoney 法案（S. 3072）では、州際通商に従事する株式会社はＦＴＣに登録することが要求されるとともに、登録株式会社のすべての株主はすべての株主総会において所有する株式の数と同じ数の議決権を行使する平等の権利を有するとされていた。See, Winston S. Brown, Federal Legislatio, The Federal Corporation Licensing Bill : Corporate Regulation, 27 Geo. L. J. 1092, 1093, 1103 (1939).

(237) 15 U. S. C. § 79g (c) (2). ただし、七条(c)の条件を満たしていた場合であっても、証券の発行又は売却の条項・条件が公益又は投資家又は消費者の利益を害する場合等には、ＳＥＣは証券の発行を承認することはできないとされていた。15 U. S. C. § 79g (d) (6)。

(238) 15 U. S. C. § 79g (e).

(239) 持株会社組織（Holding-company system）とは、持株会社にその子会社とそれらが会員会社となっている mutual service company を加えたものを指す。15 U. S. C. § 79b (a) (9). なお、mutual service company とは、15 U. S. C. § 79m に従って、mutual service company として承認されたものをいう。15 U. S. C. § 79b (a) (13).

(240) 15 U. S. C. 79k (a).

(241) 15 U. S. C. 79k (b) (2). さらに、一一条(e)は、持株会社又はその子会社が、ＳＥＣの命令を遵守し、一一条(b)の要求を達成するために必要な資本構成の変更や合併等の組織再編行為の計画をＳＥＣに提出し、ＳＥＣは、それらが§11(b)の要求を達成するために必要であるか、影響を受けるものにとって公正かつ衡平であると判断した場合には計画を承認し、会社の請求があった場合には、裁判所に計画の執行を申し立てなければならないと定めている。15 U. S. C. 79k(e)

(242) Meck and Cary, supra note 231, at 219 ; Notes: Voting Rights of Preferred Stockholders under the Public Utility Holding Company Act of 1935, 51 Yale L. J. 138, 138 (1941).

(243) Meck and Cary, supra note 231, at 224.

(244) 一九三五年公益事業持株会社法の制定前、一九二〇年代後半から一九三〇年代前半にかけて行われた Federal Trade Commission's の調査（FTC Summary Report, Utility Corporations, S. Doc. No. 92, pt.72-A, 70th Cong., 1st Sess. 831-82 (1935)）と一九三五年に発刊された National Power Policy Committee による大統領に対する報告書（H.R. Doc. No. 137, 74th Cong., 1st See. 81935）から、本文で述べたような問題が存在することが明らかにされた。See, Cook and Cohn, supra note 232, at 984.

(245) Notes, supra note 242, at 138. ただし、この問題は公益事業持株会社に限られていたわけではない。山下友信「累積的配当優先株における優先株主の保護——優先株に関する一考察——」ジュリ六四五号八九頁（一九七七年）参照。

(246) 第二款第一項(2)で述べたように、本文で述べたような実務は公益事業会社か否かを問わず広く行われていた。See also, Brown, supra note 236, at 1103-04.

(247) Meck and Cary, supra note 231, at 242 ; Brown, supra note 236, at 1104-06.

(248) Meck and Cary, supra note 231, at 224 ; Leo W. Leary, Fair and Equitable Distribution of Voting Power under the Public Utility Holding Company Act of 1935, 52 Mich. L. Rev. 71, 71-72 (1953).

(249) Columbia Gas and Electric Corporation, Holding Company Act Release No. 2477 (1941).

(250) New York State Electric & Gas Corporation, Holding Company Act Release No. 2807 (1941) では、組織再編計画の中で既存の優先株式（通常は取締役会の定員の四分の一の選任権が付与され、一二四半期分に相当する優先配当不払後は取締役会の多数派の選任権が付与される）と同じ内容の議決権付優先株式を発行しようとしていたが、ＳＥＣの提案により、六四半期分に相当する優先配当が不払いである場合に限って取締役会の過半数を選任できる条件付議決権が付与された優先株式を発行するように組織再編計画の内容が変更された。すなわち、同じく初期の段階で、無議決権優先株式が資金調達の道具として排除されるわけではないことも明らかになったのである。See, Notes, supra note 242, at 141.

(251) Brown, supra note 236, at 1106-07 ; Leary, supra note 248, at 72 note 6.　逆に、優先株式の数が普通株式よりも圧倒的に多い場合には、優先株式の株主による普通株式の株主の搾取という問題が生じる恐れもある。

(252) Douglas, supra note 85, at 1332-34. 実際、他の株主と平等な内容の議決権を付与されることによって保護されるというのは幻想にすぎないとまで主張する見解も存在した。See, Notes, supra note 242, at 142-43.

(253) Leo W. Leary, Voting Rights in Preferred Stock Issues under the Public Utility Holding Company Act of 1935, 27 Tex. L. Rev. 749, 750 (1949). また、累積未払優先配当が一定額に達したことを条件に優先株式に議決権が付与される仕組みも、条件成就の際に普通株式の議決権に何らの変更がなければ、優先株式の保護にとって大きな意味があるとはいえない。See, Meck and Cary, supra note 231, at 224.

(254) Leary, supra note 248, at 85 note 80.

(255) Brown, supra note 236, at 1107 ; Leary, supra note 253, at 774.

(256) Stevens, supra note 45, at 386-92.

(257) 資産価値や収益力の算定の方法については、Leary, supra note 248, at 72-80 に詳しい。ただし、一九三五年公益事業持株会社法における資産価値や収益力の算定にあたっては、原価主義を基準とするなど、特殊な算定方法が採用されていることに注意する必要がある。ただし、ＳＥＣが採用した算定方法は、当時、Federal Power Commission や電力又はガス事業に関する州の規制機関が採用していた方法を採用するものであり、ＳＥＣがその成果を利用できるというメリットがあった。Id, at 109.

(258) Leary, supra note 248, at 84-85 ; Cook and Cohn, supra note 232, at 989-991. また、一九三五年公益事業持株会社法は、正確にいえば、株主間での議決権配分ではなく、証券保有者間での議決権配分の公正や衡平を問題にしている。したがって、貸方に占める社債等の割合が大きい場合には、稀ではあるが、組織再編を行うことによって、社債権者に普通株式を発行し、社債権者に劣後する証券は償却することを命じることもあった。しかし、通常は、負債償却積立金（sinking fund）の導入を要求するに留まる場合が多かったようである。See, Leary, supra note 248, at 86-87, 92, 95.

(259) Leary, supra note 248, at 86. また、資産価値に占める普通株式の割合が二五％を下回った場合に配当を制限することも要求するのが通常であった。Id, at 94.

(260) Meck and Cary, supra note 231, at 226-29, 257-58 ; Leary, supra note 248, at 104 note164.

第四節　議決権売買に関する規制の展開

すでに述べたように、議決権配分に関する規制を検討するにあたり、議決権が企業統治において果たすべき役割と、議決権配分を株主の投資判断に完全に委ねることの妥当性に関する検討を欠かすことはできない(1)。前節では、議決権が企業統治において果たす役割について、一九二六年のＮＹＳＥによる一株一議決権原則の宣言と一九三四年証券取引所法一四条の立法過程を中心に検討した。それに引き続き本節では、議決権配分を株主の投資判断に完全に委ねることの妥当性に関して検討することにする。本稿は、それを、アメリカ会社法において最も影響力が強いと考えられるデラウエア州判例法を中心に、アメリカにおける議決権売買に関する規制の展開を追うことを通して行うことにする。その理由は以下の諸点にある。

第一に、議決権売買の結果、一株一議決権原則が事実上の変更を被る結果になる。具体的にいえば、一株一議決権原則が体現する出資と支配の比例関係が、議決権売買によって事後的に変更を被るということである。すなわち、議決権売買は、資本出資の多寡にかかわらず特定の株主が過大な議決権を獲得することを可能にするのである。したがって、議決権売買の規制は議決権配分が定款で柔軟に定められることによって生じる可能性がある、過少出資による支配という問題をも対象としているのである(2)。第二に、議決権売買も、ＤＣＳと同じく、議決権配分に関する個々の株主の判断を根拠として生じることである。第三に、議決権売買は、二〇世紀初期には、原則として禁止されていたが(3)、一九八〇年代になって議決権売買の有効性が、判例法上、比較的緩やかに認められるようになったことである(4)。前述のように、一九八〇年代にＮＹＳＥの上場規則は大きな変更を迫られ、上場企業における一株一議決権原則は絶対的な規則ではなくなった(5)。議決権売買に関しても、一九八〇年代に規制方針は転換点を迎えることになったのである。ここでは、議決権売買の議論を通じて、この両者の規制の変遷に共通する、議決権に対する理念の変化を探求することとする。

以下では、まず、議決権売買を規制する根拠について、概観する。その後、議決権売買に関する判例の基本的な態度を変更させるきっかけとなり、それ以降の、デラウエア州判例法の指導的判決となった Schreiber v. Carney 判決の検討を行う(6)。そして、Schreiber 判決前後の判例法と学説の分析を通じ、議決権売買の規制の変遷を追うことにしたい。このような検討を通じて、議決権配分を個々の株主の判断に委ねることの是非に関する手がかりを得ることが本節の目的である。

第一款　議決権売買を規制する根拠

第一項　議決権売買の種類

議決権売買に関して、初めて包括的な分析を行ったのは、Robert C. Clark である(7)。Clark は、以下のように議決権売買を分類する。①Standard share buying、②Equity-centered vote buying、③Special interest vote buying、④Pure vote buying である(8)。

①は、議決権付普通株式しか発行していない会社において、その普通株式を買うことを指す。②は、株主としての経済的利益に比例しない議決権を購入することを指す。しかし、議決権購入者の目的は、会社の利益が向上する

結果、自分の株主としての経済的利益が増加することにある。具体例として、すでに株式を所有している株主が、新たに議決権のみを購入すること又は無議決権普通株式が発行されている会社の議決権付普通株式を購入することなどが挙げられている。③は、会社の株主としてではない関係における利益向上を図ることを目的として、議決権のみを購入することである。たとえば、取引先や労働者としての利益を向上させるために議決権を購入することなどが挙げられている。この議決権売買では、議決権売買に関与していない株主に不測の損害を与える可能性が存在することが指摘されている。④は、株主として、又は、取引先や労働者としての利益とは無関係に、純粋に、会社経営に影響を与えることから生じる利益を得ることを目的として議決権を購入することを指す。たとえば、会社の社会的責任を向上させるために委任状勧誘を行うことなどが具体例として挙げられている。(9)

Clark の分析で重要なのは、②の議決権売買を全面的に禁止することの妥当性に疑問を提起したことである。(10) ①の議決権売買は、議決権付株式の売買にほかならないのであって、少なくとも証券取引所に上場されている株式会社の株式については、規制対象とはなってこなかった。それでは、①と②では何が異なるのであろうか。②では、①と異なり、議決権の買主が、議決権に対応した株主としての経済的利益を持っていないことに大きな差違がある。議決権と株主としての経済的利益の結びつきは、会社の利害関係人の中で株主のみが議決権を行使できること、さらには一株一議決権原則を効率性の観点から根拠づける一要素であった。(11) ②（〜④）の議決権売買は、この結びつきを事後的に断ち切ることにほかならない。すなわち、議決権売買の規制は議決権配分に関する規制と表裏一体の関係にあると考えられるのである。

議決権と株主としての経済的利益の結びつきは、残余権者としての株主に会社の利益を最大化させるように議決権を行使するインセンティブを与える効果を持つ。(12) Clark 自身も株主としての経済的利益が、株主に望ましい議決権行使のインセンティブを付与すること自体は否定していない。Clarkは、②の議決権売買を許容することによって、株主の合理的無関心の問題が改善することを期待していたのである。[13] なぜなら、議決権売買の結果、経営方針に影響力を行使することに利害関係を持つ株主は、経営方針に関心のない株主から議決権を購入し、自らの議決権の量を拡大させることができるからである。議決権行使に積極的な株主の議決権の量が増加することは、取締役選任過程を活性化し、その結果、取締役に、自らは株主に対して信認義務を負っているということをより明確に意識させることができる。Clarkは、株式会社の目的が、株主利益の向上にあるとすれば、議決権売買のこのような機能は賞賛されてよいとまで指摘している。

Clarkの主張に対しては、すぐに、Frank H. Easterbrook and Daniel R. Fischelによる反論がなされた。反論の骨子は、Clarkは、株主としての経済的利益と議決権の結びつきを断ち切ることによってエージェンシー費用が増加することを考慮していないというものであった。[14] 確かに、議決権付株式ではなく議決権売買によって議決権のみを購入する者は、株主利益の向上のために議決権を行使するのではなく、会社からの利益移転を目的に議決権を行使するのではないかという疑念を完全にぬぐい去ることは困難である。[15] エージェンシー費用の観点から、株主としての経済的利益と議決権の結びつきを断つことに否定的な立場は、現在でも根強いものがある。[16]

本項の検討から、議決権売買に関する法規制と議決権配分に関する法規制の関係は以下のように説明することができる。一株一議決権原則は、株主の経済的利益と議決権の比例関係を要求することで、株主に会社利益を向上させるように議決権を行使するインセンティブを付与する機能を持つ。しかし、一株一議決権原則は、株式所有の分散とともに、議決権を分散させるという機能があり、株主の集合行為問題を発生させる原因の一つでもある。[17] そして、議決権売買を限定的ではあるが認める見解は、議決権売買が株主の集合行為問題という株主の議決権に深く根ざした問題の解決に寄与する可能性があることを評価する。一方、議決権売買に否定的な見解は、敵対的企業買収など会社支配権市場を通じて支配権が移転するという形で、株主の集合行為問題が解決することで足りると考えているものと思われる。[18] 議決権売買を規制することに対する見解の相違は株主の議決権の機能について何を重視するかによって異なるものと考えられる。したがって、議決権売買に関する検討から「あるべき株主の議決権の姿」というものを導き出すことができるように思われるのである。そして、それは当然、議決権配分に関する法規制を構築する際の重要な要素となるものと思われる。

第二項　投票権売買と議決権売買

会社法上の議決権売買を禁止する根拠として、公的機関の選挙の際には投票権売買が禁止されていることが援用されることがある。[19] 議決権売買と異なり、投票権売買が違法であることは、学説においてほとんど異論はないようである。[20] しかし、投票権売買を違法とする根拠については、必ずしも見解の一致があるわけではない。[21]

議決権売買や投票権売買の禁止など、ある権利の譲渡、所有、使用に関して何らかの制限をかけるルールはInalienablity ruleと呼ばれている。[22] そして、一般に、財産権などの権限の取引を制限することは、道徳主義の観点と効率性の観点の双方から基礎づけることが可能と考えられている。[23] 投票権売買の禁止について、道徳的な観点からは、以下のような主張がなされている。第一に、投票権売買は、経済的に裕福な主体が投票権を買い、貧しい主体は投票権を売ってしまうことを促進する。その結果、経済的不平等に加えて、本来、平等であるべき政治的権利にも不平等が存在することになる。[24] 第二に、投票権売買は以下に述べる政治的な規範と抵触することも主張されている。すなわち、社会にとって、個人が投票権を行使する際、自分自身の利益の観点のみからではなく、社会全体の利益を考慮することが望ましいという規範である。[25]一方、効率性の観点からは、投票権売買によって選挙に勝った者は、少なくとも、公的権限を利用して投票権売買の費用を回収するであろうし、さらにはそれ以上に政府から自分自身への利益移転を計画する可能性があることが指摘されている。[26]

それでは、投票権売買が禁止されているという事実は、議決権売買を禁止するか否かという判断において、どの程度の意味を持つのであろうか。表面上、両者には共通性があるように思われるかもしれない。しかし、重要なのは、投票権売買を禁止する根拠が議決権売買にも当てはまるか否かである。[27]ここで問題となるのは、株式会社の目的に関する理解である。株式会社の目的は株主利益の最大化であると理解するのであれば、効率性の観点については、前項の検討がそのままあてはまる。道徳的な側面についていえば、会社の目的が株主利益の最大化にあるのであるから、経済力があるものが大きな議決権を獲得することができることが当然に非難の対象となるいわれはない。[28]また、株主に、株主以外の利害関係人の利益を考慮して議決権を行使することを要求することもできないように思われる。

しかし、株式会社の社会的経済的影響力が増加し、株式会社と公的機関との区別が曖昧になると、株式会社の目的を株主利益の最大化に限定することの妥当性が問われるようになるかもしれない。[29]その結果、株主にも自分以外の会社の利害関係人の利益、さらには公益を考慮して議決権を行使することが要請され、議決権売買が非難の対象とされる可能性はある。[30]

第三項　議決権信託・議決権拘束契約との関係

議決権売買に関する法規制の検討に移る前に、ここで、議決権売買と議決権信託・議決権拘束契約との関係について述べておくことにする。[31]なぜなら、議決権と株主としての経済的利益の分離という観点からすれば、議決権売買と議決権信託・議決権拘束契約はまさに共通の効果を持つからである。前項で述べたように、議決権売買を禁止する根拠が一株一議決権原則の経済的意義と密接な関係があるのであれば、議決権売買・議決権信託・議決権拘束契約に関する法規制を統一的に検討することが必要となる。しかし、本稿では、議決権売買に関する法規制に焦点を合わせて、検討を進めることにしたい。もちろん、筆者も、議決権売買と議決権信託・議決権拘束契約に類似性があることは認識している。しかし、そのような類似性を凌駕するくらいの差違が存在することを認識しなければならない。

第一に、議決権信託との関係では、株主としての経済的利益に比べて大きな議決権が行使される際の、その内容に関する裁量権の幅に大きな差違があるように思われる。一般的に、議決権信託とは、複数の株主が集団として議決権を行使することを目的として、特定の主体に株式を信託することをいう。[32]したがって、議決権信託の場合、議決権付株式の信託を受けた受託者は受益者に対して信認義務を負う。[33]すなわち、議決権信託によって集中された議決権をどのように行使するかは、それを行使する権限を委ねられた者の自由裁量に委ねられているわけではない。一方、議決権売買によって獲得された議決権については、議決権の買主と売主との間に、信託関係のような買主の議決権行使を制限するような関係を見い出すこと当然にはできない。

第二に、議決権拘束契約との関係では、目的・対価の差違が重要な問題となる。[34]議決権拘束契約と議決権売買は、株主が議決権行使に関する自由裁量を第三者に委ねるという点では共通する。[35]両者の差異は、特定の目的のために統一的に議決権を行使すること以外に、対価が支払われるか否かである。[36]議決権拘束契約であれ、議決権売買であれ、株主は議決権という株主としての権利の行使を第三者に委ねる以上、何らかの対価を要求することが通常であろう。そして、議決権売買は、株主としての経済的利益と無関係な対価が支払われることで、議決権が売買される点に特徴があるのではないかと思われる。一方、株主としての経済的利益と無関係な対価が支払われないのであれば、株主は議決権に関する自由裁量を委譲するか否かを、それが株主としての経済的利益の向上につながるか否かという観点から判断するはずである。

このように、議決権売買は議決権拘束契約の特殊な形態にほかならない(37)。すなわち、株主が議決権に関する自由裁量を委譲するか否かを意思決定するにあたり、議決権拘束契約の目的（経営の安定など）が株主としての経済的利益の向上に役立つか否かという要素とそれ以外の要素のどちらが大きいかという点で差異があるにすぎない。後者の要素によって議決権に関する自由裁量が委譲される場合には、委譲された議決権が行使されることによって、他の株主又は会社の利益が害される可能性が大きくなるのである。

したがって、議決権信託・議決権拘束契約との関係での議決権売買の特殊性は、他の株主との関係で、①議決権購入者の議決権行使に関する裁量権が制限されていない、②購入された議決権が、株主としての共通利益以外の目的のために行使される危険性が大きい、という点にあると思われる。このように、議決権売買は、議決権と株主としての経済的利益が乖離することによって、議決権が株主としての利益と矛盾した形で行使される危険性が高い取引形態と評価することができる。したがって、議決権配分を株主の投資判断に委ねることが妥当か否かを検討する出発点として最適な題材ではないかと思われる。

第二款　Schreiber 判決

第１項　Schreiber v. Carney 判決

【事実】

Y_1社は四種類の株式を発行していた。(38)　このうち、Y_2社は、Y_1社のすべての発行済C種優先株式を所有していた。一九八〇年六月一一日、Y_1社の株主総会で、Y_1社がY_3社の完全子会社となる組織再編（以下、本件組織再編という）が圧倒的多数で決議された。この結果、Y_1社の株主は、所有していたY_1社の株式と同数のY_3社の株式を取得することとなった。

Y_1社の定款では、本件組織再編を実施するために、以下のような方法での株主の同意が必要とされていた。第一に、普通株式とA種優先株式のそれぞれの種類株主総会の過半数の賛成、第二に、B種優先株式とC種優先株式からなる種類株主総会の過半数の賛成である。

ところが、本件組織再編の計画段階で、Y_1社の経営者はY_2社からの反対に会うことになった。Y_2社の主張は以下のとおりである。本件組織再編自体は、確かに、Y_1社の利益に適うものである。しかし、Y_2社はY_1社の普通株式のコールオプションを多数所有していた。そのため、本件組織再編の結果、このオプションに税法上の利益が発生することになった。したがって、本件組織再編は、Y_2社に不利益をもたらすことになった。

Y_1社の経営者は、B種優先株式とC種優先株式からなる種類株主総会での多数派であるY_2社の賛成を得るために、

Y_2社が本件組織再編の前にオプションを行使し、税法上の負担を回避することができるように、オプション行使代金を融資することを決定した[39]。その際、Y_1社とY_2社に共通の取締役が存在することが考慮され、この問題を検討するための特別委員会が設置された[40]。特別委員会は、独立した投資銀行の助言のもと、本件組織再編がY_1社にとって有益であることを確認した。その後、Y_2社の賛成を得るための方法について検討した。その結果、本件組織再編より前にオプションを行使するための資金を融資することが適切であると判断したのである[41]。

Y_1社の取締役会は、特別委員会の提案に賛成した。そして、この提案を株主総会に提示した。その際、提案が成立する条件として以下の点が提示された。すなわち、全発行済株式の過半数と、Y_2社とその経営者、取締役以外の株主の過半数が賛成することである。そして、この条件のもと、当該提案が可決された[42]。

Y_1社の株主であったXは、Y_1社とY_2社を被告として、Y_1社からY_2社になされた融資は議決権売買にあたり無効であることの確認を求めて、Y_1社の株主として派生訴訟を提起した[43]。

［判旨］

1　議決権売買の定義

本判決では、議決権売買は、以下のように定義された。「議決権売買は、株主が個人的に対価を受け取り、その結果、当該株主が議決権行使に関する自由裁量を放棄し、契約相手方の指示に従って議決権を行使するという議決権拘束契約」である。そして、本件で問題となったY_1社からY_2社への融資は、議決権売買であると判示された[44]。

2　先例の評価[45]

デラウエア州の先例では、議決権売買は public policy に反する、もしくは、他の株主に対する fraud にあたるとして当然無効（per se illegal）と扱われてきた。ただし、本判決では、本事案が先例の典型的な事案と以下の二点で異なることが指摘されている。第一に、議決権売買が完全な開示のもとで利害関係を有しない株主の賛成を条件としてなされたこと、第二に、議決権売買によって成立させようとした決議が、Y_1社の他の株主の利益になることが明らかであったことである。[46] そのため、先例が議決権売買を per se illegal とした根拠について詳細な検討がなされることになった。[47]

第一の根拠は、議決権売買の目的が、他の株主を defraud or disenfranchise することである。[48] 第二の根拠は、議決権売買が public policy に反することである。[49] そして、public policy の内容として、以下の点が指摘されている。すなわち、個々の株主は、他の株主が独立した判断を行うことを信頼する権利があるというものである。その根拠にあるのは、個々の株主が、自らの株式価値を高めることを念頭に置いて議決権を行使すれば、それが全株主の利益になるという考え方である。[50] すなわち、議決権売買が public policy の観点から問題とされる原因は、株主としての意思決定が必要とされている場合に、議決権売買の対価として、株主全体に共通する利益ではなく、個人的な対価が支払われることにある。なぜなら、議決権売買の売主は、もはや、他の株主と共通した株主としての利益という基準ではなく、全く個人的な利益に従って議決権を行使する（議決権を売却する）可能性があるあるからである。その結果、他の株主の権利や利益が無視されてしまうことになる。本判決は、このような見解を、株主間の fiduciary duty を根拠とする fraud 禁止の原理であると解釈する。[51] そして、このように議決権売買によって他の株主に損害が生じる可能性があることが public policy の存在を基礎づける根拠であることを指摘している。[52]

3　本件への適用

まず、本判決では、2で述べた public policy が、もはや存在しないことを指摘している。[53] その根拠として、多くの株主が分散している現代の大会社で、この原理を要求することが不可能であること、議決権拘束契約と議決権信

託に対するデラウエア州裁判所の柔軟な態度が挙げられた。(54)

したがって、議決権売買の目的や対象が他の株主を defraud or disenfranchise することでない限り、議決権売買は per se illegal ではないことになる。しかし、目的が適切でも、議決権売買には濫用の恐れが常に存在する。(55)したがって、議決権売買の目的が defraud or disenfranchise ではない場合であっても、議決権売買は、intrinsic fairness テストに服するべきであると判断された。(56)この結果、議決権売買は、個々の事例ごとにその有効性が判断されることになる。そして、本件では、議決権売買が利害関係を有さない株主の賛成を得ていることから、その有効性が確定し、以後、裁判所による審査が排斥されると判示されることになったのである。その結果、本件融資は適法な議決権売買であることが確定し、本件組織再編が無効であるとのXの主張も否定されることになったのである。(57)

[判決の影響]

本判決以後、デラウエア州裁判所において、いくつかの議決権売買に関する判決がなされた。(58)それらは、いずれも Schreiber 判決に従って判決を下している。そして、これらを通じて、基準の具体化がなされることになった。これらの判決で注目すべき傾向として、以下の点を挙げることが適切であると考える。(59)

第一に、議決権売買の定義に関する相違の存在である。まず、Schreiber 判決の定義を、(60)以下の三点で厳格化する判例が存在する。①議決権の売主が、対価に対して執行可能な法律上の権利を有すること、②対価が、議決権行使の "principal motivating force" であること、(61)③売主が、指定された方法に従って議決権を行使する義務を負うこと、(62)である。一方、①や③のような厳格な契約上の義務の存在を要求しない判例も存在した。後者の解釈をとる裁判例が多数派であり、現在のデラウエア州判例法の立場であると思われる。(63)

第二の点は、defraud or disenfranchise の意味に関係する。具体的にいえば、まず、議決権売買の申し出が、すべての議決権所有者に対して同じ条件でかつ、一般に公開されてなされた場合、disenfranchise は存在しないとされた(64)。また、相対当事者間での議決権売買で、売買対象の議決権割合が四〇%弱であった場合、他の株主を disenfranchise することにはならないとされた(65)。

第三の点は、Schreiber 判決で要求された intrinsic fairness の意味に関係する。すなわち、intrinsic fairness に触れることなく、議決権売買の有効性を肯定した判例が存在するからである。Kass v. Eastern Air Lines, Inc. は、議決権売買の存在を肯定し、defraud or disenfranchise といった要件の存在を否定した。しかし、Schreiber 判決に従えば、これに加えて、intrinsic fairness の要件の存在が要求されるはずなのに、それに触れられていないのである(66)。

以上の点が示すように、Schreiber 判決の現行判例としての意義は、必ずしも明らかではない(67)。しかし、Schreiber 判決以降、議決権売買の有効性が問題となったすべての判例は、検討の出発点として Schreiber 判決に依拠している(68)。したがって、もはや、デラウエア州判例法においては、議決権売買は public policy に反するがゆえに絶対的に無効であるという見解が取られていないことは明らかである(69)。少なくとも、デラウエア州判例法においては、議決権売買の有効性は、case-by-case で判断されるということは確定したと考えられる(70)。

第二項　Schreiber 判決の意義と株主の議決権

Schreiber 判決によって、議決権売買が有効であるか否かは事例ごとに判断されることが明確にされた。しかし、いずれにせよ、議決権そのものを取引することは、議決権付株式の取引と異なり、原則として自由化されたわけではない(71)。Schreiber 判決は、議決権売買を禁止する根拠の一つとして、株主は会社利益の向上のために議決権を行使する義務を他の株主に対して負っているという public policy の存在を指摘していた(72)。しかし、同時に、このようなpublic policyは現在の会社においては存在しないとも述べている。[73]

このようなpublic policyが存在しないという判断は、株主の議決権について、重要な意味を持つものと思われる。先に述べたように、一株一議決権原則は、会社利益の向上のために議決権を行使するインセンティブを株主に与えるという点で、株主の議決権が会社利益の向上のため、つまり、他の株主の利益と矛盾しない形で行使されることを確保することを目的としていたと理解することも可能であった。[74]この点で、一株一議決権原則と議決権売買を違法とする根拠として指摘されたpublic policyは共通した目的を持っているのである。

株主の議決権の存在意義の一つは、株式会社の定款などで事前に取決めを行うことが困難な将来の事情について、あらかじめ意思決定権限を配分しておくことにある。[75]たとえば、優れた人材を取締役に選任すること、会社の発展に必要な組織再編を行うことなどは株式会社にとって重要な意思決定であるが、定款などで事前の取決めを行っておくことが困難であろう。そして、議決権売買の禁止も一株一議決権原則も、株主の集団としての意思決定が、株主全体の利益を向上させるものとなることを確保しようとしたのである。[76]

しかし、Schreiber判決は株主は会社利益の向上のために議決権を行使する義務を他の株主に対して負っているというpublic policyを排斥し、限定的ではあるが議決権売買を認めた。これは、株主の集団的な意思決定について、議決権売買の絶対禁止という形で手続的な側面を規制することを放棄し、他の手続的な側面、あるいは、議決権売買によって成立した意思決定の内容自体を規制対象としようとしたとも評価できないであろうか。もし、このような規制が可能であるならば、議決権売買の禁止と一株一議決権原則はその機能において共通した側面がある以上、議決権配分の段階で、一株一議決権原則という厳格な規制を維持する妥当性も揺らぐことになるのではなかろうか。[77]

したがって、Schreiber判決とその後の議決権売買に関する規制の検討は、株主としての経済的利益と議決権の分離を規制する手段として、手続的な規制と意思決定の内容自体を対象とする実体的な規制のどちらが望ましいのか、又、どのような組合せが望ましいのかを明らかにするための有益な手がかりを与えてくれるものと思われる。(78) ただし、先に述べたように、株式会社の目的の理解によって議決権売買の規制は影響を受ける可能性がある。株式会社の目的をいかに理解するか否かという問題自体、重要な検討事項であるが(79)、さしあたって、株主の利益に資するか否かという伝統的な立場を前提にして分析することにする。したがって、以下では、議決権売買が株主に不利益を与えるか否かという点に着目して(80)、議決権売買の違法性を事例ごとの判断によって検証することの妥当性を検討することにする。

第三款　Schreiber判決の境界――Defraud/Disenfranchisementの意味

本款では、デラウエア州判例法において議決権売買が違法と評価されるdefraud or disenfranchisementの内容を明らかにしていくことにする。そのためにまず、判例法における議決権売買に対する否定的な態度を基礎づける根拠についての検討が必要であると考える。なぜなら、defraud or disenfranchisementの意味は、何を根拠として議決権売買に対して否定的な態度をとることを正当化するかによって大きく変わるものと考えられるからである。以下では、まず、Schreiber判決前後のデラウエア州判例法を中心に議決権売買を規制する根拠について検討する。次に、デラウエア州判例法で前提とされてきた議決権売買を規制する根拠を念頭に置きつつ、defraud or disenfranchisement の意味、すなわち、デラウエア州判例法において議決権売買が許容される範囲について検討を加えていくことにする。

第一項　デラウエア州判例法における議決権売買に対する基本的評価[81]

(1)　Schreiber 判決の後、デラウエア州裁判所で議決権売買が無効と宣言された事件は存在しない。[82] しかし、依然として議決権売買が弊害をもたらす取引であるという認識は共有されているようである。[83] その認識の根底にあるのは、会社に対する経済的利益と議決権を分離させることから生じる不利益に対する懸念であった。[84] 議決権売買によって買収された議決権は、合理的で経済的な自己利益追求のために行使されない可能性があるのである。株主が剰余金の配当又は株価上昇を通じてしか株式投資からの利益を得ることができないのであれば、残余権者である株主の利益と会社の利益は一致する。[85] したがって、株主が株主としての利益を追求することが、結局は、会社の利益の向上につながるのである。一方、議決権売買によって買収された議決権は、株主としての利益を追求するために行使されるとは限らない。会社利益に対する持分が小さくなればなるほど、議決権行使から生じる損害を引き受ける割合も小さくなるのであり、会社利益を犠牲にして私的利益を獲得するために議決権を行使する可能性が高くなるのである。[86]

このような議決権売買に対する認識は、決して新しいものではなく、Schreiber 判決以前から共有されていた認識である。したがって、議決権売買の有効性に関する裁判所の基準が変化したとはいっても、議決権売買に対する基本的な認識は変化を被っていないと考えられる。そこで、次に、このような認識のもとで議決権売買を原則として禁止するに至った根拠について、さらに詳しく検討することとする。

(2)　Schreiber判決以前、議決権売買は、他の株主に対するfraudにあたるとして、その有効性を否定される事例が多かった。[87] ただし、そこで重視されたのは議決権売買の目的というよりも、議決権売買が株主としての義務に違反する点であったように思われる。[88] そもそも、Schreiber判決以前、fraudと株主の義務違反という用語は、明確な区別がなされることなく用いられてきた。また、Schreiber判決以前に議決権売買を無効と判示した判決は、その理由として、より一般的に議決権売買が株主の意思決定に与える影響を問題としていたからである。[89] 議決権売買を無効と判示する場合の理由として、主に以下の二点が指摘された。

第一に、団体の意思決定におけるgood faith, purity of intention and purposeの重要性である。株式会社では、多くの投資家の資金が結集され事業が営まれる。[90] そして、重要な意思決定のために、株主総会の決議が要求されることもある。その際、決議は、多数決でなされることが多い。したがって、全員一致が要求される場合に比べて、他の株主の判断の重要性が増すことになる。[91]

第二の点は、法は、株主が会社に対して有する経済的利益が会社全体の利益向上につながる議決権行使を導くことを想定しているという主張である。このような見解からは、議決権売買が、ある人物の能力を問うことなく、[92] 彼を取締役に据えることを目的にしている場合、それがimproper and unlawfulであると判断されることになった。

このような根拠から、議決権売買の結果、株主が他の株主が得ることができない私的利益を得ること、そして、買収された議決権が会社の利益向上とは異なった目的に行使されることが否定的に扱われることになった。そして、このような判断は、議決権売買は他の株主に対するfraudと信認義務違反に該当するという判例法における評価として現れることになったのである。[93] すなわち、議決権を売却することによって株主が自由で独立した判断を放棄することは自体が、株主の義務違反、したがって、public policyに反するものと考えられたのである。

(3)　Schreiber 判決以前の判例は、(1)で示した弊害、すなわち、買収された議決権[94]が会社利益と相反する目的のために行使されることに対して、議決権売買を禁止するという態度で臨んだ。特に、Schreiber 判決に直近する判例では、先例を引用するのみで、議決権売買を絶対的に禁止するような態度がとられたのである[95]。その後、Schreiber 判決により、判例の態度は一変することとなった。Schreiber 判決は、議決権売買の目的が defraud or disenfranchisement である場合に限り、議決権売買が無効と判断されることを宣言したのである[96]。すなわち、議決権売買が会社利益と相反する場合に限って、取引の効力を無効にすれば足りるということである[97]。デラウエア州判例法の変遷は以下のようにも説明できる。Schreiber 判決以前の判例法は、議決権売買自体に否定的な態度をとり、議決権売買の売主が議決権を売却することが株主としての義務違反に該当すると判断した。Schreiber 判決以後は、議決権を取引の対象とすること自体ではなく、議決権売買の買主が、購入した議決権をどのように行使するかを問題としたのである[98]。

しかし、前記の検討から、議決権売買に関する基本的認識に差異はないことが明らかになった。すなわち、議決権売買によって獲得された議決権が他の株主の利益を害する形で行使されることに対する懸念は相変わらず存在するのである。したがって、defraud or disenfranchisement という基準は、(1)(2)で示した諸事項をより精緻化した基準であると考えられる。以下では、Schreiber 判決以前の基準を念頭に置きつつ、defraud or disenfranchisement の内容について検討を加えることとしたい。検討の順序として、まず、議決権売買が問題を引き起こすと一般的に考えられている典型的な場合について検討を加える[99]。その後、Schreiber 判決以後の判例を典型例と比較しつつ評価することにしたい。その結果、想定される問題に対して Schreiber 判決が妥当な解決を与えているかを明らかにすることができると思われる。

第二項　議決権売買が問題を引き起こす典型例

議決権売買を認めることで、以下のような具体的な問題が生じる可能性がある。(100) 第一に、議決権売買が自己取引によって利益を得るための第一段階として用いられる可能性がある。第二に、支配株主が私的利益を得るために議決権売買を利用する可能性がある。第三に、株主が disenfranchise される可能性がある。第四に、議決権売買の対価が不当に低く設定される可能性がある。以下、順に検討する。

(1)　議決権売買と"looting"

第一の問題点は、議決権売買によって株主総会決議を成立させようとする者の動機と密接な関係がある。決議を成立させるために必要な賛成票を獲得するためには、①議決権付株式を購入する、②議決権のみを購入するという二つの選択肢が存在するとしよう。この場合、②を選択することは、選択者が会社の利益の向上を通してではなく、"looting"、すなわち、会社財産の搾取によって利益を得ることが目的であることが推定されるのである。(101) なぜなら、会社の利益を向上させることによって利益を得ることを目的とする場合、発生した利益を享受するためには、議決権のみでなく株式そのものを購入する方が有益であるからである。(102) また、議決権のみが購入された場合、当該購入者は議決権に比例した会社に対する経済的利益を有していないことになる。その結果、必ずしも、会社の利益を向上させるインセンティブを持っているとは限らない者が議決権を行使することになってしまう。(103)

たとえば、Xが五一％の株式を当時の市場価格に加えて五万一、〇〇〇ドルのプレミアムを支払って購入し、自分自身を取締役に選任したとしよう。Xは、取締役として、事後的な責任追及を受けない範囲で最も高額な報酬（仮に一〇万ドルとする）を得た。Ｘはこのような取引全体から、差し引き四万九、〇〇〇ドルの利益を得ることができる。仮に、Ｘが一〇〇％の株式に対して一株あたり同様のプレミアム、すなわち、一〇万ドル支払ったとしよう。この場合であっても、Ｘが取締役として受けることができる報酬額は変わらない。したがって、Ｘは、一般株主に支払ったプレミアムの額しか回収することできず、取引全体から利益を得ることができない。このため、Ｘは取締役としての報酬を得ることを目的としては一〇〇％の株式を購入するインセンティブを持たないことになる。このように、会社の支配権を獲得するために必要な株式（＝会社利益に対する経済的権利）が少なければ少ないほど、会社財産を搾取するインセンティブが高まることになるのである。一方、持株数が多ければ多いほど、会社財産の搾取は、結局、自分が所有する財産内での利益移転にすぎなくなるのであるから、会社財産を搾取するインセンティブが減少することになる。(104)

もちろん、先に述べた例が示すように、五一％の議決権を有する株主にも会社を搾取するインセンティブが存在しないわけではない。議決権売買は、彼らに会社を搾取する追加的な機会を与えることになるのである。このように会社財産の搾取の問題は、議決権売買の買主と会社又は株主の利益が乖離することによって、後者から前者への利益移転が生じるということにある。まさにエージェンシー問題の典型例といえよう。議決権売買は会社財産を搾取する機会を増やすのであるから、結果として、株主全体が負担しなければならないエージェンシー費用が増加することになる。先に述べたように、この点こそが、議決権売買に否定的な学説の主たる根拠であった。(105)確かに、議決権売買によって何らの新しい価値が生み出されず、単に、会社や株主から議決権売買の買主に利益が移転されるのみであれば、議決権売買を認めることに意味はない。問題なのは、議決権売買によって新しい価値が生み出される余地がないのか、すなわち、議決権売買によって会社の利益が向上する可能性は全くないといえるのか否かである。議決権売買を限定的ではあるが認める見解は、その根拠として、議決権売買が株主の合理的無関心や集合行為問題を克服することに役立ち、その結果、会社又は株主にとって望ましい株主総会決議が成立する場合があること主張していた(106)。

仮に、議決権売買によって会社又は株主にとって望ましい株主総会決議が成立する可能性が高まることを認めるとしても、そのことから、当然に、議決権売買を許容することが導かれるわけではない。議決権売買によって成立する決議が常に会社又は株主にとって望ましいという立場をとらない限り、成立する決議が会社又は株主にとって望ましいか否か、すなわち、望ましい議決権売買と望ましくない議決権売買を合理的に区別できる仕組みを構築する必要がある(107)。たとえば、議決権売買によって成立させようとする決議が合併等の組織再編承認決議である場合、当該組織再編によって会社又は株主の利益が害されるか否かを判断することは全く不可能というわけではないように思われる。組織再編が会社又は株主に与える影響を正確に数値化することは困難かもしれないが、独立当事者間での交渉、株価変動、投資銀行・証券アナリスト等の専門家の評価といった手続的な徴表を積み上げていくことによって、明らかに会社又は株主の不利益になるような組織再編をあぶり出すことはある程度は可能であるように思われる(108)。

一方、議決権売買が取締役の選任を目的としている場合には、議決権売買が会社又は株主の利益に与える影響を評価することは、組織再編承認決議などの場合よりも困難ではないかと思われる。なぜなら、取締役の選任が会社又は株主の利益に影響を与えるのは、取締役として選任された人物が、その後、どのよう方針に従って会社経営を行うかと関係があるからである。いわば、議決権売買によって成立した決議によって選任される取締役の資質を、選任決議がなされる段階で、実質的に判断する必要性があるのである。もちろん、証券市場は取締役の資質を的確に評価することができるかもしれない。また、証券市場の判断に加えて、取締役候補者の犯罪暦、会社経営社としての経歴などを参考にすることも考えられる。しかし、このような形式的な判断を越えて、彼らが、果たして取締役としての職務を全うしうるか否かといった将来の事実について判断することは困難ではなかろうか。しかし、議決権売買がもたらす問題に適切に対処するためには、まさに、後者の実質的な点を問題とする必要があるように思われるのである。

確かに、議決権売買が行われなかったとしても、株主などが、選任の段階で、議決権売買の買主などの取締役としての資質を判断することが困難であることは変わらない。しかし、この場合、取締役として選任されるためには、会社利益に対する残余権者として、会社が効率的に経営されることに対して最も利害関係を持つ者、すなわち、株主の多くの支持が必要となる。一方、議決権売買が行われる場合には、このような残余権者によるチェックが機能しない。議決権売買の当事者しか得ることができない利益が存在するため、議決権売買に応じるか否かの判断が、必ずしも、会社又は株主の利益になるか否かという観点からなされなくなる可能性があるからである[109]。そのため、株主総会の意思決定の合理性を担保する仕組みの一つが欠けることになる。そして、このことから生じる問題は、決議自体の合理性を事後的に判断することが困難であればあるほど、悪化することになると思われるのである。

取締役を選任するために行う議決権売買は、議決権売買の対象となった特定の株主総会決議を成立させることにとどまらず、株式会社の支配権を獲得するために行われる。そして、株主としての経済的利益と比例しない形で支配権を獲得することの妥当性に関しては、議決権信託に関する判例法理が手がかりを与えてくれるものと思われる。先に述べたように、議決権信託は、議決権を行使する受託者が受益者に対して信認義務を負うという点で議決権売買と異なる[110]。しかし、議決権信託は一般的に受託者に議決権を集中させる仕組みであるから、支配権を獲得するた

めに行う議決権売買と類似する点があることは否めない。(111)

たとえば、判例法上、議決権信託が以下のような目的のために設定された場合には、その目的は正当であると評価されてきた。(112)①企業再編や会社の財政危機の際に、債権者との調整を行う、(113)②会社にとって有益なある特定の事業を行う場合に、この事業の実施のために、経営の継続性と安定性を確保する、(114)③競合企業が支配権を獲得するのを防ぐ、④少数株主などに、出資額に比例しない保護を与える、もしくは、中立的な取締役を選任する、⑤合併などの企業結合と関連して、旧会社のオーナーに、新会社の少数派でありながら、取締役のポストを与える。

一方、議決権信託が以下のような目的のために設定された場合には、その目的は不当であると評価されてきた。①永続的な支配のみを目的とすること、もしくは、会社に対して利害関係を有しない第三者に支配権を譲ること、(115)②議決権信託が、信託の当事者のみに不公正な利益を与える場合、たとえば、会社と有利な雇用契約を結ぶ、または、会社との取引が目的である場合である。②に関して、株主は、他の株主の犠牲のもと、不公正な利益を得るために議決権信託を用いてはならないと説明されている。(116)

取締役選任決議に関連する議決権売買を規制する必要性がある場合には、会社経営者としての候補者の資質を問題とするよりは、取締役又は経営者として選任された後に、当該候補者が実行しようと考えている具体的な経営方針や事業計画の合理性の有無によって、議決権売買の許容範囲を画することが望ましいように思われる。

(2)　支配株主による議決権売買

第二の点は、支配株主が議決権の買主と共謀し、他の株主に損害を与えることが問題である。(117)そして、このような問題が存在することが、Schreiber 判決以前の判例の事案の特徴の一つであった。株式所有を通じて取締役会を支配することが可能であれば、会社の支配権を獲得するために追加的に議決権売買を行う必要性は低い。ここで問題とされるのは、会社の組織再編行為など会社の事業に対する支配権が移転する場合である。この場合、既に会社の支配権を獲得している支配株主にも、議決権売買を行い、他の株主を搾取するインセンティブが発生することがあるのである。具体例として、以下のような事例をあげることができる。[118]

X会社は五名の株主から構成されているとする。それぞれの持株比率は、Aは六〇%、B、C、D、Eはそれぞれ一〇%である。そして、X会社には一〇人の取締役からなる取締役会が存在し、そのうち、六名はA側に立つ取締役である。Y会社はX会社に対して、XがYに全財産を他の買主が提示すると想定される価格よりも一、〇〇〇万ドル低い価格で売却することを提案した。Aは売却価格の不適切さを認識していた。Y会社はAに対し、Aが当該取引に賛成し、かつ、当該取引が実現することを条件に七〇〇万ドルを支払うことを提案した。この場合、当該取引が実現すれば、X会社は一、〇〇〇万ドルの損害を被り、Y会社はAへの支払い前に一、〇〇〇万ドルの利益を得る。そして、Aは株主として六〇〇万ドルの損害を被る。しかし、彼は、Y会社から七〇〇万ドルの支払いを受けることが可能である。したがって、差し引き一〇〇万ドルの利益となる。一方、他の株主はそれぞれ、一〇〇万ドルの損害を被るのである。

支配株主が少数派株主に対して fiduciary duty を負う場合が存在することは確立した原則といってよいと考えられる。[119]そして、前述の具体例のように、支配株主が議決権売買によって利益を得ている場合、明らかに fiduciary duty 違反が存在するといえよう。支配株主が、組織再編行為の対価など他の株主と共通して受ける利益とは別に、買収者などから付随的な利益（side-payment）を得ることによって、組織再編行為の対価が議決権売買がなされなかった場合よりも低額になることが問題なのである。[120]この場合、Schreiber 判決に従うならば、議決権売買の目的がdefraudであると認定される場合が多いのではないかと思われる。

(3) Disenfranchisement

議決権売買によって、決議が可決されるために必要な議決権数が確保されてしまった場合、議決権売買に参加しなかった株主の議決権は無意味なものとなってしまう。また、仮に、すべての株主に議決権売買に参加する機会が与えられたとしても、議決権売買によって議決権を購入した者による議決権行使又は彼らの指図に基づく議決権行使は、もはや株主としての経済的利益に裏づけされているわけではなく、「株主」の議決権行使ではないと評価することも可能である。議決権売買は、株主の議決権が会社又は株主の利益と矛盾した形で行使されるか否かとは無関係に、株主の議決権の存在意義自体に大きな影響を与えるのである。もちろん、Schreiber判決も、この問題について、全く考慮していないわけではない。

Schreiber判決に従うならば、議決権売買が会社の利益の向上という正当な目的に資する場合であり、かつ、支配株主の義務違反が認められない場合でも、議決権売買が他の株主をdisenfranchiseすることを目的とするならば、当該議決権売買は無効と解されることになる。[121] Franchiseという言葉は、投票権や参政権など、投票する権利一般を指す。[122] したがって、会社法におけるfranchiseとは、まさに株主の議決権を表すことになる。会社法に関する判例においても、disenfranchisementは株主の議決権に対する違法な侵害を指すものと考えられているようである。[123]

Disenfranchisementが認定された代表的な事件として、Blasius Industries, Inc. v. Atlas Corp.を挙げることができる。[124] この事件の概要は、以下のようなものであった。Blasius社の定款には、三期ごとの期差取締役会制度と取締役会の定員の最大限を一五人とする旨の定めがあった。一方、実際の取締役会の定員は附属定款で定められていた。Blasius 社が Atlas 社の取締役会の定員を七人から定款で認められた最大限の一五人に増やし、新たに増加した八人を占有することを目的に株主からの同意の勧誘を行った。[125] これに対し、Atlas 社の経営者は、新たに取締役の枠を二名増加し、その枠を現経営者派で占有した。[126] その結果、Blasius 社による同意の勧誘は目的を達成することが困難になった。本件では、Blasius 社によって提案されていた組織再編案が会社の利益を損なうものであることを、経営者も裁判所も認識していた。にもかかわらず、デラウエア州衡平法裁判所は、compelling justification が存在しない限り、株主が Blaisus 社によって提案された組織再編案について議決権を行使する機会を排斥することは違法であると判断したのである。[127]

Blasius 判決は、敵対的企業買収に関するデラウエア州判例法の中で指導的な判決ともいえる Unocal 判決と比べると、取締役会が株主の同意を得ることなく一方的に株主の権利行使を妨げることに対して、より厳格な態度をとっている点に特徴がある。[128] しかも、敵対的企業買収者によって提案されていた組織再編案が会社又は株主の利益に反することが強く推測される場合であっても、株主に意思決定の機会を与えることが尊重されたのである。その根拠として、デラウエア州衡平法裁判所は、取締役会が株主の議決権行使を妨げることは、株式会社の正統性の基礎を破壊することを挙げた。[129] ただし、Blasius 判決以後、同判決の基準は、独立した基準というよりは、取締役会が株主の議決権行使を妨げることに対して厳格な司法審査を行うという意味で、Unocal/ Unitrin 基準の枠組みの中に組み入れられる傾向にあった。[130] しかし、デラウエア州最高裁判所は、Blasius 事件と類似した事案において、Blasius 基準の存在を再確認するに至った。[131]

敵対的企業買収防衛措置に関するデラウエア州判例法において、株主の議決権は以下のような意味を持っている。Paramount Communications, Inc. v. Time, Inc. 以降、敵対的企業買収の対象となった会社の取締役会には、広範な買収防衛権限が認められるようになったと指摘されることがある。(132) その結果、敵対的企業買収が成功するか否かは、委任状闘争によって対象会社の取締役会を入れ替えることで、ポイズン・ピルを消却することができるか否かにかかってくることになった。(133) その結果、株主の議決権は、敵対的企業買収に関するデラウエア州判例法において、敵対的企業買収を受け入れるか否かの判断に内在する、対象会社の取締役会・経営者と株主の利益相反問題に対する安全弁としての機能を果たすことが期待されることになったのである。(134) しかし、Blasius 判決に関するデラウエア州判例法の変遷の背景には、このような取締役の信認義務違反を規律するという側面に加えて、株主の議決権と株式会社の正統性の結びつきが存在するようにも思われる。(135) すなわち、取締役会が株主の議決権行使を妨げることは、取締役と会社又は株主の利益が対立するか否かとか、取締役が誠実に信認義務にかなった行動をとった否かというレベルの問題ではなく、株式会社の正統性の基礎となる、株主と取締役会の権限分配を毀損するものであると評価されているのである。(136)

Disenfranchisement の具体的な意味に関しては、議決権行使を妨げる効果を持つポイズン・ピルに関連する判例法も示唆を与えくれる。ポイズン・ピルの適法性を初めて示したのは Moran v. Household International Inc. である。(137) 本判決は、二〇%の株式所有によって発動するポイズン・ピルは、委任状闘争に不利益な影響を与えないと判示し、問題となったポイズン・ピルの発行権限を取締役会が有することを認めた。(138) しかし、ポイズン・ピルのデッドハンド条項やスローハンド条項については、取締役会が発行権限を持つことが否定されている。(139) Moran v. Household International Inc. では、ポイズン・ピルが存在しても、株主が新しい取締役会を選任することによってそれを消却できることが前提とされている。一方、デッドハンド条項やスローハンド条項を無効とした判例は、その根拠として、株主が現在の取締役会を支持せざるを得ない状況に追い込まれることを挙げる。(140) したがって、これらの判例から、委任状闘争によって支配権の移転の可能性がある限り、disenfranchisement が認定されることはないと考えることが可能である。(141)

敵対的企業買収防衛措置と議決権売買では、問題状況が異なるため、双方の disenfranchisemet 概念が全く同じであるとは限らない。しかし、Blasius 判決は、多かれ少なかれ、株主の議決権と株式会社の正統性との関係にその判断の根拠を求めているように思われ、その影響力は敵対的企業買収防衛措置の問題にとどまらないようにも思われる。したがって、以上の検討から、本来与えられている議決権保有者の権利行使を不可能にする、ないしは無意味にすることを目的とした議決権売買は disenfranchisement であると評価されるものと思われる。すなわち、デラウエア州判例法では、株式会社の正統性の問題から、経営者が株主の集団的意思決定に完全に代替することは認められていないと評価することが可能である。

(4)　Intrinsic fairness の意味——議決権売買の対価の適切性？

議決権売買の目的が会社又は他の株主の利益を害することではなく、また、株主の議決権を侵害することではない場合であっても、議決権売買の効力を否定する必要性があるのであろうか。(142) Schreiber 判決では、議決権売買の有効性を判断する基準として、目的が dfraud 又は disenfranchisement ではないこと以外に、議決権売買が intrinsic fairness の基準に合致することを要求している。デラウエア州判例法における intrinsic fairness の意義を考えると、議決権売買が適法であるためには、議決権の売主に対して適正な対価が保証されていることが必要であるとも思われる。(143) それは主に以下の理由による。

第一に、判例法において取引条件に fairness が要求される場合、通常、価格の公正さが含まれると考えられていることである。Freezeout によって会社から締め出される少数株主の保護に関する Weinberger v. UOP は、freezeout に対して fairness を要求する。(144) Weinberger 判決は、fairness は、fair dealing と fair price の二つの側面を有すると判示する。(145) そこで、fair price とは、株主に完全な補償を与える価格であり、あらゆる事情を考慮することが許されるとする。(146)(147)

第二に、一般に証券市場では、議決権付株式のほうが無議決権株式よりも高く評価されていることである。(148) にもかかわらず、一般投資家は対価が0でなければ議決権を容易に売却してしまう傾向にあることが考慮されるべきである。(149) 議決権売買では、freezeout と異なり、株主が強制的に議決権を売却させられるという状態が常に生じるわけではない。(150) しかし、集合行為問題の存在を考慮するならば、株主が適正な対価を要求できる状況にあるともいい切れない。(151) したがって、この点からも、対価の適正を要求する必要性があると考えられよう。(152) 特に、議決権売買が一部の株主を対象として行われるのではなく、広く一般株主を対象として行われる場合には、議決権の対価の適正さが重要な問題となりうる。

ただし、議決権の価値を独立に評価することは必ずしも容易ではないように思われる。したがって、たとえ、議決権の取引に対価の適正さを要求しても、基準となるべき値が一般に適切と思われる方法で導き出すことができない限り、このような要求は当該取引を不当に抑制する可能性すら存在するのである。ここでは、「適切な対価」が意味するところが明らかでないことに注意する必要がある。

(5)　defraud の意味

本項では、disenfranchisement の意味について独立した項目をたてたが、defraud の意味については、独立した項目をたてなかった。本項(1)(2)で述べた、会社財産の不適切な搾取や支配株主の私的利益追求行為なども、目的がdefraudであると判断される可能性が高い典型例を示したにすぎない。このよう構成を採用せざるを得なかった理由として、Schreiber判決においてdefraudの意味が一般的にしか定義されなかったことを挙げることができる。(153)

ここでは、以下の説明の便宜のために、本稿がdefraudという用語をいかなる意味で用いているかについて念のため述べておくこととする。fraudという言葉は、虚偽表示ないし重要事実の隠匿に加えて、非良心的な取引一般を指すとされている。(154) Schreiber判決での判示も併せて考えれば、目的がdefraudである取引とは、他の株主に対して不利益を与える取引一般を指すものと考えられる。(155) したがって、他の株主の利益を犠牲にして、すなわち、会社に不利益を与えることによって利益を得ようとする議決権売買は、目的がdefraudであると判断されるものと考えられる。

第三項　Schreiber判決以後の判例の評価

以下では、Schreiber判決以降に議決権売買の有効性が問題となったデラウエア州の裁判例を検討する。第二項では、defraud、disenfranchisement、intrinsic fairnessというSchreiber判決が示した基準の内容を、議決権売買が引き起こす可能性がある問題との関連で分析した。第三項では、Schreiber判決の基準が現実に適用された事例を検討することで、Schreiber判決の枠組みの問題点を明らかにしていくことにする。

(1)　取締役選任を目的とした議決権売買

Schreiber判決は、それ以前の、議決権売買を当然無効と判断したデラウエア州の判例を、defraud or

disenfranchisement が議決権売買の目的であることが明白であったと評価している。[156] Schreiber 判決が出される以前、デラウエア州判例法において指導的判例と理解されていた Macht v. Merchant Mortgage and Credit Company 事件の概要は、以下のようなものであった。[157]

経営を支配していた株主が、自らの支配権を確保するために議決権売買を行った事例である。AはY社の普通株式の支配株主であった。しかし、優先株式に対して優先配当を行うことができなかったため、議決権が排他的に優先株式に移ることになった。その後、Aは優先株式への配当を違法な手段で行うなどして普通株式の排他的な議決権を復活させた。そして、普通株式の株主の賛成のもと、Y社を解散してY社の財産をすべてY_2社に移転させる取引を行った。Y_2社の支配権はAに固定されるように仕組まれていた。その結果、事実上、Y社の財産に対する支配権もAに固定されることになった。その後、優先株式への配当が違法であったことなどを原因として、Y社からY_2社への財産移転の有効性が否定される恐れが発生した。そのため、Aは、Y社からY_2社への財産移転が否定されてもY社の支配権を確保できるための手段を画策するようになった。その一つの方法として、議決権売買が用いられた。その結果、普通株式の支配株主が、議決権を持つ優先株式の議決権の過半数を支配することになった。その目的は、Aの支配権の確保であることが認定された。[158]

Schreiber 判決以後、Macht v. Merchant Mortgage and Credit Company に類似する事件が裁判所で争われたことはない。ただし、取締役選任や委任状闘争との関係で議決権売買の有効性が問題となった事件として、Wincorp Realty Investments, Inc. v. Goodtab, Inc. と[159]、Weinberger v. Bankston[160] が存在する。前者では、次期株主総会で取締役一名の選任を目的として大株主から議決権が買収された。[161] それに対し、議決権行使禁止の仮処分の請求がなされた。裁判所は、取締役一名の選任では会社の経営に大きな変化はなく、irreparable injury は存在しないとして請求

を棄却した。(162)

後者は、支配権争奪に関連する委任状闘争を原因とした、被告会社と敵対的企業買収者が締結した和解契約の違法性が、他の株主から主張された事件である。和解契約には、被告会社が敵対的企業買収者に委任状闘争の費用の一部を支払うこと、敵対的企業買収者は被告会社に持株について撤回不能委任状を与えることが含まれていた。(163)この条項が議決権売買であることを被告である和解契約の当事者は認めており、議決権売買の有効性が争点となった。(164)本判決では、和解契約の目的は、経営者の自己保身でなく、正当な目的、すなわち、会社に対する脅威の除去や訴訟を続けることにより会社に生じる損害の防止であることが認定された。(165)したがって、目的がdefraudであることが否定された。(166)

取締役選任など支配権の維持・獲得を目的とする議決権売買は、組織再編の承認等と比べて、決議が会社又は株主の利益に与える影響を評価することは難しい。(167)Macht v. Merchant Mortgage and Credit Company で問題とされたのは、優先株式への配当を滞らせた普通株式の支配株主による議決権売買であり、経営能力が劣った者が支配権を維持しようとしていたことが比較的明らかな事例であった。(168)また、Wincorp Realty Investments, Inc. v. Goodtab, Inc. が示すように、会社の支配関係に大きな影響を及ぼさない場合には、取締役選任を目的とする議決権売買であっても、その後、会社を搾取することが可能になるとはいえず、議決権売買の目的がdefraudであるとは当然にはいえないように思われる。会社にとって利益をもたらす議決権売買が有効であることの裏返しとして、会社に不利益ないし変化をもたらさない議決権売買を厳格に規制する必要性は大きくはないからである。(169)このように、議決権売買の目的がdefraudであるか否かを判断する際に、議決権売買によって支配権を維持・獲得しようとする者の属性や支配権に与える影響の程度を考慮することには意味があるように思われる。しかし、支配権に関連する議決権売買という会社又は株主にとって最も影響が大きい分野において、議決権売買の目的がdefraudであるか否かに関する判断基準は明確であるとはいえない状況にある。

(2) Disenfranchisementの解釈

Kass v. Eastern Airlines, Inc[170]とIn re IXC Communications, Inc. Shareholders Litig.[171]では、原告からdefraudの主張がなされなかったため、disenfranchisementの解釈のみが問題となった。

Kass v. Eastern Airlines, Incでは、財務制限条項の改定に関して議決権を有する社債権者全員に対して、議決権の買収の提案がなされた。事案の概要は以下のとおりである。Eastern社は、Texas Airの子会社と合併しようとした。合併交渉の中で、合併後、合併会社の唯一の株主であるTexas社に配当を行うことが合意された。しかし、その配当は、Eastern社の社債の財務制限条項に抵触するものであった。配当をするためには、Eastern社は財務制限条項の変更に対する社債権者の同意を得る必要があった。そこで、同意をした社債権者に対してのみ、社債の額面一、〇〇〇ドルごとに三五ドルもしくは、Eastern社の航空券一、〇〇〇ドルを与えるという方法が採用された。[172]

このような事実関係のもとで、当時のデラウエア州衡平法裁判所の裁判官であったWilliam T. Allenは、すべての議決権所有者に、"free to accept or reject it"が認められていることを根拠に、disenfranchisementの存在を否定した。[173]このような場合、財務制限条項の承認の可否は議決権所有者の集合的意思決定として評価できると思われる。しかし、同意の勧誘に強制的な要素（coercion）が認められる場合、同様の結論をとることはできない。[174]本事例では、全社債権者に議決権売買の機会が与えられている点に加え、買収議決権数に制限がなされていないことも重要な点であると考えられる。たとえば、五一％の議決権をpro rataで買収するという提案は、強制の要素が含まれると考えられるからである。したがって、株主全員に同一条件での議決権売買の提案がなされたとしても、disenfranchisement の存在が認定される場合はあるものと考えられる。

一方、In re IXC Communications, Inc. Shareholders Litig. は、議決権売買の提案が一部の株主にしかなされなかった事案である。事案の概要は以下のとおりである。ＩＸＣ社とＣＢＩ社の合併契約の承認に関するＩＸＣ社の株主総会決議の差止めが争点となった。特に、合併契約のうち、ＩＸＣ社の二六％の株主であるＧＥＰＴ社とＣＢＩ社の間でなされた以下の合意が、議決権売買であるとして攻撃された。すなわち、ＧＥＰＴ社は、ＧＥＰＴ社が所有するＩＸＣ社の株式の半分をＣＢＩ社が一株あたり五〇ドルで購入することを条件に、合併決議に賛成するという条項である。(175) 議決権売買の事実については、委任状勧誘資料で開示されることとなった。そして、本判決は以下の点を指摘し、disenfranchisement の存在を否定した。すなわち、ＩＸＣ社の経営者が所有する株式と議決権売買の対象となった議決権の割合が合わせても四〇％であり、残り六〇％の株式の大半を機関投資家が占めていたことである。(176) したがって、本件は、議決権売買がなされたとしても、当該合併契約が必ず承認されるとは限らない事例であった。(177)

In re IXC Communications, Inc. Shareholders Litig. と同じく、一部の株主に対する議決権売買が問題となった事案として、Hewlett et al v. Hewlett-Packard Company がある。(178)

本事件では、合併承認決議の可決が微妙な状況において、経営者が決議の帰趨を占う可能性が高い議決権を持つ株主に対して議決権売買を行ったことが問題とされた。本件では対象となった議決権が決議の成否に決定的な意味を持つ場合に、disenfranchisement が肯定される場合があると判示した。そして、議決権売買によって過半数の議決権が確保されない限り議決権売買の目的が disenfranchisement ではないとの被告の主張は明確に否定されたのである。[179]

上記の裁判例の disenfranchisement の解釈は、前項(3)で述べたデラウエア州判例法の一般的な解釈と整合的ではないかと思われる。

(3) Intrinsic fairness の意義

Schreiber 判決以後の裁判例の中でで、intrinsic fairness に言及されたものは非常に少ない。[180] 唯一、Weinberger v. Bankston において言及されたのみである。[181] しかも、被告会社が、議決権売買の結果、金銭的・非金銭的利益を得ていることをもって、要件を満たすと判示されたにすぎない。[182] Intrinsic fairness に言及する裁判例がそもそも少ないことを合わせて考えると、デラウエア州判例法は以下のような判断枠組みをとっていることが推測されるように思われる。すなわち、defraud が目的でない限り、議決権を売却した株主は常に会社の利益の向上という対価を得ているという判断枠組みである。このような枠組みは、Weinberger v. UOP 判決などで要求される fairness を、事実上、defraud の解釈に吸収することを前提にすれば十分に成り立ちうると考えられる。

また、議決権売買が相対で一部の株主に対してのみなされた場合、そもそも、価格の適正を要求する意味すら疑わしい面もある。[183] しかし、前述のとおり、議決権売買が相対ではなく、公開してなされた場合、状況は異なるものと考える。なぜなら、個々の株主は議決権を容易に譲渡してしまうという性質を有するからである。[184] 特に、すべての株主に議決権売買の申出がなされた場合、議決権の対価の保証という問題が顕在化するものと思われる。株主としての経済的利益と議決権の結びつきという、株主総会の意思決定が合理的になされる可能性を高める仕組みの一つを放棄する以上、その間隙を埋めるような仕組みを新たに構築する必要があろう。

第四款　アメリカにおける議決権売買規制の評価

第一項　議決権売買規制の現状

Schreiber 判決以後、議決権売買が無効と判断された事例はない。そのため、議決権売買の有効性の判断基準について、不確実な点が残ることは否めない。(185) たとえば、他の株主に不利益を与える可能性がある株主総会決議を成立させるために議決権売買を行うことは禁止されるであろうが、この場合、対象や目的について、その内容に立ち入って判断するのか、もしくは、手続的な徴憑、たとえば、投資銀行の助言、といったもので判断するのかについて明らかではない。しかし、単に、取締役選任を通じて会社の支配関係に影響を及ぼすことだけを目的とする議決権売買は許されないように思われる。(186) 取締役を選任する議決権売買など会社の支配権の帰趨に関係する場合には、会社の支配権を獲得した後に実行することを予定する具体的な事業計画の妥当性自体を問題とする必要があるのではなかろうか。この点を裏からいえば、具体的な事業計画が存在しないにもかかわらず、会社の支配権を獲得するために議決権売買を行った場合、それが会社又は株主の利益に対する影響を評価することが非常に困難である以上、仮に、議決権売買の買主の経営能力が著しく優れていたとしても、その議決権売買は無効と判断されても仕方がないのではないかと思われる。(187)

これに対して、disenfranchisement の解釈は、比較的明らかである。(188) 判例法で一般的に採用されている解釈に従っているとの評価が可能である。他の株主が disenfranchise されると判断されることを避けるためには、議決権売買によって達成されるであろう結果に対し、他の株主が委任状勧誘なりで対抗できる可能性が存在することが要求される。また、議決権売買がすべての株主に公開してなされる場合、disenfranchisement の存在を否定する裁判例が存在する。(189) これらの判示は、議決権売買を許容することによって、株主の議決権が制限されることに対するデラウエア州判例法の懸念を表したものと思われる。特に、議決権売買の有効性に関するデラウエア州判例法においては、目的が disenfranchisement であるか否かが、目的が defraud であるか否かとは形式的には独立した要件として位置づけられていることが重要な意味を持つ。すなわち、議決権売買の有効性の判断枠組みにおいて、議決権売買が会社又は株主の利益と矛盾するか否かとは無関係に、株主の議決権に対する侵害の有無が評価される枠組みが採用されているからである。したがって、その背景には、株主の議決権と株式会社の正統性の関係を重視する思想が存在するものと思われる。(190)

Schreiber 判決では、さらに、議決権売買について intrinsic fairness が要求された。しかし、intrinsic fairness について、Schreiber 判決以降の裁判例における言及は少なく、その意義に疑問が呈されることもある。(191) しかし、判例法の一般的な解釈と、個々の株主の議決権に対する評価の傾向に鑑みると、議決権の対価に関する公正さを問題にする余地は残されているように思われる。(192) ただし、議決権売買が会社の利益向上に役立つという点を厳格に解釈することで、対価の適正の問題は解決されるため、intrinsic fairness 概念により改めて対価の公正さを要求する必要はないとの立場も考えられる。つまり、議決権を売却した株主は、議決権売買による会社利益向上という形で十分な対価を得ているという考え方である。(193)

第二項　議決権の配分と機能

議決権が、一株一議決権原則の形で配分されている会社では、会社に対する株主としての経済的利益と議決権の量は、原則として、比例関係にある。[194] このような会社では、議決権売買の結果、会社に対する経済的利益と議決権との比例関係が変容することになる。しかし、議決権売買が生じることは、とりもなおさず、現行の議決権の配分方法が会社関係者の需要を満たしていないことを意味するものと考えられよう。[195] 議決権売買を許容することは、このような会社関係者の需要に一定の配慮をすることにほかならない。しかし、議決権売買を許容することは、以下の二点で問題となりうるように思われる。第一に、株主の議決権と株式会社の正統性との関係、第二に、個々の株主の意思決定と会社又は株主全体の利益との関係である。

第一の点について、デラウエア州判例法では、他の株主の議決権を侵害することを目的とする議決権売買は、その目的が disenfranchisement であると判断される場合が多いものと思われる。その背景には、株主の議決権と株式会社の正統性との密接な関係があった。[196] 前節でも述べたとおり、株主が会社の支配権に関連する問題について議決権を行使することで、株式会社又は経営者の権力が正統化されるという立場はアメリカ社会に根強い個人主義的な立場と整合的である。[197] 議決権売買は株主としての経済的利益に比例しない量の議決権を、株主又は株主以外の者が行使することを可能とする。したがって、議決権売買に従って行使される議決権は、株主が「所有」する財産との関係を失い、もはや「株主の議決権」とはいえず、そのため、株式会社の正統性の基礎を破壊してしまう可能性がある。しかし、Schreiber 判決はデラウエア州判例法の立場を議決権売買を許容する方向に大きく変更させた。Schreiber 判決は、議決権売買と株式会社の正統性との関係を正面から取り上げているわけではない。しかし、議決権売買の規制を転換する重要な事実として、個々の株主の、議決権行使に対する意欲の低下を挙げていることは重視されるべきである。(198)すなわち、議決権売買の規制が緩和された最も大きな理由は、株主の積極的な議決権行使を一般的に期待することが困難になったため、株主間に信認義務が存在することを public policy として要求することができなくなった点にあったのである。(199)デラウエア州判例法においても、Schreiber 判決が disenfranchisement という概念を議決権売買の有効性を判断する基準として挙げていることから、株主の議決権と株式会社の正統性を関連させることが全く放棄されたわけではない。しかし、個々の株主について積極的な議決権行使を必ずしも期待できないという現実を前提として、株主の議決権と株式会社の正統性との関係を修正したと評価することが妥当ではなかろうか。

第二の点について、議決権売買は議決権と株主としての経済的利益の結びつきを切断するため、議決権が会社又は株主全体の利益と矛盾する形で行使される可能性が高くなる。(200)したがって、有益な議決権売買とそうでない議決権売買の線引きが必要にならざるを得ないのである。これは、会社に対する経済的利益と議決権との関係が切断される場合に共通する問題であると思われる。アメリカでは、議決権売買を許容する条件として、その目的が他の株主を defraud or disenfranchisement することでないこと、議決権売買の内容が intrinsic fairness の基準を満たすことを要求する。他の株主を defraud する議決権売買を禁止することは、いわば、会社の利益と両立せず、また、会社に不利益をもたらすおそれがある議決権売買を禁止することを意味する。(201)これに対し、目的が disenfranchisement である議決権売買、もしくは、intrinsic fairness の基準を満たさない議決権売買を禁止することは、会社の利益との両立可能性という問題と直接の関係がないようにも見える。しかし、この二つの条件も、終局的には、会社の利益との両立可能性を担保する機能を有するものと思われる。

まず、他の株主をdisenfranchiseすることを禁止することにより、残余権者である株主が最終的な判断権を有することが保証される。その結果、議決権売買が許容されたとしても、理論的には、従来と同じく、株主による最終的なモニタリングの機会が存在することになるのである。先に述べたように、disenfranchisementの要件が株主の議決権と株式会社の正統性との密接な関係を反映したものであることは否めない。しかし、正統性との関係を持ち出さなくても、議決権が会社又は株主の利益と矛盾することを防ぐ安全装置として、disenfranchisementの要件を評価することも十分に可能であるように思われる。(202) ただし、株主の議決権を株式会社の正統性を基礎づけるものとして位置づけるか、それとも、会社の意思決定を費用対効果の関係からより効率的にする又は経営者の意思決定などをモニタリングする仕組みとして位置づけるかによって、株主の議決権に関する法規制の内容は大きく異なることになる。仮に、現実社会において、株主の議決権は経営者の意思決定などをモニタリングする仕組みとしての存在意義の方が大きい場合、株主の議決権に関する法規制の内容は、経営者の報酬、製品市場、経営者の労働市場といった経営者の意思決定を規律する仕組みの実効性の程度に影響を受けることになるからである。(203) 一方、株主の議決権と株式会社の正統性との関係が重要であれば、実際に株主の議決権が合理的に行使されているか否かは、前者の場合と同程度には大きな問題とはされないことになるのである。

一方、本書のようにintrinsic fairnessを対価の適正と解する場合、それは第一に、議決権を失う株主に対して適正な補償が支払われることを担保することを意味する。それに加えて、正当な対価を要求することは、議決権売買が私的利益追求のために安易に用いられることを防ぐ役割も果たすのである。既に述べたように、一般株主は議決権を必ずしも高く評価しているわけではない。(204) したがって、議決権を買収する費用は株式を買収する費用に比べて格段に低下すると考えられる。しかし、株式ではなく、議決権のみが購入される場合、購入者は、会社財産を搾取するインセンティブを持っている恐れがあることに注意が払われなければならない。(205) したがって、議決権に正当な対価を要求することで、政策的に議決権売買の利用頻度を抑制するという立場も、合理的であるように思われるのである。(206)

アメリカの議決権売買規制は、株式会社の正統性の問題に一定の配慮をしつつ、議決権売買と会社又は株主の利益との両立可能性を、いわば、内容的な側面と手続的な側面の、両者から規制するものと理解できる。会社に対する経済的利益と議決権の比例関係が変容を受けることが、会社の利益を損なう危険性を有するという認識がその根底にあるのである。もちろん、このような危険に対しては、取締役の責任追及などによって個々の行為を規制することで十分であるとの考え方も存在しうるであろう。しかし、経営者の継続的な経営判断の誤り、経営者の能力・怠慢の問題、継続的な経営不振の問題は責任の追及では解決しない場合もある。また、取締役の責任追及に関して過剰な規制を設けることは、経営者・取締役を萎縮させ、かえって会社に損害をもたらす可能性がある。したがって、直接的な規制を補完する規制が必要となる。株主に議決権が付与され、彼らの議決権行使によって取締役が選解任される仕組み、合併など会社の基礎的変更に株主総会決議が要求されることは、経営者の個人的な責任を追及することを補完する機能を持つのである。(207) Schreiber 判決は、このような、議決権に期待される機能を保持しつつ、議決権売買に対する当事者の議決権売買に対する需要に応えようとしたものにほかならないと考えられる。

（1）　本章第二節第三款参照。
（2）　Jesse H. Choper & John C. Coffee, Jr. & Ronald J. Gilson, Cases and Materials on Corporations 596-97 (6th ed., Aspen Law & Business, 2004). ＤＣＳをめぐる議論については、本章第二節を参照。

（3） 議決権売買は二〇世紀初期の判例でも当然に無効とされていたのではなく、例外的に有効性が認められる場合もあったと主張する見解として、Michael D. Schmitz, Shareholder Vote Buying - A Rebuttable Presumption of Illegality, 1968 Wis. L. Rev. 927 (1968) がある。確かに、Schmitz が指摘するように、株主全員の同意があれば、例外的に議決権売買を有効とした裁判例は存在するようである。しかし、アメリカ法においては、後注（4）で述べる Schreiber 判決が出される以前は、議決権売買を原則として無効とする立場が確立していた、少なくとも主流であった。また、Schmitz も、株主全員の同意以外の事由によって議決権売買が有効とされた事例は非常に少なかったことは認めている。しかし、Schmitz の指摘は、一九八〇年代に生じた議決権売買に関する規制の変遷は、決して、突発的に生じたわけではなく、それに至る潮流は比較的初期から存在していたことを示しているように思われる。See also, Thomas J. André, Jr., A Preliminary Inquiry into the Utility of Vote Buying in the Market for Corporate Control, 63 S. Cal. L. Rev. 533, 545 (1990).

（4） 後に述べる、Schreiber v. Carney, 447 A. 2d 17 (Del. Ch. 1982) の以後、議決権売買を無効と判断したデラウエア州の裁判例は存在しないようである。See, Douglas R. Cole, E-Proxies for Sale? Corporate Vote-Buying in the Internet Age, 76 Wash. L. Rev. 793, 827 (2001).

（5） 本章第二節第一款参照。

（6） 447 A. 2d 17.

（7） Robert C. Clark, Vote Buying and Corporate Law, 29 Case West. L. Rev. 776 (1979). Clark の研究は、後に述べるように議決権売買が会社又は株主にとって利益をもたらす場合があることを示したという点で、それ以前の研究と決定的な違いがある。Clark 以後、議決権売買を検討対象とした文献としては、Frank H. Easterbrook and Daniel R. Fischel, Voting in Corporate Law, 26 J. L. & Econ. 395 (1983); André, supra note 3; Saul Levmore, Voting with Intensity, 53 Stan. L. Rev. 111 (2000); Richard L. Hasen, Vote Buying, 88 Cal. L. Rev. 1323 (2000); Cole, supra note 4; Joe Pavelich, The Shareholder Judgment Rule: Delaware's Permissive Response to Corporate Vote-Buying, 31 J. Corp. L. 247 (2005); Shaun Martin and Frank Partnoy, Encumbered Shares, 2005 U. Ill. L. Rev. 775 (2005); Jonathan J. Katz, Barbarians at the Ballot Box: The Use of Hedging to Acquire Low Cost Corporate Influence and Its Effect on Shareholder Apathy,

28 Cardozo L. Rev. 1483 (2006) ; Henry T. C. Hu & Bernard Black, The New Vote Buying : Empty Voting and Hidden (Morphable) Ownership, 79 S. Cal. L. Rev. 811 (2006) 等がある。

(8) Clark, supra note7, at 790-93.

(9) ③④は、株式価値向上ではなく、他の株主と利益を共有する必要がない方法で利益を獲得するために議決権売買を行うことであり、私的利益追求のための議決権売買と評価することも可能である。

(10) 一方、③と④の議決権売買については、株主利益と抵触する危険が大きいことを理由に、否定的な態度を採っている。See, Clark, supra note 7, at 794-95. このような立場は会社は株主利益向上のために経営されなければならないという伝統的な考え方から導かれている。Id, at 793-94.

(11) 第一章第二節第一款第二項参照。

(12) Armen A. Alchian & Harold Demsetz, Production, Information Costs, and Economic Organization, 62 Am. Econ. Rev. 777, 782 (1972).

(13) Clark, supra note 7, at 793-795. このような可能性を指摘する見解として、Hu & Black, supra note 7, at 852 がある。また、敵対的企業買収防衛措置である Poison Pill の発動が株式保有数に条件づけられていることから、ポイズン・ピルを発動させることなく取締役会を支配する手段として、議決権売買を評価する見解も存在する。See, André, supra note 3, at 583-636 ; Hasen, supra note 7, at 1350-51 ; Levmore, supra note 7, at 137-38. しかし、敵対的企業買収防衛措置や州の反企業買収法が、議決権売買を対象とすることは理論的には可能であり、この点は議決権売買のメリットとしては大きなものとは評価できない。See, Levmore, supra note 7, at 139 ; Cole, supra note 7, at 852-53.

(14) Easterbrook and Fischel, supra note 7, at 410 note 38. エージェンシー費用については、本章第二節第二款第一項(1)参照。

(15) Cole, supra note 4, at 841.

(16) Katz, supra note 7, at 1509; Martin and Partnoy, supra note 7, at 809-10. See, also, Robert H. Stikoff, Corporate Political Speech, Political Extortion, and the Competition for Corporate Charter, 69 U. Chi. L. Rev. 1103 (2002). もちろん、Clark も議決権売買の種類として、②と③・④を明確に区別してるのであるから、議決権と株主としての経済的利益を完全

に断つことに賛成しているわけではない。

(17) 第三節第二款第三項。

(18) 会社支配権市場と一株一議決権原則との関係については、第一章第二節第一款第二項（1）参照。See also, Sanford J. Grossman & Oliver D. Hart, One Share-One Vote and the Market for Corporate Control, 20 J. Fin. Econ. 175 (1988); Milton Harris & Artur Raviv, Corporate Governance: Voting Rights and Majority Rules, 20 J. Fin. Econ. 203 (1988).

(19) André, supra note 3, at 542 n. 26 ; Pavelich, supra note 7, at 248.

(20) Hasen, supra note 7, at 1325 ; Henry Manne, Some Theoretical Aspects of Share Voting, 64 Colum. L. Rev. 1427, 1428 (1964); Saul Levmore, Precommitment Politics, 82 Va. L. Rev. 567, 606 (1996).

(21) Hasen, supra note 7, at 1324-25.

(22) Guido Calabresi & A. Douglas Melamed, Property Rules, Liability Rules, and Inalienability : One View of the Cathedral, 85 Harv. L. Rev. 1089, 1111 (1972); Susan Rose-Ackerman, Inalienability and the Theory of Property Rights, 85 Colum. L. Rev. 930, 931 (1985); Richard A. Epstein, Why Restrain Alienation?, 85 Colum. L. Rev. 970, 970 (1985).

(23) Calabresi & Melamed, supra note 22, at 1111-1115 ; Rose-Ackerman, supra note 22, at 931. ただし、Epstein, supra note 22, at 988-990は、効率性以外の根拠でinalienability ruleの利用を根拠づけることに否定的である。Inalienability ruleは、濫用的行為を直接規制することに費用がかかりすぎたり、執行に困難を伴ったりする場合の代替品であり、契約や、不法行為法では対応できない場合に限って、inalienabilityを正当化できることが強調されている。

(24) Hasen, supra note 7, at 1329-1331 ; Levmore, supra note 20, at 609 ; Clark, supra note7, at 804 ; Rose-Ackerman, supra note 22, at 963.

(25) Cass R. Sunstein, Incommensurability and Valuation in Law, 92 Mich. L. Rev. 779, 849 (1994); Pamela S. Karlan, Not by Money but by Virtue Won? Vote Trafficking and the Voting Rights System, 80 Va. L. Rev. 1455, 1466 (1994). ただし、このような規範の存在自体、証明を要する問題であるし、投票権売買が有権者の投票行動にどのような影響を与えるかという実証の問題もある。See, Hasen, supra note 7, at 1336-1337.

(26) Epstein, supra note 22, at 987-88; Sunstein, supra note 25 at 849. ただし、非効率的な立法の成立を防ぐために、非効

率的な立法によって損害を受ける人々が立法の成立を防ぐために必要な数の議員などを選任するために投票権売買を行う場合で、投票権売買の費用が非効率的な立法が成立する場合に生じる費用よりも低いならば、投票権売買は効率的と評価されることもある。See, Hasen, supra note 7, at 1333.

(27) Hasen, supra note 7, at 1326.

(28) Clark, supra note 7, at 804. See also, Kass v. Eastern Air Lines, Inc., 1986 Del. Ch. LEXIS 486, at 7-10.

(29) Leo E. Strine, Jr., The Social Responsibility of Boards of Directors and Stockholders in Charge of Control Transactions: Is There Any "There" There?, 75 S. Cal. L. Rev. 1169 (2002); Lynn A.Stout, Bad and Not-So-Bad Arguments for Shareholders Primacy, 75 S. Cal. L. Rev. 1189 (2002); Eric Talley, On the Demise of Shareholder Primacy (or, Murder on the James Trains Express), 75 S. Cal. L. Rev. 1211 (2002).

(30) Hasen, supra note 7, at1353-54, 1354 n. 163. ただし、株式会社の目的を拡大していくことは、最終的には株主としての経済的権利と議決権を比例関係に置くこと、さらには株主のみが議決権を行使できることといったことまでも非難の対象とすることにつながりかねない。See also, David L. Ratner, The Government of Business Corporations: Critical Reflections on the Rule of "One Share, One Vote," 56 Cornell L. Rev. 1 (1970)

(31) アメリカ法における議決権信託・議決権拘束契約を検討の対象とした先行研究として、菱田政宏『株主の議決権行使と会社支配』(一九六五年・酒井書店)、吉本健一「議決権信託に関する若干の問題点」阪法九五号六九頁(一九七五年)、砂田太士「アメリカにおける議決権信託」福岡大学法学論叢三七巻一号一頁(一九九二年)などがある。

(32) Delaware General Corporation Law § 218 (a) (2006).

(33) Cole, supra note 4, at 817.　議決権拘束契約の場合であっても、議決権信託と同じように、議決権行使の方法を特定の第三者が決定するといった取決めがなされることが考えられる。このような場合には、議決権拘束契約の中で、議決権行使の方法を制限することによって、議決権信託の場合と同じように、議決権が濫用的に行使されることを防止することが可能となる。Id, at 833 note 197.

(34) なお、本文で以下に述べる点は、議決権信託と議決権売買の区別という点でも重要な意味を持つ。

(35) 議決権拘束契約について、Delaware General Corporation Law § 218 (c) (2006) 参照.

(36) Baronoff, supra note 7, at 1100 n. 31 ; Cole, supra note 4, at 818.

(37) このような立場は、後に述べるように、Schreiber 判決が示したデラウエア州判例の立場にほかならない。本節第二款第一項参照。

(38) 発行済株式の内訳は以下のとおりである。普通株式が四六六万九、一八二株、A種優先株式が三万二、三一八株、B種優先株式が六万六、〇七五株、C種優先株式が二〇四万株。なお、優先株式はすべて、普通株式への転換権が付いていた。See, 447 A. 2d 17,19.

(39) 判決では、Y_2社には三つの選択肢が存在したことが認定されている。第一の選択肢は、Y_1社のオプションをY_3社のオプションに転換することである。第二の選択肢は、本件組織再編前にオプションを行使することである。第三の選択肢は、本件組織再編に反対票を投じることである。それぞれの選択肢の具体的内容と、損得については、See, 447 A. 2d 17, 19.

(40) Y_2社と利害関係のない三人の取締役が、この委員会を指揮した。See, 447 A. 2d 17, 20.

(41) 融資の内容については、See, 447 A. 2d 17, 20. 利息については、市場で調達するよりも有利な条件であった。

(42) 委任状が議決権行使に十分な情報を与えていたか、虚偽の情報を含んでいたか、といった問題については主張がなされていない。See, 447 A. 2d 17, 20.

(43) Xは本件融資が無効である根拠として、それがcorporate wasteにあたることも挙げていた。本判決は、XとY_1社、Y_2社の双方からなされたsummary judgmentを求める訴えに関する判決である。Xは本件融資が議決権売買にあたり、当然無効であり、そのため、本件組織再編も無効であるとの主張を行った。一方、Y_1社とY_2社は、本件組織再編の結果、Xは、Y_1社の株主ではなくなったので、派生訴訟の当事者適格を欠くこと、また、corporate waste の存在を基礎づける事実認定可能な証拠が存在していないことを主張した。したがって、本件では、議決権売買以外にも以下の二点が争点となっていた。第一に、本件組織再編の結果、Y_1社の株主ではなくなったXの当事者適格の問題、第二に、融資契約の内容がcorporate wasteに該当するかという問題、である。これらの点は、本稿の対象と直接の関係を有するものではない。したがって、以下では、議決権売買に関する検討に必要な場合にのみ、これらの点に触れるものとする。

(44) 447 A. 2d 17, 23.

(45)　本件では、デラウエア州の先例として、Macht v. Merchants Mortgage & Credit Co., Del. Ch., 194 A. 19 (1937); Hall V. Isaacs, Del. Ch., 146 A. 2d 602 (1958), aff. d, Del. Supr., 163 A. 2d 288 (1960); and Chew v. Inverness Mgt. Corp., Del., 352 A. 2d 426 (1976) が挙げられている。Schreiber 判決は、これらの事例は、議決権売買の目的又は対象が fraud もしくは disenfranchisement であることが明らかな事例であると評価していた。そして、これらの判決文の中では、目的ないし対象が明らかな fraud であること以外に、議決権売買が無効である理由として何も述べられていなかった。See, 447 A. 2d 17, 18-19.

(46)　447 A. 2d 17, 23.

(47)　検討の対象として、以下の判例が引用されている。Dieckmann v. Robyn, Mo. App., 162 Mo. App. 67, 141 S. W. 717 (1911); Brady v. Bean, 221 Ill. 279 (1921); Smith v. San Francisco, etc., 115 Cal. 584, 47 P. 582 (1897); and Cone v. Russell, 48 N. J. Eq. 208, 21 A. 847 (1891). 以上の判例は、デラウエア州法の解釈を扱ったものではない。しかし、これらの判例は、Schreiber 判決以前、議決権売買に関するリーディングケースとされていた Macht v. Merchants Mortgage & Credit Co., Del. Ch., 194 A. 19 (1937) の中で、引用されていた諸判例であり、Schreiber 判決以前のデラウエア州判例法の検討には必須のものと考えられる。

(48)　447 A. 2d 17, 24. 本判決は、fraudulent purpose は、コモン・ロー上、他人の財産に不利益を与える詐欺的行為と定義される、と指摘している。See, id, at 24.

(49)　447 A. 2d 17, 24-25.

(50)　21 A. 847, 849. 同様の主張は、すでに、Henry W. Ballantine, Corporations, 421 (Rev. ed., 1946, Chicago : Callaghan); Earl Sneed, The Stock Holder May Vote As He Pleases : Theory and Fact, 22 U. Pitt. L. Rev. 23, 23-24 (1960) で述べられている。

(51)　本文で述べた public policy も、議決権を売却することが他の株主の信頼を裏切ることを根拠とするものであるから、fraud であることは Schreiber 判決でも認識されている。しかし、この場合の fraud は、そもそも株主間に信認義務が存在することから導き出されるという点で、議決権売買の目的が fraud である場合とは根拠が異なるものである。See, 447 A. 2d 17. 24.

(52)　221 Ill.App. 279, 283 ; 447 A. 2d 17, 24-25.

(53)　Fletcher Cyc Corp § 2066 (Perm Ed). See also, Priddy v. Edelman 883 F. 2d 438, 445 (6th Cir. 1989); Ivanhoe Partners v. Newmont Mining Corp., 535 A. 2d 1334, 1344 (Del Ch. 1987); Mark R. Wingerson & Christopher H. Dorn, Institutional Investors in the United States and the Repeal of Poison Pills: A Practitioner's Perspective, 1992 Colum. Bus. L. Rev. 223, 249 (1992).

(54)　議決権拘束契約について、Ringling Bros., Etc., Shows, Inc. v. Ringling, Del.Supr., 53 A. 2d 441 (1947)、議決権信託について、Ocean Exploration Co. v. Grynberg, Del.Supr., 428 A. 2d 1 (1981) が挙げられている。

(55)　Schreiber 判決以後のデラウエア州の判例も、このような考えを共有しているようである。See, In re IXC Communications, Inc. Shareholders Litig., 1999 Del. Ch. Lexis 210 ("Generally speaking, courts closely scrutinize vote-buying because a shareholder who divorces property interest from voting interest, fails to serve the community of interest among all shareholders, since the bought shareholder votes may not reflect rational, economic self-interest arguably common to all shareholders.")。

(56)　したがって、void ではないが、voidable な取引ではある。

(57)　447 A. 2d 17, 26.

(58)　たとえば、Wincorp Realty Investments, Inc. v. Goodtab, Inc., 1983 Del. Ch. LEXIS 559 ; Weinberger v. Bankston, 1987 Del. Ch. LEXIS 514 ; Henry Group, Inc. v. Santa Fe Southern Pacific Corp., 1988 Del. Ch. LEXIS 32 ; Rainbow Navigation, Inc. v. Yonge, 1989 Del. Ch. LEXIS 41 ; Kass v. Eastern Air Lines, Inc., 1986 Del. Ch. LEXIS 486 ; in re Ixc Communications, Inc., Shareholders Litigation, 1999 Del. Ch. LEXIS 210 ; Hewlett v. Hewlett-Packard Company, 2002 Del. Ch. LEXIS 44 がある。ただし、Kass v. Eastern Air Lines, Inc. 事件は、社債権者が有する議決権に対する売買が問題となった事件である。しかし、ここでも、Schreiber 判決に沿った判断が下されているので、以下、他の判例と特に区別することなく扱うものとする。

(59)　Cole, supra note 4, at 827-830 ; Pavelich, supra note 7, at 254-63.

(60)　Rainbow Navigation, Inc. v. Yonge, 1989 Del. Ch. LEXIS 41.

(61) Rainbow Navigation, Inc. v. Yonge, 1989 Del. Ch. LEXIS 41.

(62) Henry Group, Inc. v. Santa Fe Southern Pacific Corp., 1988 Del. Ch. LEXIS 32.

(63) Hewlett et al v. Hewlett-Packard Company, 2002 Del. Ch. Lexis 44, at 13. その根拠として、議決権売買の検討において重点を置くべきであるのは、議決権売買の当事者間に契約上の厳格な義務が存在するか否かではなく、defraud or disenfranchise される他の株主の利益保護である、という判示がなされた。See also, id at 13.

(64) Kass v. Eastern Air Lines, Inc., 1986 Del. Ch. LEXIS 486. William T. Allen は、この判決で、すべての社債権者に同じ条件で議決権買収の勧誘がなされている限り、disenfranchisement の問題は生じないと判断した。Id at 12.

(65) In re Ixc Communications, Inc., Shareholders Litigation, 1999 Del. Ch. LEXIS 210. Weinberger v. Bankston では、議決権売買の対象となった議決権が四％である場合、他の株主を disenfranchise する効果はないと判断した。See, 1987 Del. Ch. LEXIS 514.

(66) Cole, supra note 4, at 829, 830 ; Pavelich, supra note 7, at 259-60.

(67) Cole, supra note 4, at 827 ; Pavelich, supra note 7, at 257-58. 本文で概略を示したように、Schreiber 判決以後、議決権売買を無効とすることに対して、デラウエア州判例法は慎重な立場をとっているように思われる。

(68) Cole, supra note 4, at 827 ; Pavelich, supra note 7, at 257.

(69) Hewlett et al v. Hewlett-Packard Company, 2002 Del. Ch. Lexis 44, at 19-21. でも、議決権売買の有効性については、依然として、Schreiber 判決の基準に従うことが宣言されている。

(70) André, supra note 3, at 550.

(71) Schreiber 判決の前後の判例は、議決権自体の取引に何らかの制限をかけるという意味では共通する。したがって、規制の変遷は、inalienability rule の枠内での変遷と評価できる。Inalienability rule の内容については、本節第一款第二項参照。

(72) 本款第一項［判旨］2参照。

(73) 本款第一項［判旨］3参照。

(74) 第一章第二節第一款第二項参照。

(75) Frank H. Easterbrook and Daniel R. Fischel, The Economic Structure of Corporate Law 66 (Harvard University Press, 1991); Henry Hansmann, The Ownership of Enterprise, 12 (1996, Harvard University Press).

(76) 一株一議決権原則と議決権売買の禁止は、議決権行使から生じる利益と負担にアンバランスが生じることを防止するという点で、広い意味で、いわゆる〝共有地の悲劇〟の問題と類似性が存在するように思われる。See, Epstein, supra note 22, at 979-987. 共有地の悲劇の問題は、河川の水利権の配分を具体例にすると以下のように説明できる。河川の水利権の配分は、典型的な「共有地の悲劇」の問題を含む。なぜなら、利益の獲得者と費用の負担者が一致しないからである。個々の水利権者が水を利用することによって、河川そのもの、すなわち、水利権者全体に負担がかかる。しかし、個々の水利権者は、全体が負担する費用ではなく、個人が直接負担する費用を基準に行動する可能性がある。なぜなら、個々の水利権者は河川の利用から生じるあらゆる費用を負担するとは限らないからである。その結果、水利権者全体にとっては過剰な利用がなされ、全体にとって不利益な結果が生じる可能性があるのである。

　このような場合、まず第一に、水利権を所有できる主体を、河岸沿いの土地の所有権者に限定することが考えられる。彼らが所有する土地の価値は、水利権と密接な関係があり、彼らが最も資源を高く評価する集団だからである。たとえば、河川の水が過剰に利用され、その結果、河岸沿いの土地所有者が利用できる水の量が減少することは、その土地の価値の減少につながる。したがって、水利権者は河岸沿いの土地の価値の減少につながるような、水利権の過剰利用を控えることが考えられるのである。しかし、現実の河岸沿いの土地所有権者が、水利権を最も高く評価する集団であるとは限らない。したがって、水利権の譲渡を絶対的に禁止することは、かえって非効率な結果をもたらすことになる。ゆえに、第二に、河岸沿いの土地の譲渡に付随する形でのみ水利権の譲渡を認めることが考えられる。このように、水利権の単独譲渡を認めないという Inalienability rule を採用することによって、「共有地の悲劇」を解消することが可能となるのである。See, Epstein, supra note 22, at 979-982.

(77) ただし、規制費用の観点から、望ましい議決権配分と望ましくない議決権配分を区別することが困難である場合には、議決権売買を全面禁止することが望ましいという結論になることもある。See, Cole, supra note 7, at 832.

(78) 本節第一款第二項。

(79) 議決権売買の許容範囲は会社の目的との関係で変化することについて、Clark, supra note7, at 794-795 を参照。

(80) Schreiber 判決前後のデラウエア州判例法を分析する前に、Schreiber 判決と本節第一款で分析した議決権売買を規制する根拠との関係について付言しておくことにする。Schreiber 判決の事案は、先に説明したとおり、議決権売買によって株主の集合行為問題が解決されたという事案ではない。むしろ、種類株主間の利害対立を解消する手段として議決権売買が利用されたと評価するべきである。この点は学説においてあまり意識されていないように思われる。最大の理由は、Schreiber 判決が提示した基準は一般的で、議決権売買の利用目的を積極的に限定する意図が見受けられないことにあると思われる。しかし、Schreiber 判決によって、集合行為問題であれ、種類株主間の利害対立であれ、株主総会の意思決定を機能不全に陥らせる原因を排除するために議決権売買を利用する道が開かれたという点で、Schreiber 判決と学説の議論を接合することは可能であるように思われる。

(81) See, Wincorp Realty Investments, Inc. v. Goodtab, Inc., 1983 Del. Ch. LEXIS 559 (Del. Ch. 1983); Weinberger v. Bankston, 1987 Del. Ch. LEXIS 514 (Del. Ch. 1987); Henry Group, Inc. v. Santa Fe Southern Pacific Corp., 1988 Del. Ch. LEXIS 32 (Del. Ch. 1988); Rainbow Navigation, Inc. v. Yonge, 1989 Del. Ch. LEXIS 41 (Del. Ch. 1989); Kass v. Eastern Air Lines, Inc., 1986 Del. Ch. LEXIS 486 (Del. Ch. 1986); In re Ixc Communications, Inc., Shareholders Litigation, 1999 Del. Ch. LEXIS 210 (Del. Ch. 1999); Hewlett v. Hewlett-Packard Company, 2002 Del. Ch. LEXIS 44 (Del. Ch. 2002). 筆者が、Lexis.com で調べた結果、他州の裁判所においても、Schreiber 判決以後、議決権売買を無効と判断した判例は存在しないようである。

(82) See, Wincorp Realty Investments, Inc. v. Goodtab, Inc., 1983 Del. Ch. LEXIS 559, 10; In re Ixc Communications, Inc., Shareholders Litigation, 1999 Del. Ch. LEXIS 210, 21.

(83) Easterbrook and Fischel, supra note 75, at 74-76.

(84) この点は、特に、In re Ixc Communications, Inc., Shareholders Litigation, 1999 Del. Ch. LEXIS 210, 21 で明確に指摘されている。すなわち、株主は、会社に対して株主として有する利益を共有している。そして、個々の株主がこの株主としての利益を追求することによって、結局は会社の利益が向上し、全株主が利益を得ることが可能になるのである。Id at 31-34.

(85) Wincorp Realty Investments, Inc. v. Goodtab, Inc., 1983 Del. Ch. LEXIS 559 では、取締役選任を目的に、議決権売買

を行うことの危険性が指摘されている。Id at 10.

（86） See, eg., Smith v San Francisco & Northern Pacific Railway Co., 47 P. 582 (Cal. 1897); Chew v. Inverness Mangement Corp., 352 A. 2d 426 (Del. Ch. 1976) このような認識が、初期の裁判所における、議決権信託と議決権拘束契約に対する否定的な態度にも表れている。See, Bostwick v. Chapman, 24 A. 32, 41 (1890) (Shepaug Voting Trust Cases) (It is the policy of our law that ownership of stock shall control the property and the management of the corporation, and this cannot be accomplished, and this good policy is defeated, if stockholders are permitted to surrender all their discretion and will, in the important matter of voting, and suffer themselves to be mere passive instruments in the hands of some agent who has no interest in the stock, equitable or legal, and no interest in the general prosperity of the corporation.); Milton M. Bergerman, Voting Trusts and Non-Voting Stock, 37 YALE L. J. 445, 449 (1928); Marion Smith, Limitations on the Validity of Voting Trusts, 22 Colum. L. Rev. 627, 636 (1922); generally, Simeon E. Baldwin, Voting-Trusts, Yale L. J. 1 (1891). また、撤回不能委任状の有効性について判断が下された Haft v. Haft, 671 A.2d 413 (Del. Ch. 1995) でも、このような認識が共有されている (citing Clark, supra note 7 ; Easterbrook and Fischel, supra note 7 ; Alchian & Demsetz, supra note 12 ; Michael Jensen & William Meckling, Theory of the Firm, Agency Costs, and Ownership Structure, 3 J. Fin. Econ. 305 (1976).)。

（87） たとえば、Abraham W. Fuller et al. versus Abraham A Dame., 35 Mass. 472, 1836 Mass. LEXIS 100, 18 Pick. 472, 120 Mass. 501, 1876 Mass. LEXIS 234 (Mass. Supr. 1836)（Aは鉄道会社の株主であり、Bは自らが所有する不動産の価値を向上させるために鉄道輸送のための倉庫の誘致を考えていた。この点に関して、AとBは、Aが倉庫の誘致に協力し、そして、倉庫の誘致が成功することを支払条件にした約束手形を発行した。本件では、Aからの手形の裏書人が約束手形に基づく支払いの請求を行った事件である。判決は、AとBの間の契約を議決権売買に該当することを理由に無効と解した。その結果、約束手形に基づく支払いも認められなかった）; Palmbaum v. Magulsky, 217 Mass. 306, 104 N.E. 746, 1914 Mass. LEXIS 1265 (Mass. Sup. 1914)（XとYはともに訴外会社の株主である。YはXから借入れをすることで訴外会社の株式を購入した。その借入金の担保として当該株式が差し入れられた。借入金を原因債権とする約束手形が発行された後、Xは、Yが株主総会に出席し、Xとともに会社の全財産の処分に賛成することを条件に、借入金を免除することを提案した。Ｙは、当該約束どおり株主総会で議決権を行使した。しかし、その後、ＸはＹに対し、借入金の返還請求を行った。ＸとＹの、債務免除に関する同意の有効性が争点となった。判決は、株主の義務を根拠に、議決権を誠実に行使することを要求した。その結果、本件債務免除契約は議決権売買に該当するとして無効を宣告した）; Brady v. Bean, 221 Ill. App. 279（1921）（ＸからＹに対する金銭の支払請求訴訟である。ＸとＹはＡ社の株主である。Ａ社の取締役会は、Ａ社の全財産をＢ社に譲渡することを画策した。しかし、Ｘはそれに反対した。なぜなら、取締役会が賛成する譲渡価額では、債権者の満足しか得ることができず、株式には何らの分配がなされないからである。これに対し、株主でもあり、債権者でもあったＹが、自分が債権者として受け取る配当をＸに分配するという条件によって、Ｘに反対を取り下げさせることに成功した。判決では、ＸとＹの取引は議決権売買でありそれが他の株主の利益に影響を与えるにもかかわらず、他の株主に対して秘密裏に進められたことを問題視した。その根拠として、株主は他の株主に対して忠実義務を負っていることが根拠とされた。）; Macht v. Merchant Mortgage and Credit Company, 194 A. 19（Del. Ch. 1937）. その他、議決権売買を無効にするにあたり、a betrayal of trust（George Hafer v. N.Y. L. E. & W. R. R. CO. Et al., 1885 Ohio Misc. LEXIS 125 ; 9 Ohio Dec. Reprint 470）, improper and unlawful（Cone v. Russel, 21 A. 847（1891））という表現も用いられた。

（88）See, Brady v. Bean, 221 Ill. App. 279, 284 ; Macht v. Merchant Mortgage and Credit Company, 194 A. 19, 22.

（89）この点について、特に、Abraham W. Fuller et al. versus Abraham A Dame., 35 Mass. 472, 485 を参照。

（90）Cone v. Russel, 21 A. 847, 850 では、パートナーシップとの比較で、同様の趣旨が述べられている。事案の概要は以下のとおりである。ＸとＹは合計するとＡ会社の過半数の議決権を支配することになる。ＸはＹに対して、Ａ会社がＸと雇用契約を結ぶことを条件にＹに対して撤回不能委任状を交付するという形で議決権を売却した。しかし、Ｙの経営姿勢に問題を感じたＸが撤回不能委任状に基づく議決権行使の差止めを請求した。判決は以下のように述べてＸの請求を認容した。株式会社では、パートナーシップと異なり、株主が、株主構成に対して異議を唱えることはできない。したがって、株主としての利益を得るためには、結局、会社全体の利益を促進させなければならないという、"natural disposition"によってしか小数株主の利益は守られない。

（91）この点について、特に、George Hafer v. N.Y. L. E. & W. R. R. CO. Et al. ,1885 Ohio Misc. LEXIS 125, 12-13 を参照。

事案の概要は以下のとおりである。A会社の過半数の株式を有する信託の受託者が、B会社と以下のような契約を結んだ。それは、信託の所有株式はA会社の株主名簿にB会社経営者の名義で登録すること、B会社経営者は、Bの取締役会に、彼らがAの取締役に選任されるために必要な撤回不能委任状を交付すること、B会社は前述の受託者に一定の配当を支払うこと、である。この信託スキームに入っていないA会社の株主が、この契約の無効を主張した。判決は以下のように述べ、契約の無効を宣言した。法は、株主が会社に対して有する経済的利益が会社全体の利益向上につながる議決権行使を導くと考えている。本件のような、非株主に議決権を譲渡することは、このような法が予定する仕組みを破壊することになる。政治における投票権売買、取締役会における議決権売買と同じ理由から、これは違法無効であり、かつ、株主の義務違反、a betrayal of trust にあたる。

(92)　Cone v. Russel, 21 A. 847, 849.

(93)　Schreiber 判決では、‘fraud’は、“a deceit which operates prejudicially upon the property rights of another”と判示された。See, 447 A. 2d 17, 24.

(94)　ただし、その目的が全株主の利益に資するものであれば目的が手段を正当化する、という趣旨を述べる判決も存在した。See, Cone v. Russel, 21 A. 847, 850. ただし、判旨の当該部分は、議決権拘束契約自体が原則として無効であるという前提との関連で示されているとも解釈できる。したがって、判旨が議決権拘束契約が有効である場合を指すにすぎないのか、議決権売買が有効となる場合も想定しているのか明らかではない。

(95)　See, Hall v. Isaacs, 146 A.2d 602 (Del. Ch. 1958)（閉鎖会社において、裁判所による receiver 選任が請求された事件である。原告は、receiver の選任を、著しく誤った経営とデッドロックの存在を根拠に請求した。デッドロックの存在について被告は以下のような反論を行った。すなわち、一九五六年一二月の株主総会で被告提出の取締役候補者が選任されたことによって、デッドロックは解消されたとの主張である。しかし、この株主総会では、議決権売買がなされていた。すなわち、株主と彼にとって有利な雇用契約を締結すること、また、別の株主に会社からローンを提供すること、会社による株式買取契約を結ぶことなどによって、被告は自分に有利な議決権を獲得した。本判決は、議決権売買は無効であると判示した。その根拠として、5 Fletcher Cycropedia Corporations (Rev. Ed.) § 2066 のみをあげる）; Chew et al. v. Investment Mgt. Corp., 352 A. 2d 426 (Del. Ch. 1976)（経営権争いのなかで、Aは同意勧誘の手続

(consent solicitation, see Delaware General Corporation Law § 228) を用いて新経営者を選ぶことを計画した。同意を得るために以下のような取引がなされた。つまり、撤回不能委任状を提供した株主には、彼が所有している株式にAがコールオプションを獲得する対価として金銭が支払われたのである。Investment Mgt. Corp. の当時の株価が非常に低かったことを考えると、実際にオプションが行使されることは考えられないことから、これは議決権売買にあたると判断された。そして、Fletcher Cyclopedia, Corporations § 2066 (Rev. ed. 1967), Macht v. Merchant Mortgage and Credit Company, 194 A. 19 (Del. Ch. 1937), Hallv. John S. Isaacs & Sons Farms, Inc., 37 Del. Ch. 530, 146 A. 2d 602 (1958) などをあげ、議決権売買は無効であると判示された）。

(96) 447 A. 2d 17, 25.

(97) Hewlett et al v. Hewlett-Packard Company, 2002 Del. Ch. Lexis 44, at 15; Cole, supra note 4, at 831-832.

(98) 本項(1)(2)参照。

(99) ある具体例を、defraud が問題である場合と disenfranchisement が問題である場合に、完全に分類することはできないと考える。確かに、Schreiber 判決以後の判例では、defraud と disenfranchisement を区別して扱うものが多い。See, Kass v. Eastern Airlines, Inc., 1986 Del. Ch. LEXIS 486 ; In re IXC Communications, Inc. Shareholders Litig., 1999 Del. Ch. LEXIS 210. しかし、この二判例では、そもそも原告が defraud の主張を行っていないのである。本稿では、検討の都合上、第二項で述べるような分類を採用する。しかし、筆者は、これらの分類が互いに重複のないものであるとの見解をとっているわけではない。

(100) 議決権売買が引き起こす問題点については、Clark, supra note 7 ; André, supra note 3 ; Cole, supra note 4 が詳細な分析を行っている。

(101) "looting" の具体例としては、過剰な報酬、会社資産の有利な価格での買収、自己の資産の会社に対する有利な価格での売却などが考えられる。See, Clark, supra note 7, at 795 ; Easterbrook and Fischel, supra note 75, at 129-31 ; Cole, supra note 4, at note 214.

(102) もちろん、過半数の議決権付株式を所有することで、株主総会決議を通じて取締役会の定員の過半数を選任し、その後、取締役会で自分を経営者として選任すれば、経営者としての報酬を得ることも可能である。したがって、議決権付株式を所有することの利益は、株式価値の向上に限定されるわけではない。しかし、報酬手続の問題、報酬額が過剰である場合には事後的に責任を追及される危険が存在するので、法的リスクの観点からは、株式価値の向上による利益が最も確実なものといえるのではなかろうか。See also, Clark, supra note 7, at 795.

(103)　Easterbrook and Fischel, supra note 75, at 74-76. 特に、買収者が現経営者、取引相手方、労働者、消費者などである場合に、問題は顕在化すると考えられる。たとえば、労働者が議決権売買によって会社経営に対して一定の影響力を持ち、労働者がその影響力を契約によって定められた利益以上の利益を要求するために用いる場合には、本来、株主に帰属すべき利益の一部が労働者に移転することになる。また、現経営者による議決権売買について、André, supra note 3, at 620-621 を参照。労働者等による議決権売買の妥当性については、会社の目的の解釈と関連する。これについては Clark, supra note 7, at 790-795 を参照。

(104)　Clark, supra note 7, at 795-796 ; Cole, supra note 4, at 840.

(105)　本節第一款第一項。

(106)　本節第一款第一項。ある程度の株式を既に所有する株主が、合理的無関心や集合行為問題によって情報収集・分析に基づいて議決権を行使することが期待できない他の株主から議決権を購入することは、結果として、議決権を売却した株主を含めた株主全体の利益になる場合がある。なぜなら、結果として、株主全体の利益になる決議が成立したり、または、株主全体の利益と矛盾する決議が成立することが妨げられる場合があるからである。議決権売買の買い主がある程度の株式を保有していることは、そうではない場合と比べて、議決権売買を行った株主と他の株主と間で、利害関係が一定程度は共通することを意味する。もちろん、本文でも示すように、株式保有を通じた利害関係の共通性を要求することで十分であるか否かは、別に検討されるべき問題である。

(107)　Cole, supra note 4, at 832. 議決権売買以外に集合行為問題を解決する方法としては、議決権行使の内容とは無関係に、議決権を行使したこと自体に対して何らかの利益（Turnout Incentive）を付与する方法がある。See, Hasen, supra note 7, at 1355-59. 会社又は株主利益の観点から合理的な議決権行使とは、対象となっている事項についての情報収集と分析を前提とする議決権行使であり、Turnout Incentive はその費用を補填することで、合理的な議決権行使を促進させる効果を持つ。もちろん、この場合であっても株主がコインを投げて議決権行使の内容を決める可能性があるが、議決権行使の結果と無関係にTurnout Incentiveが付与されるので、株主の意思決定が歪められる度合いは議決権売買よりは小さいものと思われる。See, Cole, supra note 4, at 853-54. 集合行為問題を解決する手段として、議決権売買かTurnout Incentiveのどちらが望ましいかは、議決権売買の対象となっている決議が会社又は株主利益と矛盾しているか否かを株主自身や裁判所などの第三者が判断することが可能であるか否か、Turnout Incentiveによって株主の「合理的な」議決権行使がどの程度促進されるか否かなどに依存することになる。

(108) もちろん、ある取引が公正であるか否かを、投資銀行から助言を受けたか否かなどの手続の積み重ねの有無によって判断することにも限界が存在する。See, Lucian Arye Bebchuk & Marcel Kahan, Fairness Opinions: How Fair Are They and What Can Be Done About It?, 1989 Duke L. J. 27 ; William J. Carney, Fairness Opinions: How Fair Are They and Why We Should Do Nothing About It, 70 Wash. U, L. Q. 523 (1992). しかし、決議の客観的妥当性を判断することの容易性という点では、続いて本文で述べる取締役選任決議とそれ以外の決議との間には大きな差異が存在するように思われる。

(109) 本節第一款第一項参照。株主の意思決定には集合行為問題が存在するため、残余権者である株主の支持は株主総会の意思決定の合理性を担保しないという指摘がなされるかもしれない。しかし、敵対的企業買収を通じて株主の集合行為問題は解決される。

(110) 本節第一款第三項参照。

(111) See also, Fletcher Cyc Corp §2075 (Perm Ed). 議決権信託は、議決権売買と同じく、当初は原則として禁止されていた。See e.g., Shepaug Voting Trust Cases, 60 Conn. 553 ; 24 A. 32 ; 1890 Conn. LEXIS 58 (Conn. Superior Court 1890) (事案の概要は以下のとおりである。A社の過半数の株式を獲得するためにシンジゲートが結成された。取得された株式は、B会社を受託者とする議決権信託に拠出された。期間は五年間であり、信託証書の償還請求は禁止されていた。シンジゲートの目的は、表面上は鉄道の敷設とされていたが、実際は、A社を支配することでシンジゲートの会員が鉄道建設に関係して有利な契約を得るといった利益を得ることであった。ところが、当該議決権信託の信託証書の一部が、シンジゲート会員の破産などを原因として、Xの所有するところとなった。Xは、信託証書の放棄と引換えにA社株式の引渡しを請求した。判決では、Xの請求を認容するとともに、B会社に対して、議決権行使の永久的な禁止が命じられた。その根拠として、会社法上、議決権行使に関する委任状の有効期間は一年以内であり、かつ、各株主総会ごとに委任状の発行を要求する定めと、本件議決権信託が抵触することが挙げられた。そして、このような会社法の規定は、議決権は株式所有者によって行使されるべきであるという public policy をあらわすものであるとされた。なお、public policy の内容は、Schreiber 判決が示した内容と同様である); Warren v. Pim, 66 N.J. Eq. 353, 59 A. 773 (N. J. Court of Error and Appeals 1904)(事案の概要は以下のとおりである。ニュージャージー州で設立されたA社の過半数の株式について、受託者をイギリス法に基づいて設立された会社とする議決権信託が設定された。そして、議決権信託に拠出されていた株式の所有者から、当該議決権信託の無効の主張がなされた。法廷意見では、そもそも、会社は議決権信託の受託者として議決権を行使する権限を有しないことを根拠にして、議決権信託の無効が宣言された。一方、Pitney 裁判官の同意意見では、株主による撤回が不可能である議決権信託は public policy に反するとの判断がなされた。)。しかし、議決権信託が各州の会社法で認容される前であっても、一九四〇年代には既に、議決権信託の目的が improper motive or object でない限り、議決権信託は有効であるとの判例が確立していたようである。See, Henry W. Ballantine, Voting Trusts, Their Abuses and Regulation, 21 Texas L. Rev. 139, 149 (1942).

(112) Fletcher Cyc Corp § 2081 at 408-409 (Perm Ed); Ballantine, supra note111, at 152-153. また、目的の判断は、当事者の意図ではなく、客観的な評価によるとの指摘もされる。See, Fletcher Cyc Corp § 2065 at 367 (Perm Ed).

(113) E.g., In re CHICAGO & N. W. RY. CO., 35 F. Supp. 230 (U. S. Dist. 1940). 本件は、州際通商委員会によって作成された鉄道会社の再建案について、債権者の異議申立手続における裁判所の判断である。再建案では、債権者に発行される議決権付優先株式と普通株式は一〇年間、議決権信託に拠出されることになっていた。これに対し、債権者から、新規に発行される証券の議決権を奪われること、当該議決権信託の受託者の選任方法について異議が申し立てられた。裁判所は以下のように判示して債権者の異議を退けた。すなわち、議決権信託の目的は企業が再建された直後の時期に、実際の企業所有者と経営者の分離を妨げることにある。議決権信託が設定されない場合、企業の経営は、投機的な価値しか持たない証券所有者によって支配されることになってしまう。議決権信託は、会社が、彼らの私利目的に経営されることを防ぐ役割を果たすのである。See also, Oceanic Exploration Co. v. Grynberg, 428 A.2d 1; 1981 Del. LEXIS 294 (Del. Sup.1981).

(114) E.g., Adams v. Clearance Corp., 116 A. 2d 893 (Del Ch. 1955). 事案の概要は以下のとおりである。X_1はX_2社の取締役会議長であり、かつ、社長であった。X_2社はY_1社を、Y_1社はY_2社を、Y_2社はA社の過半数の議決権を所有していた。そして、Y_1社が所有するY2社の株式について、議決権信託が設定された。ところが、A社とY_2社の合併契約の承認決議に際して、X_1社とX_2社は当該議決権信託の無効を主張し、議決権行使の差止を請求した。X_1社とX_2社は、本件議決権信託の目的は、受託者でもあるY_1社経営者のY_2社に対する支配権の維持にあると主張した。これに対して、判決では、当該議決権信託が、Y_1社経営者の健全な経営判断に基づいて設定されたことを認定し、議決権信託の有効性を認めた。

(115) Fletcher Cyc Corp § 2082 at 414 (Perm Ed).

(116) Fletcher Cyc Corp § 2083 at 416 (Perm Ed).

(117) See, Palmbaum v. Magulsky, 217 Mass. 306 ; 104 N.E. 746 ; 1914 Mass. LEXIS 1265 ; Abraham W. Fuller et al. versus Abraham A Dame., 35 Mass. 472 ; 1836 Mass. LEXIS 100 ; 18 Pick. 472 ; Dieckmann v. Robyn, 162 Mo. App. 67, 141 S. W. 717.

(118) Clark, supra note 7, at 800.

(119) 支配株主の責任の範囲について、たとえば、Kahn v. Lynch Commnication Sys., Inc., 638 A. 2d 1110, 1113-1114 (Del. 1994) ; Zahn v. Transamerica Corporation, 162 F. 2d 36 (3th Cir. 1947) を参照。一般的には、Melvin A. Eisenberg, Corporations and Other Business Organizations ; Case and Materials 697-736 (Foundation Press 8th ed-unabridged, 2000) ; Stephen M. Bainbridge, Corporation Law and Economics 351-360 (Foundation Press, 2002) ; Ronald J. Gilson and Jeffrey IV. Gordon, Controlling Controlling Shareholelers, 152 U. Pa. L. Rev. 785 (2003).

(120) 議決権売買がなされたとしても、組織再編行為の対価が、独立当事者間基準によって算定される範囲に収まっている場合もある。しかし、議決権売買が存在することによって、他の株主が受け取ることができる対価の額が減少している以上、それは支配株主としての義務に違反すると評価するべきではないであろうか。

(121) 447 A. 2d 17, 25-26.

(122) Black's Law Dictionary, 527 (WEST , Abridged Seventh Edition 2000) では、"the right to vote" と、説明されている。

したがって、disenfranchisement は投票権に対する侵害一般を指すものと考えられる。

(123) Morgan N. Neuwirth, Shareholder Franchise-No Compromise : Why the Delaware Courts must Proscribe All Managerial Interference with Corporate Voting, 145 U. Pa. L. Rev. 423 (1996) ; David C. McBride and Danielle GiBBs, Interference with Voting Rights : The Metaphysics of Blasius Industries v. Atlas Corp., 26 Del. J. Corp. 927 (2001).

(124) 564 A. 2d 651 (Del. Ch. 1988).

(125) 株主総会の開催に代わる株主の同意の勧誘については、Delaware General Corporation Law § 228 (2006) を参照。

(126) 取締役の定員は、定款で具体的な人数が定められてない限り、取締役会のみで変更することができる付属定款によって具体的な人数を定めることができる。そして、付属定款の変更によって新規に発生した取締役の席を占めるべきものは、現取締役会の多数決によって選任される。See, Delaware General Corporation Law § 109 (a), 141 (b), 223 (a).

(127) 564 A. 2d 651, 659-663.

(128) 一方、既存株主の議決権を希釈する場合であっても、株主総会の同意を得ていれば、Unocal 基準も Blasius 基準も適用されないことを判示したデラウエア州最高裁判所の判例が存在する。See, Williams v. Geier et al., 671 A. 2d 1368 (Del. Supr. 1996). See also, Marcel Kahan & Edward B. Rock, Corporate Constitutionalism : Antitakeover Charter Provisions as Precommitment, 152 U. Pa. L. Rev. 473, 499 (2003). 敵対的企業買収防衛策に関するデラウエア州判例法の中での Blasius 判決の意義については、徳本穰「敵対的企業買収の法的研究（二）——対抗措置理論による利害調整と解釈論の理論的限界——」九州大学法政研究六五巻三＝四号八二頁（一九九九年）、田中亘「デラウエア州の買収防衛法理——ニッポン放送事件に適用するとどうなるか——」法時七九巻五号五五頁（二〇〇七年）参照。

(129) 564 A. 2d 651, 660. Blasius 判決当時のデラウエア州衡平法裁判所の裁判官であった William T. Allen は、後の論考において、Blasius 判決と株式会社の正統性の関係を明示している。See, William T. Allen, Jack B. Jacobs, and Leo R. Strine, Jr., Function Over Form: Reassessment of Standards of Review in Delaware Corporation Law, 56 Bus. Law. 1287, 1311-12 (2001).

(130) E. g., Stahal v. Apple Bancorp, Inc., 579 A. 2d 1115 (Del. Ch. 1990); Stroud v. Grace, 606 A. 2d 75 (Del. 1992); Kidsco v. Dinsmore, 674 A. 2d 483 (Del. Ch. 1995). Willima T. Allen も、Blasius 判決の基本的な考え方には賛成していたが、司

法審査の基準としては、Unocal/ Unitrin 基準の枠組みの中で、Blasius 基準の理念、すなわち、取締役会による株主の議決権に対する侵害を厳格に審査することにした方が望ましいと述べている。See, Allen, Jacobs, and Strine, supra note 129, at 1312-16. ポイズン・ピルが敵対的企業買収防衛策として一般的に利用されるようになって以降、公開買付の前段階として、ポイズン・ピルを消却するために取締役会の過半数を占めることを目的とした委任状勧誘が行われることが一般的となった。その結果、敵対的企業買収防衛策の中には、たとえば、自己株式の買付けを行うことで取締役の持株比率を上昇させる等、委任状勧誘に影響を与えるものも含まれるようになった。このような状況の中で、デラウエア州最高裁判所は、Unitrin, Inc. v. Am. Gen. Corp. において、Unocal 基準を精緻化し、委任状勧誘に対する影響を考慮できるようにした。Unitrin 判決に従えば、敵対的企業買収に対する防衛措置は、以下の要件を満たす場合に経営判断原則による保護を受ける。①取締役会が、合理的な根拠をもって、敵対的企業買収が会社の経営政策と効率性に脅威をもたらすと認識していること、②防衛措置が当該脅威と合理的な比例関係にあること、である。②の基準において、防衛措置が強制的又は排他的（coercive or preclusive）であると判断されれば、この基準を満たすことが困難になると考えられている。See, 651 A. 2d 1361, 1379-80 (Del. 1995). すなわち、防衛策と脅威との比例関係の判断基準として挙げられた、防衛策が排他的である否かの判断において、Blasius 判決における株主を disenfranchisemennt することが主たる目的か否かという判断を行うことが可能となるのである。See, Allen, Jacobs, and Strine, supra note 129, at 1314.

(131)　MM Companies, Inc. v. Liquid Audio, Inc.813 A.2d 1118 (Del. 2003). ただし、Blasius 事件では期差取締役会制度が定款で定められていたが、本件では附属定款で定められていたという差異がある。期差取締役会制度が定款で定められているか、附属定款で定められているかの差異は、株主が期差取締役会制度を取締役会の同意を得ることなく廃止できるか否かという点で大きな差異がある。See, Lucian Arye Bebchuk, John C. Coates IV & Guhan Subramanian, The Powerful Antitakeover Force of Staggered Boards: Theory, Evidence, and Policy, 54 Stan. L. Rev. 887, 894 (2002). しかし、デラウエア州最高裁判所はこの点を重視しているわけではない。一方、学説の中には、この点を重視する見解も存在する。See, Marcel Kahan & Edward B. Rock, Corporate Constitutionalism : Antitakeover Charter Provisions as Precommitment, 152 U. Pa. L. Rev. 473, 512-15 (2003).

(132)　571 A. 2d 1140 (Del. 1990). Paramount判決は、対象会社の取締役会は株主が受け取ることができる買収対価が不適切であることだけを根拠としては敵対的企業買収を拒否できないとしポイズン・ピルの消却を命じた衡平法裁判所の先例の立場（City Capital Associates Ltd. Partnership v. Interco, Inc.,, 551 A. 2d 787 (Del. Ch. 1988); Grand Metropolitan Public, Ltd. v. Pillsbury Co., 558 A.2d 1049 (Del. Ch. 1988)）を覆したという点で重要な意味を持つ。See, Allen, Jacobs, and Strine, supra note 129, at 1315-16 ; Troy A. Paredes, The Firm and the Nature of Control : Toward a Theory of Takeover Law, 29 J. Corp. L. 103, 148-49 (2003). その後、いわゆるRevlon基準が適用される場合を除き、対象会社の独立取締役が、投資銀行の助言を受けて、敵対的企業買収者が提示する買収価格が低すぎると判断した事案において、デラウエア州裁判所がポイズン・ピルの消却を命じた事例は存在しない。See, Marcel Kahan and Edward B. Rock, How I Learned to Stop Worring and Love the Pill, 69 U. Chi. L. Rev. 871, 878 (2002).

(133)　Lucian Arye Bebchuk and Marcel Kahan, A Framework for Analyzing Legal Policy Towords Proxy Contests, 78 Cal. L. Rev. 1071, 1075 (1990).

(134)　Bebchuk, Coates Ⅳ & Subramanian, supra note 131, at 907 ; Bernard Black & Reiner Kraakman, Delaware's Takeover Law: The Uncertain Serch for Hiddeen Value, 96 NW. L. Rev. 521, 564 (2002).

(135)　Comment, MM Companies, Inc. v. Liquid Audio Inc. : Determination of the Review Standard When Director's Defensive Measure Impedes Shareholder's Right to Vote, 29 Del. J. Corp. L. 175, 189-90 (2004). See also, Omnicare, Inc. v. NCS Healthcare, Inc., 818 A. 2d 914 (Del. 2003).

(136)　このような立場に親和的な見解として、Robert B. Thompson & D. Gordon Smith, Toward a New Theory of the Shareholder Role : "Sacred Space" in Corporate Takeovers, 80 Tex. L. Rev. 261, 299 (2001); Paredes, supra note 132, at 106-07などがある。しかし、このような見解に対しては、株主が意思決定権限を持つことが、会社又は株主の利益、そして、社会全体にとって利益をもたらすか否かということを検討していないとの批判がなされている。See, Harry G. Hutchinson, Director Primacy and Corporate Governance: Shareholder Voting Rights Captured by the Accountability/Authority Paradigm, 36 Loy. U. Chi. L.J. 1111, 1134-35 (2005).

(137)　500 A. 2d 1346 (Del. Sup. 1985). 事案の概要は以下のとおりである。一九八四年二月以降、Y会社の経営者は、Y

会社が敵対的企業買収の標的となりやすいことを認識し、防衛措置の検討を行っていた。そして、取締役会は、具体的な買収提案がなされる前に、防衛措置として、ポイズン・ピルを採用した。特にポイズン・ピルの内容の中で、以下の点が問題となった。すなわち、Y会社株式の二〇%が買い占められた場合、Y会社優先株式を一〇〇分の一株購入でき、かつ、会社による消却が不可能である権利が、二〇%を所有する株主以外に発行される。この権利が行使されず、その後、二〇%を所有する株主とY会社の間で合併が生じた場合、当該権利の保有者はY会社の株式の二〇%を所有していた買収者の二〇〇ドルに相当する普通株式を、一〇〇ドルで購入する権利を有する。このような条項は、"flip-over"条項と呼ばれている。

(138)　500 A. 2d 1346, 1355. しかし、その権限の行使に関しては、いわゆるUnocal基準が適用される。その結果、取締役会によって認識された脅威の程度と議決権行使に対する影響の合理的なバランスが要求されることになる。Id at 1351-57. ESOPの採用によって現経営者派の持ち株が三三・四%になったが、五七%の株式が浮遊票であったことを根拠に同様の評価を下した判例として、Shamrock Holdings, Inc. v. Polaroid Corp., 559 A. 2d 278 (Del. Ch. 1989) がある。

(139)　デッドハンド条項とは、ポイズン・ピルが行使可能になった当時の取締役会、もしくは彼らが指名した後継の取締役会のみに、ポイズン・ピルの消却権限を付与する条項である。スローハンド条項には多くの種類がある。具体例として、以下のような条項を挙げることができる。新任の取締役会は、就任後一定期間が経過しない限り、特定の主体（たとえば、当該取締役の選任を、提案したり、指名したり、経済的に援助した主体）との取引を促進させることを目的として、ポイズン・ピルの消却を禁止する条項である。See, Ronald J. Gilson & Bernard S. Black, The Law and Finance of Corporate Acquisitions 61-62 (2d ed. Sup., Foundation Press, 1999).

デッドハンド条項の有効性について、Carmody v. Toll Brothers, Inc., 723 A. 2d 1180 (Del. Ch. 1998)、スローハンド条項の有効性ついて、Quickturn Design Systems, Inc. v. Shapiro, 721 A. 2d 1281 (Del. Supr. 1998) を参照。

(140)　前注で示した判例では、定款規定によらずに取締役の権限を制限することが会社法（デラウエア一般会社法一四一条(a)）に違反することが根拠として示された。See, 723 A. 2d 1180, 1190-1191 ; 721 A. 2d 1281, 1291-1292. その結果、現取締役の再任を強制されることとなる。このような条項は議決権行使に対する不当な侵害と構成される。See, 723 A. 2d 1180, 1193.

(141) See, Julian Velasco, The Enduring Illegitimacy of the Poison Pill, 2002 J. Corp. L. 381, 397.

(142) Schreiber 判決が要求する defraud を、単に議決権売買が秘密裏に行われているか否かの問題として扱う場合には、intrinsic fairness として検討するべき内容は変化する可能性がある。すなわち、議決権売買が会社又は株主利益と矛盾しない場合に、intrinsic fairness の要件が満たされるとするのである。See, Katz, supra note 7, at 1514-15. また、Dfraud 又は disenfranchisement はあくまで議決権売買の目的に関する要件であり、これらの要件が充足されているか否かを判断する際には、議決権売買の当事者の主観的事情にのみ着目するのであれば、加えて、intrinsic fairness の要件において議決権売買の実体的内容を規制する必要性がある。しかし、動機の問題と取引実体の問題を明確に区別できるか否かは疑わしい。当事者の動機に着目するといっても、議決権売買を取り巻く客観的な状況を分析することで、初めて、議決権売買の動機は明らかになるのではなかろうか。また、先に述べたように Schreiber 判決以降、intrinsic fairness が独立した要件としての意義を維持しているか否か疑わしい面もあり、同要件の充足の有無の判断において議決権売買によって成立させようとした株主総会決議の実体的内容が審査対象とされているとはいえないように思われる。本節第二款第一項［判決の影響］参照。さしあたって、本文の以下の検討では、本項(1)(2)で述べたような意味で defraud を解釈することを前提にして分析を進めることにする。

(143) 議決権売買の対価の適切性は、特に、議決権売買が不特定多数の株主に提案される場合に問題となる。議決権を有するすべての社債権者に議決権売買の提案がなされた Kass v. Eastern Airlines, Inc, 1986 Del. Ch. LEXIS 486 を典型例として挙げることができる。

(144) Freezeout とは、典型的には、対象会社の過半数の株式を有する親会社が、少数株主を強制的に追い出すことを目的にした取引をいう。少数株主を追い出す具体的な方法としては、対象会社と親会社や他の子会社との交付金合併を行うことを挙げることができる。See, Delaware General Corporation Law § 251 (b); N. Y. Business Corporation Law § 902 (a) (3); California Corporation Code § 1101 (d).

Weinberger v. UOP, 457 A. 2d 701 (Del. Sup. 1982) の事案の概要は以下のとおりである。S社（Signal）は、現金による公開買付とそれを条件にした第三者割当増資によってU社（UOP）の発行済株式の五〇・五％を取得した。U社株式の当時の市場価格一四ドルに対し、取得価格は一株あたり二一ドルであった。その後、S社は残りの四九・五％の株式の取得を計画した。調査の結果、一株あたり二四ドルの支払いまでは、S社に利益が生じることが判明した。この調査には、U社の取締役を兼務するものが関与していた。しかし、この調査の内容については、U社の他の取締役に開示されることはなかった。その後、U社とS社の経営者の交渉により提案する対価は二一ドルと決定した。ただし、U社のCEOはS社の取締役でもあり、彼はS社から提案された対価の増額を求めることはしなかった。合併契約では、U社において、承認の条件として、S社以外の株主の過半数の賛成と、全株主の三分の二の賛成を要求していた。U社株主総会では、この条件を満たすだけの賛成票が投じられた。

合併の効力が発生した後、旧U社の少数株主から合併契約の違法が主張された。争点となったのは、前述したS社の調査に関する情報が、U社の取締役会と株主に開示されていなかったことであった。判決は、この点を重視し、当該取引が独立当事者間のものとはいえないと判示した。そして、本件では、当該取引が有効と判断されるためには、fairness の証明が必要であると判示された。

(145) 457 A. 2d 701, 711. なお、Fair dealing は、取引のタイムスケジュール、発案者、交渉の内容、開示内容との関係で問題となる。

(146) 457 A. 2d 701, 714. ただし、株式買取請求の場合の価格算定と同じく、合併による効果を算定の際に考慮することは許されないとされた。See also, Delaware General Corporation Law § 262 (h).

(147) Freezeout と議決権売買では fair price の中身は当然異なる。前者では、親会社が子会社を完全子会社にすることによって獲得する利益を、少数株主と分け合うことの必要性が問題となる。いわゆるシナジーの分配である。この場合には、情報開示が適切であれば生じたであろう株価の上昇も考慮するべきか否かが重要な問題となる。See, Rutheford B. Campbell, Jr., Fair Value and Fair Price in Corporate Acquisitions, 78 N. C. L. Rev. 101, 127-134 (1999).

一方、議決権売買では、議決権を売却した株主は会社に対する経済的利益を継続して所有する。したがって、シナジーの分配が問題となることはない。むしろ、本項(1)で示したような会社の搾取の危険性が増加することに対して何らかの補償がなされる必要があるか否かが問題となる。

(148) Easterbrook and Fischel, supra note 75, at 71 ; Haim Levy, Economic Evaluation of Voting Power of Common Stock, 38 J. Fin.79, 88 (1983). Haim Levy は、イスラエルのテルアビブ証券取引所に上場されている、議決権についてのみ差

異がある二種類の株式の株価の差についての研究を行った。この研究では、Paを議決権について優先する株式の価格、Pbを議決権について劣後する株式の価格とし、(Pa-Pb)/Pb の数値を調べることで議決権の価値を探求することが試みられている。その結果、平均して、四五・五%のプレミアムの存在が実証された。Id at 88. また、議決権の価値は議決権において優先する株式が総株式数に占める割合と反比例する、すなわち、議決権について優先する株式の割合が小さいほど、プレミアムが高くなることも示されている。Id at 88-89.

(149) Grossman & Hart, supra note 18, at 177 ; Easterbrook and Fischel, supra note 7,at 411.

(150) たとえば、In re Ixc Communications, Inc., Shareholders Litigation, 1999 Del. Ch. LEXIS 210 (Del. Ch. 1999) では、二六%の議決権を所有する株主と、合併の相手方会社との間でなされた議決権売買が問題となった。この場合、二六%の議決権を所有する株主にはある程度の交渉力があると考えられる。しかし、仮に大株主間の議決権売買であっても、情報の非対称性の程度が大きくなればなるほど、議決権売買が株主間の利益移転の手段として用いられる可能性が大きくなることに注意する必要がある。See, Cole, supra note 4, at 847-48.

(151) たとえば、以下のような事例を考えることができる。議決権の買主が成立させようとする決議は五一%の賛成票を必要とする。少数株主は、通常、自らの議決権が決議成立に決定的な役割を果たすとは考えていない。したがって、少数株主には、議決権を売却しないという動機が通常は存在しない。また、少数株主は、彼らが議決権を売却せず、そして、買主が他の株主から必要な議決権を買収した場合、少数株主の議決権は全く意味がなくなり、かつ、その対価を得る機会を失うことを認識している。したがって、対価を得る機会を消失しないために、議決権を売却する動機を有することになる。See, Cole, supra note 4, at 837-838.

(152) 対価の適正を要求することは、議決権売主の保護につながるものと考えられるが、議決権を売却しなった株主の保護につながるわけではない。議決権を売却しなかった株主の保護は、議決権売買の目的が defraud or disenfranchisement でないという条件によって図られるものと考えられる。

(153) Schreiber 判決においては、“A fraudulent purpose is as defined at common law, as a deceit which operates prejudicially upon the property rights of another.” としか述べられなかった。See, 447 A. 2d 17, 24. Fraud の定義は制定法にはなく、衡平法裁判所の裁判官に、” a flexible means of preventing a wrong such nature as to shock conscience” を与える概念

として理解されている。ただし、柔軟であるがゆえに、無限定に利用することが許されるわけではない。See, George D. Gibson, How Fixed Are Class Shareholder Rights, 23 Law & Contemp. Probs. 283, 297 (1958).

(154) Black's Law Dictionary, supra note 122, at 529 では、"unconscionable dealing" という説明がなされている。

(155) Cole, supra note 4, at 831-832. 先に述べたように、Schreiber 判決における defraud を別の意味に解釈することも全く不可能というわけではない。前注 (142) 参照。

(156) 447 A. 2d 17, 23. ここでは、以下の判例が提示されている。Macht v. Merchant Mortgage and Credit Company, 194 A. 19 ; Hall v. Isaacs, 146 A.2d 602, aff. d, 163 A. 2d 288 ; Chew et al. v. Investment Mgt. Corp., 352 A. 2d 426.

(157) 194 A. 19.

(158) 194 A. 19, 22. 前注 (156) で挙げた、Hall v. Isaacs, Chew et al. v. Investment Mgt. Corp. も類似の事件である。ともに、経営権の維持獲得を唯一の目的とした議決権売買であった。

(159) 1983 Del. Ch. LEXIS 559.

(160) 1987 Del. Ch. LEXIS 514 ; Fed. Sec. L. Rep. (CCH) P93, 539.

(161) 議決権買収者の主張によれば、取締役選任に必要な議決権が確保されていたようである。ただし、具体的な議決権の割合は認定されていない。See, 1983 Del. Ch. LEXIS 559, at 7. また、議決権を売却した株主が支配株主であるとの認定も無い。

(162) 1983 Del. Ch. LEXIS 559, at 11-12. 本文指摘の事実のほか、議決権売買の効力が九〇日間しか及ばないこと、その結果、取締役としての適切性を争う余地がかなり残されていることなども裁判所の判断を基礎づけるものと考える。Id at 6-7. Macht v. Merchant Mortgage and Credit Company では、明確な認定がなされているわけではないが、長期にわたって議決権売買が効力を持つことが想定されている。See, 194 A. 2d 19, 22.

(163) 1987 Del. Ch. LEXIS 514, at 3-4. その他、被告会社と敵対的企業買収者間のすべての訴訟を取り下げること、敵対的企業買収者が一年以内に、すべての持株を処分すること、敵対的企業買収者は、被告会社の株式を所有する限りは受動的な投資家であり続けること、被告会社の同意なしに株式を買い増さないこと、などが定められた。

(164) See, 1987 Del. Ch. LEXIS 514, at 11-12.

（165）1987 Del. Ch. LEXIS 514, at 10-11.

（166）1987 Del. Ch. LEXIS 514, at 12. Disenfranchisement の存在について、本判決では、議決権売買に関係する議決権の割合は4%であること、また、敵対的企業買収者は所有する株式を一年以内に売却することに合意していることから、目的が disenfranchise とはいえないと判示した。この点については、後述する。

（167）前項（1）。

（168）Schmitz, supra note 3, at 934-35.

（169）ただし、取締役一名の選任を目的としていたこと、議決権売買の効果が比較的短期であること、といった要素のうち、何が決定的であるか、判旨からは明らかではない。

（170）1986 Del. Ch. LEXIS 486, at 12.

（171）1999 Del. Ch. LEXIS 210, at 23.

（172）1986 Del. Ch. LEXIS 486, at 2-4.

（173）1986 Del. Ch. LEXIS 486, at 12. ただし、すべての株主に同じ条件で買入れの申し出がなされていない場合、同じ結論をとることはできないとも判示している。Id.

（174）本事例でも囚人のジレンマを原因とする強制の要素が含まれることを主張する見解として、Cole, supra note 4, at note 171 がある。しかし、本判決は、問題となった財務制限条項の改正が、社債権者の利益に中立であることを前提にしている。したがって、本判決の事実認定を前提とすれば、囚人のジレンマが存在することによって社債権者の利益が害されるわけではない。See, 1986 Del. Ch. LEXIS 486, at 3. 社債権者に対する同意の勧誘と強制の問題については、Royce De R. Barondes, An Economic Analysis of the Potential for Coercion in Consent Solicitations for Bonds, 63 Fordham L. Rev. 749（1994）; John C. Coffee, Jr. & William A. Klein, Bondholder Coercion: The Problem of Constrained Choice in Debt Tender Offers and Recapitalizations, 58 U. Chi. L. Rev. 1207（1991）; Andrew L. Bab, Note, Debt Tender Offer Techniques and the Problem of Coercion, 91 Colum. L. Rev. 846（1991）を参照。

（175）1999 Del. Ch. LEXIS 210, at 7-8. 本件では、defraud の主張がなされていないため、合併が会社の利益に資するかという点についての検討がなされなかった。また、議決権を売却したＧＥＰＴ社が支配株主であるとの指摘も存在しない。

(176) 1999 Del. Ch. LEXIS 210, at 24-25.

(177) この点について、以下のような指摘がなされた。"They can only say that the GEPT deal" almost completely lock [s] up the vote-thus giving shareholders scant power to defeat the Merger ..." . "Almost locked up" does not mean" locked up," and" scant power" may mean less power, but it decidedly does not mean" no power."" See, 1999 Del. Ch. LEXIS 210, at 24.

(178) 2002 Del. Ch. LEXIS 44. 本件では、株主が合併決議の無効を主張して訴訟を提起したが、その根拠の一つとして、会社が議決権売買を行ったことが挙げられた。本判例は、会社からの訴え却下の申立て（motion to dismiss）に対する判断である。したがって、事実認定に基づいた判断というわけではない。

(179) 2002 Del. Ch. LEXIS 44, at 14. 本文に示した理由によって、会社側の motion to dismiss は退けられた。ただし、これに引き続く判決では、最終的に議決権売買に関する株主の主張は、議決権売買自体が存在しないという理由によって棄却されている。See, Hewlett et al v. Hewlett-Packard Company, 2002 Del. Ch. Lexis 35, at 54-63.

(180) Cole, supra note 4, at 829, 830.

(181) 1987 Del. Ch. LEXIS 514. 事案の概要については、本項(1)参照。

(182) 1987 Del Ch. LEXIS 514, at 13.

(183) 前項(4)参照。

(184) Grossman & Hart, supra note 18, at 177 ; Easterbrook and Fischel, supra note 7, at 411.

(185) 議決権売買の有効性を判断する基準として、Schreiber 判決が出発点となることは確立したといえるが、その後の裁判例は、Schreiber 判決よりも、議決権売買に寛容な立場をとっているとし、そのような立場に批判的な見解も存在する。See, Cole, supra note 4, at 827-30 ; Pavelich, , supra note7, at 257-58.

(186) 積極的に他の株主に不利益を与えることが目的でなくても、単に、支配権の維持獲得のみを目的とする議決権売買は無効と解される可能性が高い。See, Macht v. Merchant Mortgage and Credit Company, 194 A. 19. この点でも、Wincorp Realty Investments, Inc. v. Goodtab, Inc., 1983 Del. Ch. LEXIS 559 のように、取締役を一名のみ選任することを目的とする場合の解釈は不透明である。この点については、本節第三款第三項⑴を参照。

(187)　議決権売買に関してではないが、敵対的企業買収者がポイズン・ピルを消却するために行う取締役選任を目的とした委任状闘争において、公開買付条件を確定して行う場合と、そうではない場合とでは、前者の方が株主の意思決定の合理性が高まり、結果として、敵対的企業買収者が勝利する可能性が高まることが指摘されている。両者は、現在の経営者か敵対的企業買収か、どちらが対象会社を効率的に経営することができるかが株主の意思決定の判断基準となる点では共通する。しかし、前者では、公開買付条件が確定しているため、株主は現在の株価と敵対的企業買収者が提示する公開買付条件を参考にして議決権を行使することができるので、そのような資料がない場合よりも、株主の意思決定が合理的となるのである。See, Bebchuk, Coates & Subramanian, supra note 134, 920-21. 公開買付条件という指標が存在せず、かつ、裁判所は経営の効率性に関して判断する専門能力が欠けていることを前提にすると、議決権売買の場合にはよりいっそう強い理由で、具体的な事業計画の有無や投資銀行からの助言の有無を審査の対象とする必要性があると思われる。もちろん、裁判所が判断するというのは現在のデラウエア州判例法を前提にしているからであって、証券取引所などの第三者が判断することが論理必然的に否定されるわけではない。

(188)　本節第二款第二項⑶、第三項⑵参照。

(189)　Kass v. Eastern Air Lines, Inc., 1986 Del. Ch. LEXIS 486 (Del. Ch. 1986).

(190)　本節第三款第二項⑶。

(191)　Cole, supra note 4, at 829, 830.

(192)　本節第三款第二項⑷、第三項⑶参照。

(193)　このような形での対価は、もちろん、議決権を売却しなかった株主も得ることになる。したがって、純粋に議決権売買の対価といえないとの主張も考えられる。議決権を売却した株主は、たとえゼロに限りなく近くても買主から直接の対価を得る。問題は、このような対価の獲得に加えて、「公正」な対価の保証が必要かということである。

(194)　より正確にいえば、株式間の利益配当や残余財産に対する権利の差異が小さければ小さいほど、議決権の量が会社に対する株主としての経済的利益に比例する程度は大きくなる。

(195)　具体的には、議決権に対する当事者の評価が必ずしも株式の内容である会社に対する経済的利益と比例しないという意味と、一株一議決権原則では、株主の議決権が機能不全に陥りやすいという意味で、会社関係者の需要を満たしていないのである。後者については、Clark, supra note7, at 793-795 を参照。なお、金融技術の発展は、仮に会社法上、一株一議決権原則を要求したとしても、株主がデリバティブ等を組み合わせることによって、株主としての経済的利益と議決権を分離することを可能とした。See, Levmore, supra note7, at 138-39. したがって、会社法上、株主としての経済的利益と議決権の結びつきを法規制として要求したとしても、それを実現させる費用は、以前と比べて格段に増加することになるのではないかと推測される。

(196) 本節第三款第二項(3)参照。

(197) 本章三節第三款第三項(3)二参照。

(198) 本節第二款第二項参照。

(199) See, Cole, supra note 4, at 821.

(200) 本節第三款第二項(1)(2)参照。

(201) 他の株主の利益や会社の利益を犠牲にすることが禁止されるのは、議決権売買の局面に限られず、議決権一般にあてはまる。たとえば、州会社法で株主の承認決議が要求されない場合でも、経営者によって株主の承認決議が求められることがある。この場合、判例では、承認の対象となる行為ないし取引の範囲について制限が課されている。すなわち、違法行為、会社の能力外の行為、詐欺的行為は、承認決議の対象とすることができないのである。See, Harry G. Henn & John R. Alexander, Laws of Corporation and Other Business Enterprises, at 515 (WEST 3d ed 1983); Keenan et al. v. Eshleman et al, 2 A. 2d 904 (Del. Sup. 1938)（A会社はB会社の過半数の株式を所有していた。A会社とB会社の取締役会と経営者の構成は、ほぼ、同じであった。A会社はB会社に対して経営上のアドバイスを提供する契約を締結していた。A会社とB会社の共通の取締役ないし経営者であるXらは、両会社から報酬を得た。また、正規の報酬に加えて、B会社から高額なボーナスを得ていた。B会社の少数株主が、AとBの経営上のアドバイス提供契約と取締役らの高額報酬によってB会社が損害を被ったことを理由にB会社の株主として、派生訴訟を提起した。Xらは本件取引が過半数の株主の賛成を得ていることを抗弁として提出した。判決では、多数株主といえども、詐欺的な行為は承認できない判示した。）

（202）　このような立場は、上場会社の経営者の責任（accountability）を確保するメカニズムとして、会社支配権市場による規律を重視する有力な立場とも親和的である。会社を効率的に経営しているか否かという点については、製品市場や経営者の労働市場など会社支配権市場以外の市場メカニズムによって十分な規制がなされているので、追加的に会社法によって規制を設けたとしても、規制を構築するために必要な費用を上回る効果を上げることができない場合が多い。一方、経営者と株主の利益相反の問題は、会社が効率的に経営されることから生じた成果の分配に関連する問題であり、市場メカニズムによる規制が不足する場合が多いのである。See e. g., Ronald J. Gilson, A Structual Approach to Corporations: The Case Against Defensive Tactics in Tender Offers, 33 Stan. L. Rev. 819, 839-40, 847-48 (1981); Leo E. Strine, Jr., Categorical Confusion : Deal Protection Measure in Stock-for-Stock Merger Agreement, 56 Bus. Law. 919, 925 (2001).

（203）　たとえば、敵対的企業買収に応じるか否かの対象会社の経営者の判断についても、独立取締役の影響力の程度や経営者の報酬の内容によっては、株主と経営者の利益相反の問題は大きくはないと主張する見解も存在する。See, Kahan and Rock, supra note 132, at 901. しかし、企業買収など現在の経営者の会社支配権の帰趨に関する問題については、経営者のあらゆる行為には株主との利益相反の問題が内在する。経営者が企業買収提案を拒否することには、金銭的又は非金銭的な利益のために自己の地位の永続化を求めている可能性が常に存在するのである。仮に経営者が企業買収提案を受け入れたとしても、経営者は買収者から対象会社の経営権を失う対価を得ようとする可能性があり、株主ではなく、経営者にとって利益をもたらす企業買収のみが成功することになる。このような経営者と株主の利益相反を、製品市場、労働市場、経営者の評判が規律することができるか否か自体、大きな問題である。少なくとも、アメリカの学説の大半は、企業買収に関連する経営者と株主の利益相反を解決するためには、何らかの形で株主が最終的な意思決定権限を持つことが必要である考えているのではないかと思われる。See, Easterbrook and Fischel, supra note 75, at 171-74 ; Gilson, supra note 202 ; Bebchuk, Coates & Subramanian, supra note 134 ; Black & Kraakman, supra note 134.

（204）　本節第三款款第二項(4)。

（205）　本節第三款第二項(1)。

(206) もちろん、このような立場では、会社利益と整合する議決権売買も抑制されることになる。このような結果に対する評価は、会社財産に対する経済的権利と議決権のアンバランスを、どれくらい許容するかという点に依存するように思われる。筆者は、第四章で述べるように、議決権と会社財産に対する経済的権利（ただし、株主としての経済的権利に限定する必然性はない）の間に一定の関係が存在することも意味があると考えているので、本文のような立場にも一定の合理性があるのではないかと考えている。また、議決権売買の費用を増加させることで会社又は株主の利益と矛盾する議決権売買を抑止するためには、議決権売買後に実行される可能性がある利益移転に対して厳格な態度を採る必要がある。議決権売買の費用を増加させることには、その後、議決権の買主が利益移転を通じて費用回収を行うインセンティブを高める可能性があるからである。

(207) 本章第二節第二款第一項参照。

第五節　アメリカ法総括

第一款　現行法の問題点

アメリカ法では、株主間の議決権配分に関する規制は、州法ではなく、主に、証券取引所の上場規則によってなされている。[1] そして、上場規則による規制の特徴は以下の点にあることが示された。[2] まず、会社の資本構成、そして、それと密接な関係を持つ議決権の配分については、会社ないし株主の判断に委ねられるべきであることが前提とされている。[3] そして、一株一議決権原則からの逸脱につながる特定の取引を、議決権配分の内容や、それによって達成しようとする目的の適否についてではなく、原則として、集合行為問題ないし経営者による戦略的行動によって株主の選択が歪められる危険性があることを理由に禁止するという態度がとられている。これに対して、ＩＰＯや無議決権株式の新規発行などは規制の対象とはならなかった。なぜなら、この場合には投資家に圧力がかかることも考えにくく、十分な情報開示がなされれば、投資家は一株一議決権原則から逸脱した議決権配分が採用されることに対して投資額のディスカウントをすることで自衛することが可能であると考えられたからである。[4]

しかし、このような規制では、一般に市場で流通する株式に議決権が全く付与されない、又は、付与される場合でも特定の株主が複数議決権株式などを所有するために他の株式の議決権の意味が著しく減少する場合が生じる可能性がある。[5] 果たして、現在の証券取引所の上場規則、そして、その基礎となったＳＥＣ規則19ｃ－4は、このような議決権配分を採用する会社が現れる可能性を認識したうえで制定されたのか疑問が残るところである。[6] というのも、アメリカの法規制の背景には、株主としての経済的利益と議決権の関係が著しく不均衡な議決権配分は、必ずしも多いとはいえないという事実が存在するように思われるからである。[7] 機関投資家や投資銀行などの証券市場の専門家によって、会社又は株主の利益を著しく害する議決権配分を採用した株式会社は、証券市場から排斥されていると評価することが可能である。このような状況を前提に、株主間の議決権配分に関する種々の規制が構築されているのである。したがって、現在のアメリカ法の株主間の議決権配分に関する規制を正確に理解するためには、証券市場、そして、アメリカ社会が、株主としての経済的利益と議決権の比例関係を要求する根拠にまで遡る必要がある。すなわち、なぜ、アメリカの証券市場においては一株一議決権原則から大きく異なった議決権配分が許容される場合が少ないのか、そして、許容される議決権配分には限界が存在するのかを探求することが必要となるのではなかろうか。そこで本稿は、①一九二六年のＮＹＳＥによる一株一議決権原則の宣言、②一九三四年証券取引所法一四条に関する立法資料、③議決権売買に関するアメリカ法の状況を検討することとした。①②の検討は、一株一議決権原則、そして、議決権が企業統治において果たすことが期待されている役割を明らかにすることが目的であった。そして、③の検討は、株主の選択によって会社に対する経済的利益と比例しない量の議決権を獲得するものが現れることに対して、判例法がいかなる対応をしてきたのかを明らかにすることが目的であった。以上の検討を通じて、いわば、上場規則による規制の前提である、アメリカ法の株主間の議決権配分に対する基本的な考え方を明らかにすることが試みられたのである。

以下では、まず、企業統治において、議決権・一株一議決権原則が果たすことを期待されている役割と、一株一議決権原則からの逸脱と議決権売買規制の関係について、①〜③の検討の成果を概観する。その後、第四款では、

①〜③の検討から明らかになったアメリカ法における株主間の議決権配分に対する基本的な考え方を踏まえて、株主間の議決権配分に関するアメリカ法の現状を再評価することにする。

第二款　アメリカ法における一株一議決権原則の意義

アメリカ会社法で、初めて、一株一議決権原則が議決権配分の支配的なルールとなったのは、一九世紀の終わり頃であった(8)。その最大の原因として考えられるのは、株式会社に多額の出資をしていた大株主が、議決権の増加を通じて、出資額に応じた経営支配権の配分を要求したことである(9)。一九世紀のアメリカ会社法で一般的であった、個々の株主が行使できる議決権の数を制限する規制は、大株主の経営に対する発言力を制限する機能を果たしていたからである。このような解釈は以下の事実からも正当化できるように思われる。アメリカ会社法で一株一議決権原則が支配的なルールとなったとしても、それは強行法規としてではなく、任意法規としてであった(10)。そして、一株一議決権原則からの逸脱は判例法でも緩やかな基準のもとで認められていた。しかし、一九世紀終わりから二〇世紀の初めにかけては、むしろ、優先株式にも普通株式にも、一株につき同じ内容の議決権が付与されることが多かった(11)。その理由として、企業合同運動との関係を挙げることができる(12)。すなわち、企業合同に参加する会社所有者に対して、その会社の株式と交換に議決権付優先株式が交付されたのである。もともと経営者であった彼らが、新しく組織される会社に一定の発言権を得ようとすることは当然であった。したがって、アメリカ法における一株一議決権原則は、このような株主の支配権に対する需要を背景に成立したと評価することが妥当ではなかろうか。

しかし、このような株主の支配権に対する需要は、企業合同運動を経ることによって大きく変化した(13)。企業合同の結果、会社の規模は巨大化し、発行される株式の量も膨れ上がった。そして、巨大化した企業の経営は、企業合同運動に参加した会社の旧株主、すなわち、企業家株主ではなく、専門経営者によってなされることになったのである。(14) 企業家株主は会社の経営から排除され、もはや合同企業の単なる株主にすぎなくなった。そして、このことが株式を売却したり分割相続の対象とすることを心理的に容易にさせ、株式所有が分散することを促進することになったと考えられる。(15) このような経路をたどり、株式所有が分散し、もはや支配権獲得に興味関心を持つ株主はほとんど存在しなくなってしまったのである。そして、このような株主の意識の変化を背景に、二〇世紀初期から漸進的に、特に無議決権株式を利用して支配権を特定の株主に固定することが行われるようになったのである。(16)

このような、無議決権普通株式を利用した支配権の固定に対して、NYSEは一九二六年に無議決権普通株式の上場を拒否することを宣言し、事実上、NYSE上場企業では一株一議決権原則が強制されることとなったのである。(17) 当時のアメリカの状況を前提にすると、一株一議決権原則は、所有と支配の分離から生じた問題に対処する方策の一つであったと評価することができる。具体的には、一株一議決権原則には以下の二つの機能があった。第一に、支配権と株主としての経済的利益の結びつきを求めることで支配権が濫用されることを防止し、第二に、支配権が金融機関等の特定の株主に集中することを防ぐことである。

第一の点について、William Z. Ripley が明確に指摘するように、(18) 一株一議決権原則は、損失の危険を十分に引き受けない経営者による権限の濫用を防ぐ機能を有するように思われる。確かに、株式所有が分散状態にある場合には、一株一議決権原則が適用され、たとえば、無議決権株式の発行が厳格に規制されたとしても、所有と支配の分離が当然に解消するわけではない。しかし、所有と支配の分離の問題が解決される可能性は残存している。まず、無議決権株式が利用できない場合、委任状制度を利用することができたとしても、支配権を確固たるものとするためには、経営者などがかなりの数の株式を所有する必要がある場合が多い。経営者などの会社支配者が株式を所有することは、経営者が会社の不利益になる行動をとることを防止する役割を果たす。なぜなら、会社が損害を被ることは株式価値の下落を通じて経営者自身の損害となるからである[19]。また、経営が悪化した場合、株主の行動によって経営者が交代する可能性が存在する。交代の可能性が存在する結果、それが現実化しなくても、経営者に対し、株主に対して経営方針を正当化しなくてはならないという圧力が存在することになる。すでに二〇世紀初頭において、経営者以外の株主の存在が、いわば支配権濫用に対する安全弁としての機能を果たす可能性があることが指摘されていたのである[20]。無議決権株式が利用される場合、会社経営者又は特定の株主が議決権付株式を独占的に所有することが多かったので、株主の行動を通じた安全弁すら存在しない状態になってしまうのである。したがって、一株一議決権原則には、所有と支配の分離から生じる支配権濫用の問題が悪化することを防ぐことが期待されていたと考えられるのである。

第二の点について、株主としての経済的利益と議決権の比例関係を要求することは、支配権が株式所有者間で分散することを促進する。その結果、株式数が多い上場企業では、議決権が特定の株主に集中することが防止されることになる[21]。当時のアメリカの状況を前提とすると、株式会社の支配権が株主間で分散されるということは、株式会社の正統性との関係で重要な意味を持っていた[22]。すなわち、個人主義を重視する社会が株式会社という例外的な存在を受け入れるためには、株式会社を契約的・パートナーシップ的な存在と位置づけ、株式会社又は経営者の権力を株主の支配に服させる必要があったのである。無議決権株式を利用した特定の株主、特に金融機関による産業界支配は、個人主義を前提とする法理論・経済理論と相反するものであった[23]。

以上に述べた一株一議決権原則の機能は、多かれ少なかれ、株主が積極的に議決権を行使することを前提としているように思われる。しかし、NYSEによって無議決権普通株式の上場が禁止された時も、また、その後、一九三四年証券取引所法が制定された時も、株主の議決権が積極的に行使されることは期待できない状況にあった。[24] むしろ、株式所有が分散している場合には、株主が積極的に議決権を行使することは、もはや期待できないことが一般的に認識されていたのである。[25] 株主が議決権行使に対する意欲を失った結果、経営者が委任状制度を支配することによって、株主総会の意思決定を支配することが可能となった。[26] 一九三四年証券取引所法一四条と委任状勧誘規則は、経営者が不適切な情報開示又は勧誘の方法によって、不公正な方法で会社の支配権を行使することを防止するために制定されたのである。[27] そして、開示規制が実効性を持ち、株主総会の公正性と透明性が確保されるためには、議決権が経営者ないし特定の株主に集中せず、ある程度、分散していた方が望ましいように思われる。[28] そのためには一株一議決権原則による議決権の配分が望ましいことはいうまでもない。しかし、委任状勧誘規則が機能する必要条件は、経営者から独立して議決権を行使する株主が存在することであり、一株一議決権原則に従って議決権を配分し、同じ内容の議決権をすべての株主に保障することの必要性が、委任状勧誘規則の存在から当然に導かれるわけではない。[29]

しかし、一株一議決権原則も委任状勧誘規則も、共通の目的を有していたことは明かである。すなわち、両者は、議決権が永続的に特定の株主に集中すること、経営者が委任状制度を濫用することによって生じうる、〝不公正な方法〟による支配権の維持・確保を防ぐことを目的としていたのである。ここで〝不公正な方法〟による支配権の維持・獲得とは、損失の危険を引き受けず、かつ、損失を引き受ける投資家に対して何らの情報開示もしないで支配権を維持・確保することを指す。〝不公正な方法〟によって獲得された支配権は、会社の利益を侵害する形で濫用される可能性があるし、実際に証券市場で濫用的に行使されたのである。[30] 確かに、一株一議決権原則からの逸脱を認めることは、会社経営に不可欠な人材が、会社の支配権を確保しつつ外部資金を調達することを容易にするなど、会社に対して利益をもたらす場合がある。[31] しかし、一般的に、個々の株主に議決権行使を期待することが困難になった結果、一株一議決権原則を絶対的な原則として維持することも難しくなったとしても、それが達成しようとした目的、特に、取締役の選任過程の公正さを確保するということは、現在の会社法においても要請されるのではなかろうか。特に、会社経営に関する株主総会の権限が縮小され、取締役会・経営者の権限が拡大する場合、投資家である株主の利益を守るべき取締役がどのような選任過程を経て選ばれたかは重要な意味を持つと思われる。[32]

以上に述べことは、議決権売買の有効性に関するデラウエア州判例法の変遷からもうかがわれるように思われる。議決権売買を per se illegal とした初期の判例は、議決権売買の無効を基礎づける根拠として、議決権売買が public policy に反することを挙げていた。[33] public policy の内容として指摘されたのは以下の点である。すなわち、個々の株主は、他の株主が独立した判断を行うことを信頼する権利がある、というものである。その根拠にあるのは、個々の株主が、自らの株式価値を高めることを念頭に置いて議決権を行使すれば、それが全株主の利益になるという思想である。[34] このように、議決権売買を禁止することには、一株一議決権原則と同じく、株式会社の支配権の濫用を防止するという意味があったのである。[35] Schreiber 判決は、このような見解を、株主間の fiduciary duty を根拠とする fraud 禁止の原理であると解釈した。[36] 注意しなければならないのは、このような public policy が存在することが現実的に意味があるのは、実際に個々の株主が株主総会で合理的な判断に基づいて議決権を行使することが期待できる場合に限られるということである。

しかし、少なくとも、株式所有が分散状態にある上場企業では、このような期待をすることは困難である。[37] なぜなら、少数の株式しか所有しない一般株主は、議決権行使に高い費用がかかること、持株比率が低い場合には議決権を行使しても決議の結果に影響を及ぼすことができないことなどを原因として発生する集合行為問題のために、株式価値を高めることを念頭において議決権を行使するとは限らないからである。(38) 株主の議決権行使に対する意欲が変化しようとも、株主の議決権行使を通じて形成される集合的意思決定が、会社又は株主の利益と矛盾せず、むしろ、それを促進するものである方が望ましいことは変わらない。議決権売買を per se illegal とすることは、個々の株主が積極的に議決権を行使することが期待できる状況においては、それを達成する有力な手段の一つであったかもしれない。しかし、議決権行使に対する株主の意欲が変化することは、規制の前提状況が変化することを意味する。Schreiber 判決は、規制の前提状況の変化を受けて、株主の議決権が会社又は株主にとって望ましい意思決定につながることを確保するために、議決権売買に対する規制を緩和したと評価することができないであろうか。株主の議決権を機能不全に陥らせる原因である集合行為問題は、株式所有の集中をもたらす敵対的企業買収によって克服することが可能である。議決権売買は、敵対的企業買収に至らない段階で、集合行為問題を解決し、株主の議決権の機能を回復させる意味があるのである。(39)

したがって、アメリカ法において、支配権の濫用を防止するという観点からも、株式会社の正統性の観点からも、当然に、一株一議決権原則が導かれるわけではないように思われる。むしろ、株主としての経済的利益と議決権の厳格な比例関係を強制するのではなく、株主間で議決権を柔軟に配分することを認めることは、株主の議決権の本来の意義を回復するために必要であるとさえいえるのかもしれない。すなわち、柔軟な議決権配分が採用されることによって、株主の意思決定が会社又は株主の利益を促進することにつながったり、種類株主の利益を効果的に保護することが可能になる場合も十分に想定することができるのである。(40) しかし、議決権売買に関するデラウエア州判例法に典型的に見られるように、一株一議決権原則からの逸脱、すなわち、株主としての経済的利益と議決権の結びつきを切断することに対する疑念は根強く残っている。[41]また、判例法において議決権売買が有効であるために要求される条件は、ＳＥＣ規則19ｃ－４に見られるような一株一議決権原則からの逸脱の手段・方法を規制するのではなく、取引自体の内容をより実質的に審査するものと評価することができないわけではない。このことは、まさに、一株一議決権原則を放棄したとしても、それが達成しようとした目的、すなわち、〝不公正な方法〟による支配権の維持・確保を防止する必要性は相変わらず存在していることを示している。ただし、アメリカ法のこのような態度は、歴史的に見ると、一株一議決権原則が持つ支配権の濫用防止という機能よりも、株式会社の正統性の基礎としての役割の重要性を強く反映しているように思われることに注意する必要がある。

第三款　取引の自由と議決権の配分――一株一議決権原則からの逸脱を規制する方法について

本款では前款で検討した企業統治における一株一議決権原則の意義を前提にして、そこからの逸脱が認められる程度や許容される逸脱の手段･方法について検討することとする。すでに述べたように、現在、アメリカの会社法は、会社に対する株主としての経済的利益とは別に議決権単独での譲渡も有効である場合があることを認めている。ただし、その有効性は以下の条件を満たす場合に認められているにすぎない。第一に、議決権売買の目的が defraud でない、すなわち、会社又は株主の利益と矛盾しないこと、第二に、議決権売買が他の株主を disenfranchise しないこと、第三に、議決権売買の内容が intrinsic fairness の要件を満たしていることであることである。

第一の点について。[42]この条件が要求されることは、議決権売買を規制する根拠と関係する。すなわち、議決権売買の結果、株主として会社に対して有する経済的利益と比例しない過大な議決権の行使が可能となり、その議決権が会社の利益を害するような形で行使される可能性があるのである。(43) なぜなら、議決権売買の買主が株主として会社に対して有する経済的利益は必ずしも大きいとは限らないからである。そのため、会社の業績を向上させ株式価値を向上させることを通じて利益を得るよりも、たとえば、自己が経営する会社にとって有利な契約を締結させるといった他の株主と利益を分け合う必要がない方法で利益を得る方が合理的な場合が多いのである。したがって、議決権売買を有効とするためには、少なくとも、議決権売買が会社又は株主の利益と矛盾しないことが要求されることになるのである。(44) この条件は、議決権売買の対象となる決議が、たとえば、合併承認決議など単発であり、かつ、会社の利益に直接的な影響を与えるような場合には、裁判所などの事後的な審査になじむものと考えられる。しかし、取締役の選任に関する議決権売買、または、複数期の株主総会にわたる議決権売買の場合には、議決権売買が会社の利益と一致するか否かを事前に判断することは困難である。このような場合、議決権売買の背景にある事情、たとえば、支配権獲得後に実行予定の事業計画が存在することや、取引企業との提携を強化することが必要であるといった事情の有無が、議決権売買が会社又は株主の利益と矛盾するか否かの判断にとって決定的に重要であると思われる。

第二の点について。(45) 議決権売買に参加しなかった株主が、委任状勧誘や公開買付などによって集合行為問題を克服し、議決権売買によって成立した〝過少出資による支配権〟を打ち破る可能性が存在する場合、議決権売買が disenfranchisement を目的としたものであることは否定されると考えられる。そもそも、disenfranchisement の概念は、経営者によって採用することが許容される敵対的企業買収防衛措置の許容範囲を画するものである。(46) 敵対的企業買収防衛措置に関するデラウエア州判例法において、株主に、委任状勧誘等を通じて取締役会を交替させることで敵対的企業買収防衛措置を克服する機会が全く与えられない場合に、その防衛措置は disenfranchisement と評価されることになる。会社法上、株主の意思決定が要求される場合には、株主以外の第三者、典型的には経営者・取締役会の意思決定は、株主の意思決定に完全に代替することができないのである。もちろん、これは株主が会社又は株主の利益を害する議決権売買を防止できることを確保するという点で、支配権の濫用防止という意味もある。しかし、デラウエア州判例法上、経営者・取締役会が株主の意思決定に代替できないことは、株主の意思決定が会社又は株主全体の利益と矛盾するか否かとは無関係に要求されている。(47) したがって、デラウエア州判例法でも明示されているように、裁判所が、株主の議決権を侵害する取締役会の一方的な行為に対して厳格な態度をとる理由は、株主の議決権によって株式会社の正統性が基礎づけられている点にあるのではないかと思われる。(48)

第三の点について。(49) 本稿では、intrinsic fairness は、議決権売買の対価が適正であるとの意味を含むと解釈した。正当な対価を要求することは、第一に、議決権を失う株主に対して適正な補償が支払われることを担保することを意味する。そして、第二に、正当な対価を要求することは、議決権売買が私的な目的のために安易に用いられることを防ぐ役割も果たす。確かに、議決権の価値を独立に評価することは必ずしも容易ではない。したがって、たとえ議決権売買に対価の適正さを要求しても、基準となるべき値が一般に適切と思われる方法で導き出すことができない限り、このような要求をすることによって、本来であれば抑制されるべきではない取引までもが広範囲にわたって抑制されることになりかねない。しかし、議決権の対価の適正さという要件を、議決権売買の目的が defraud でない限り、議決権を売却した株主は常に会社の利益の向上という対価を得ているという解釈で代替することも不可能ではない。また、Schreiber 判決が指摘するように、(50) intrinsic fairness の要件は利害関係のない株主の賛成によって満たされるものとも考えられる。このような代替的解釈によって、intrinsic fairness を要求する第一の目的は達成される。しかし、第二の意味、つまり、議決権売買が私的な目的のために安易に用いられることを防ぐ点を重視すれば、やはり、議決権の正当な対価自体を要求することが望ましいとの立場もありうるように思われる。(51)

それでは、議決権売買に関する規制は、一株一議決権原則からの逸脱に関する規制にどのような示唆を与えてくれるのであろうか。議決権売買と一株一議決権原則からの逸脱は以下の二点で共通する。第一に、双方とも、株主としての経済的利益と議決権の量が比例しない状況を作り出すことである。(52) 第二に、議決権に関して差異が存在する株式を発行することは、会社を経由しての議決権売買であると構成できることである。第二の点について、より具体的に以下のように示すことができる。

現在は一株一議決権原則に従って議決権を配分している会社が、一株につき二個の議決権を得ることができる株式を発行するとする。この場合、一株一議決権の株式所有者の議決権は、新たに発行される一株二議決権の株式の存在を原因として、その価値が縮減される。いわば、株主の集合としての既存株主が、自らの議決権の一部を新株式の引受人に売却したと評価できるように思われるのである。一方、会社が原始定款で議決権を一株一議決権原則によらずに配分することは、まさに、複数種類の株式間での議決権の売買・交換にほかならないと思われる。ただし、いずれの場合においても本稿が既に検討した典型的な議決権売買とは異なる点が存在する。すなわち、議決権が単独で譲渡されているのではなく、会社に対する何らかの経済的権利と合わせて譲渡されているという点である。しかし、経済的権利が異なる株式を発行せず、かつ、一株一議決権原則に従わない限り、残余財産に対する権利と議決権の量が一致することは通常、考えられないのであって、議決権売買によって引き起こされる結果と類似することに変わりはない。

したがって、前述した議決権売買に関する三つの要件は、一株一議決権原則からの逸脱が正当化される場合の要件を考える場合にも、一定の示唆を与えてくれるように思われる。第一に、一株一議決権原則からの逸脱が会社又は株主の利益と矛盾しないことが要求される。そして、会社又は株主の利益に与える影響を判断することが容易であるか否かという観点からは、一株一議決権原則とは異なる議決権配分が、会社にとって有益な具体的な事業を実施するために必要とされている場合には、優先議決権株式などがその所有者の私的利益獲得のために用いられる危険性が低くなるものと思われる。一方、具体的な事業との関連性が説得的に提示できないような場合には、優先議決権株式などがその所有者の私的利益獲得のために用いられる危険性が高くなる。(53) このような観点からは、たとえば、企業再建の際に支援企業が引き受ける株式に付随する議決権を、他の株式よりも優先的なものにすることは正当化される余地が大きい。(54)

第二に、一株一議決権原則からの逸脱後も、敵対的企業買収もしくは委任状勧誘などを通じて支配権の変更が可能であることである。これに対して、議決権売買に関するデラウェア州判例法では、議決権売買の提案がすべての議決権所有者に対してなされた場合、disenfranchisement は存在しないとの判示がなされたことがあった。(55) 一株一議決権原則からの逸脱には、株主総会決議が必要であり、全議決権所有者による議決権売買がなされたとの評価も可能である。(56) しかし、前述の判例は、ある特定の株主総会決議に関する議決権売買を扱ったものであり、継続的な議決権売買を扱ったものではない。議決権売買の効力が特定の株主総会にのみ及ぶ場合には、次期以降の株主総会で、株主には継続して議決権売買を認めるか否かの選択権が保証されているのである。デラウェア州判例法において、disenfranchisement 概念は取締役会による敵対的企業買収防衛措置の許容範囲と密接に関係していることが注目されるべきである。しかし、先に述べたように、株式会社の正統性と株主の議決権との関係や、敵対的企業買収が提案された場合に必然的に生じる経営者・取締役会と株主の利益相反を解決する必要性の程度など、敵対的企業買収防衛措置の許容範囲を明らかにするためには、その前提となるいくつかの問題を解決していく必要がある。[57]ただし、この点に関するどのような立場であっても、合理的な理由もなく、永続的に会社の支配権を特定の株主に固定するために議決権配分が用いられることは認められるべきではない点は共通するように思われる。[58]

第三に、一株一議決権原則から逸脱する場合、優先議決権株式の発行価額の算定において、議決権に正当な対価が支払われていることを要求することが考えられる。確かに、議決権売買の場合と同じく議決権の正当な対価の算定は困難であるかもしれない。[59]しかし、この条件を要求することの意味は、以下のような事例から明らかになる。ここでは、一株一議決権の株式と一株一〇議決権の株式を例として取り上げる。双方の株式の経済的権利が同じ、すなわち、配当受領権や残余財産受領権の内容が双方の株式で同じである場合、一株一〇議決権株式の所有者は、一株一議決権株式と比較して、経済的権利の一〇倍の議決権を獲得することができる。もし、一株一議決権株式と一株一〇議決権株式が全く同じ価額で発行されるのであれば、まさに一株一〇議決権株式には、それに付随する財産的権利の一〇倍の議決権が与えられると評価できる。しかし、議決権において優先する株式の価値は、市場において一般に高く評価されている。[60]したがって、一株一議決権株式と一株一〇議決権株式の価額が全く同じであるということは考えられず、市場において高く評価される一株一〇議決権株式の発行価額は、通常、一株一議決権株式の発行価額よりも高く設定されるものと考えられる。そうであれば、一株一議決権株式と一株一〇議決権株式の会社に対する財産的寄与の乖離は縮小することになる。確かに、利益配当や残余財産に対する株主としての経済的利益と議決権の比率という点での乖離は残るが、会社にどれだけの出資がなされたかという点での乖離は、優先的な議決権が付与されているということで発行価額が上昇する結果、縮小するのである。

一般的に、残余財産に対する権利と議決権の割合は一致することが望ましいとの主張がなされる。[61]なぜなら、最終的に損失を引き受ける投資家が、最も企業価値向上に役立つように議決権を行使するインセンティブを有するからである。しかし、利益配当や残余財産分配に関する種類株式の存在は株主としての経済的利益の内容を多様にし、残余財産に対する権利と議決権の割合を一致させることを困難にした。これに対して、優先議決権株式の発行の段階で、優先議決権の対価を要求することは、残余財産に対する権利と議決権の割合の不一致の問題を緩和する手段となる。なぜなら、議決権に対する対価が支払われるならば、会社に対してわずかな出資しかしないにもかかわらず支配権を獲得できてしまうという、議決権配分の柔軟化がもたらす、歴史的に最も深刻であると考えられてきた弊害が発生することが、ある程度は妨げられるからである(62)。

第四款　まとめ

一株一議決権原則は、出資に応じた支配権の獲得を望む株主の需要が高まるにつれて支配的なルールとなった。しかし、現在の株主の興味関心の中心は、議決権を通じて会社経営に影響力を行使するというよりは、利益配当又は株価の上昇にあるのではなかろうか。もちろん、支配権に対する株主の需要が全くなくなってしまったわけではなく、敵対的企業買収や委任状勧誘を行う株主が典型であるが、一部の株主は相変わらず、会社経営に一定の発言権を行使できることを求めている(63)。このような状況において、一株一議決権原則は適切な出資なく特定の株主に議決権が集中することを防ぐことで、株式会社の支配権に興味関心を持つ一部の株主が、その支配権を会社又は株主としての利益とは矛盾しない形で行使する可能性を高める機能を持っている。しかし、一九三四年証券取引所法一四条と委任状勧誘規則、そして、議決権売買についての分析から明らかであるように、支配権の濫用防止という目的は、一株一議決権原則以外によって達成することも可能である。委任状勧誘規則を代表とする開示規制や、Schreiber 判決のように議決権売買によって成立する決議自体の妥当性を問題とする方法も、一株一議決権原則と同じく、支配権の濫用防止という点で重要な機能を果たしている。(64)

しかし、他に同じ機能を果たす制度が存在するからといって、当然に、株主間の議決権配分の実質的内容について規制を緩和することが正当化されるわけではない。特に、株主の議決権によって株式会社の正統性が付与されることを重視するのであれば、支配権の濫用防止とは別の意味で、株主間の議決権配分の実質的な内容を規制することが必要となる。(65) しかし、株式会社の正統性と議決権の結びつきの重要性は、現在のアメリカ法において、必ずしも自明のこととはいえないように思われる。既に述べたように、株式会社を契約的・パートナーシップ的なものと認識しないのであれば、株式会社の正統性を株主の議決権にのみ求める必然性はない。(66) また、正統性の問題も、「株式会社とは何か？」といった議論から演繹的に導き出されるのではなく、政策的問題と位置づけることも可能である。(67) デラウエア州判例法における Blasius Industries, Inc. v. Atlas Corp. に代表されるように、株主の議決権は株式会社の正統性を基礎づけるという点で重要な意味を持つことは間違いない。しかし、実際、株主の議決権のみが株式会社の正統性を基礎づけているわけではないように思われる。(68) たとえば、サーベンス＝オクスレー法に代表される開示規制も、株式会社の正統性を確保する措置として重要な意味を持っているのである。(69)

それでは株式会社の正統性の観点以外からは、株主間の議決権配分の実質的な内容を規制することを正当化することはできないのであろうか。会社支配権市場による規律が支配権濫用防止の観点からすべての株式会社に必要であるとしても、必ずしも、一株一議決権原則が導かれるわけではないように思われる。(70) しかし、支配権の濫用防止の観点から、規制の必要性を基礎づけることは不可能ではないように思われる。特に、議決権売買との関連で述べたように株主総会決議の合理性を事後的に審査することが困難であることが重要ではなかろうか。[71]したがって、事前規制として、支配権を保有することになる株主のインセンティブに着目した規制が必要ではないかと思われるのである。

アメリカ法においても、証券取引所の上場規則という形ではあるが、株主間の議決権配分について規制がなされているのである。それでは、これまでの検討を前提とする場合、現在の証券取引所の上場規則に対して、どのような評価がなされるべきであろうか。上場後に一株一議決権原則とは異なった議決権配分を採用しようとする場合、議決権を放棄する、もしくは議決権の縮減を容認する株主の選択が集合行為問題ないし経営者の戦略的行動を原因として歪められる危険性があることを根拠として、既存株主の議決権が侵害される、ないしは希釈される場合が広範に規制されており、一見すると過剰規制であるように思われる。なぜなら、上場後に優先議決権株式を発行することなどが企業経営上、必要であり、そして、既存株主が、議決権の縮減から生じる損失を補って余りある利益を獲得する場合があることは十分に想定できるからである。ただし、先に述べたように、上場規則においても、例外的に、既存株主の議決権を侵害するような議決権配分の変更が、証券取引所の個別審査を経て許容される場合がある。[72]特に、財政難に陥った企業が資金調達に際して優先議決権株式を発行した事例が示唆的である。[73]支援企業に、取締役会の定員の過半数の選任権が付与された株式を発行することを許可するにあたり、NYSEがその根拠として挙げたのは以下の点であった。[74]①現実に緊急の資金調達を行う必要性が存在すること、②支援企業の出資額が自己資本のかなりの部分を占めること、③取締役の選任権が他の投資家に譲渡されない仕組みが取られていること、④取締役の選任権は永続的なものでなく、明確な期限が付されていることである。

①が要求されることは当然として、②③④が要求されることは、本章の分析の成果と整合的である。②は、支配

権が付与されるためにはある程度の出資が必要であることを示している。これは、付与される優先議決権には正当な対価が支払われるべきである、又は、一株一議決権原則から逸脱しようとも、支配権の行使が会社利益と矛盾しないような保証が必要であるとの主張と関係する。(75)③も、支配権が会社に損害をもたらす主体へ譲渡されることを防ぐという意味で、②と同様の目的を持っている。(76)さらに、④は、優先議決権の効力に明確な制限を設けることで、支配権が永続的に固定することを防止ししている。(77)①〜④を要求することは、企業再建に必要な限りで優先議決権株式の発行を認めつつ、優先議決権が濫用的に行使されることを事前に防止しようとする試みにほかならないのである。(78)

これに対して、特に新規上場の際に優先議決権株式を発行すること、もしくは既に優先議決権株式を発行している会社が上場することに関して特段の規制が設けられていないことは、規制範囲が狭すぎるとの評価が可能であるかもしれない。特に問題があるのは、支配権が特定の株主に固定されている場合である。この場合、敵対的企業買収の可能性が著しく低下するため、経営者は会社支配権市場による規律から完全に守られることになる。確かに、このような場合であっても、投資家は、一株一議決権原則から逸脱した議決権配分が採用されることに対して投資額をディスカウントしたり、そもそも投資しないという選択をすることによって自衛することが可能である。(79)また、デラウエア州判例法において disenfranchisement 概念によって限界を画されているのは、取締役会が一方的に導入する防衛策であって、株主の承認を得て導入されるものは対象外とされている。(80)実際、アメリカのＩＰＯ市場では、新規上場の段階で何らかの敵対的企業買収防衛策を導入することが一般的であるといわれている。(81)しかし、ＩＰＯ市場が敵対的企業買収防衛策が企業価値に与える影響を適切に判断しているか否かについて、学説上、争いがある。(82)確かに、新規上場の場合、現在の経営者の支配権を確保することが投資家の利益になる場合が多いと考えられる。

特に、経営者が、会社の発展に必要な専門知識・能力を持っている場合には、経営者に一定の支配権を付与することが、人的投資を促進させるためにも望ましいかもしれない。(83)また、支配権の確保が可能であれば、新規上場が促されることもあろう。(84)しかし、株主間の議決権配分を利用した支配権の固定も、一般的な敵対的企業買収防衛策も、それが企業価値に大きな影響を与えるのは、株式所有が分散し敵対的企業買収の危険が顕在化してからであるから、ＩＰＯの段階では、投資家がその影響に対して十分な注意を払っていない可能性がある。(85)

結局、新規上場の場合に、議決権配分について投資家の判断に完全に委ねることが妥当であるか否かは、ＩＰＯ市場の効率性、すなわち、議決権配分が企業価値に与える影響が価額に十分に反映されているか否かに依存することになる。(86)仮に、ＩＰＯ市場の効率性に疑問がある場合には、何らかの形で、ＩＰＯの際に採用された議決権配分を、一定の条件のもとでＩＰＯ後に一株一議決権に移行させる仕組みが必要となろう。(87)特に、敵対企業買収が成功する可能性を限りなくゼロにするような議決権配分は、その後、会社支配権市場における継続的な規律を受けないのであるから、その導入段階であるＩＰＯ市場において、十分な規律を受ける必要があるように思われる。

(1)　本章第一節参照。
(2)　本章第二節第三款第一項参照。
(3)　このような態度は、州会社法が議決権配分の内容について、制限的な規定を置いていないことから導かれているようにも思われる。Daniel Fischel、Stephen M. Bainbridge といったＳＥＣ規則19ｃ－４に批判的な見解は当然として、ＳＥＣ規則19ｃ－４に肯定的な Ronald J. Gilson、Jeffrey N. Gordon らも、議決権が株主と会社との間の契約事項にすぎないという点は共有していた。一方、本章第二節第二款第一〇項で挙げた Joel Seligman、Louis Lowenstein などは、議決権が会社と株主の間の契約事項であることを全面的に認めていたわけではない。特に、Lowenstein は議決権が取引の対象になることの不当性を強調している。See, Louis Lowenstein, Shareholder Voting Rights : A Response to SEC Rule 19c-4 and to Professor Gilson, 89 Colum. L. Rev. 979, 1005 (1989).

（4）Ronald J. Gilson, Evaluating Dual Class Common Stock : The Relevance of Substitutes, 73 Va. L. Rev. 807, 809 (1987).

（5）なお、議決権の差異に関して、本書では以下のような用語を用いている。優先議決権株式とは利益配当や残余財産分配に対する権利と比べて過大な議決権が付与された株式をいい、劣後議決権株式とは利益配当や残余財産分配に対する権利と比べて過少な議決権が付与された株式をいう。優先議決権株式の典型例は、一株につき一〇個の議決権が付与された株式（いわゆる複数議決権株式）や、取締役会の過半数を選任することができる株式などである。一方、劣後議決権株式の典型例は、議決権行使事項が他の株式よりも制限されている株式（無議決権株式を含む）や一株につき二分の一個の議決権が付与された株式などである。以上の定義からもわかるように、本書では、一株一議決権原則を株主としての（残余的）経済的利益と議決権の比例関係を要求する原則として位置づけた上で株主間の議決権配分に関する法規制の分析を行っている。第一章第二節第二款第一項参照。

（6）本章第二節第三款第一項参照。

（7）一九九四年一月一日から一九九七年七月一日までにＩＰＯを行った三一〇社の中で、優先議決権株式を発行するなど特異な議決権配分を採用することで経営者が過半数の議決権を確保したのは、二〇社（六・四％）であり、ベンチャー・キャピタルが関与するＩＰＯでは、その割合は二・八％に低下する。See, Robert Daines and Michael Klausner, Do IPO Charters Maximize Firm Value? Antitakeover Protection in IPOs, 17 J. Law, Econ. & Org. 83, 95-96 (2001). また、一九九五年～二〇〇二年、Ｓ＆Ｐが提供する Compustat 掲載企業のうち、いわゆる Dual Class Common Stock を利用していたのは約六％であり、その時価総額は約八％を占めていたにすぎない。See, Gompers, Paul A., Ishii, Joy L. and Metrick, Andrew,"Extreme Governance : An Analysis of Dual-Class Companies in the United States", at 31 (March 2006). AFA 2005 Philadelphia Meetings Available at SSRN : http://ssrn.com/abstract=562511.

（8）本章第三節第二款第一項⑴参照。

（9）Jeffrey Kerbel, An Examination of Nonvoting and Limited Common Shares-Their History, Legality, and Validity, 15 SEC. REG. J. 35, 49 (1987).

（10）See e. g., § 18 Corporation Act. Revision of 1886, Comp. Stat. 1608; New York Stock Corporation Law § 50 (1923).

(11) See, Note, "The Development of Class A and Class B Stock," 5 Harv. Bus. Rev. 332,333 (1927); W. H. S. Stevens, Stockholders, Voting Rights and The Centralization of Voting Control, 40 Q. J. Econ. 353, 355 (1926).

(12) Stevens, supra note 11, at 354-355 (1926); William Z. Ripley, Wall Street and Main Street 85 (Boston, Little Brown, 1927).

(13) 本章第三節第一款参照。

(14) Alfred D. Chandler, Jr., The Visible Hand – the Managerial Revolution in American Business 87 (Cambridge, Mass., Belknap Press, 1977).

(15) 谷口明丈『巨大企業の世紀』二七八頁（有斐閣・二〇〇二年）。

(16) 本章第三節第二款第一項⑵参照。

(17) Louis Loss & Joel Seligman, Securities Regulation, 1833-34 (Little Brown, 3th ed., 1990); Joel Seligman, Equal Protection in Shareholder Voting Rights: The One Common Share, One Vote Controversy, 54 Geo. Wash. L. Rev. 687, 697 (1986).

(18) Ripley, supra note 12, at 78-117. なお、この点に関しては、本章第三節第二款第一項⑶も参照。

(19) Robert C. Clark, Vote Buying and Corporate Law, 29 Case Western Res. L. Rev. 776 (1979); Frank H. Easterbrook & Daniel R. Fischel, Voting in Corporate Law, 26 J.L. & Econ. 395 (1983); Armen A. Alchian & Harold Demsetz, Production, Information Costs, and Economic Organizations, 62 Am. Econ. R. 777 (1972); Michael Jensen & William Meckling, Theory of the Firm, Agency Costs, and Ownership Structure, 3 J. Fin. Econ. 305 (1976).

(20) Milton M. Bergerman, Voting Trusts and Non-Voting Stock, 37 YALE L. J. 445, 466-467 (1928); Adolf A. Berle, Jr., Non-Voting Stock and"Bankers, Control", 39 Harv. L. Rev. 673, 674-675 (1926).

(21) 一株一議決権原則は、一般株主が積極的に議決権を行使し経営に対して一定の発言力を持つための必要条件である評価する見解も存在した。See, Harold G. Reuschlein, Federalization-Design for Corporate Reform in a National Economy, 91 U. PA L. Rev. 91, 93 (1942).

(22) 本章第三節第三款第三項⑶2参照。

(23) 本章第三節第二款第一項⑶参照。株主が議決権を行使し、取締役を選任したり、重要な会社の意思決定に参加することが株式会社の正統性にとって重要な意味を持つとしても、そこから一株一議決権原則を導くためには追加的な説明が必要である。すなわち、なぜ一株主一議決権原則ではなく、一株一議決権原則である必要があったのかを説明する必要がある。個人主義を前提とする法理論・経済理論では、個人事業主が、契約法などの規律を受けつつ、商品・サービス市場で競争することが重要と考えられてきた。競争から生じる損益が個人事業主に帰属することで、所有する資産をより効率的に利用するインセンティブが発生することになるからである。すなわち、市場メカニズムを通じて、私的経済力を濫用的に行使することが規制されるのである。See, Adolf A. Berle & Gardiner C. Means, The Modern Corporation & Private Property with a new introduction by Murray Weidenbaum & Mark Jensen, 8 (Transaciton Edition, 1991); James W. Hurst, The Legitimacy of the Business Corporation in the Law of the Unieted States 1780-1970, 41 (1970, The University Press of Virginia, Charlottesville). 株式会社を契約的・パートナーシップ的なものと考える立場では、株式会社が所有する財産の真の所有者は株主となる。そして、先に述べた競争市場の規律が機能するためには、株式会社の事業活動の損益の最終的な帰属者である株主が支配権を持つ必要がある。株主間での議決権配分については、個人事業主はその所有する資産について支配権を持つこととのアナロジーから、株主が株式会社を通じて間接的に「所有」する資産の割合に応じて、議決権が配分されることが望ましいとされたのではなかろうか。

(24) 本章第三節第二款第三項、第三款第三項(1)参照。

(25) Adolf A. Berle, High Finance: Master or Servent, 23 Yale Rev. 20, 31 (1934): William O. Douglas, Directors Who Do Not Direct, 47 Harv. L. Rev. 1305, 1316 (1934).

(26) 本章第三節第三款第三項(1)参照。

(27) Jill E. Fisch, From Legitimacy to Logic: Reconstructing Proxy Regulation, 46 Vand. L. Rev. 1129, 1188-1191(1993).

(28) 議決権を行使する外部者が存在しない場合には、事後的な訴訟リスク等が減少するため、情報開示に対する経営者の意欲も減少するのではなかろうか。

(29) 本章第三節第二款第二項(2)、第三款第三項(2)参照。

(30) 本章第三節第一款第三項、第二款第一項(3)参照。

(31) 議決権配分の柔軟化から得ることができる利益について、たとえば、本章第二節第二款第一項(3)を参照。

(32) 独立取締役の独立性を保障するために、経営者から独立した株主が取締役を選任する必要性を説く見解として、Seligman, supra note 17, at 721 がある。

(33) 本章第四節第二款第一項［判旨］２参照。
(34) Cone v. Russell, 21 A. 847, 849 (N. J. 1891) ; Earl Sneed, The Stock Holder May Vote As He Pleases : Theory and Fact, 22 U. Pitt. L. Rev. 23, 23-24 (1960).
(35) 本章第四節第一款第一項参照。
(36) Schreiber v. Carney 447 A. 2d 17, 23 (Del. Ch. 1982).
(37) 本章第三節第二款第二項⑵参照。機関投資家の株式所有割合が増加したため、上場企業において、株式所有の分散化と株主の集合行為問題を議論の出発点とすることの妥当性が問われ始めている。See e. g., Jennifer Hill, Visions and Revisions of the Shareholder, 48 Am. J. Comp. L. 39 (2000). この問題については今後の検討課題としたい。
(38) 本章第二節第二款第二項参照。
(39) Robert C. Clark, Vote Buying and Corporate Law, 29 Case West. L. Rev. 776, 793-795 (1979) ; Henry T. C. Hu & Bernard Black, The New Vote Buying : Empty Voting and Hidden（Morphable）Ownership, 79 S. Cal. L. Rev. 811, 852 (2006) ただし、Schreiber 判決が提示する基準は、議決権売買の利用目的を集合行為問題に限定していない。したがって、デラウエア州判例法では、学説が想定する範囲よりも広範囲にわたって議決権売買を許容していることになる。デラウエア州判例法と学説の関係については、本章第四節注（80）を参照。
(40) 本章第二節第二款第三項、第三節第三款⑶３②参照。
(41) 本章第四節第三款第一項参照。
(42) 本章第四節第三款第二項⑴⑵⑸、第三項⑴参照。
(43) Frank H. Easterbrook and Daniel R. Fischel, The Economic Structure of Corporate Law74-76 (1991). この点は、特に、In re Ixc Communications, Inc., Shareholders Litigation, 1999 Del. Ch. LEXIS 210, 31-34 で明確に指摘されている。
(44) 議決権売買を禁止する根拠は、まさに、議決権のみを所有する支配者には、会社利益を犠牲にして私的利益を図るインセンティブが存在することであった。そして、議決権売買の禁止は、議決権の所有者と、その利用から損害が生じる財産、すなわち、会社の残余財産に対する権利の所有者を常に同一にすることで、議決権行使もしくは議決権支配を基礎とする支配権の行使が会社利益を毀損する事態を防ぐ役割を果たしたのである。See, Richard A. Epstein,

Why Restrain Alienation?, 85 Colum. L. Rev. 970, 985 (1985). デラウェア州判例法が、議決権売買が有効であるために、その目的が defraud ではないことを要求していることは、議決権売買禁止規定が担っていた機能は依然として完全に放棄されるべきではないことを示すものと考えられる。

(45) 本章第四節第三款第二項⑶、第三項⑵参照。

(46) Blasius Industries, Inc. v. Atlas Corp., 564 A. 2d 651 (Del. Ch. 1988); Moran v. Household International Inc., 500 A. 2d 1346 (Del. Sup. 1985); Unitrin, Inc. v. Am. Gen. Corp., 651 A. 2d 1361 (Del. 1995); Carmody v. Toll Brothers, Inc., 723 A. 2d 1180 (Del. Ch. 1998); Quickturn Design Systems, Inc. v. Shapiro, 721 A. 2d 1281 (Del. Supr. 1998).

(47) 前注で挙げた Blasius Industries, Inc. v. Atlas Corp. は、敵対的企業買収者の提案が会社又は株主の利益を害することが明らかな場合であり、かつ、取締役が誠実に信認義務を果たしていることを認めながら、取締役会が株主の意思決定に代替することを認めなかった。See, 564 A.2d 651, 657-59.

(48) William T. Allen, Jack B. Jacobs, and Leo R. Strine, Jr., Function Over Form: Reassessment of Standards of Review in Delaware Corporation Law, 56 Bus. Law. 1287, 1311-12 (2001); Robert B. Thompson & D. Gordon Smith, Toward a New Theory of the Shareholder Role: "Sacred Space" in Corporate Takeovers, 80 Tex. L. Rev. 261, 299 (2001); Troy A. Paredes, The Firm and the Nature of Control: Toward a Theory of Takeover Law, 29 J. Corp. L. 103, 106 (2003).

(49) 本章第四節第三款第二項⑷、第三項⑶参照。

(50) Schreiber v. Carney 447 A. 2d 17, 27. ただし、利害関係のない株主の賛成によって intrinsic fairness の要件を満たすことができるのは、会社が議決権売買の当事者でなければ困難であるように思われる。

(51) 議決権売買の対価は、議決権売買の買主の議決権に対する評価を客観的に示すという点で、議決権売買が会社又は株主の利益と矛盾するか否かを判断するための資料の一つにもなる。たとえば、買主が提供する対価が高い場合には、買主が議決権売買の実施後に予定する事業計画が会社又は株主の利益と矛盾する可能性は小さくなるといえるのかもしれない。しかし、議決権売買の費用を増加させることで会社又は株主の利益と矛盾する議決権売買を抑止する方策には弊害も存在する。すなわち、その後、議決権の買主が、所有する株式の価値向上を通じてではなく、会社との直接的な取引などを通じた単なる利益移転によって費用回収を行うインセンティブを高める可能性があるのである。

(52) Jesse H. Choper & John C. Coffee, Jr. & Ronald J. Gilson, Cases and Materials on Corporations, 596-97 (6th ed., Aspen

Law & Business, 2004).

(53)　本章第四節第三款第二項⑴、第四款第一項。

(54)　たとえば、取締役会の定員の過半数を選任する権利を付与する、又は、一〇倍の議決権を付与することなどが考えられる。本章第一節第二款で述べたように、ＮＹＳＥは事例ごとの判断において、企業が財政難を回避するために資金調達を行う場合、支援企業に、取締役会の過半数を選任する権利が付与される優先株式を発行することを認めている。See also, PARA. INTERPRETATION No. 96-03（June 7, 1996）and No. 96-05（September 17, 1996）(http: www.nyse.com/pdfs/para313.pdf).

(55)　Kass v. Eastern Airlines, Inc, 1986 Del. Ch. LEXIS 486, at 12 (Del. Ch. 1986).

(56)　本章第二節第二款第二項⑴参照。See also, Williams v. Geier et al., 671 A. 2d 1368 (Del. Supr. 1996).

(57)　本章第四節第四款第二項参照。

(58)　本章第一節第二款で述べたように、実際、ＮＹＳＥは、合併の際に議決権付株式が発行されることでＸが所有する優先議決権の割合が希釈されることを防ぐために、新たに優先議決権株をＸに発行することを許可しなかった。たとえば、いったん、適法な方法で成立した議決権支配であっても、その支配権を、議決権配分を変更することで保持しようとすることは許されないと判断されたのである。See also, PARA. INTERPRETATION No. 99-01（December 1999）(http: www.nyse.com/pdfs/para313.pdf).

(59)　優先議決権株式所有者が、優先議決権株式のみに高額の配当をする、もしくは、自己株式として高く買い取ることは会社法上、禁止される場合が多い。したがって、会社法上、違法と評価されることなく、優先議決権を所有することによって追加的に得ることができる利益は、たとえば、経営者に加わることによって得られる報酬、または、企業間の事業提携から生じるシナジーなどが考えられる。議決権に差異が存在する会社の多くでは、優先議決権株式は劣後議決権株式よりも高く評価されている。ただし、無議決権普通株式、議決権付普通株式、議決権付優先株式が発行されている場合、議決権付普通株式が無議決権普通株式よりも低く評価されている場合も存在するのである。この点を根拠に、優先議決権株式の発行は確かに利益をもたらすが、同時に費用ももたらすとの指摘がある。議決権付優先株式などが存在し、議決権支配の帰趨が不明確になればなるほど、優先議決権を根拠にして利益を得る可能性も低くなり、それが優先議決権株式の低評価につながるのである。See, Ronald C. Lease, John J. McConnell & Wayne H. Mikkelson, The Market Value of Control in Publicily-Traded Corporations, 11 J. Fin. Econ. 439, 466-471 (1983) ; Haim Levy, Economic Evaluation of Voting Power of Common Stock, 38 J. Fin.79, 88 (1983).

(60) Easterbrook and Fischel, supra note 43, at 71 ; Haim Levy, Economic Evaluation of Voting Power of Common Stock, 38 J. Fin.79, 88 (1983).

(61) Clark, supra note 19; Easterbrook & Fischel, supra note 19 ; Alchian & Demsetz, supra note 19 ; Jensen & Meckling, supra note 19.

(62) 優先議決権の対価の額を問題とすることは、株主間の議決権配分が多様化し、株主としての経済的利益と議決権の比例関係が切断されることから生ずる問題に対する次善の対応策にすぎない。このような方法には以下の点で問題がある。第一に、本章第四節第三款第二項(4)でも指摘したように、優先議決権の対価の額には客観的な指標が存在しない。理論的には、議決権の価値は、現在の株式価値と反比例し、会社の業績が改善する可能性と比例関係にあると考えられる。See, Henry G. Manne, Some Theoretical Aspects of Share Voting : An Essay in Honor of Adolf A. Berle, 64 Colum. L. Rev. 1427, 1430-31 (1964). しかし、議決権付株式と無議決権株式の双方について市場価額が存在する場合はともかく、一般的に、議決権の価値を株主としての経済的利益の価値と独立して評価することは不可能ではなかろうか。結局は、株主総会決議等の手続を通じて対価の公正さを確保せざるを得ない。しかし、およそ客観的価値が算定できないものについて、株主総会決議を経さえすれば、それ以上は問題として取り上げる必要がないと割り切ってしまうことが妥当であろうか。第二に、優先議決権の付与の段階で一定の財産の出資を求めることは、その後、優先議決権株式の株主に出資財産に相当する利益を会社から搾取するインセンティブを与える可能性がある。このような不適切なインセンティブが発生することを防ぐためには、優先議決権株式の株主と会社との利益相反取引を規制することに加えて、優先議決権の対価を要求するとしても、それを出資という形ではなく、会社と共通する利害関係、すなわち、会社の業績が悪化する場合には優先議決権株式の引受人も損失を被るという関係が存在することに求めた方が望ましいのかもしれない。

(63) また、支配権に対する興味を失ってしまった株主も、議決権付株式であれば敵対的企業買収によってプレミアムを受け取ることが可能であるから、支配権以外の理由によって、議決権を求めることはありうる。しかし、アメリカ法においては、議決権は、主に株式会社の支配権との関係で議論の対象とされてきたので、さしあたって本論文では、支配権との関係でのみ株主間の議決権配分を論じている。なお、デラウェア州最高裁判所は、Moran v. Household International Inc. において、ポイズン・ピルが導入されていることで、敵対的企業買収からプレミアムを受け取る権利が侵害されるという株主の主張を認めなかった。と判示した。See, 500 A. 2d 1346 (Del. 1985). しかし、デラウェア州最高裁判所は、Omnicare, Inc. v. NCS Healthcare, Inc. において、経営破綻間際の会社の取締役会が、救済策として他社との合併契約を締結し、その際、取締役会が同意するか否かを問わず必ず合併契約を株主総会に提案すること等を内容とした敵対的企業買収防衛策（いわゆる Deal Protection 条項）を、いわゆる fiduciary out 条項を入れずに導入したが、その後、当初の合併契約よりも有利な条件を提示する買収者が現れたという事案において、本件における敵対的企業買収防衛策は信認義務に違反すると判示した。See, , 818 A. 2d 914 (Del. 2003). 本判決の反対意見では、本件は、合併契約の相手方を探すためには本件のような敵対的企業買収防衛策が必要であった事案であると評価されている。See, 818 A. 2d 942. しかし、多数意見は、事後的に判断して、より高い買収対価を提示する買収者が存在したことを重視し、敵対的企業買収防衛措置が信認義務に違反すると判断したのである。したがって、多数意見は、株主が合併契約からより高いプレミアムを得ることができる権利を重視していると評価することが可能である。See, Harry G. Hutchinson, Director Primacy and Corporate Governance: Shareholder Voting Rights Captured by the Accountability/Authority Paradigm, 36 Loy. U. Chi. L.J. 1111, 1197 (2005). このように、株主が敵対的企業買収や組織再編からプレミアムを受け取る権利が保護される範囲について、デラウェア州判例法が確立しているとはいえない。また、敵対的企業買収の際にプレミアムを受け取る権利としての議決権については、公開買付規制と併せて検討する必要もある。したがって、この問題については、今後の検討課題としたい。

(64)　本章第三節第三款第三項(1)、第四節第四款第一項参照。

(65)　株式会社の正統性と一株一議決権原則との関係については、前注（23）、本章第三節第三款第三項(3)2参照。

(66)　本章第三節第三款第三項(3)2参照。

(67)　William W. Bratton, Jr., New Economic Theory of the Firm Critical Perspectives from History, 41 Stan. L. Rev. 1471, 1493-94 (1989).

(68) Cary Coglianese, Legitimacy and Corporate Governance, 32 Del. J. Corp. L. 159 (2007).

(69) Donald C. Langevoot, Robert Clark, s Corporate Law : Twenty Years of Change : Internal Controls after Sabanes-Oxley : Revisting Corporate Law's Duty of Care as Responsibility for Systems, 31 J. Corp. L. 949, 964-65 (2006). もちろん、他に正統性を付与する仕組みがあることによって、当然には株主の議決権によって株式会社の正統性を確保するという仕組みの必要性が否定されるわけではない。しかし、株式会社の正統性を問題とする際に、株主の議決権にのみ注意を払うことは適切ではないように思われる。

(70) 企業再建において、支援企業に取締役の過半数の選任権を与えることが必要とされる場合がある。このような場合、取締役の過半数の選任権を与えることは支援企業にとっても。支援される企業にとっても合理的な判断である。このような資本構成を、会社支配権市場からの離脱を根拠にして排斥するのは望ましくない。むしろ、特定の条件を要求することで、会社支配権市場との両立を図ることが可能である。たとえば、取締役選任権付株式は支援企業による譲渡によって普通株式に転換される、また、取締役選任権付株式は特定年限の経過をもって強制的に普通株式に転換、ないし償却されるなどの条件が要求されるべきであろう。

(71) 本章第四節第三款第二項⑴参照。

(72) 本章第一節第二款参照。

(73) See, PARA. 313.00 INTERPRETATION No. 96-03 (June 7, 1996) and IERPRETATION No. 96-05 (September 17, 1996) (http: www.nyse.com/pdfs/para313.pdf).

(74) No. 96-03では、自己資本の三二%から六四%が、No. 96-05では自己資本の三六%から四二%の出資が見込まれていた。See, PARA. 313.00 INTERPRETATION No. 96-03 (June 7, 1996) and IERPRETATION No. 96-05 (September 17, 1996) (http: www.nyse.com/pdfs/para313.pdf).

(75) NYSEは、無議決権普通株式の発行に関して、議決権付普通株式の所有者の議決権が総議決権数の一定程度を超えた場合、その超過分を行使するためには、彼が所有する議決権付普通株式と同数の無議決権普通株式を購入する必要があると定めることは既存株主をdisenfranchiseするものではないとして、その有効性を認めた。既存株主にも及ぶ議決権の制限を正当化する事由として挙げられたのは、無議決権普通株式の市場での取引を活発にするためには、議決権付普通株式と無議決権普通株式の関連を緊密にし、市場価額が乖離しすぎないようにする必要性が存在することであった。See, PARA. INTERPRETATION No. 95-02 (June 7, 1995) (http: www.nyse.com/pdfs/para313.pdf). ＮＹＳＥが明確に述べたわけではないが、このような議決権停止の規制が有効であるとの判断の背景には、支配権行使者の自己資本に対する拠出割合をできるだけ高めることで、支配権が濫用的に行使されることを防ぐべきであるとの考えがあるように思われる。

(76) 優先議決権株式を特定の引受人に発行する場合には、引受人の能力や発行会社との関係等を考慮して、優先議決権株式によって付与される支配権が発行会社にとって必要か、濫用される恐れがあるか否かを判断する機会が存在する。一方、優先議決権株式を公募発行する場合などには、株式の取得者が不特定多数に及ぶため、特定の引受人に優先議決権株式を発行する場合と異なり、引受人の能力などを審査対象とすることは困難である。しかし、優先議決権株式が公募発行され、分散状態にあるのであれば、特定の株主が所有する優先議決権が濫用的に行使され、会社又は株主の利益が害される危険性は低い。したがって、発行段階で特別の規制をかける必要性は高いとはいえない。問題なのは、優先議決権株式が集中的に保有される場合である。また、当初は特定の引受人に発行された優先議決権株式の譲渡がなされる場合も、譲受人について、当初の引受人と同様の審査が本来は必要である。株主としての経済的利益と議決権が比例関係にある場合には、支配権の譲渡は株主としての経済的利益の譲渡と同時に起こるので、譲受人が支配権を濫用する恐れは比較的小さい。第一章第二節第一款第二項⑴参照。しかし、優先議決権株式の譲渡については、株主としての経済的利益の取得という安全弁が存在しないので、支配権の移転を厳格に審査する必要があると思われる。

(77) 本文で述べたように支配権の存在に明確な期間が付されていることが、日本法において、議決権信託の有効性を基礎付ける一要素になるとの見解が存在する。鈴木竹雄「議決権信託の効力」同著『商法研究Ⅲ』一〇五頁（一九七一年・有斐閣）参照。

(78) 優先議決権株式の発行の必要性についても、ＮＹＳＥは興味深い判断をしている。すなわち、合併に際して議決権付株式を発行することを計画していた会社が、優先議決権株式所有者の議決権が希釈されるのを防ぐために、彼に追加的に優先議決権株式を発行したことが上場規則に違反すると判断したのである。See, PARA. INTERPRETATION No. 99-01 (December 1999) (http:www.nyse.com/pdfs/para313.pdf). 通常、すでに優先議決権株式を発行している会社が同じ優先議決権株式を発行することは禁止されない。See, Notice of Filing of Proposed Rule Changes I and Ⅱ.

しかし、本件のような優先議決権株式所有者の議決権支配を保持することを目的として発行することは、上場規則が規制しようとした既存株主の議決権を不当に奪うことにあたるのである。確かに、合併自体は正当な経営上の目的を持ったものであるが、その実現のためには優先議決権株式の発行は必要ではないとの判断が下されたのである。

(79) Gilson, supra note 4, at 809.

(80) 本章第四節第三款第二項(3)参照。See also, Williams v. Geier et al., 671 A. 2d 1368.

(81) Daines and Klausner, supra note 139, at 95-97; Lynn A. Stout, Shareholder as Ulysses: Some Empirical Evidence on Why Investors in Public Corporations Tolerate Board Governance, 152 U. Pa. L. Rev667, 698-99 (2003); Lucian A. Bebchuk, Why Firms Adopt Antitakeover Arrangements,152 U. Pa. L. Rev. 713, 725-56 (2003). ただし、採用される防衛策の主流は期差取締役会であり、Dual Class Stock Plan を採用する事例は少数派に留まる。See also, John C. Coates Ⅳ, Explaining Variation in Takeover Defenses : Blame the Lawyers, 89 Cal. L. Rev. 1301, 1376 (2001).

(82) E. g., Daines and Klausner, supra note 139 ; Coates, supra note 81 ; Stout, supra note 81 ; Bebchuk, supra note 81 ; Micael Klausner, Institutional Shareholders, Private Equity, and Antitakeover Protection at the IPO Stage, 152 U. Pa. L. Rev. 755 (2003).

(83) Stout, supra note 81, at 705-06. ただし、このような説明がＩＰＯ市場の現状を説明できるためには、株式報酬など明示の契約による動機づけでは人的投資を促すことが不十分であること、敵対的企業買収防衛策が明示の契約を補完するものとして経営者や従業員の期待を守るために必要であること、経営者が魅力的な買収提案を拒否できることから株主に生じる費用以上の利益が発生することが必要である。See, Klausner, supra note 82, at 783-84. しかし、これらの点は、現時点では実証研究によって証明されているわけではない。See, Bebchuk, supra note 81, at 720-21.

(84) 本章第二節第二款第一項(3)参照。

(85) Bebchuk, supra note 81, at 741-42.

(86) 創業者株主の私的利益の大きさ、機関投資家や投資銀行、弁護士等、ＩＰＯにかかわる専門家の行動原理など、検討すべき課題は多い。See, Bebchuk, supra note 81, at 715-17 ; Klausner, supra note 82, at 770-71, 773-75.

(87) Bebchuk, supra note 81, at 751-52 ; Lynn A. Stout, Do Antitakeover Defenses Decrease Shareholder Wealth : The Ex Post/Ex Ante Valuation Problem, 55 Stan L. Rev. 845, 859 (2002).

第三章　ドイツ法

ドイツ法では、現在、上場企業に対して一株一議決権原則が比較的厳格に適用されている。(1)しかし、以前は、最高議決権と複数議決権という制度を許容することにより、証券取引所に上場しているかとは関係なく、議決権を一株一議決権原則によらずに配分することを比較的広範囲にわたって許容してきた。本章では、上場企業において一株一議決権原則が比較的厳格に強制されるに至った過程について検討を加えることとする。そして、なぜ、以前は認められていた一株一議決権原則によらない議決権配分が禁止されるに至ったのかを明らかにすることが本章の目的である。以下では、まず、ドイツ法の現状と議決権配分に関する規制の変遷を概観する（第一節）。そして、議決権配分との関係で重要であることが明らかになる二つの立法、すなわち、一九三七年株式法と一九九八年に制定された企業領域における監督と透明性に関する法律（Gesetz zur Kontrolle und Transparenz im Unternehmensbereich vom 27. April 1998. 以下、KonTraG と略す）について、それぞれ検討を加えることにする。

第一節　ドイツ法の現状

第一款　ドイツにおける議決権配分に関する規制の現状

ドイツでは、株式会社における議決権の配分について、株式法（Aktiengesetz-以下、AktG と略す）に規定がある。本項の検討課題との関係では、株式法一二条第一項第一文と、第二項が特に重要である。

まず、株式法一二条第一項第一文は、すべての株式には議決権が与えられると規定する。この規定は、株式法の明文の規定による許可がない限り、議決権を有さない株式は存在しないこと、また、株式から独立して議決権が存在することはないことを示すものと解釈されている。[2] 一方、株式法一二条第二項は、Mehrstimmrechte（複数議決権）の禁止を宣言する。[3] この規定は、原則として、個々の株式には平等の議決権が配分されなければならないことを示すものにほかならない。[4] ただし、上記の原則にもいくつかの例外がある。まず、株式法一二条第一項第一文の原則の例外として、以下の規定が存在する。[5] 第一に、無議決権優先株式の許容である。[6] 第二は、非上場会社に限った最高議決権制度（Höchststimmrechte）の許容である。[7] そして、第三として、株主が有する個々の法律関係を原因とする議決権行使の禁止などである。[8]

一方、複数議決権を新規に採用することは、例外なく禁止されている。[9] これに対して、すでに存在する複数議決権の存続は、株主総会の決議を条件に許される。[10] ただし、この決議によって存続する複数議決権は、いつでも、新たな株主総会決議によって廃止することができる。[11] さらに、複数議決権を廃止する株主総会決議は、法律によって、特別に緩和された決議要件が定められている。[12] いずれの株主総会決議においても、複数議決権が付与された株式（以下、複数議決権株式という）を所有する株主の影響力が制限されていることが特徴である。

本書では、以上に述べたドイツにおける議決権配分に関する規定のうち、最高議決権と複数議決権に関する規制の展開について検討することにする。その理由は以下の点にある。すなわち、いずれの制度も株主としての経済的利益と議決権の割合が一致しないことを許容する制度であるからである。最高議決権は、特定の株主には、株主としての経済的利益の量に比して過小な議決権しか配分しないことを許容する制度である。一方、複数議決権は株主としての経済的利益に比して過大な議決権を配分することを許容する制度であるといえる。両制度の検討を通じ、一株一議決権原則からの逸脱に対するドイツ法の態度を検討することで、日本法に対する示唆を得ることが本章の目的である。[13]

以下では、まず、両制度の規制の変遷を追うことにする。規制の変遷を追うことで両制度の株式法における意義を明らかにすることができると思われる。その後、両制度の規制の変遷における転換点となった立法について検討を加えることにしたい。

第二款　最高議決権と複数議決権の変遷

(1)　一八六一年ADHGB以前[14]

当時の商事会社では、経営に参与する主要株主とその他の一般株主が明確に区別されていた。議決権を有していたのは前者の主要株主のみである。主要株主とは、一定以上の出資を行った投資家である。たとえば、オランダの東インド会社では、五、〇〇〇グルデン金貨以上の出資を行った投資家が主要株主となった。一方、他の株主は、経済的利益にしか与ることができず、経営に対する参加は否定されていた。そして、議決権は主要株主に対して、主要株主としての資格を得るための最低額に値する出資額ごとに、一議決権が配分されていた。[15]しかし、このような組織形態は、一七八九年のフランス革命によって決定的な影響を被ることになった。[16]すなわち、平等の観念が株式会社を支配するようになったのである。[17]平等の理念は特に一八〇七年フランス商法に現れており、これが、ADHGBに影響を与えたと考えられている。

(2)　一八六一年ADHGBから一八八四年第二株式法改正まで

ドイツ法で株式法が初めて成文化されたのは、一八六一年に制定されたドイツ一般商法典（Allgemeines Deutsches Handelsgesetzbuch. 以下、ADHGBと略す）においてである。議決権の配分については、ADHGB二二四条第二項で、以下のような定めがなされた。「定款（Gesellschaftsvertrag）が別に定めない限り、個々の株式（Jede Aktie）はその所有者に一議決権を与える」。[18]したがって、当時、一株一議決権原則からの逸脱が、かなり自由に認められていたことになる。[19]実際にも、特に、何らかの形で個々の株主が行使できる議決権の数を制限することが頻繁に行われていた。[20]具体的には、最高議決権を採用することと、議決権を獲得できる最低限の株式数を定めることが、多くの会社で採用されていたようである。[21]

(3)　一八八四年第二株式法改正

一八八四年第二株式法改正は、株式法の構造的な弱点への対応を目的とした[22]。改正の結果、議決権の配分は以下のような規制に服することになった。「すべての株式には議決権が与えられる。議決権は、株式の券面額に従って行使される。定款は、一人の有限責任社員が複数の株式を所有する場合に、議決権の行使の最高限度を定めること、もしくは議決権の段階的な増加を定めること〔筆者注：議決権の増加量を逓減させること〕によって制限することができる」[23]。

この改正の結果、株主としての経済的利益と議決権の割合が一致することが厳格に要求されることになった[24]。すなわち、最高議決権を例外として、一株一議決権原則からの逸脱は、議決権獲得のための最低株式数の定めや複数議決権を含めて禁止されることになったのである[25]。このような改正の理由は以下の点にあるとされた。

改正当時の実務において頻繁に用いられた議決権に関する定めとしては、最高議決権と議決権獲得のための最低株式数の定めを挙げることができる。前者は、株式が少数の大株主へ集中することにより株主総会が議論の場でなくなることへの対処として、後者は、株式所有の分散の結果、株主総会参加者が過大になりすぎることへの対処として考えられていた[26]。

前者の評価について、まず、前提とされたのは、株式会社は資本団体（Kapitalverein）である以上、出資の量と議決権の割合が一致するのは当然であるということである[27]。ただし、個々の会社の事情によっては、人的な要素を重視し大株主の力を制限する必要があることも認識されていた。したがって、定款によって最高議決権を導入することは引き続き許容されることになった。一方、後者については、投資家は株式に議決権が付随することを信頼していることを理由に、定款によって議決権獲得のための最低株式数を定めることが禁止されることになった。[28]

(4)　一八九七年ＨＧＢ

一八九七年にＨＧＢが制定されたが、株式法がＡＤＨＧＢの内容から大きな変更を被ることはなかった。[29]最高議決権を定款の定めによって採用することは引き続き認められた。[30]ただし、議決権配分に関しては、新たに、二五二条第一項第四文により以下のような定めが追加されることになった。「複数の種類の株式が存在する場合、定款は、ある種類の株式に他の種類の株式よりも多くの議決権を与えることを定めることができる」。[31]すなわち、立法において、最高議決権に加えて、複数議決権が株主間の議決権配分の方法として認められることになったのである。

複数議決権を立法によって認めた根拠は以下の点にあった。すなわち、当時、会社の再建の際に頻繁に発行された優先株式に複数議決権を与えることで、会社の再建に貢献した株主に報いることができるようにしたのである。[32]実際にも数は少ないが、第一次世界大戦以前、複数議決権が、企業再生の際に発行される優先株式を引き受けた株主や、市場価格以上で株式を引き受けた株主に報いるために付与されていた事例が存在した。[33]

(5)　一九三七年株式法

一九三七年株式法では、議決権配分に関する法規制に対して大きな変更が加わることになった。その主たる原因は、第一次世界大戦後に起こった複数議決権の濫用である。[34]改正の結果、複数議決権は原則として禁止され、最高議決権を導入するためにも官庁の同意が必要とされることになった。[35]規制の内容は具体的には以下のとおりである。

複数議決権は、一二条二項により原則として禁止されることになった。ただし、会社の利益もしくは公共の利益に資する場合に、連邦官庁の許可を条件に複数議決権の導入が認められる旨の例外規定が存在した。(36) すでに存在する複数議決権については、一九三七年株式法施行法が、株式法一二条による連邦官庁の許可を得ない限り、連邦法によって定められる日時に自動的に消滅することを定めていた。(37) これに加えて、複数議決権を個々の会社が廃止する条件を緩和する規定も存在した。(38) また、複数議決権は既に存在する種類株式にしか付与できないとの要件が抹消された。したがって、複数議決権が付与されること自体が、株式の種類を構成することとなった。(39)

一方、最高議決権についての官庁の同意の要件について、明文の定めは存在しなかった。しかし、学説では、複数議決権の場合と同様の要件が必要であるとの見解が有力であったようである。(40)

(6)　一九六五年株式法

議決権配分に関する法規制について、複数議決権と最高議決権ともに規制の変化が生じた。複数議決権に関しては、まず、許可権限が会社の所在地の州の経済に関する最高機関に移り、そして、許可の要件がより厳格になった。すなわち、複数議決権の導入が許可されるためには、会社の利益もしくは公共の利益に資するというだけでは足りず、"überwiegender wirtschaftlicher Belange" の維持に必要であることが要求されることになったのである。(41) このような規制は、株主としての経済的利益と議決権は対応関係にあるべきとの原理原則を維持しつつ、企業買収への防衛、その他公共の利益を維持する必要を満たすという観点から正当化されると考えられていた。(42) ただし、すでに存在する複数議決権については、許可要件の変更の影響を受けることなく、有効性が維持されることとなった。(43) この結果、一九三七年以前に官庁の許可を得ることなく採用された複数議決権も、有効性を維持し続けることが確定した。(44) 一方、株主総会による複数議決権の廃止についてはさらなる条件の緩和がなされた。(45)

最高議決権は、従前と同じく、議決権の最高限度ないし増加量の逓減化の定めという形で許容されることになった。(46)ただし、規制内容の変化として、その採用に官庁の許可を要求する規制が撤廃されたことを挙げることができる。その理由として、株式法施行法の政府草案では、株式法の政府草案に存在した複数議決権の廃止を前提とし、企業買収防衛策としての役割を最高議決権が担うべきであるとの見解が挙げられている。(47)また、最高議決権の実効性を高めることを目的に、第三者が所有する株式の通算規定を定款で定めることが新たに認められた。(48)

(7)　一九九八年 KonTraG

KonTraG による株式法改正の中で、本稿との関連で最も重要と考えられるのは、以下の二点である。第一に、複数議決権を新たに発行することを完全に禁止したことであり、第二に、上場企業において最高議決権を利用することを完全に禁止したことである。(49)前者に関連して、既存の複数議決権について、二〇〇三年六月一日より前に株主総会が複数議決権の存続を決議しない限り、(50)同日をもって複数議決権は効力を失うこととなった。(51)また、二〇〇三年六月一日以前に、株主総会決議によって複数議決権を廃止することも可能とされた。

(8)　小　括

このように、複数議決権と最高議決権の規制に関しては、一九三七年株式法と一九九八年 KonTraG が、規制内容の変遷という点で決定的な意味を持っていることが明らかになったと思われる。以下では、両者の立法過程やその背景でなされた議論について検討する。なお、一九三七年株式法では複数議決権の許否について、一九九八年 KonTraG では議決権配分に関する法規制の内容について上場の有無によって差異を設けることの妥当性について、それぞれ焦点を合わせて分析を行うことにする。

（1）§ 12 und 134 Abs. 1 AktG.

（2）Uwe Hüffer, Aktiengesetz, § 12 Rn 1 (7. Auflage, C. H. Beck, München, 2006) ; Wolfgang Zöllner, Kölner Kommentar zum Aktiengesetz § 12 Rn 4 (2. Auflage, Carl Heymanns, Köln, Berlin, Bonn, München, 1986).

（3）この規定は、新規に複数議決権を採用することを禁止するとともに、すでに存在する複数議決権を廃止することも定める。すなわち、二〇〇三年六月一日より前に株主総会が複数議決権の存続を決議しない限り、同日をもって複数議決権は効力を失うのである。Vgl., § 5 I 1, EGAktG. また、二〇〇三年六月一日以前に株主総会決議によって複数議決権を廃止することも可能とされた。Vgl., § 5 II EGAktG. 株主総会決議による廃止であろうと、法律による廃止であろうと、複数議決権を失う株主に対しては適切な補償を支払うことが要求されている。Vgl., § 5 III EGAktG ; Asuman Ylmaz, Stimmrecht und Kapitalbeteiligung im Deutschen Aktienrecht, S. 70-74 (Münster, LIT, 2002) ; Hüffer, a. a. O. (Fn. 2), § 12 Rn 14.

（4）Hüffer, a. a. O. (Fn. 2), § 12 Rn 1.

（5）以下で述べるのは、議決権を有さない株式、ないし議決権行使が制限される場合に限られる。これに対して、株式から独立して議決権が存在しないことについては、例外的にそれを許容する規定は存在しない。Vgl., Hüffer, a. a. O. (Fn. 2), § 12 Rn 3. したがって、株式の譲渡とは別個の取引によって、株主でないものが議決権を獲得することはできない。この原理は、Apspaltungsverbot と呼ばれている。See, RGZ 132, 149, 159 ; BGH, 1987 NJW S. 780 ; Mathias Habersack, Die Mitgliedschaft-subjektives und 'sonstiges' Recht S. 78ff (Tübingen, Mohr, 1996). この原理は、ドイツ民法典（BGB）七一七条第一文を根拠とする。BGB七一七条第一文は、「社員に会社関係から帰属する権利は譲渡できない。」と規定する。Vgl., Peter Ulmer, Münchener Kommentar zum Bürgerlichen Gesetzbuch § 717 Rn 7 (2. Aufl., München, Beck, 1986).

（6）株式法一二条第一項第二文。詳細な規定は、株式法一三九条から一四一条に存在する。たとえば、以下のような規定が含まれる。まず、累積的優先株式のみ無議決権株式とすることが認められる（株式法一三九条第一項）。しかし、無議決権優先株式の数は、基礎資本（Grundkapital）の二分の一を超えることができない（株式法一三九条第二項）。

（7）　株式法一三四条第一項第二文。株主が複数の株式を所有する場合、行使できる議決権の数の最高限度を定めること、もしくは、所有株式の増加に伴う議決権の増加を段階的に制限すること、が可能である。後者の例として、一〇株までは一株ごとに一議決権が増加し、一一株から一〇〇株までは、一〇株ごとに一議決権が増加するといった定めが可能である。以後、このような議決権の制限の総称として、最高議決権を用いる。ただし、最高議決権は、KonTraGによって、証券取引所で上場されている会社においては禁止されることになった。Vgl., Christoph Ernst & Ulrich Seibert & Fritz Stuckert, KonTraG, KapAEG, StückAG, EuroEG (Gesellschafts-und Bilanzrecht) ; Textaufgabe mit Begründungen der Regierungsentwürfe, Stellungnahmen des Bundesrates mit Gegenäußerungen der Bundesregierung, Berrichten des Rechtsausschusses des Deutschen Bundestages; Stichwortverzeichnis, S. 20 (IDW, Duesseldorf, 1998). なお、株式法において上場会社とは、国家の監督下にあり、恒常的に開設され、かつ、大衆に対して、取引が間接ないし直接に開かれている市場に株式が上場されている会社をいう。株式法三条第二項参照。

（8）　具体例として、会社が所有する自己株式の議決権行使の禁止（株式法七一条b）、特別利害関係人の議決権行使の禁止（株式法一三六条）などを挙げることができる。Vgl., Hüffer, a. a. O. (Fn. 2), § 12 Rn 7.

（9）　最高議決権と異なり、上場会社であるか否かを問わない。この点について、批判的な見解として、vgl. Theodor Baums, Stellungnahme zur Aktienrechtsreform 1997, in : Die Aktienrechtsreform 1997 S, 26, 36 (AG Sonderheft August 1997). Baumsは、複数議決権を絶対的に禁止し定款自治を制限する理由が、閉鎖会社には存在しないと主張する。詳しくは、本章第三節第二款参照。

（10）　§ 5 I 1, 2. HS EGAktG. 決議要件は、実際に行使された議決権に相当する基礎資本の四分の三の賛成である。ただし、存続決議では複数議決権株式を所有する株主の議決権行使は禁止される。Vgl. § 5 I 2 EGAktG. なお、いったん存続が決まった複数議決権について、立法で存続期間が制限されることはない。Vgl., Ylmaz, a. a. O. (Fn. 3), S. 69. 存続決議を認める理由として、複数議決権を廃止する際に複数議決権株式の所有者に対する補償の支払いが、会社の事情によって困難な場合が存在することが挙げられている。Vgl., Beschlußempfehlung des Rechtsausschusses zu § 5 EGAktG, abgedr. bei Ernst & Seibert & Stuckert, a. a. O. (Fn. 7), S. 121. しかし、立法上、存続決議の内容に関する明文の制限は存在しないので、他の理由に基づく決議も可能と解される。この場合であっても、もちろん、株主総会決議の取消といった一般規定の制限には服することになる。Vgl., Hüffer, a. a. O. (Fn. 2), §12 Rn 11.

（11）§5 II 1 EGAktG.

（12）§5 II 2, 3, 4 EGAktG. 決議要件は、実際に行使された議決権に相当する基礎資本の過半数の賛成である。一方、行使された議決権の過半数は要件となっていない。また、複数議決権株式を所有する株主による種類株主総会決議は要求されない。さらに、株式法一二二条第二項と異なり、一株でも所有する株主は複数議決権を廃止することを株主総会に提案することができる。

（13）議決権に関する規制も、ＥＵ法による影響を免れることはできない。会社法に関する第五指令草案の一九九一年一一月二〇日改正版では、第三三条において、無議決権優先株式を例外として、厳格な一株一議決権原則が提案されている。Vgl. Marcus Lutter, Europäinisches Unternehmensrecht : Grundlagen, Stand und Entwicklung nebst Texten und Materialien zur Rechtsangleichung, S. 190 (4., vollst. Überarb. Auf.-Berlin, New York, de Gruyter, 1996). また、最近では、国有企業の民営化との関係で黄金株（Golden Aktie）のＥＵ法適合性が問題となっている。黄金株とは、国有企業が民営化された後も、国が当該企業に一定の支配権を確保するために、株主としての経済的利益とは無関係に存在する権利（重要事項に対する拒否権など）が付随している株式をいう。Vgl., Stefan Grundmann & Florian Möslein, Die Golden Aktien : Staatskontrollrechte in Europarecht und wirtschaftspolitischer Bewertung 2003 ZGR S. 317.

（14）この時代には、商事会社の組織を統一的に規制する法律は存在しなかった。したがって、それは、領邦の許可状（Oktori）と各会社の定款によって定められることになった。領邦は、Direktoren を会社に派遣すること、定款変更のためには領邦君主の許可が必要であったことなどから、会社へ直接の影響力を行使することができた。また、Oktori が個々の会社の細かいことについてまで定めることが可能であったので、組織形態は個々の会社ごとに多様であった。ここでは、議決権配分に関する一般的な傾向を述べることにする。Vgl., Martina Zeißig, Mitgliedschaft und Stimmrechtsmacht in der Aktiengesellschaft, S. 23-24 (Freien Universität, Berlin, 1996).

（15）Vgl.,Rudolf Wiethölter, Interessen und Organisation der Aktiengesellschaft im amerikanischen und deutschen Recht, S. 59 ff. (C. F. Müller, Karlsruhe, 1961); Zeißig, a. a. O. (Fn. 14), S. 24.

(16) フランス革命の以前に、すでに、株式会社の民主化の傾向は存在した。その一つの特徴として、株主総会が、経営者に対する機関として確固たる地位を確立しつつあったことが挙げられる。さらに、イギリス東インド会社では、一七世紀の時点で最高議決権制度が存在した。その採用の根拠としては、一部の主要株主が多額の資本出資によって会社を支配することに対する批判が存在したことが挙げられていた。Vgl., Karl Lehmann, Die geschichtliche Entwicklung des Aktienrechts bis zum Code de Commerce, S. 57 (Carl Heymann, Berlin, 1895). ただし、すべての株式に議決権が与えられるようになったのは一九世紀に入ってからであり、それはフランス革命の影響を強く受けたことが原因であったように思われる。Vg., Zeißig, a. a. O. (Fn. 14), S. 29.

(17) Hans Planitz, Die Stimmrechtsaktie, S. 5 (Felix Meiner, Leipzig, 1922).

(18) ＡＤＨＧＢの条文については、Werner Schubert und Peter Hommelhoff, Hundert Jahre modernes Aktienrecht : Eine Sammlung von Texten und Quellen zur Aktienrechtsreform 1884 mit zwei Einführungen, S. 120 (ZGH Sonderheft 4, 1985) を参照。掲載されているのは一八七〇年の第一株式法改正後のものであるが、この改正では、二二四条第二項は対象とならなかった。Vgl., Heinz-Dieter Assmann, Großkomm. AktG, Einl. Rn. 68ff (4., neubearb. Aufl. 1992); Martin Peltzer, Die Abschaffung von Mehrstimmrechten und Stimmrechtsbeschränkungen in KonTraG-Entwurf, in: Die Aktienrechtsreform 1997 Fn3 (AG Sonderheft August 1997).

(19) 草案の段階では、ヴェルテンベルクとフランクフルトのそれぞれの商法典草案に見られるように、最高議決権を法律によって強制する条項が含まれていた。その目的は、株式会社において、大量の株式を所有する個人が、会社の利益をないがしろにして私的利益を図ることを防ぐことにあるとされた。しかし、結局は、一八四三年に成立したプロイセン株式法に倣い、最高議決権の強制は放棄された。その理由としては、一株一議決権原則が Natürlichste であること、大株主の専横に対しては立法ではなく、個々の会社の事情に即した定款による規制が望ましいことが挙げられていた。Vgl., Zeißig, a. a. O. (Fn. 14), S. 34-36 ; Günther Frank-Fahle, Die Stimmrechtsaktie, S. 10 (Franz Dahlen, Berlin, 1923).

(20) Planitz, a. a. O. (Fn. 17), S. 43 Fn.5.

(21) 一つの会社が双方の仕組みを採用する場合もあった。たとえば、以下のような規定が存在した。まず、一議決権を獲得するのに最低五株の所有を要求する。そして、一一株以上の株式を所有する場合、一〇株ごとに一議決権が加算される。一〇一株以降は、三〇株を最高限度として二五株ごとに一議決権が加算される。Vgl., Peltzer, a. a. O. (Fn. 18), S. 90-91; W. Auerbach, Das Aktienwesen, S. 171 (1873).

(22) Zöllner, a. a. O. (Fn. 2), Einl. Rn. 63. 特に、会社の設立に関する規制の弱点が問題となった。すなわち、十分な出資が現実に履行されないまま設立される株式会社が多数存在したのである。Vgl., Norbert Reich, Auswirkungen der deutschen Aktienrechtsreform von 1884, in : Norbert Horn und Jürgen Kocka, Recht und Entwicklung der Großunternehmen im 19. und frühen 20. Jahhundert S. 258 (Göttingen, Vandenhöck und Ruprecht 1979).

(23) Art. 190 Abs. 1 ADHGB in der Fassung nach der zweiten Aktienrechtsnovelles von 1884. 同法二二一条二項により当該規定が株式会社にも適用される。

(24) Frank-Fahle, a. a. O. (Fn. 19), S. 10; Planitz, a. a. O. (Fn. 17), S. 35.

(25) 政府草案の一般理由書の中で、このことは明確に指摘されている。Vgl., Allgemeine Begründung zum Aktenstück Nr. 21 vom 7. 3. 1884, abgedr. bei Schubert und Hommelhoff, a. a. O. (Fn. 18), S. 424.

(26) Gutachten des Reichsoberhandelsgerichts vom 31. 3. 1877, abgedr. bei Schubert und Hommelhoff, a. a. O. (Fn. 18), S. 231. 複数議決権に関する議論は存在しないようである。これは、当時、実務において複数議決権が頻繁に使われることがなかったことに帰因するものと考えられる。

(27) A.a.O., S. 230. 政府草案の一般理由書も同様の見解をとる。Vgl., a. a. O., S. 465.

(28) Reichsoberhandelsgerichts の一八七七年三月三一日鑑定意見では、このような定めを認めることで偽装取引などが増加することに対する懸念も示されている。Vgl., a. a. O., S. 231.

(29) Assmann, a. a. O. (Fn.19), Einl. Rn. 119.

(30) § 252 Abs.1 des HGB von 1897.

(31) 複数議決権そのものが株式の種類を構成するか否かについて争いがあった。Vgl., Alfred Hück, Vorzugsaktien mit mehrfachem Stimmrecht, S. 31ff. (Manhem, Berlin, Leipzig 1922). 通説は、複数議決権のみが株式の種類を構成することを否定的に解した。したがって、複数議決権は、優先株式に対して与えられることが多かった。Vgl., Planitz, a. a. O.

(Fn. 17); Arthur Nußbaum, Aktionär und Verwaltung, S. 1 (Carl Heymanns, Berlin, 1928).

(32) Zeißig, a. a. O. (Fn. 14), S. 51.

(33) Hück, a. a. O. (Fn. 31), S. 8. このような状況を Hück は、実質的に出資と議決権の割合が一致していたと評価する。

(34) 詳細は、次款で述べることとする。インフレーションによって引き起こされた外国資本ないし内国資本によるドイツ企業の買収（前者は Äußere Überfremdung、後者は Innere Überfremdung と呼ばれる）に対する脅威がその背景にある。時には、一株に何百何千もの議決権が付与されることもあった。Vgl., Rudolf Müller-Erzbach, Die Entartung des deutschen Aktienwesens in der Inflationszeit, S. 11（Tübingen 1926）. その結果、一九二五年九月の時点でドイツの証券取引所に上場されていた株式会社一、五九五社のうち複数議決権を採用する八六〇社では、複数議決権が付与されている株式が資本の四〇分の一を占めるにすぎないにもかかわらず、平均して三八・二%の議決権を確保するという状態が生じることになった。Vgl., a. a. O., S. 12.

(35) 最高議決権は、一九三七年株式法では従前と同様の規制に服していた。Vgl., § 114 Abs. 1 AktG 1937. しかし、複数議決権の禁止に伴い最高議決権は企業買収防衛策としての新しい意味を獲得することになった。さらに、実務では複数議決権を利用する会社が、それに加えて最高議決権を企業買収防衛策として利用することが目立つようになった。その結果、一九三八年一二月二一日の株式法に関する第三施行令によって、最高議決権の採用は官庁の許可に服することになったのである。Vgl., Franz Schlegelberger und Leo Quassowski, Aktiengesetz DVO, S. 1301 (3. Aufl. Berlin 1939).

(36) 「会社の利益ないし公共の利益」の解釈について、vgl., Schlegelberger und Quassowski, a. a. O.（Fn. 35）, § 12 Anm. 5. 通説によれば、企業買収からの防衛は要件を満たすと考えられていたようである。

(37) § 9 EGAktG 1937. ただし、施行法が示す日時が定められることはなかった。Vgl., Peltzer, a. a. O.（Fn. 18）, S. 90, 92.

(38) 一九三八年一二月二一日の株式法第三施行令によって、株主総会が減資手続により、官庁の許可を得ていない複数議決権が付与された株式の強制消却（Zwangseinziehung）を行うことが可能になった。Vgl., Peltzer, a. a. O. (Fn. 18), S. 90, 92; Schlegelberger und Quassowski, a. a. O.（Fn. 35）, S. 1309ff.

(39) 一九六五年株式法の解説書で、このことは明確に指摘されている。Vgl., Zöllner, a. a. O. (Fn. 2), § 12 Rn 29; Oliver C.

Brändel, Großkomm. zum AktG § 12 Rn. 36（4. Aufl., W. De Gruyter, Berlin, 1992）.

（40）Schlegelberger und Quassowski, a. a. O.（Fn. 35）, S. 1317.

（41）Vgl., § 12 Abs. 2. AktG 1965.

（42）Bruno Kropff, Aktiengesetz, Textausgabe des Aktiengesetz vom 6. 9. 1965, S. 25（Düsseldorf 1965）.

（43）§ 5 Abs. 1 EGAktG 1965.

（44）Vgl., Wolfgang Zöllner/ Hans Hanau, Die verfassungsrechtlichten Grenzen der Beseitingung von Mehrstimmrechten bei Aktiengesellschaften, 1997 AG, S. 206, 206 ; Eberhard Schwark, Zur Rechtsposition der Mehrstimmrechtsaktionäre, FS Johannes Semler, S. 367, 367（Berlin, New York , Walter de Gruyter, 1993）.

（45）§ 5 Abs. 2 EGAktG 1965. 複数議決権の廃止は定款変更によって可能となる。一九六五年株式法以前に存在した複数議決権については、この定款変更に必要な手続が緩和された。すなわち、行使された議決権に対応する基礎資本の四分の三の賛成のみで定款変更が可能であるとされたのである。議決権の多数も、複数議決権を所有する株主による種類株主総会決議も不要とされた。また、複数議決権の廃止ないし縮減に伴う補償請求（Entschaedigungsanspruch）は、複数議決権が、他の株主との関係で基礎資本への出資とは別の特別の利益の提供と引換えに付与された場合にのみ認められるとされた。Vgl., Zöllner, a. a. O. (Fn. 2), § 12 Rn 37, 38. このような手続の緩和について、所有権の保護と関係して憲法上の問題が議論されている。Vgl.,Oliver C. Bröndel, Mehrstimmrechtsaktien, FS Karlheinz Quack, S. 175, 180, 187 (Berlin, New York, de Gruyter, 1991) ; Schwark, a. a. O. (Fn.44), S. 367,369; Zöllner/ Hanau, a. a. O. (Fn.44), S. 206.

（46）§ 134 Abs. 2 Saetze 2. AktG 1965.

（47）Zeißig, a. a. O.（Fn. 14）, S. 75 Fn. 27.

（48）§ 134 Abs. 2 Saetze 3 und 4. 第三者が本人の計算において所有する株式の本人への通算、コンツェルン関係にある企業が所有する株式の通算を対象とする。この点に関しては、議決権拘束契約に服する株主に対する通算規定の効力が問題となった。Vgl., Theodor Baums, Höchststimmrechte, 1990 AG , S. 221, 225 ; Klaus-Peter Martens, Stimmrechtsbeschränkung und Stimmbindungvertrag im Aktienrecht, 1993 AG , S. 495, 497 ; Uwe H. Schneider, Gesetzliches Verbot fuer Stimmrechtsbeschränkungen bei der Aktiengeselschaft ?, 1990 AG, S. 56, 58.

（49）　KonTraG, Artikel 1 Nr 3 und 20.

（50）　Vgl. § 5 I 1, EGAktG.

（51）　Vgl. § 5 II EGAktG. ただし、株主総会決議による廃止であろうと、法律による廃止であろうと、複数議決権を失う株主に対しては適切な補償を支払うことが要求されている。Vgl. § 5 III EGAktG; Ylmaz, a. a. O. (Fn. 3), S. 70-74; Hüffer, a. a. O. (Fn. 2), § 12 Rn 14. また、いったん存続が決まった複数議決権について、現行法上、存続期間を制限する規定は存在しない。Vgl. Ylmaz, a. a. O. (Fn. 3), S. 69.

第二節　複数議決権とその制限――一九三七年株式法による複数議決権の禁止について

本節では、一九三七年株式法によって複数議決権が原則として禁止されるに至った過程を検討する。特に、二〇世紀初頭の経済社会において複数議決権がいかなる機能を果たしていたのか、そして、なぜ、複数議決権を官庁の許可という規制に委ねざるを得なくなったのかという点を中心に扱うことにする。また、規制の選択肢という観点からも検討を行うことにする。先に示したように、一九三七年株式法によって、複数議決権を発行するためには、連邦官庁の許可を得ることが必要となった。(1) しかし、当時、議決権配分を規制する方法として、株主総会の決議要件の加重や複数議決権の内容的制限といった種々の提案がなされていた。(2) 多くの規制方法の選択肢の中で、連邦官庁の許可制が採用された根拠を探求することも本節の目的である。

第一款　複数議決権の興隆と社会的状況

第一項　Überfremdung への防衛措置としての役割

複数議決権株式の採用は、一八八四年第二株式法改正によっていったん禁止されたが、すぐに一八九七年ＨＧＢによって再び認められることになった。(3) しかし、第一次世界大戦以前、複数議決権が頻繁に利用されていたとは必ずしもいえない状況にあった。むしろ、複数議決権が頻繁に用いられようになったのは第一次世界大戦後に激化したインフレーションの時期であった。複数議決権は、Überfremdungに対する防衛措置として大きな役割を果たすことになったのである。(4) すなわち、複数議決権は、経営者ないしそれに近いグループに複数議決権株式を発行することによって、株主総会の多数派の保持を図るために用いられたのである。(5)

第一次世界大戦以後、ドイツの経済社会を襲ったÜberfremdungには二種類のものが存在した。(6) 第一は、外国資本によるÜberfremdungであり、第二は、内国資本によるÜberfremdungである。(7) 外国資本によるÜberfremdungの危険は、インフレーションの影響が大きかった時期、現実的な問題として認識され、複数議決権をそれに対する防衛措置として利用することは圧倒的多数の賛成を得ていたと指摘されている。(8) しかし、インフレーションの克服により経済が安定に向かうにつれて、外国資本によるÜberfremdungに対する防衛措置として複数議決権を利用することに対する批判が声高に叫ばれるようになった。(9) その理由として、平時において、複数議決権が株式会社の権限分配に与える影響が、冷静に認識され直したことが挙げられるように思われる。(10) その結果、外国資本によるドイツ企業の支配を防ぐという大義名分を失った複数議決権は、その存在を内国資本によるÜberfremdungへの防衛措置として正当化する必要に迫られたのである。

内国資本によるÜberfremdungも、ドイツの株式会社がインフレーションによって投機の対象となりやすかった状況では肯定できたようにも思われる。(11) しかし、一九二〇年中盤以降、そのような状態は改善されたと指摘されている。(12) ここで、複数議決権は、経営の継続性や安定性を保護すること自体を正面から目的とせざるを得なくなったのである。経営の継続性や安定性といった利益を複数議決権という制度によって保護することに対する評価は、当時のドイツの経済社会の状況と密接な関連性を有するものと考えられる。したがって、次にこの点について検討する。

第二項　経済社会・株式会社の構造変化（Strukturwandel）と複数議決権に対する評価の変化

一九二〇年代の経済社会と株式会社の特徴は、構造変化（Strukturwandel）にあったと評価されている。(13) まず、経済社会においては、企業規模の巨大化とコンツェルンの形成を通じて経済力の集中が進んだ。そして、このような経済社会の変化に応じるように、株式会社では、株主総会と株主から経営者への企業経営における支配力の移転が進んだ。(14)

企業規模の巨大化と経済力の集中は、商品生産と企業経営の合理化を目的に実行された。(15) その結果、経済社会において以下のような変化が生じることになった。第一に、経済社会における株式会社の重要性が増したことである。(16) 第二に、コンツェルン形成の増加に伴い、一八九七年ＨＧＢが想定するような独立した株式会社の数が減少したことである。(17) 特に、第一の点は、もはや、株式会社を株主による支配に服する純粋に私的なものとして扱うのではなく、政治と法律の両分野において、株式会社に対する何らかの形での介入の必要性を認識させることになったのである。

このような経済社会の変化に対して、株式会社も自らの内部構造を変化させるに至った。それは株式会社の支配権が株主から経営者へ移転するという形で生じた。これに最も大きな役割を果たしたのは、複数議決権であったとの指摘が存在する。(18) さらに、このような変化を促進させた事実的要素として、株主が経営に対する関心を失うに至ったことが挙げられている。(19) 株式を継続的に保有するのではなく、投機的な利益を目的に積極的な売買を繰り返す株主が多数を占めるようになったからである[20]。

株式会社における支配権が株主の手を離れることは、法が想定する株式会社と本質的な差異をもたらすことになる。一八九四年第二株式法改正以降、株主総会は、株式法上、株式会社の最高機関として位置づけられていたのである[21]。このような株式会社の構造変化を、経済社会の変化に対応した望ましい発展の結果と評価するか、法の趣旨を逸脱するものと評価するか争いが存在した。まず、株式会社の民主主義的な構造の復活を主張する見解から、このような状況に対して痛烈な批判が加えられた[22]。一方、前述した経済社会における変化を踏まえ、このような株式会社の構造変化を正当化しようとする見解も存在した。いわゆる"Unternehmen an sich"（企業自体）の思想である。Unternehmen an sich の思想について、諸説それぞれ異なった主張がなされているが、その要点は以下の点にあると考えられる。すなわち、個々の株主の利益の上位にあるものとして企業自体の利益の保護を主張する点である。その根拠は、前述のように、株式会社の経済社会における重要性が増したこと、投機的利益を目的とする株主が増加したことにあると考えられる[23]。

第三項　小　括

以上に述べたように、株式会社を資本による支配から開放することは、株式会社が置かれた当時の状況から判断すれば、ある意味合理的な側面も有していた。そして、この目的を達成する手段の一つとして複数議決権は存在したのである。したがって、複数議決権の可否の議論は、当時の株式会社一般の状況をいかに評価するかという点と密接に結びついていたと考えられる。

現実において以上のような役割を期待されていた複数議決株式に対して、裁判所はいかなる法的評価を下していたのであろうか。以下では、この点について検討を加えることとする。

第二款　複数議決権をめぐる法的状況（一九三七年改正以前）

本款では、ＲＧ（Reichsgericht）が、複数議決権に対してどのような態度をとっていたのかを検討する。そのための準備作業として、まず、一八九七年ＨＧＢの条文を手がかりに複数議決権の制定法上の規制内容について概観する。その後、複数議決権に関するＲＧの主要な判決を検討し、ＲＧによる対応の問題点を指摘することにする。

第一項　一八九七年ＨＧＢにおける法状況

複数議決権を採用する条件は、条文上、複数の種類の株式が存在することであった。[24] これに対し、付与される議決権の数について条文上、制限は存在しなかった。[25] ただし、付与された複数議決権の行使については以下のような制限が存在した。第一は種類株主総会の規定であり、[26] 第二は Kapitalmehrheit の規定である。[27][28][29]

前者は、たとえば普通株主に対してのみ不利益な定款変更がなされる場合、複数議決権が行使される通常の総会決議に加えて、普通株主のみからなる種類株主総会の決議を要求するものである。[30] 後者は定款変更等の株主総会決議において、議決権の多数に加えて、決議で代表される基礎資本の四分の三以上の賛成を要求する。[31] この場合、複数議決権は効力を生じないのである。複数議決権がこれらの規制に服することをもって、それは defensive な機能しか有さないと評価されることもある。[32] なぜなら、複数議決権株式の株主は、普通株主の不利益になるような決議を単独で成立させることはできないからである。[33]

以上の分析からわかるように、複数議決権を導入するために必要な制定法上の条件と手続は、必ずしも厳格なものではなかった。たとえば、複数議決権を導入する段階で、既に複数の種類の株式が存在しなければならないという要件は、優先度が極めて低い優先株式でも、劣後の度合いが極めて低い劣後株式でも満たすことができた。すなわち、付与される株式の属性に関しての制限は全く存在しなかったのである。しかし、このような条文構造の下でも、RGは、複数議決権を導入することが違法と判断される場合があることを認めていた。それは、複数議決権の導入を決めた株主総会決議が、公序良俗に違反するか否かという点で争われることになった。[34] そこで、以下では、複数議決権の導入に関するRGの判断を概観することにする。[35]

第二項　RGによる複数議決権の規制

複数議決権を導入することが認められるか否かは、それを決定した株主総会決議の取消を求めるという形で争われることになった。[36] 最初に複数議決権の導入の可否が争われた事件は、RG. Urt. v. 19. Juni 1923. である。[37] 本判決は、複数議決権を付与すること自体は、新規に発行する優先株式が「株式の種類」を構成する限り適法であるとした。[38] そして、決議が公序良俗に違反するとの主張について、以下のように判示し、原告の主張を否定した。第一に、決議が会社の利益になるか否かは、裁判所ではなく、株主総会が自ら判断するべきである。第二に、多数派が計画的に自分の立場の強化を図るとしても、それが疑いを抱かせるような違法な手段によるのでなければ公序良俗に違反しない。第三に、銀行団と会社が、経営者の指図に従って議決権を行使する契約を結ぶことのみでは、公序良俗違反を構成しない。[39]

この判例の特徴は、法律で認められた手続、すなわち、旧株主の新株引受権の排除と複数議決権株式の発行の手続を遵守すれば、多数派は自分の支配権の維持確保を行ってよいという点にある。(40) これは、Hibernia 事件判決の立場を採用したものと考えられている。(41)

これらに対して、複数議決権株式の発行を決めた株主総会決議が公序良俗に違反すると判示した判決として、RG. Urt. v. 23. Oktober 1925. がある。(42) 本判決の下級審では、Hibernia 事件判決を引用し、多数派が法律上認められた制度を用いて、自己支配を確保することの正当性を認めた。しかし、本件で用いられた新株発行が、多数派に特別な利益を与え、かつ、少数派に損害を与え、その際、会社の利益に対する考慮がなされていないことをもって、公序良俗に違反するとした。(43) 本判決も、この下級審の判断に同意した。まず、本件新株発行が会社に利益をもたらすものではないことが以下の点から認定された。①被告会社に資金需要が存在しないこと、②Überfremdung の存在が経営者の口実にすぎないこと、③②と関係して、被告と共同事業を行う原告が被告への支配権を強めようとする行為は、正当化されてしかるべきものであること。すなわち、本件新株発行は、ただ単に、多数派の自己利益確保のためにのみなされたにすぎない。一〇倍の議決権が付与された株式を発行することで、少数派から会社経営に対する影響力を行使する機会を完全に奪うことは許される限度を超えている。その結果、少数派株主の権利は害された。(44) このように、多数派が、新株発行を自己利益に従って決議すること自体は許されるが、その方法が、少数派の利益を意図的に削減するものであったり、会社の利益に対する考慮を欠くものであったりする場合には、公序良俗違反になると判断されたのである。

本判決で特徴的なのは、従前と異なり、RGが株主総会決議の実質的内容に立ち入った判断を行ったことである。つまり、Überfremdung の存在が経営者の口実にすぎないか、会社に資金需要が存在するかを検討している。学説において、本判決は、複数議決権株式の発行が真に会社の利益にとって必要か否かの判断を行ったと評価されている。(45)(46)

本判決によって、複数議決権の採用を決定する株主総会決議においても、多数派が少数派の権利と会社の利益を犠牲にして、私的利益を追求する場合に、公序良俗違反が認められることが明らかになったのである。

本判決以後、RGにおいて複数議決権株式の発行について判断が下された事例は存在しないようである。一方、当時、複数議決権と同様の役割を果たしていた保護株に関する判例は存在した[47]。保護株に関しても、最終的にはRGZ 112, S. 14と同じく、新株発行の必要性を実質的に検討するという判例が形成されているように思われる。その中でも、RG. Urt. v. 31. Maerz 1931は、保護株発行の必要性を少数株主が被る損害の程度との関係で判断している点で特徴的である[48]。判決では、新株発行の目的が会社の資金需要を満たすためではなく、原告とその背後にいるMコンツェルンの影響力を排除するためであると認定された[49]。そして、保護株の発行が公序良俗に違反することが、以下の点を根拠に肯定された。まず、本件で特に問題とされたのは、保護株が普通株式の形をとったために、一〇分の一の資本出資を要件とする少数株主権が著しく縮減されたことであった[50]。そして、株式法上、多数派は少数派の利益を考慮する義務があることを示し、本件では、むしろ複数議決権を採用することによって少数株主権の縮減を妨げることができると判示した[51]。以上から、定款で株式の譲渡制限を行い、議決権行使の代理人を株主に限定するという規定を持つ被告会社においては、さらに、普通株式で保護株を発行し、多数派の支配をより確固たるものとする必要性は見受けられない、つまり、少数株主の権利を縮減することが正当化されないとした[52][53][54]。

本判決は、保護株発行の結果、少数株主権が縮減されることに着目している。その一方で、それを防ぐために複数議決権の採用が望ましいとの判示も見受けられる。この点から、RGは複数議決権の採用によって少数株主の議決権が希釈されること自体には制限を設ける意図がなかったことが読み取れるように思われる。すなわち、複数議決権から生じる多数派の濫用的行為を規制するものとして既に存在していた、Kapitalmehrheitや少数株主権の規定が骨抜きにならない限り、複数議決権の採用に必ずしも消極的な態度をとっていたわけではないように思われるのである。複数議決権株式の株主の出資額が他の株主と比較して著しく小さいことも、違法ではないと判示されることすらあった。(55)

確かに、Überfremdungに対抗する必要性が存在することが、複数議決権の採用を許容する条件であると判示する判例も存在した。(56) しかし、複数議決権の数や複数議決権株式に払い込まれる出資の量といった点に立ち入った判例は存在しない。また、ＲＧが複数議決権ないし保護株の発行が公序良俗に違反すると判断した事例は、議決権の希釈化以外に何らかの形で少数派株主に損害が生じていた場合であるとも評価することができる。(57) すなわち、ＲＧは複数議決権の採用の可否に関しては、過少出資による議決権の支配という問題を正面からは取り扱わず、少数株主に何らかの具体的な損害が生じている場合に限り、決議全体の効力を否定していたにすぎないと思われるのである。

第三項　小　括

本款の最後に、複数議決権に対する批判が声高に叫ばれていたにもかかわず、ＲＧが、複数議決権を導入することによって資本出資に比して過剰な議決権を経営者や特定の株主に付与することを、正面から問題とすることができなかった理由について検討する。一般に、複数議決権ないし保護株の発行が公序良俗に違反するのは、多数派が会社の利益ないし少数派の利益を犠牲にして自己利益を追求する場合であると指摘されていた。(58) 一方、実際に複数議決権ないし保護株が公序良俗違反とされたのは、少数派株主に何らかの経済的損害が生じていた事例であったように思われる。すなわち、資本出資に比して過剰な複数議決権が与えられることは、必ずしも、正面から規制の対

象とはされてこなかったのである。(59)

学説においては、解釈論として、付与することができる複数議決権の総量を規制する見解も存在した。(60) しかし、このような見解はＲＧに受け入れられることはなかった。また、学説でも批判的な見解が有力であった。(61) 結局、当時の学説は複数議決権自体を規制する説得的な原理を導出することができなかったのである。また、一八九七年ＨＧＢの条文構造からは、複数議決権の内容自体を規制する原理・原則を導き出すことも困難であった。(62) このような立法・学説の状況が、ＲＧが、少数派株主に経済的損害が生じた場合を除き、複数議決権の導入を規制することができなかった一つの原因ではないかと推測される。別の言い方をすれば、ＲＧは複数議決権によって生じる議決権の希釈自体を正面から規制対象とするための方法論を有していなかったのである。このことは、立法や学説が複数議決権によって生じる議決権の希釈自体に関して、実施可能な何らかの指針を示さない限り、裁判所が複数議決権の濫用を規制することは困難であることを示しているように思われる。(63)

第三款　一九三七年改正に至る議論

前款までに述べた状況を背景として、一九三七年株式法は、複数議決権を原則として禁止し、連邦官庁の許可がある場合に限り、例外的に複数議決権を導入することを認めることとした。(64) このような規制の原型は、ワイマール期に提出された一九三〇年株式法改正草案と一九三一年株式法改正草案の中に見出すことができる。(65) 以下では、まず、ワイマール期の株式法改正作業の背景をなす学説の議論の展開を追うことにする。引き続いて、株式法改正作業について検討することにする。

第一項　学説における議論

(1) 複数議決権肯定説

当時の学説の中で、複数議決権の存在を肯定的に解する見解は、その根拠として、企業自体の思想を挙げる場合が多かった。企業自体の思想の賛同者は、経済と株式会社の構造変化の結果、株主利益の集合とは必ずしも一致しない、企業の利益を保護する必要性が生じたと主張する。(66) そして、複数議決権株式は企業経営の継続性や安定性を確保することで企業の利益を保護するために有用であり、その存在は正当化されるべきものであると主張されることになった。(67) 一方、直接的に企業自体の思想に依拠することなく、複数議決権の存在を肯定する見解も存在した。しかし、彼らも企業自体の思想を生み出す原因となった、株式会社における実際上の問題を根拠に複数議決権の存在を肯定している点では、企業自体の思想を直接の正当化根拠とする見解と大きな差異はないと思われる。たとえば、複数議決権を利用することを正当化する根拠として、Überfremdung が現実に存在すること、(68) 会社の経営に興味を持たず、ただ、単に高額配当を要求する株主が経営に悪影響を与えること、(69) 企業の巨大化やコンツェルン化により要請される統一的経営に有用であること、(70) などが挙げられた。(71)

ただし、複数議決権の利用を肯定する見解も、付与された複数議決権の行使を複数議決権株式所有者の自由裁量に任せていたわけではないことは注目されるべきである。(72) 特に、企業自体の思想からは、複数議決権株式所有者が、複数議決権の行使にあたって Treupflicht を負うことが必然的に導き出されることになる。(73) この点は、企業自体の思想以外の理由によって複数議決権の利用を正当化する見解も共通して主張している。(74) したがって、複数議決権が自

由に行使されることが想定されていたわけではない。(75)(76)

(2) 複数議決権否定説

複数議決権を否定的に解する見解は、複数議決権の存在が株式会社と株式市場に対する信頼を低下させていると主張する点で共通する。(77)(78) 具体的な原因として、以下の二点が主張された。第一に、株式会社における民主主義的支配から寡占的支配への変遷、第二に、経営者による複数議決権の濫用的利用、である。第一の点について、株式会社における民主主義の復興といっても、ここでは、株主総会が経営における主導権を握り、最高機関としての地位を再び獲得すべきことが主張されていたわけではない。(79) その主張の要点は、議決権の量は出資の割合に比例するべきであるとの点にあった。(80) 他の株主に比べて過少な出資しか行わない株主が、過大な議決権を付与されることに対するある種の不公平感が存在していたように思われる。(81)

第二の点について、ここで問題とされたのは、複数議決権の利用によって、経営者が株主に対して全く責任を負わない事態が生じることであった。その結果、不正会計、情報の非開示、過大報酬といった問題が生じたことが問題視されていたのである。(82) そして、このような問題の根本原因は過少出資による支配にあると考えられていたようである。(83) 具体的に、以下のような指摘がなされることになった。すなわち、第一次世界大戦以前、株式会社の支配は、何らかの形で普通株式の所有に基礎を置いていた。その結果、経営の失敗は自らの個人財産への影響を及ぼした。その結果、他の株主と支配者との利益の一致が生じることになった。しかし、複数議決権株式の濫用により、複数議決権株式所有者は会社支配者として、他の株主から完全に独立した地位を確保することが可能になった。確かに、経営の継続性や安定性が経済的に利益をもたらす場合があることは、いかなる点からも否定することはでき

ることは問題とされるべきである。[84][85]しかし、複数議決権が、良き経営者と悪しき経営者の区別をすることなく、経営の継続性や安定性を保証することは問題とされるべきである。

(3) 小　括

複数議決権に消極的な立場をとる見解が、すべて、複数議決権の全面廃止を主張していたわけではない。[86]したがって、企業自体の利益の考慮の必要性と株式市場に対する信頼確保の必要性のいずれを重視するかによって、複数議決権に課されるべき制限の程度が異なるにすぎないとの評価も可能である。ただし、複数議決権を最も積極的に肯定していた企業自体の思想の賛同者も、複数議決権株式所有者が Treupflicht を負い、複数議決権が会社の利益のために行使されなければならないと主張していた点は、注目に値するように思われる。

第二項　一九三一年株式法改正草案[87]

草案の基本的な態度は以下のとおりであった。[88]複数議決権株式の存在が原則として不利益をもたらすわけではない。ただ、それが少数株主の利益を害するため、又は、完全な支配権を確保するために経営者に与えられる場合に限り、不利益をもたらすのである。一八八四年法で想定されていた複数議決権に関する需要（企業再編における投資資金の勧誘など）は依然として存在する。[89]また、投資を促進するために複数議決権を採用する場合と、その他の目的で採用する場合を区別することは困難である。したがって、原則として複数議決権は許容されなければならない。[90]さらに、草案は、経営の継続性や安定性の確保といった目的が優勢である複数議決権も、原則として不利益をもたらすものではないと判断する。なぜなら、ある種類の株主が議決権を支配することが会社の利益になる場合が存在すると考えられていたからである。したがって、濫用的な複数議決権株式の利用を防止することが草案の目的となった。

濫用防止策は具体的には以下のとおりである。[91] 第一に、Kapitalmehrheit の規定の改正、[92] 第二に、複数議決権株式を貸借対照表で開示すること、[93] 第三に、複数議決権株式が譲渡制限付記名株式の形をとること、[94] 第四に、取引所に、個々の事案において複数議決権株式の経済的正当性を調査する権限を与えること、[95] 第五に、複数議決権の導入は、決議に代表される基礎資本の四分の三の賛成によってのみ認められること、[96] 第六に、複数議決権株式が他の株式よりも軽減された条件で償却可能であること、[97] である。[98]

このように、草案は複数議決権に様々な観点から規制を課すことを提案していた。先に述べたように、草案理由書は、草案の目的は複数議決権を全面的に禁止するのではなく、その濫用を防止することにあると述べていた。[99] しかし、草案起草者の解説では、草案は、最終的には、現在の利害関係を危険にさらすことなく、複数議決権株式の排除をも目的としていたとの説明がなされている。[100] また、一九三一年草案をたたき台とする議論においては、株式市場における信頼を取り戻すために、複数議決権に対する規制を強化する必要性が声高に唱えられていた。[101] 草案理由書が、文言上は複数議決権の有用性を肯定していたのに対して、実際には複数議決権を排除することにもつながるような規制を提案したことは、一見すると矛盾しているようにも思われる。しかし、草案理由書においても、複数議決権が濫用されているか否かを判断することが困難であることが認められていた。このような認識が、厳格な規制に反映されたのではないかと思われる。いずれにせよ、草案は複数議決権が株式会社にとって有用であると考えられる場合をあらかじめ想定し、それに対応して限定的な効力しか有さない複数議決権の採用のみを許容する立場であったと考えるべきではないかと思われる。[102]

第三項　一九三七年株式法

一九三一年株式法草案と異なり、一九三七年株式法は、複数議決権を原則として禁止することとした。[103] この点について、一九三七年株式法理由書は以下のように述べていた。[104]「各株式はその所有者に単に同様の管理参加権のみを賦与し得るに止まり会社の自由意志に依り一株主又は特定の株主群 Aktionärgruppe に議決権に於ける優先権を与えることは経済的に不当であり且危険である」。しかし、一九三七年株式法は複数議決権の採用を全面的に禁止したわけではない。以下の二つの条件が備わる限り、複数議決権を導入することを認める立場をとった。第一に、会社の福祉又は全経済的利害が複数議決権の採用を要求すること、第二に、連邦経済大臣が連邦司法大臣と他の関係各大臣との協議の下に複数議決権の導入に対して承認を与えたことである。[105] 理由書は、このような規制の根拠として、「経済的情勢は多数議決権〔複数議決権に同じ。筆者注〕を如何なる場合にも排斥すべきものとは限らないことを示した」ことを挙げている。[106] 特に、複数議決権は、会社の乗っ取りに対する防衛策として用いられることが想定されていた。[107]

しかし、連邦司法省によって一九三五年四月に提出された草案では、複数議決権は例外なく廃止することが提案されていた。[108] そして、その代わりに、取締役が株主総会で独立した議決権を持つことが提案された。[109] 取締役に議決権を与えることは、株式会社の Anonymität（無名性）を縮減するために提案された。ここでいう Anonymitaet とは、株主と会社との関係において、株主が責任ある主体としてではなく、譲渡が原則として自由である株式の単なる所有者として会社に対置していること意味している。その結果、以下のような不利益が会社に生じることになると考えられていた。第一に、株主が株主権の行使にあたって会社の利益を考慮することが期待できなくなること、第二に、株式の買占めが容易になる結果、株主権が自己利益のために行使される危険や、株式の転売を狙った投機が促進される危険が増加すること、である。(110)草案作成に大きな影響力を持ったAkademie für Deutsches Recht（以下、ADRと略す）は、複数議決権は実務においてAnonymitätを排除するものとして採用されていたと理解していた。しかし、ワイマール期に提示された多くの批判的意見を重視し、かつ、複数議決権が譲渡可能であることから、それがAnonymitätを縮減する役割を十分に果たしていないと判断した。その結果、複数議決権に起因する問題を解決し、かつ、Anonymitätを縮減する機能を果たすものとして、取締役に議決権を付与することが提案されたのである。(111)

しかし、立法過程の最終段階で、連邦経済省、連邦内務省、連邦交通省の反対によって、取締役に議決権を与えることを定めた草案一一四条は削除されることになった。(112)それとともに、複数議決権制度の維持が連邦官庁の同意という条件のもとで決定されたのである。(113)第一次世界大戦後に実務で用いられた複数議決権と、取締役に固有の議決権を与えることが、株式会社のAnonymitätを縮減するという共通した目的を有することは認識されていた。そして、取締役に議決権を与えることが幅広い支持を得ることができなかった以上、それに代替する機能を持つものとして、複数議決権を復活させることにしたのである。(114)

一九三七年株式法と一九三一年草案では、複数議決権の導入が株主総会の意思決定のみによって可能か否かという点で大きく異なる。(115)しかし、複数議決権が効力を発揮する場合を、Kapitalmehrheitの規制によって限定することなど、複数議決権に対する基本的な考え方は、一九三七年株式法においても踏襲されていたように思われる。(116)具体的にいうと以下のような考え方である。まず、複数議決権は、企業再生のために必要な資金調達の勧誘や経営の継続性や安定性の確保といった目的のために利用されることが望ましい場合がある。したがって、複数議決権の採用はある一定の条件が満たされる場合には認められる。しかし、そこで認められる複数議決権はあらかじめ立法が想定する用途においてしか効力を有さないように内容的に制限するという立場である。

第四款　小　括

複数議決権は、株式会社と経済社会の構造が大きく変化したことと時期を同じくして、活発に利用され、かつ、その規制の必要性が活発な議論の対象となった。特に、複数議決権との関係では、当時、必ずしも自己の意思決定に責任を負っている主体であるとは考えられていなかった株主が、経済社会において重要な位置を占める株式会社の支配権を持つことの妥当性が議論の対象とされたことが重要ではないかと思われる。(117)なぜなら、複数議決権は、株主から、当時、責任ある主体であると考えられていた経営者などに支配権を移転させることを可能にするからである。すなわち、複数議決権は、株式会社と経済社会の構造変化によって生じた問題に対する有効な解決策としての側面を有していたのである。しかし、同時にそれは過少出資による会社支配という弊害を生み出すことも認識されていた。(118)ワイマール期、そして、一九三七年株式法に至る議論は、複数議決権に対する需要を認めつつ、弊害をいかにして最小限度に収めるかという点を中心として展開した。

そして、前款までの検討から、一九三七年株式法に結実した複数議決権の規制には、以下のような特徴があることが明らかになったように思われる。すなわち、規制の中心が判例による事後的な規制ではなく、立法で、発行可能な複数議決権の内容をあらかじめ規制するという点にあることである。(119)もちろん、実際に、複数議決権の導入を決議した株主総会決議の効力が否定される場合は存在するように思われる。(120)しかし、その内容はＲＧの判例の立場を超えるものではないのではなかろうか。株式法の条文構造から、複数議決権によって生じる株主としての経済的利益と議決権の関係の希薄化を規制する原理・原則を導きすことが困難である点は、一九三七年株式法でも変わらないように思われる。一九三七年株式法に大きな影響を与えたと考えられる一九三一年株式法草案でも、企業再生に必要な資金調達の勧誘、経営の継続性や安定性の確保、外資による企業買収に対する防衛といった正当な目的のために採用される複数議決権と、不当な目的、たとえば、経営者の自己保身のために採用される場合を区別することが困難であることが明確に指摘されていた。(121)

したがって、一九三七年株式法のもとでも過少出資による支配の弊害という複数議決権に起因する問題の根本部分について、判例によって十分な規制がなされることは期待されていなかったように思われる。(122) 結果として、立法によって、複数議決権の内容そのものを規制することが中心的な役割を果たすことになったのである。その内容は、付与される複数議決権の総量を規制するという形ではなく、複数議決権の効力を、Kapitalmehrheit を要求することで無効にするというものであった。(123) ワイマール期に学説で主張された付与される複数議決権の総量を規制することは、結局、採用されることはなかった。その理由の一つとして、たとえば、議決権の総量規制は、複数議決権株式と普通株式を同時に所有することによって容易に破られるのであり、そもそも弊害を防ぐという機能を果たし得ないものであったことなどが考えられる。(124)

それでは、複数議決権について以上のような規制を課す根拠として、いかなる点が重要な意味を有すると考えられていたのであろうか。前款までの検討から以下の二点を挙げることができるように思われる。第一の点として、複数議決権が採用される結果、株主総会が経営者ないし複数議決権株主の完全な支配下に置かれてしまい、経営から責任意識が欠落してしまう可能性が生じたことが挙げられる。(125) 第二の点としては、以下の点を指摘することができる。まず、複数議決権が事後の定款変更で採用される場合、既存株主の議決権は必然的に縮減する。しかし、それに対して何らかの補償がなされることはなかった。その結果、投資家ないし潜在的投資家を含めた一般大衆の、株式会社ないし株式市場に対する信頼が著しく損なわれることになったのである。[126]

一九三七年株式法は、複数議決権の効力を制限することで株主総会が複数議決権株式の株主によって支配されることを防止しようとした。しかし、その一方で、複数議決権の採用によって普通株主の議決権が縮減されることに何らかの補償を与えることは規定されなかった。ただし、一九三一年草案の注釈や複数議決権の採用に連邦官庁の許可を要求する一九三七年株式法は、複数議決権が非常に限定された場合にしか用いられることはないことを前提にしていたように思われる。[127] したがって、新株引受権に関する規制に加え、一般的に、複数議決権によって縮減される普通株主の議決権に対して特別の配慮をする必要はないという評価が存在したと考えられる。[128]

複数議決権は、一九六五年株式法のもとで、官庁の許可の要件の厳格化、既存の複数議決権を廃止する定款変更決議の容易化という規制の強化を経て、最終的に、一九九八年に制定されたKonTraGによって全面的に禁止されることとなった。[129] 次節では、一九三七年株式法の立場とKonTraGの立場の差異に着目しつつ、複数議決権を制度として廃止したことについても検討を加えることにしたい。

（1）　本章第一節第二款(5)参照。

（2）　なお、複数議決権に関する規制の諸提案の具体的な内容については、Vgl., Frank Laux, Die Lehre vom Unternehmen an sich : Walther Rathenau un die aktienrechtliche Diskussion in der Weimarer Republik, S. 161-165 (Duncker & Humbolt, Berlin, 1997) に詳しい。

（3）　一八八四年第二株式法改正以前は、複数議決権の採用も認められていた。しかし、実定法上、明確に複数議決権の採用が認められたのは一八九七年ＨＧＢが初めてである。本章第一節第二款(4)参照。

（4）　本文のようにÜberfremdungに対する防衛措置として発行される複数議決権株式は、議決権株式（Stimmrechtsaktie)

と呼ばれる。ただし、本項では用語法の統一という点で以下でも、「複数議決権」ないし「複数議決権株式」を「議決権株式」の意味を含んだ形で用いることにする。

(5) 複数議決権を含めた防衛措置の詳細については、本節第二款第二項で述べることにする。

(6) Hugo Horrwitz, Schutz-und Vorrataktien, S. 1 (Carl Heymanns, Berlin, 1926). ここでいうÜberfremdungとは、いわば、会社の利益を害するような株主総会における多数派の形成を意味する。

(7) Überfremdung の原因は、対外的価値が暴落したマルクと比して、ドイツ社会のインフレに起因する株価の上昇が緩やかであったことである。ドイツの株式会社が当時、いかに企業買収に対する抵抗力を有していなかったかについて、Simon Kurz, Die Überfremdungsgefahr der deutschen Aktiengesellschaften und ihre Abwehr, S. 9 (Leipzig, G. A.Glöckner, 1921) を参照。ここでは、額面で一、〇〇〇マルクの株式を購入するために必要なドル換算の金額の変遷が記されている。それによれば、ある企業において、一九一三年一二月三一日に四一〇ドルの価値があった株式は、一九二〇年二月二六日には四五ドルに下落している。このような状況を利用して海外の投機家が、ドイツ企業の支配権を獲得するために株式を買い占める可能性が考えられたがために、Überfremdung に対する対抗措置がとられることとなったのである。Vgl., Günther Frank-Fahle, Die Stimmrechtsaktie, S. 18 (Franz Dahlen, Berlin, 1923); Alfred Hück, Vorzugsaktien mit mehrfachem Stimmrecht, S. 9 (Manhem, Berlin, Leipzig 1922). もちろん、このようなドイツ企業の状況は外国資本だけでなく、内国資本にとっても利用可能であった。内国資本によるÜberfremdung の危険が唱えられたのも無理ないことであったように思われる。

(8) Hans Planitz, Die Stimmrechtaktien, S. 33 (Felix Meiner, Leipzig, 1922); Frank-Fahle, a. a. O. (Fn. 7), S. 18; Hück, a. a. O. (Fn. 7), S. 9. また、ドイツ商工会議所や証券取引所も、複数議決権の採用による企業防衛を推奨していた。Vgl., Horrwitz, a. a. O. (Fn. 6), S. 3 u. dort Anm. 11; Planitz, a. a. O. (Fn. 8), S. 28 u. dort FN 3.

(9) Nörr は、一九二四年から一九二九年までを "Die Zeit der Stabilisierung" とする。Vgl., Knut Wolfgang Nörr, Zur Entwicklung des Aktien-und Konzernrechts während der Weimarer Republik, 1986 ZHR S. 155, 165.

(10) Laux, a. a. O. (Fn. 2), S. 168. この他に、Überfremdung の存在の主張は経営者が自分の地位を固めるための言い訳にすぎないとの主張も存在した。Vgl., Maximimilian Schmulewitz, Die Verwaltungsaktie—Herrschafts- und

Vorratsaktie—, S. 28 (Julius Springer, Berlin, 1927); Horrwitz, a. a. O. (Fn. 6), S. 3; Martina Zeißig, Mitgliedschaft und Stimmrechtsmacht in der Aktiengesellschft – eine Untersuchung zu Höchststimmrechten und Mehrstimmrechten, S. 54-55 (Freien Universität, Berlin,1996).

(11) Kurz, a. a. O. (Fn. 7), S. 9.

(12) Nörr, a. a. O. (Fn. 9), S. 155, 165.

(13) Nörr, a. a. O. (Fn. 9), S. 155, 156; Ernst-Joachim Mestmäcker, Verwaltung, Konzerngewalt und Rechte der Aktionäre: Eine Rechtvergleichende Untersuchung nach deutschen Aktienrecht und dem Recht der Corporations in den Vereinigten Staaten, S. 12-13 (Karlsruhe, C. F. Müller, 1958).

(14) 企業の集中（企業規模の巨大化と経済力の集中）が、ワイマール期における経済社会と株式会社の構造変化の原因である。Vgl., Nörr, a. a. O. (Fn. 9), S. 108. もちろん、企業規模の巨大化と経済力の集中といった現象は一九世紀終盤にも存在した。しかし、ワイマール期は、規模という面でそれ以前の発展を凌駕するものであったと評価されている。Vgl., Laux, a. a. O. (Fn. 2), S. 125; Noerr, a. a. O. (Fn. 9), S. 155, 169.

(15) Generalbericht des Ausschusses zur Untersuchung der Erzeugungs-und Absatzbedingungen der deutschen Wirtschaft (I. Unterausschuss. 3. Arbeitgruppe): Wandlungen in den wirtschaftlichen Organizationsformen; Wandlungen in der aktienrechtlichen Gestaltung der Einzelunernehmen und Konzerne, S. 67 (1930), abgedr. bei Werner Schubert, Quellen zur Aktienrechtsreform der Weimarer Republik (1926-1931), S. 815 (Frankfurt am Main, Peter Lang, 1999).

(16) Nörr, a. a. O. (Fn. 9), S. 155, 156.

(17) このことは統計上、如実に現れている。たとえば、一九二五年から一九三二年にかけて株式会社の数自体は減少しているが、額面資本は増加している。また、一九二六年一〇月三一日の時点で、名目資本の合計額の六五％をコンツェルンに属する企業が占めている。この数値は、一九二七年には六九％、一九三〇年には七五％に上昇する。Vgl., Laux, a. a. O. (Fn. 2), S. 127-130.

(18) Frank-Fahle, a. a. O. (Fn. 7), S. 11; Richard Passow, Strukturwandel der Aktiengesellschaft, S. 2 (Jena, 1930). 複数議決権株式によって株主総会は株式会社の最高機関としての地位を最終的に消失したとの見解が通説である。

(19) Planitz, a. a. O. (Fn. 8), S. 7. たとえば、当時、株主総会に参加する株主が全体の三〇%を超えることはないとの見解が一般的であったようである。Oskar Netter, Problem des lebenden Aktienrechts, 1931 ZBH, S. 59, 60 ; Schmulewitz, a. a. O. (Fn. 10), S. 6 FN 1.

(20) Walther Rathnau, Vom Aktienwesen, Eine geschäftlichen Betrachtung, S. 27 (Berlin, 1918); Albert von Miller, Zur Aktienrechtsreform, 1934 ZHR S. 256, 269.

(21) Bernhard Großfeld, Die rechtspolitische Beurteilung der Aktiengesellschaft im 19. Jahrhundert, in : Helmut Conig und Walter Wilhelm, Wissenschaft und Kodifikation des Privatrechts im 19. Jahrhundert IV Eigentum und industrielle Entwicklung, Wettbewerbsordnung und Wetbewerbsrecht, S. 248 (Frankfurt am Mein, Vittorio Klostermann, 1979).

(22) このような主張を代表するのは、Nußbaum である。Vgl., Arthur Nußbaum, Aktionär und Verwaltung (Carl Heymanns, Berlin, 1928).

(23) Unternehmen an sich の用語は、Haussmann によって初めて用いられたが、この理論の端緒となったのは Rathnau, a. a. O. (Fn. 20) である。Rathenau に始まり、ワイマール期の Netter に至る諸説の展開について、Arndt Riechers, Das ›Unternehmen an sich‹: Die Entwicklung eines Begriffs in der Aktienrechts - discussion des 20. Jahrhunderts (Tübingen, Mohr, 1996) を参照。なお、大隅健一郎『新版株式会社法変遷論』三七三—四二〇頁（有斐閣・一九八七年）でも諸説の詳細な紹介がなされている。

(24) 本章第一節節第一款第二項(4)参照。なお、当時、複数議決権の付与以前に複数種類の株式が存在する必要があるかという点について争いがあった。つまり、複数議決権の存在自体が株式の種類を構成するか否かについての争いである。この点、通説は、複数議決権が付与される以前に複数種類の株式が存在することをを要求していた。Vgl., Staub's Kommentar zum Handelsgesetzbuch, § 252 Anm 11 (12. und 13. Aufl., Berlin, Leipzig, Walter de Grunter, 1926) Hück, a. a. O. (Fn. 7), S. 32 ; Planitz, a. a. O. (Fn. 8), S. 35.

多くの場合、複数議決権は優先株に付与された。その場合、優先権の程度は非常に低かった。たとえば、額面価額の一〇%という優先権は、当時の銀行預金の利子と同程度であり、また、非参加的であったために、普通株式よりも財産的価値は低かったのである。このことは、複数議決権株の発行価額を低く設定することを正当化し、その結果、支配権の維持獲得という目的に役立ったものと考えられる。Vgl. Hück, a. a. O. (Fn. 7), S. 11-12.

(25)　新しく複数議決権が付与された新株を発行する場合は、当時、法律上、保障されていた旧株主の新株引受権（§ 282 Abs. 1 des HGB von 1897）の排除を株主総会で決議する必要があった。この場合、通常の定款変更と同様の決議要件（決議に代表される基礎資本の四分の三以上の賛成）が必要とされる。Vgl., Staub's Kommentar zum Handelsgesetzbuch, § 278 Anm 4.

(26)　§ 275 Abs. 3（定款変更）, § 278 Abs. 2（増資）und § 288 Abs. 3（減資）des HGB von 1897.

(27)　§ 207 Abs. 3（事後設立）, § 243 Abs. 4（監査役の任期途中の解任）, § 275 Abs. 1（定款変更）, § 288 Abs. 1（解散）, § 292 Abs. 1 Satz. 2（全財産の譲渡）, § 303 Abs. 1（有限会社への組織変更）des HGB von 1897. ただし、通常の定款変更決議と増資決議については決議要件を定款で変更することが可能である。しかし、決議要件を緩和する定款変更は普通株主に不利益な定款変更にあたるので、普通株主の種類株主総会決議が要求されるものと考えられていた。Vgl., Alfred Hück, Beschränkungen des Mehrstimmrechts der Vorzugsaktien nach der Rechtsprechung des Reichsgerichts, 1930 JW S. 2646, 2647; RGZ. 125, S. 356, 360-361.

(28)　法律によって強制されるわけではないが、複数議決権が効力を持つ決議事項を限定することが可能と解されていた。Vgl., Staub's Kommentar zum Handelsgesetzbuch, § 185 Anm 11a.　議決権の行使に関する制限を定款で定めることが可能であると規定する § 252 Abs. 4 des HGB von 1897 が根拠条文である。Vgl., Planitz, a. a. O. (Fn. 8), S. 32, 42 Anm. 37; Horrwitz, a. a. O. (Fn. 6), S. 58 Anm. 87. また、一九二二年資本移転税法一五条 (§ 15 Kapitalverkehrsteuergesetz) が、複数議決権に課せられる特別税の免除を、複数議決権の効力が定款変更、監査役の選任、会社の解散の決議にのみ及ぶ場合に認めていることは、このような定款による制限が可能であることを前提にしていたと考えられる。

(29)　株主総会の決議要件とは別に、少数株主権の行使条件として、ある一定の資本出資（基礎資本の一〇分の一）を要求する規定がある。Vgl., § 264 Abs. 1（貸借対照表の承認を行う株主総会の延期請求）; § 266 Abs. 2（会計検査役の選任請求）; § 268 Abs. 1（取締役、監査役等に対する請求権の会社による行使の要求）des HGB von 1897.

(30)　増資と減資の決議では、それがある種類の株式に不利益を与えるか否かを問うことなく、種類株主総会の決議が要求されてた。Vgl., § 278 Abs. 2; § 288 Abs. 3 des HGB von 1897.

（31）RGZ. 125, S. 356が、Kapitalmehrheitの意味に関するRGの初めての判断であった。事案の概要は以下のとおりである。被告会社の基礎資本は、一、八二〇万RMであり、それを額面価額がそれぞれ六〇、二二〇、三〇〇、一、二〇〇RMの無記名式普通株式と、額面価額二〇RMの記名式優先株式五〇〇株と額面価額一、〇〇〇RMの記名式優先株式一、〇〇〇株が構成していた（普通株式は一、八〇〇万RM、優先株式は二〇万RMの基礎資本を占めていた）。議決権については、普通株式は額面価額二〇RMごとに一議決権、優先株式は額面価額二〇RMごとに二議決権が与えられていた。ただし、定款変更、監査役の選任、会社の解散の決議の場合、優先株式には額面価額二〇RMごとに二四議決権が与えられることになっていた。さらに、株主総会の決議要件について、被告会社の定款には、ある特定の場合に議決権の多数に加えて、決議に代表される基礎資本の四分の三の賛成を要求する旨の規定が存在した。特定の場合とは、株式の発行、会社の解散、利益共同契約の締結・破棄、定款変更などであり、一八九七年HGBよりも多くの場合に決議の要件の加重を要求していた。そして、取消訴訟の対象となった株主総会決議は、この定款規定を変更することを目的とするものであった。すなわち、定款変更の結果、法律が強行法規として決議要件の加重を要求しない限り、議決権の多数のみによって決議が成立することになったのである。当該決議に対し、普通株式を所有する原告は、この決議が普通株主に不利益な変更であるにもかかわらず、一八九七年HGB二七五条第三項が要求する種類株主総会決議を経ていないことは違法であるとし、取消訴訟を提起した。RGは、本件定款変更は普通株主に不利益な変更であり、種類株主総会の規定の適用があると判示した。判旨の概要は以下のとおりである。第一に、「決議に代表される基礎資本」という概念は、一八九七年HGB二七五条第一項で要求される決議要件と同様であることを前提に、二七五条第一項で要求される「決議に代表される基礎資本」とは、議決権多数とは異なる概念であることを明らかにした。そこでは議決権の数が計算される（gezahlt）のではなく、賛成にまわった資本の量が計測される（gewogen）と判示した。その根拠として挙げられたのは以下の諸点である。すなわち、議決権多数を加重したとしても、複数議決権によって、それは容易に達成されてしまうこと、単に議決権多数の要件が加重されるのであれば、立法で明確な指摘が可能であったこと、また、複数議決権が、資本出資の多寡に関わらず許容される制度の下では、資本出資者に一定の発言権を確保することは合理的な規制であることである。そして、本件定款変更の結果、普通株主の議決権が株主総会決議で決定的な意味を持つ場合が著しく縮減し、これは普通株主に不利益な定款変更にあたると解された。

(32) Hück, a. a. O. (Fn. 27), S. 2647.

(33) 複数議決権株式とともにÜberfremdungに対する防衛策として機能した保護株（Schutzaktien）の一種として、貯蔵株（Vorrataktie）がある。複数議決権株式と比較して、貯蔵株はaggressiveな機能を果たすものと評価されている。Vgl., Nörr, a. a. O. (Fn. 9), S. 155, 163. 貯蔵株は本来、会社の資金調達の便宜を図るために導入された。すなわち、新株を会社の計算において、経営者ないしそれに近い第三者に引き受けさせ、その後、会社の指示で市場で売却させ、その売却額から経費等を控除した金額を会社が取得することが可能となるからである。その結果、会社はＨＧＢの手続を経ることなく機動的な資金調達を行うことが可能になったのである。ただし、引き受けられた新株の議決権は会社の支持に従って行使されるということになっていた。このため、貯蔵株は経営者が自らの地位の維持を図るための保護株として機能を果たす場合が数多く生じたのである。さらに、貯蔵株が普通株式として発行される場合、その議決権の行使は本文で述べた規制の枠外に置かれることになるのである。Vgl., Schmulewitz, a. a. O. (Fn. 10), S. 41, 32, 48.

(34) 公序良俗違反を理由として決議の効力が否定されることは、当時の判例において一般的に認められていた。この点については、龍田節「資本多数決の濫用とドイツ法（一）」法学論叢六八巻一号七九頁以下（一九六〇年）、神田秀樹「資本多数決と株主間の利害調整（二）」法協九八巻八号九八頁以下（一九八一年）を参照。

(35) 複数議決権の種類の一つとして自動議決権（Gleitendes Stimmrecht）が存在した。これは、複数議決権が採用された後、新規に普通株式が発行されることによって既存の複数議決権が希釈されることを防ぐことを目的としている。つまり、あらかじめ定款で普通株式の発行に伴い、既存の複数議決権の議決権の数が従前の議決権全体に対する割合を維持するように増加することを定めたものである。しかし、この規定は、増資決議以前には、§282で与えられた新株引受権以外の株主に対する新株引受けの保証を否定する§283 Abs. 2に違反するか否かの解釈問題を引き起こした。また、取引所も自動議決権に対して好意的な対応をしなかったので、自動議決権は一九二三年ころには姿を消すに至ったとされる。Vgl., Frank-Fahle, a. a. O. (Fn. 7), S. 64-68. また、大隅健一郎「議決権株について」『企業合同法の研究』三一六―三一八頁（一九三五年・弘文堂）にも詳しい紹介がある。

(36)　取消訴訟に関しては、§ 271 des HGB von 1897 に規定がある。ただし、本条文によらず決議無効確認訴訟の提起が許される場合があることも認められていた。複数議決権の付与を決定した決議の可否は、後述のように公序良俗違反の有無によって判断された。しかし、公序良俗違反の決議が民法一三八条、二二六条、八二六条の強行法規に違反するとして、無効と判断されるのか、取消事由にとどまるかについて、判例・学説において争いが存在した。この点については、岩原紳作「株主総会決議を争う訴訟の構造（七）」法協九七巻三号一四八頁以下（一九八〇年）を参照。

(37)　RGZ 107, S. 67. 事案の概要は以下のとおりである。被告会社の株主総会で、譲渡に監査役会の同意が必要である記名式の優先株式六、〇〇〇株を既存株主の新株引受権を排除して発行し、基礎資本を六〇〇マルク増額することが決議された。当該優先株式は三倍の議決権を与えられたが、優先配当は年に額面価額の六％に限定され、残余財産分配については額面価額の一一五％に限定されていた。また、優先株式の償却は、一部でも全部でも額面価額の一一五％で可能とされた。さらに、優先株式の引受けに関して以下の定めがなされた。「六、〇〇〇株の優先株式は銀行団によって引き受けられる。銀行団は決議の効力が発生した後、すぐに額面価額の一一五％で新株を引き受ける。それ以外の発行に関する費用は会社が持つ。引受けの条件として、優先株式は一〇年間、市場で譲渡することはできない。議決権は、取締役と監査役会に意見の一致があるときはそれに従って行使し、不一致の場合は議決権の行使を棄権する。この規定は優先権の排除ならびに変更の差には効力を有しない。」。原告株主が、上記決議に対して、六、〇〇〇株の優先株式の発行が公序良俗に違反するとして決議の取消を請求した。

(38)　RGZ 107, 62, 70. そして、問題とされた決議を根拠に発行された優先株式は、明らかに株式の種類を構成するものであると判示した。

(39)　RGZ. 107, 67, 71. 本判決では、このほかに、銀行団が監査役と取締役の指示に従って議決権を行使することが、§ 252 Abs. 1（「すべての株式は議決権を与えられる。」）des HGB von 1897 に違反するかが問題となった。この点についても、原告の主張が否定されている。Vgl. RGZ. 107, 67, 70. このような議決権拘束契約は、当時の判例において原則として有効と判断されていた。この点については、森田果「株主間契約（二）」法協一一九巻六号八九頁以下（二〇〇一年）を参照。

(40)　RG. Urt. v. 24. Juni 1924 (RGZ. 108, S. 322) も、同様の判断を下している。事案の概要は以下のとおりである。被告会社が、既存株主の新株引受権を排除して、額面価額一、〇〇〇マルクの普通株式を七、〇〇〇株、額面価額七、〇〇〇マルクの優先株式（複数議決権付）を一、〇〇〇株発行することによって、基礎資本を一、二〇〇万マルクから二、〇〇〇万マルクへ増額することを決議した。優先株式の内容は以下のとおりである。株主に帰属すべき純利益のうち額面価額の六％を普通株式に優先する。次に、普通株式が六％獲得する。次の四％については、普通株式と優先株式の間で額面価額に従って按分される。そして、残りの利益は普通株主に帰属する。一方、残余財産の分配について優先権は存在しない。これらに加えて、監査役の選任、定款変更、会社の解散に関する株主総会決議において、一五倍の議決権を与えられる。また、優先株式は、一九三三年一月三一日までは、経営者に対してのみ許される。一九三三年一月三一日以降は、会社は、優先株式を額面の一二〇％で消却することができる。優先権は、株主総会と優先株式の種類株主総会で代表される資本の四分の三の多数の賛成で変更ないし廃止できる。最終的に、新規に発行された優先株式すべてと一、〇〇〇株の普通株式は、監査役会の決議に従って、監査役、取締役、一部の従業員に、優先株式は額面価額で普通株式は額面価額の一、〇〇〇％で割り当てられた。このような決議に対して、原告は決議の取消訴訟を提起した。原告は、その根拠の一つとして、以下の点を主張した。すなわち、当該優先株式を監査役らに付与することは、定款に違反し、公序良俗にも違反して、株主の利益に反した過大な報酬にあたる。また、一五倍の複数議決権は、経営者に、会社内の利益関係を完全に変化させ少数株主を過度に多数者の意思に服従させる権力を与える。

判決は、複数議決権を監査役と取締役に与えることについて、それが、①少数株主にとって不利益な権力の移動にあたるか、②株主に不利益を与える経営者への報酬にあたるか、という観点から検討を加えた。①についての判示は概ね以下のとおりである。「多数の株主が株主総会において、経営者に対して、彼らが、複数議決権によって強化された権力を会社の利益、特にÜberfremdundg の防御に使うことを信頼するのであれば、この目的に向かった決議を株式法の精神に反するとか、公序良俗違反であると断じることはできない。」。「当然、場合によっては、このような決議は株主が経営に対する影響力を長期間失うことを強制することになる。しかし、これは予測可能であるし、多数派はこれを自由意思によって受け入れたのである。」。また、不必要に過大な権力を経営者に与えているか、という点については本件で判断される必要はない。なぜなら、本件では、複数議決権株式の議決権一六、〇〇〇（経営者に発行された普通株式の議決権を含む。）に対して、普通株式の議決権一八、〇〇〇が存在するからである。②について、監査役らが額面価額で優先株式を得たことは、インフレによって、定款で定めている彼らの報酬が無価値になったことと対応しているので不当ではないと評価した。

本判決は、原告の請求を排斥にするにあたり、当時、複数議決権の採用が、Überfremdungへの対抗措置として必要であった点を挙げている。しかし、判旨では、具体的事案における対抗措置の必要性という点よりも、多数派がÜberfremdungへの対抗のために経営者に権力を与えたこと自体の正当性に重点が置かれているものと考えられる。この点で、RGZ. 107, S. 67と共通する。

(41)　RG. Urt. v. 8. April 1908 (RGZ. 68, S. 235). 事案の概要は以下のとおりである。被告会社は、旧株主の新株引受権を排除して、額面価額一、〇〇〇マルクの優先株式（複数議決権は付与されていない）を一万株発行し、基礎資本を一〇〇〇万マルク増加することを決議した。新株は、取締役によって銀行に割り当てられた。これに対して、被告会社の株式の買占めを行っていた原告が、当該決議の公序良俗違反を主張して決議の取消訴訟を提起した。判決は概ね以下のように判示し、原告の主張を排斥した。すなわち、「会社の問題につき、必要な多数決でなされた決議は、それが少数者にとって不合理、経済的に不利益で少数者の努力を害するものだと思われる場合でも、少数者を拘束する。このことは、会社の管理について、また、会社及びその株主の利益のためには何をなし、何をなさずにおくべきかについては、株式所有の多数が決定するという、法律に認められた原則の不可避の帰結である。」本判決に対して、会社の状態をよりよくする目的で与えられた手段を、多数者になりつつある者をはばむために利用することは、その権利の濫用である、または、RGが硬直した多数決原理に執着しているとして、ドイツの多くの学者は反対した。しかし、HückやHorrwitzは本判決に好意的であった。彼らの評価は、少数者の主観的な判断が多数決濫用の存在について決定的な要素ではないという点について共通していた。この点については、龍田・前掲（注三四）五八頁以下を参照。

(42)　RGZ. 112, S. 14. 事案の概要は以下のとおりである。原告会社と被告会社は、一九二〇年に合資会社を設立した。この合資会社の目的は、Sonnebergに存在する原告と被告のビール醸造所の経営を行うことであった。無限責任社員には、両会社の取締役が就任した。しかし、両者の間に見解の不一致が起こり、結果として、それが本件訴訟へと発展した。問題となった一九二二年一二月二八日の被告会社の株主総会で、監査役会とその専門委員会の提案のもと、基礎資本六〇万マルク（原告は、一六万マルク所有）を、旧株主の新株引受権を排除したうえで、一七万五、〇〇〇マルクの普通株式と、七万五、〇〇〇マルクの一〇倍の議決権が付与された優先株式を発行することで、八五万マルクへと増加することが決議された。複数議決権は、監査役選任、定款変更、会社の解散に限定されていた。その決議の根拠は以下のように説明された。「会社は飲食店の開業のために新規資本を獲得しなければならない。また、Überfremdungに対処しなければならない。」。原告により、本株主総会決議が公序良俗に違反して無効であることを原因の一つとして、これを取消すことが請求された。また、決議の後、株主総会の授権に基づき、監査役会によって、新株は取締役と監査役会によって自由に割り当てられることが決定された。

(43) RGZ. 112, 14, 16.

(44) 引き続き、判決は少数株主が被る損害について判示している。そこで想定されるのは、主に、引受権を排除されたことに伴う会社に対する経済的権利の縮減である。Vgl., RGZ. 112, 14, 18-19. したがって、複数議決権が採用されたことに伴う議決権の希釈化を本判決が損害と認定していると言い切ることはできない。

(45) 通常の新株発行に関しても、Hibernia事件判決からの逸脱が示されている。Vgl., RG. Urt. v 22. Juni 1923 (RGZ. 107, S. 72.). 事案の概要は以下のとおりである。被告会社の基礎資本は、一二六万二、〇〇〇マルクであり、それを、それぞれ額面価額が一、〇〇〇マルクである一、〇〇〇株の普通株式と、二六二株の優先株式が構成していた。基礎資本を一〇〇万マルク増加するために、普通株式を一、〇〇〇株、既存株主の引受権を排除した上で銀行に引き受けさせた。銀行はすでに、株主総会の多数派であった。決議に賛成した六九九票は取締役が所有していたが、取締役は銀行の支配下にあった。決議に反対した株主は、一、〇〇〇株の新株発行が、銀行の影響下にある株主が会社における支配権を維持するためになされたものであり、公序良俗に違反することを理由に決議の取消を請求した。これに対し、下級審はHibernia事件判決（RGZ. 68, S. 235）に依拠し、多数派が支配権の維持確保を目的に、株式法で認められている法制度（本件では、引受権の排除）を使用することは公序良俗に反しないと判断した。しかし、本判決は決議の内容そのものが公序良俗違反ではないとしても、内容、動機、目的から総合される決議の性質を考慮するべきであるとし、以下のような理由で本件決議が公序良俗に違反すると判示した。本件決議の結果、普通株式が大量に発行されたために既存株主が有する普通株式の配当権限も株価も不利益を受けた。また、時価以下の発行であったので、会社は得べかりし資金を失った(原告は、四〇万マルクの損害を受けたと主張している)。このような決議の内容から、本件決議が、経営者の主張の理由（原告がビール販売市場の独占を目指して、被告会社をコンツェルンに編入しようとすることを防ぐこと）だけでなく、会社の利益を害して私的利益を図ることを目的にしているとの疑念が生じる。これに加えて、新株を引き受けた銀行が経営者に絶大な影響力を持っていた。銀行の取締役が、会社の監査役の半分を占め、会社の四分の一の監査役は銀行の監査役であった。銀行と被告の監査役を占める銀行の取締役は、一、〇〇〇株の引受けで会社の完全な支配を獲得し、その影響力を株主と会社の利益を犠牲にして銀行のために行使することが可能となったのである。本判決に対する評価として、多数派が自己利益を図っている嫌疑があれば決議が公序良俗に違反するとの見解がある。嘉野敏夫「議決権株に就て（三）」法学新報五五巻一一号五〇頁（一九四八年）参照。しかし、新株発行を違法と判断した他の判決と合わせて考えると、むしろ、少数株主が現実に経済的不利益を被っている点に重点があるように思われる。

(46)　ＲＧが株主総会の実質的内容に立ち入って判断することについて、批判的な見解も存在する。Vgl., Schmulewitz, a. a. O. (Fn. 10), S. 142-143. 彼は、ＲＧの役割は当該決議によって導入される複数議決権が経済的に必要かを判断するのではなく、適法性を判断することにすぎないと主張する。Alfred Hück も、たとえば、Überfremdung が会社にとって脅威になるか否か、それを除く方法が適切か否かは多数者自身が判断するのであり、多数者の意見を尊重するべきとの見解を主張している。Vgl., Alfred Hück, Die Sittenwidrigkeit von Generalversammlungsbeschlüssen der Aktiengesellschaftes und die Rechtsprechung des Reichsgerichts, in : Otto Schreiber, Die Reichsgerichtspraxis im deutschen Rechtsleben, Bd.IV, S. 183 (Berlin, Leipzig, Walter de Gruyter, 1929).

(47)　RG. Urt. v. 30. Maerz. 1926（RGZ. 113, S. 188）; RG. Urt. v. 13. Dezember 1927 (RGZ. 119, S. 248) ; RG. Urt. v. 31. Maerz 1931 (RGZ. 132, S. 150). ただし、RGZ. 119, S. 248 では複数議決権株式の発行も問題となっている。しかし、判断の中心が保護株にあることから複数議決権に関する判決として扱わないことにした。

(48)　RGZ. 132, S. 150. 事案の概要は以下のとおりである。被告会社の基礎資本は三〇〇万ＲＭで、それを額面価額五〇〇ＲＭの記名株式が構成していた。この普通株式は、ベルリン証券取引所に上場されていたが、譲渡には監査役の同意が必要とされていた。本事件の原告は、Ｍコンツェルンに属しており、二株を所有する株主として株主名簿に記載されていた。原告は、被告会社の株式の買増しを行っていた（ただし、買増し分について監査役会の譲渡の承認を得てはいない。）。問題とされた一九二八年六月一二日の株主総会で、株主の新株引受権の排除のもと、基礎資本を、額面価額五〇〇ＲＭの記名株式四、〇〇〇株を発行することで、五〇〇万ＲＭに増加することが決議された。ただし、払込額は額面の二五％とし、残りは、監査役会の決議に従って払い込ませることとした。新株の割当てについても、監査役会の同意のもと取締役が行うことが授権された。この株式の譲渡にも監査役会の同意が必要とされた。

(49)　保護株を発行すること自体は、RGZ 108, S. 322; RGZ 113, S. 188, RGZ 119, S. 248 を引用して、その法律上の正当性を認定した。Vgl., RGZ. 132, S. 150, 160.

(50)　§ 264 Abs. 1（貸借対照表の承認を行う株主総会の延期請求）; § 266 Abs. 2（会計検査役の選任請求）; § 268 Abs. 1（取締役、監査役等に対する請求権の会社による行使の要求）des HGB von 1897. 本判決は、このような少数株主権が、少数株主の保護にとどまらず、多数派の濫用行為から会社の利益を守ることにもつながると判示する。Vgl., RGZ. 132, 160, 162-163.

(51)　RGZ. 132, S. 150, 163-164. 複数議決権株式は、議決権の数のみ優遇されるのであり、資本出資の多寡が問題となる場合は効力を有さない。したがって、本判決は、普通株式による保護株よりも、複数議決権を利用したほうが、少数派株主の保護という点では勝っていると判断したのである。

(52)　RGZ. 132, S. 150, 164-165.

(53)　RGZ. 132, S. 150 以前に出された RG. Urt. v. 30. Maerz.1926 (RGZ. 113, S. 188) では、逆に、少数派株主に経済的損害が生じないことを理由に、保護株の発行を決定する株主総会決議の公序良俗違反を否定している。事案の概要は以下のとおりである。一九二三年八月の時点で、被告会社は二億マルクの普通株式と〇・五億マルクの優先株式を発行していた。基礎資本は、二・五億マルクである。普通株式のうち〇・六億マルクは、一九二三年五月一日の株主総会決議によって発行されたもので、それは額面価額で経営者に近いコンソーシアムに、払込額による償却を条件に引き受けられていた。一九二三年八月二日の株主総会で、新たに、旧株主の新株引受権の排除のもと、額面価額一、〇〇〇マルクの普通株式一〇万株を発行することで、基礎資本を一億マルク増加することが決議された。新株は、取締役が監査役会の同意のもと、一九二三年七月一七日に設立された Lusatia 有限会社が引き受けることになった。Lusatia

有限会社は、新株を額面で引き受けるにあたって、取締役と監査役会の提案に対する株主総会の決議の後、すぐに払込価格に最低六%の利息を加えた額と引き換えに、新株の処分を被告会社の取締役に委ねることを同意した。合意された利息以上の配当も、被告会社に還流することが決められた。原告は、経営者とそれに近い人間がLusatia有限会社を支配しており、決議の結果、経営陣に属さない株主が株主総会で完全に無力化されること、さらに、額面価額での発行は市場価額での発行と異なり株主に損害を与えることを根拠に、決議の公序良俗違反を主張した。本判決は、原告の主張を排斥した。その論理は以下のとおりである。まず、本件新株発行が保護株の発行であると認定し、その後、RGZ 107, S. 67 ; 108, S. 322. を引用し、保護株の発行によって株主総会の多数派を構成する経営者の支配権が維持確保されること自体は違法ではないと判示した。すなわち、保護株によって増大した多数派、取締役の権力が濫用的に行使される恐れのみでは、当該決議の違法性を根拠づけることはできず、公序良俗に違反する場合にのみ、保護株を発行する決議が取り消されるとの立場をとった。そして、RGZ 107, S. 72 ; RGZ 112, S. 14 を引用し、公序良俗違反は、多数派が会社と少数派の利益を害するような形で自己利益を促進させることを目的として決議を行う場合に認められるとした。そして、本件では、以下の諸点を根拠に公序良俗違反を否定した。第一に、取締役がÜberfremdung の存在を認識していれば、保護株でそれに対抗することは適切であること（現実にÜberfremdung が存在するか否かは重要ではない）、第二に、本件保護株が市場で流通せず、また、配当が会社に還元されるので、少数派株主に損害が生じないこと、第三に、本件保護株には譲渡制限、配当に関する制限が備わっており、Lusatia 有限会社を支配している取締役がそれをÜberfremdung への対抗措置以外の目的に用いることができないので、取締役らが金銭的利益を得ているわけではないこと、である。

Nord は、本判決が、取締役が保護株を用いて、会社の支配権を維持確保すること自体が経済的利益にあたることを理解していない点を批判する。Vgl., Walther Nord, Das Recht der Aktionär auf Mitverwaltung, S. 24 (Franz Dahlen, Berlin, 1927). ただし、本判決は、保護株における議決権の行使などが、会社の目的に拘束されているという判示をしているのであり、取締役が議決権を自由に行使することができることを認めていたわけではないようにも思われる。Vgl., RGZ. 113, S. 188, 195. むしろ、本判決では、Überfremdung の存在が経営者の単なる口実にすぎないのか否かの判断において、それが現実に存在するかは問題でなく、その存在を経営者が認識していれば足りるとしている点に問題があるように思われる。ただし、この点について、たとえば、Hück は危険の存否も多数派が決めるべきであるとしこれに賛成する。Vgl., Hueck, a. a. O. (Fn. 46), S. 183.

(54)　RG. Urt. v. 13. Dezember 1927 (RGZ. 119, S. 248) も、普通株式を保護株として発行することの必要性を詳細に認定している。事案の概要は以下のとおりである。被告会社の基礎資本は、三、〇六四万RMであり、それを六〇、八三五株の普通株式（額面価額三〇〇RMのものが二一、六七〇株、額面価額六〇〇RMのものが三九、一六五株、議決権は三〇〇RMにつき一個与えられる）と三二、〇〇〇株の優先株式（五、〇〇〇株のⅠ種優先株式には、種類株主総会では一議決権、共同投票（gemeinschaftlicher Abstimmung）では六議決権が与えられ、Ⅱ種優先株式とⅢ種優先株式には二議決権が与えられる。いずれも額面価額は二〇RMである）がそれを構成していた。すなわち、共同投票では普通株式が一〇〇、〇〇〇議決権、優先株式が八四、〇〇〇議決権を有していた。なお、Ⅰ種優先株式とⅢ種優先株式は、譲渡に監査役会の同意が必要な記名株式であり、他は無記名株式であった。問題とされた一九二七年二月一七日の株主総会決議で、既存株主の新株引受権の排除のもと、額面価額三〇〇RMの無記名式普通株式を三三、三三四株、譲渡に監査役会の同意が必要な記名式の二倍複数議決権と六%の累積優先配当権がついた額面価額二〇RMの優先株式を一六、六六七株、発行することで基礎資本を増加することが決議された。なお、普通株式の割当て相手はコンソーシアムであり、額面価額の二五%の払込みが要求されていた。そして、当該コンソーシアムが以下のような義務を負うことが決議された。すなわち、新規に発行された普通株式は会社の利益の考慮のもと監査役会と取締役によって出される指示に従い、会社にとって適切な時期に売り出されること、また、その際、全額払込みで、既存の普通株式所有者に額面の一五〇%を超えない価額で引受権を与えること、である（優先株式の割り当て相手は明確には認定されていないが、現経営陣に近い人物に割り当てられたようである。また、既存の優先株式も経営者の支配下にあったようである）。原告は、公序良俗違反を主張し、決議の取消を求めた。その根拠として、経営者が会社に対して絶対的な支配権を確保したこと（経営者側の株主の議決権は一五〇、六六八、その他の株主の議決権は一〇〇、〇〇〇になった）、不当に低い発行価額と払込額が二五%にもかかわらず、完全な配当権限が認められた結果、既存の普通株主が損害を受けたこと、を挙げた。判決は以下のように述べて公序良俗違反の主張を否定した。第一に、被告会社はÜberfremdungへの防衛措置として保護株を発行する必要があったことである。第二は、会社の利益に適う限りにおいて、ただ単に、普通株式の経営に対する影響力が排除されることのみをもって、決議が公序良俗に違反するとはいえないこと（RGZ. 108, S. 322; 113, S. 188.）、第三に、本件では公序良俗違反を基礎づける、会社と少数株主の損害が存在しないことである。判決の具体的な内容は以下の通りである。第一の点について。原告は、上告理由において、経営者はすでに優先株式によってÜberfremdungに対する十分な防衛措置を得ていると主張していた。確かに、被告会社の定款では、会社の独立性が問題となる決議について、優先株式の種類株主総会の同意がない限り成立しないことが定められている。そして、それ以外の決議では株式法の強行規定と抵触しない限り、優先株式と普通株式の種類株主総会の一致した賛成が要求され、それが達成されない場合は、共同投票によって決するとされている。共同投票では、普通株式のかなりの部分が経営者の提案に賛成票を投じることが予想されるので、経営者は決議の結果に決定的な影響力を行使することができる。しかし、増減資の決議では、§ 278 Abs. 2; § 288 Abs. 3 des HGB von 1897が強行法規として存在し、それらによれば必ずすべての種類株主総会の賛成を得ることが必要になり、共同投票の規定を定款に設けることができないことになる。この結果、被告会社は会社経営にとって重要な資金調達の判断において、普通株式の所有者の意思に拘束されることになる。したがって、普通株式を保護株として発行することを決定した本件決議が、資金調達に関する会社の独立性を確保するために、不要な決議であるとはいえない。第二の点について、本件では、会社の資金需要の存在、また、Überfremdungの具体的な存在が認定されているので、保護株の発行が会社の利益になる。第三の点について、以下の点を理由に損害の存在が否定された。保護株の配当が払い込まれた額に対応する額に限定されている。既存の普通株主には、保護株が売り出される場合に、市場価格よりも有利な価額で株式を引き受ける権利が保障されている。そして、売り出しによって生じた利益については会社に還流する。さらに、議決権の割合についても、保護株として発行された普通株式は基礎資本の約二五％しか占めていないし、保護株が既存株主に売り出されれば、既存株主が一三三、三三四議決権、優先株式が一一七、三三四議決権という関係になり、保護株は結局のところわずかな影響力しか有していない。

(55) RGZ. 119, 248, 253.

(56) RGZ. 119, S. 248 ; RGZ. 132, S 150.

(57) RGZ 107, S. 72では、普通株式が大量に発行された結果、既存株主の配当権限が過剰に縮減され、株価も下がったことが認定されている。RGZ. 112, S.14も、既存株主の損害としては、優先株式の発行により配当権限と株価に不利益が生じることを挙げる。複数議決権株式の発行を認めたRGZ. 108, S. 322では、複数議決権株式の額面価額による付与によって経営者が利益を得ることが、インフレによって定款で定められた報酬が無意味になったことに対する補償であるとし、少数株主の損害を否定している。また、保護株を発行する決議が公序良俗に違反しないと判示した、RGZ. 113, S. 188では、当該事件で問題となった保護株は少数派の利益を害さないことが認定されている。その根拠として、以下の点が認定されている。第一に、保護株に対する配当が最終的には銀行の手数料を除き、会社に還流すること、第二に、保護株が市場で流通しないこと、第三に、保護株を貯蔵株として再利用することによって会社が利益を得ること、である。RGZ. 132, S. 150では少数株主の経済的損害の認定は存在しない。しかし、その代わり、少数株主権の侵害が認定されている。本事件は、保護株の事件であり、もし、会社が複数議決権株式を発行していたのであれば、それが公序良俗に違反すると判断される可能性は少なかったものと考えられる。なぜなら、ＲＧは、複数議決権から生じる多数派の濫用的行為を規制するものとして存在する、総会決議に関するKapitalmehrheitの規定や、基礎資本の一〇分の一以上の株式所有によって行使できる少数株主権の規定が骨抜きにならない限り、複数議決権の採用に積極的な立場であったように思われるからである。Vgl., RGZ. 119, S. 248, 253.

(58)　RGZ. 107, S. 72, 75; RGZ. 112, 14, 19; RGZ. 113, S. 188, 193.

(59)　RGZ. 132, S. 150; Hück, a. a. O. (Fn. 7) S. 29. さらに、Günther Frank-Fahleは、複数議決権が付与されること自体では、多数派が権利を濫用的に行使する可能性が生じるのみであり、そもそも決議の公序良俗違反を基礎づけることはできないとして、公序良俗違反の可能性自体を否定するようである。Frank-Fahle, a. a. O. (Fn. 7), S. 63-64.

(60)　このような見解の代表的な論者は、Karl Geiler, Die Entwicklung des Gesellschaftsrechts seit der Revolution, 1921 JW S. 300, 313; Planitz, a. a. O. (Fn. 8), S. 36; Frank-Fahle, a. a. O. (Fn. 7), S. 58-63である。GeilerとPlanitzは、複数議決権に付与される議決権の数が、普通株式に付与される議決権の数よりも多くなり、普通株式の議決権が無意味になる場合、複数議決権の採用が違法であると主張する。Frank-Fahleは、複数議決権に付与される議決権の数が総議決権数の過半数を占めることを否定した。このような見解の根拠として、GeilerとPlanitzは、§ 252 Abs. 1（すべての株式には議決権が与えられる。）の背後にある民主主義的な要素を挙げた。一方、Frank-Fahleは、株式会社では資本出資の量が基準となるべきであり、資本の一部しか拠出していない種類株式が、資本の多数を拠出するものの影響力を排除することは認められないことを根拠とした。

(61) Hück, a. a. O. (Fn. 7), S. 20; Horrwitz, a. a. O. (Fn. 6), S. 50 Anm. 58 ; Schmulewitz, a. a. O. (Fn. 10), S. 135. 彼らの主張の骨子は、すでに株式法は、明文で複数議決権と最高議決権を許容することで、資本出資と議決権の割合が一致するという原則を放棄しているということである。そして、解釈論として、立法による原則が放棄された範囲を限定することは、条文に、そのような制限を導き出す手がかりがない以上、困難であるという点にある。また、Horrwitz は複数議決権の総量を規制することは恣意に陥りやすく、むしろ、複数議決権株式に対する出資の量に対して議決権の数を規定する方が正しいとする。しかし、彼は同時に、そのような規制を設けることの困難さも指摘している。この点に関して Alfred Hück が、複数議決権の付与が公序良俗違反になる場合として、Überfremdung などの非常事態の存在や、払い込まれる出資の量からは正当化できないくらい多数の複数議決権が付与される場合を挙げていることが興味深い。Vgl., Hück, a. a. O. (Fn. 7), S. 29.

(62) 前項参照。

(63) 前述の Hibernia 事件判決の評価に関連して、Nord は、引受けに際して法律上要求される最低限度の払込額（額面価額の二五%）ではなく、全額を払い込んでなす支配力の拡大に対して異議を唱えることはできないと主張する。また、RGZ. 113, S. 188 との関連で、会社内で支配権を維持確保すること自体が直接の金銭的利益であると主張していた。Vgl., Nord, a. a. O. (Fn. 53), S. 19, 24. このような主張を前提にすれば、複数議決権が採用されない場合、既存株主に経済的侵害を与えないような価額で新株の発行がなされるならば、ある株主が議決権の多数を把握することで得る経済的利益の問題について特段の考慮をする必要性は消失するようにも思われる。なぜなら、議決権が一株一議決権原則に従って配分される場合、議決権に対する対価を独立して問題にする必要はなく、既存株主と新株主の財産的公平が確保されれば、当然、議決権配分の公平も達成されると考えられるからである。

(64) 前節第二款（5）参照。

(65) ワイマール期の株式法改正作業が一九三七年株式法改正に大きな影響を与えたことは広く認められている。Vgl., Heinz-Dieter Assmann, Großkomm. AktG, Einl. Rn. 151ff.

(66)　具体的な原因として、経済活動における株式会社が占める割合の増加、長期保有の企業家的株主と、短期保有の投機株主の分裂などを挙げることができる。Netter は、今日の株式会社では、資本の拠出は会社の生産性に関する単なる一要素にすぎなくなったと考える。そして、会社を、純粋に私的なものないし公的なものとは考えず、individualistisch-kapitalistisch und überindividualtisch-gemeinwirtschaftliche な利益に資するものとしての Unternehmen an sich と考えている。Vgl., Netter, a. a. O. (Fn. 19), S. 294.

(67)　Netter, a. a. O. (Fn. 19), S. 298.

(68)　Hück, a. a. O. (Fn. 7), S. 26.

(69)　Schmulewitz, a. a. O. (Fn. 10), S. 176; Hück, a. a. O. (Fn. 7), S. 26. Schmulewitz は、さらに、現実には少なくとも、企業経営に関心を持つ株主と、高額な配当ないしキャピタルゲインにしか関心を有さない株主が存在するので、株式法は、前者の、企業経営に関心を持つ株主の需要を満たすよう柔軟な枠組みを持つべきであると主張する。Vgl., Schmulewitz, a. a. O. (Fn. 10), S. 176.

(70)　Schmulewitz, a. a. O. (Fn. 10), S. 177.

(71)　Frank-Fahle も、株式会社において経営者が主導的な立場をとって経営を行うことが経済全体にとって有益であるとし、本文記載の見解と同様に、複数議決権の存在を積極的に肯定する。しかし、Frank-Fahre は前注（60）で示したように、付与される複数議決権の数が他の株式に付与される議決権の数を超えることを禁止することを解釈論として提唱していた。これに対して、Netter、Hück、Schmulewitz らは、付与される議決権の量を規制することを主張してはいなかった。

(72)　Hück は、多数派が意図的に自己利益を優先させたり、他の株主の利益を意図的に侵害するために、複数議決権を行使する場合、当該決議が公序良俗に違反して無効となることを認めていた。Vgl., Hück, a. a. O. (Fn. 7), S. 30.

(73)　Netter, a. a. O. (Fn. 19), S. 297. Netter はその根拠を以下のように説明する。複数議決権株式の導入には必ず株主総会の決議が必要である。株主総会の決議が、複数議決権株式が存在する正当性を与える。当該株主総会の決議によって既存株主は自らの支配権の一部を放棄する。複数議決権株式所有者は、複数議決権株式を純粋に私的な権利として取得したのではなく、権利を放棄した株主全体の受託者（Vertrauensperson）として、Unternehmen のために取得したのである。複数議決権株式に賛成する株主は、複数議決権株式が付与されることによって経営が安定することにより彼らが所有する株式の価値が向上することを考慮して賛成する。複数議決権株式の発行にあたり株主が引受権を放棄することは、新しく発行される株式との法的な関係を断ち切るものではない。したがって、複数議決権株式の株主は複数議決権を自由に行使できるわけではない。Vgl., a. a, O., S. 295-297.

(74)　Schmulewitz, a. a. O. (Fn. 10), S. 141-142. Schmulewitz は、複数議決権の行使、配当、強制消却などに関して、複数議決権株式の株主が何らの義務も会社に対して負わないのであれば、そのような複数議決権の発行は公序良俗に違反すると主張する。なぜなら、このような義務を会社に対して負わないことは、多数派が複数議決権の発行によって不当な利益を得る意図を有していることを示すものだからである。

(75)　複数議決権を含めて、議決権行使は公序良俗違反による株主総会決議の取消という制限に服していた。前注（34）参照。本文で述べた見解では、それを越えて、複数議決権を企業の利益のために行使することが積極的に要求されるのである。しかし、複数議決権の行使によって追及されるべき企業の利益の具体的内容が、明確な形で示されていたということはできない。この点は、企業自体の思想に対する批判の根拠の一つとして、ワイマール期以後も頻繁に主張されている。Vgl., Laux, a. a. O. (Fn. 2), S. 19-20, 176.

(76)　また、Schmulewitz, a. a. O. (Fn. 10), S. 184 では、投資家が適切な判断を下すことが可能となるように、複数議決権に関する開示規制の強化も提案されている。すなわち、貸借対照表の付記の形で、複数議決権の全議決権に占める割合と全資本に占める割合について情報提供を図ることが主張された。

(77)　この点は特に、一九三一年株式法改正草案に関する議論で強調されている。Vgl., Protokolle der Verhandlung des Arbeitsausschusses des Vorläufigen Reichswirtschaftsreats zur Beratung des Entwurfs eines Gesetzes über Aktiengesellschaften und Kommanditgesellschaften auf Aktien : Sitzung vom 20. 10. 1932, 9 1/2 Uhr, abgedr. bei Werner Schubert und Peter Hommelhoff, Die Aktienrechtsreform am Ende der Weimar Republik : Die Protokolle der Verhandlungen im Aktienrechtsausschuss des Vorläufigen Reichswirtschaftsrats unter dem Vorsitz von Max Hacenburg, S. 337, 339, 340-341 (Berlin, New York, de Gruyter, 1986). また、1937年株式法改正の目的の一つも、株式会社や株式市場に対する信頼を回復することであった。Vgl., Heinz-Dieter Assmann, Großkomm. AktG, Einl. Rn. 151ff.

(78) Horrwitzは、個人株主が、複数議決権が採用される結果、法律上与えられた権利を奪われるという経験をしたことが、ドイツ株式市場の低迷の一つの要因であるとする。彼は、資本家階級と他の階級との資本力の差が第一次世界大戦後、縮まっていることを理由に、ドイツ経済の今後の発展のためには、資本家階級以外、すなわち、家計による株式投資を促進する必要があるとの認識を示している。Vgl., Horrwitz, a. a. O. (Fn. 6), S. 9-10. Nußbaumは、長期保有株主が減少し、投機株主が増加している一因として、複数議決権の濫用の結果、経営者に対する監視が弛緩しているという点を挙げている。Vgl., Nußbaum, a. a. O. (Fn. 22), S. 8-9. 一方、Nußbaumは、原始定款によって定められた複数議決権に関しては、投資家はその存在を出資ないし株式購入の前に知ることができるので、複数議決権の存在を甘受するべきであると主張する。したがって、彼も、複数議決権株式が、投資家に十分な説明なく、経営者の主導で濫用的に利用されたことに着目し、Horrwitzと同じく、投資家との関係で複数議決権の採用を問題としていると評価できる。Vgl., Arthur Nußbaum, Stimmrechtaktie und Aktienrechtreform, 1926 ZBH, S. 288, 289.

(79) Horrwitz, a. a. O. (Fn. 6), S. 27–28 ; Fritz Naphtali, in : Beilage zum Vorwärts vom 22. September 1926 ; zitiert nach Schubert und Hommelhoff, a. a. O. (Fn. 77), S. 26.

(80) Fritz Naphtali, in : Beilage zum Vorwärts vom 22. September 1926 ; zitiert nach Schubert und Hommelhoff, a. a. O. (Fn. 77), S. 26.

(81) 複数議決権の存在自体については肯定的であったHückは、Schmulewitzとは異なり、付与される議決権に対して過少な出資しかなされない場合、当該複数議決権の採用を決定した株主総会決議が、公序良俗に違反することを認めている。Vgl., Hueck, a. a. O. (Fn. 7), S. 29-30. ただし、このような見解がRGに入れられなかったことはすでに述べた。前款第二項参照。

(82) Nußbaum, a. a. O. (Fn. 78), S. 291; Horrwitz, a. a. O. (Fn. 6), S. 4.

(83) Nußbaum, a. a. O. (Fn. 22), S. 3-4; Horrwitz, a. a. O. (Fn. 6), S. 6, 8.

(84) また、Nußbaumは、株主総会の多数派が変動可能であることは、以下のような経済上の利益をもたらすとも主張する。つまり、高収益を求める資本をそれに適した企業へと導くことによって、企業の淘汰を導くのである。大量の自己資金を会社に投下した資本家の判断は尊重されるべきである。もちろん、その判断が誤っている可能性はある。

その場合は、株主総会の取消訴訟で争うことが可能である。Vgl., Nußbaum, a. a. O. (Fn. 22), S. 5.

(85) 複数議決権を肯定的に解する見解からは、Kapitalmehrheit の要求、種類株主総会決議の要求、決議取消訴訟の存在により、少数株主は十分に保護されているとの反論がなされる。Hück, a. a. O. (Fn. 7), S. 28; Hück, a. a. O. (Fn. 27), S. 2647 ; Schmulewitz, a. a. O. (Fn. 10), S. 174-175. しかし、問題の核心は、株主総会において複数議決権が濫用的に行使されるというよりは、複数議決権の存在が経営者に心理的な影響を与え、その結果、通常業務において、会社の利益がないがしろにされる恐れが存在する点にあるように思われる。

(86) Nußbaum は、複数議決権がドイツ経済にすでに織り込まれ、複雑な利害関係を形成していることを理由に、複数議決権の完全禁止の主張を取り下げている。彼が複数議決権制度の維持の条件として提案した規制の概要は以下のとおりである。①付与される議決権の総量規制、②複数議決権が対象となる決議事項の規制、③無限責任社員が重要事実に基づいて会社から除名されることに倣った複数議決権株主の除名、すなわち、複数議決権の排除の訴訟、④複数議決権株式の所有者は会社に対して Treupflicht を負うこと、である。Vgl., Nußbaum, a. a. O. (Fn. 22), S. 10, 14-18. 一方、Horrwitz は、複数議決権の新規採用の完全廃止と、一九一九年以降に採用された複数議決権の廃止も主張している。彼の主張の根拠は、複数議決権の維持に伴う弊害を取り払う方策として主張されている諸提案、たとえば、中立的第三者に複数議決権株式を付与すること（経営者に譲渡することは現状維持に等しい。完全な第三者に譲渡することは、資本出資もせず、会社の実情にも詳しくない人物に会社の経営権を与えることになって不当である。国に複数議決権株式を与えることは経済の社会主義化に等しく、このような会社に投資家が出資するか疑問である）、付与される議決権の総量規制（個々の会社の事情を考慮することが困難である）、複数議決権の効力発生事項の限定（監査役選任などに限定することは現状維持にすぎない）、開示強化（濫用防止に一定の効果をもたらすが、既存株主の議決権が侵害されていることを正面から扱っているわけではない）などでは、十分な解決策を示していないという点にある。Vgl., Horrwitz, a. a. O. (Fn. 6), S. 16-22.

(87) 一九三一年草案は、一九三〇年草案と一九三一年九月一九日の緊急命令の集積である。また、一九三一年草案理由書は、その内容においても形式においても、多くの部分で一九三〇年草案理由書と同一である。Vgl., Laux, a. a. O. (Fn. 2), S. 237. したがって、ここでは一九三一年草案を中心に取り上げることにする。ただし、一九三〇年株式法改正草案の起草者の手による注釈である Karl Schmölder, Der Entwurf eines Gesetzes ueber Aktiengesellschaften und Kommanditgesellschaften auf Aktien, 1930 JW S. 2617 については、一九三一年株式法改正草案との関係で矛盾しない限り、一九三一年株式法改正草案の解説として引用することとする。

(88) Schmölder, a. a. O. (Fn. 87), S. 2628.

(89) Erläuternde Bemerkungen zum Entwurf eines Gesetzes ueber Aktiengesellschaften und Kommanditgesellschaften auf Aktien (1931), abgedr. bei Schubert und Hommelhoff, a. a. O. (Fn. 77), S. 914.

(90) Erläuternde Bemerkungen, a. a. O. (Fn. 89), S. 914.

(91) 以下に示す条文は、特段の断りがない場合、1931 年株式法改正草案の条文番号を示す。

(92) 一八九七年ＨＧＢにも存在する事後設立（§ 36 Abs.4）; 定款変更（§ 144 Abs. 2）; 減資（§ 166 Abs. 1）; 会社財産全部の譲渡（§ 223 Abs. 1）に加え、新たに導入された規定は以下のとおりである。①条件付増資（§ 158 Abs.1）②認可資本（§ 170 Abs. 3）③転換社債、収益参加型債券の発行（§ 193 Abs. 1）④享益証券の発行（§ 193Abs. 2）⑤複数議決権の付与（§ 96 Abs. 2）⑥複数議決権株式の譲渡の承認（§ 97）⑦既存株主の新株引受権の排除（§ 151 Abs. 3）⑧解散会社の継続（§ 189 Abs. 1 Satz 2）⑨合併（§ 210 Abs. 2）、株式会社から、株式合資会社（§ 225 Abs.2）、有限会社への転換（§ 231 Abs. 2）⑩利益共同契約などのコンツェルン契約の締結、廃止、変更（Art. 20 Abs. 4 des Entwurfs eines EG）。一八九七年ＨＧＢにおいては、定款変更に必要な Kapitalmehrheit を定款変更によって議決権多数に置き換えることで、定款変更でも議決権多数が決定的な影響力を獲得することが可能であった。しかし、草案では、この点に関して定款自治を制限する。つまり、代替できる決議要件も Kapitalmehrheit であることを要求するのである。新しく提案された規定の中でも、③、④では定款変更と同様の規定がある。その他の規定では、決議に代表される資本の四分の三の賛成が強行法規として存在する。減資、会社財産全部の譲渡、①、⑤、⑥、合併の決議では追加的な要件を定款で定めることが認められている。

ここで、Kapitalmehrheit を要求する規定に服さない決議事項に監査役の選任と計算書類の承認が含まれていることは重要である。前者は、複数議決権が、Überfremdung の危険への対抗措置として果たす役割が、後者は、複数議決権が企業再建で果たす役割が考慮されたものである。Vgl., Schmölder, a. a. O. (Fn. 87), S. 2628.

Kapitalmehrheit を多くの規定で要求することは、それだけ複数議決権の威力を弱めるものである。なぜなら、Kapitalmehrheit が要求される場合、議決権の多数のみでは決議を成立させることができず、他の株主の同意を得る必要性が増すからである。この点については、前款第一項参照。

(93) この規制は、既に、一九三一年九月一九日の緊急命令で制定されており、HGBの§261 a Abs. 1, B I に規定が存在した。開示事項としては、普通株式の総議決権数と、複数議決権株式の総議決権数が挙げられている。このような複数議決権に関する開示の必要性は、学説においても主張されていた。Vgl., Schmulewitz, a. a. O. (Fn. 10), S. 184.

(94) §97. 譲渡を承認するためには、株主総会の決議が必要であり、その決議要件は決議に代表される基礎資本の過半数の賛成である。一九三〇年草案理由書は、この結果、外国資本に対する複数議決権株式の譲渡が防止され、また、複数議決権株主が会社に対して受託者的責務を有することが明らかにされたと説明する。Vgl., Erläuternde Bemerkungen zum Entwurf eines Gesetzes ueber Aktiengesellschaften und Kommanditgesellschaften auf Aktien (1930), in: Werner Schubert, Quellen zur Aktienrechtsreform der Weimar Republik (1926-1931), Bd 2, S. 946 (Frankfurt am Main, Peter Lang, 1999).

(95) § 98 Abs. 6 und Art. 19 des Entwurfs zum EG.

(96) § 96 Abs. 2.

(97) §98. 採用から五年経過後（定款で、より短い期間を採用することが妨げられない）に、基礎資本の過半数の賛成によって、複数議決権株式の償却、ないし複数議決権の剥奪を決議することができる。この際、議決権の過半数の賛成と複数議決権株主による種類株主総会の賛成は双方の場合とも要求されていない。

(98) このほかに、§137 Abs. 1 で示された、議決権行使による特別利益の追求が決議取消事由になることも、複数議決権の効力を制限する方向に働く。また、付与される複数議決権の総量を規制することは、他の規制が十分な濫用防止機能を果たすことを理由に見送られることになった。Vgl., Erläuternde Bemerkungen, a. a. O. (Fn. 89), S. 916. また、一九三〇年草案の起草者注釈では、総量規制を行うことの技術的困難性、現存する種々雑多な複数議決権を総量規制によって統一的に規制することの困難さも理由に挙げられている。Vgl., Schmölder, a. a. O. (Fn. 87), S. 2628-2629. この点は既に学説でも指摘されているところであった。Vgl., Schmulewitz, a. a. O. (Fn. 10), S. 181;

Horrwitz, a. a. O. (Fn. 6), S. 18.

(99) Erläuternde Bemerkungen, a. a. O. (Fn. 89), S. 914.

(100) Schmölder, a. a. O. (Fn. 87), S. 2628.

(101) Protokolle der Verhandlung des Arbeitsausschusses des Vorläufigen Reichswirtschaftsreats zur Beratung des Entwurfs eines Gesetzes ueber Aktiengesellschaften und Kommanditgesellschaften auf Aktien: Sitzung vom 20. 10. 1932, 9 1/2 Uhr, abgedr. bei Schubert und Hommelhoff, a. a. O. (Fn. 77), S. 37, 339, 340-341, 344.

(102) 特に、Kapitalmehrheitを要求する規定の振り分けにこの態度が現れている。このような規制の結果、複数議決権の利用が低迷することが考えられる。しかし、それこそが草案の目的であることは、Schmölder, a. a. O. (Fn. 87), S. 2628. で明確に指摘されている。

(103) § 12 Abs. 2 Satz. 1 des AktG von 1937.

(104) 司法省調査部「一九三七年ドイツ株式法理由書」第二三九号九頁（一九三八年）（以下、理由書として引用する）。

(105) § 12 Abs. 2 Satz. 2 des AktG von 1937.

(106) 理由書・前掲注（104）九頁。

(107) 理由書・前掲注（104）五八頁。理由書では、一九三一年草案のように複数議決権株式が会社再建の際に用いられることについての指摘がない。しかし、計算書類関係の株主総会決議事項（§ 104, § 125, § 126 AktG 1937）にはKapitalmehrheitが要求されていないことから、その可能性が全く排除されたとまでは言い切れないように思われる。むしろ、一九三一年草案のように、企業再建の際に用いられることも想定されていたとの評価が妥当であるように思われる。

(108) § 9 Abs. 1 des ersten Entwurf eines Einführungsgesetzes. 内容は以下のとおりである。一九三二年一月一日以降に採用が決議された複数議決権は、新株式法の制定によって効力を失う。一九三二年一月一日以前に採用が決議された複数議決権は、一九三七年一二月三一日の経過をもって効力を失う。

(109) § 114 des Entwurfs. 取締役に付与される議決権の量は、他の株主が有する総議決権の五分の一に相当するとされた。

(110) Leo Quassowski, Die aktienrechtliche Anonymität und die Bestrebungen zu ihrer Bekämpfung, 1935 ZADR S. 726, 726;

Bericht des Vorsitzenden des Ausschusses für Aktienrecht in der Akademie fuer Deutsches Recht, April 1934, abgedr. bei Werner Schubert, Akademie für Deutsches Recht 1933-1945 Protokolle der Ausschuesse Band I, S. 475-476 (Berlin, Walter de Gruyter, 1986).

(111) Bericht des Vorsitzenden des Ausschusses für Aktienrecht in der Akademie für Deutsches Recht, April 1934, S. 483. そのほかに、株主を大株主と小株主に分類し、前者のみに議決権を与えることで株式会社の Anonymität の縮減を目指す見解の中には、議決権は資本出資に比例して初めて議決権に対応する責任が保証されるとして、複数議決権の禁止を主張するものもあった。また、この見解は、出資なき支配、責任なき支配を防止する意味から、議決権を付与される株式が資本の二分の一を占めることを要求している。Vgl., Curl Eduard Fischer, Die Reform des deutschen Aktienrechts, 1936 Zeitschrift für Betriebswirtschaft, S. 180, 193; Frhr. Von Falkenhausen, Gedanken zur Aktienrechtsreform, 1933-34 Bank-Archiv, S. 107.

(112) Schubert, a. a. O. (Fn. 109), S. XLIII. 取締役に固有の議決権を与えることについては以下のような有力な批判が存在した。すなわち、株式法における Führerprinzip の導入は Verwaltungsabsolutismus と同義ではなく、Führerprinzip の導入のためには会社経営者の責任の明確化と、経営者の権限が会社に参加する株主との信頼関係によって基礎づけられていることが必要であるとの主張がなされた。Vgl., Fischer, a. a. O. (Fn. 111), S. 194-199 ; Curt Eduard Fischer, Wirtschaftsführertum oder Verwaltungsabsolutismus?, 1934 Die praktische Betriebswirt, S. 475, 477-478. 一九三七年株式法改正作業に大きな影響を与えたとされる Hjalmar Schacht も、同旨の見解をとる。Vgl., Schubert, a. a. O. (Fn. 109), S. XXXVI. より具体的にいえば、取締役に与えられた固有の議決権が、取締役の監視機関である監査役会役員の選任においても効力を有することが、多くの批判的な見解を呼ぶことになったと考えられる。Vgl., Fischer, a. a. O. (Fn. 111), S. 195. しかし、Anonymität を縮減するという目的は、まさに監査役会役員の選任について取締役が一定の発言権を有することによって達成されるものである。この点について政府の賛成を得ることができない以上、草案から一一四条すべてが削除されることは当然であったと考えられる。

(113) 複数議決権制度を連邦官庁の同意によって維持するという提案について活発な議論はなされなかったようである。ADRの委員会の報告書でも、取締役への議決権付与を断念し複数議決権制度の維持に賛成するとの指摘があるのみである。Vgl., Protokolle über die Satzungen des Ausschusses für Aktienrecht: Bericht über die (10.) Sitzung vom 22. 10. 1936, abgedr. bei Schubert, a. a. O. (Fn. 109), S. 429.　この点に関しては、一九三七年株式法が関係省庁の妥協の産物であったと評価されている点に注意が払われるべきである。一九三七株式法の草案の制定に連邦司法省は主体的に関与したわけではない。むしろ、ＡＤＲが主体的な役割を果たした。したがって、自らが主体的に関与したものでない分、連邦司法省にとっては、各界からの妥協要請に応じやすかったものと考えられる。Vgl., Schubert, a. a. O. (Fn. 109), S. XLVII.

(114) Fischer, a. a. O. (Fn. 111), S. 197.

(115) 他方、Kapitalmehrheit の規定については、一九三一年草案が踏襲されている。理由書・前掲注(104)五五―五八頁。一九三七年法で Kapitalmehrheit の規定が適用される決議事項は以下のとおりである。①事後設立（§ 45 Abs. 4）、②定款変更（§ 146 Abs. 1）、③増資（§ 149 Abs. 1）、④新株引受権の排除（§ 153 Abs. 3）、⑤条件付資本増加（§ 160 Abs. 1）、⑥認可資本（§ 169 Abs. 2）、⑦転換社債、利益配当付社債、共益証券の発行（§ 174 Abs.1 und Abs. 3）、⑧減資（§ 175 Abs. 1 und § 182 Abs. 2）、⑨会社の解散（§ 203 Abs 1 Satz. 2）、⑩解散会社の継続（§ 215 Abs. 1）、⑪合併（§ 234 Abs. 2 und § 247 Abs. 1）、⑫財産譲渡及び利益共同関係に関する決議（§ 253 - § 256）、⑬株式会社の株式合資会社ないし有限会社への組織変更（§ 257 und § 263 Abs. 2）。また、定款自治によって法律で要求される Kapitalmehrheit に代替する決議要件を定めることができる場合も、代替する要件は議決権数でなく、Kapitalmehrheit であるとの規定も踏襲された。Vgl., § 146 Abs. 1 1937 AktG. 一方、複数議決権の採用と複数議決権株式の譲渡に関する規定は、複数議決権の採用自体に連邦官庁の同意が要求されたため、一九三七年株式法には踏襲されなかったようである。

　このような Kapitalmehrheit の規定の根拠として、理由書は以下の点を挙げる。すなわち、複数議決権株式の目的は、会社乗っ取に対する防衛であり、そのためには、純粋に組織上の決議、特に監査役の選任においてのみ複数議決権が効力を有すれば足りるという立場である。そして、この規定と複数議決権の採用に連邦官庁の許可を要求する規定によって、複数議決権株式に起因する濫用行為が防止されると考えられていたのである。理由書・前掲注(104)五八頁、Vgl., Franz Schlegelberger und Leo Quassowski, Aktiengesetz, § 12 Rn 5 (Berlin, Franz Dahlen, 2. Auflage, 1937).

理由書では、一九三一年草案のように複数議決権株式が会社再建の際に用いられることについての指摘がない。しかし、計算書類関係の株主総会決議事項（§ 104, § 125, § 126）には Kapitalmehrheit が要求されていないことから、その可能性が全く排除されたとまではいい切れないように思われる。むしろ、一九三一年草案のように、企業再建の際に用いられることも想定されていたとの評価が妥当であるように思われる。Vgl., Schmoelder, a. a. O. (Fn. 87), S. 2628.

(116) ナチスによる支配と国家社会主義のもとでは、ワイマール期の改正作業の成果を維持できないように思われる。しかし、一九三七年株式法には国家社会主義的な要素よりも、ワイマール期の影響が強く現れているとされる。Vgl., Heinz-Dieter Assmann, Großkomm. AktG, Einl. Rn. 151ff; Schubert, a. a. O. (Fn. 109), S. XLV ff. ワイマール期の議論との継続性は以下の諸要因から生じたものと考えられる。第一に、一九三七年株式法改正の中心となったＡＤＲの委員会で、従前より株式法改正作業に関わってきた識者たちの意見が幅広く聴取されたこと、第二に、一九二六年以来、連邦司法省の株式法改正の担当者が不変であったこと、第三に、ナチスによる関与が比較的少なかったことである。

(117) 本節第一款第二項参照。一九三七年株式法においても、同様の問題が、株式会社の Anonymität として、議論の対象となった。しかし、この問題はナチスの思想と必然的な結びつきを持つものではなく、当時の株式会社と経済社会の構造変化から生じた一般的な問題として評価されている。大隅健一郎＝大森忠夫＝八木弘『獨逸商法（Ⅲ）〔復刊版〕』六三七—三八頁（一九五六年・有斐閣）。

(118) 本節第三款第一項参照。

(119) 本節第三款第三項参照。

(120) ＲＧにおいて複数議決権の採用は公序良俗に違反する場合に違法であると判断された。本節第二款参照。そして、株主総会決議が公序良俗違反に相当する場合、それが取消原因になることが一九三七年株式法第一九七条第二項において明確に宣言された。

(121) Erläuternde Bemerkungen, a. a. O. (Fn. 89), S. 914. 企業再生に必要な資金を提供した投資家に対して複数議決権を付与する場合と比べて、経営の継続性や安定性の確保を目的として複数議決権を利用する場合は、経営者の自己保身が目的であるか否かを見極めることはよりいっそう困難である。そもそも、経営の継続性や安定性と経営者の自己保身を区別すること自体、非常に困難である。一九三一年株式法草案では、このような試みは放棄されている。前款第二項参照。最終的に、一九三七年株式法においても、例外的にではあるが複数議決権の利用が認められたのは、複数議決権が利用されることによって一般株主の支配権が縮減されることに対して、必ずしも否定的な評価がなされていたわけではなかったことが影響を与えたものと思われる。前款第三項参照。

(122) もちろん、一九三七年株式法一九七条第二項の規定は、複数議決権の行使にも及ぶと考えられていたし、また、一九三七年株式法一〇一条（会社に対する影響力の行使により、取締役又は監査役に会社にとって不利益な決定をさせることに基づく損害賠償責任の規定）も同様の意味を持つものと考えられる。しかし、これらは複数議決権のみならず株主の議決権一般を対象とするものである。さらに、一九三〇年草案と一九三一年草案において、複数議決権に起因する弊害を防止する措置として、Kapitalmehrheit の規定が最重要の規定として考えられていたことも考慮に値するものと考えられる。Vg., Erläuternde Bemerkungen, a. a. O. (Fn. 89), S. 914-915. 一九三七年株式法理由書からも同様の趣旨を読み取ることができる。理由書・前掲注（104）五七―五八頁参照。複数議決権の採用に連邦官庁の同意を要求するという規制は、それがワイマール期のような活発な議論の結果生じたものではなく、立法の最終段階における妥協によって生じたものであることを考慮すると、その重要性が著しく減少するように思われる。Vgl., Schubert, a. a. O. (Fn. 109), S. XLIII.

(123) 本節第三款第三項参照。

(124) Hück, a. a. O. (Fn. 7), S. 21-22. これに対して Frank-Fahle は、物的会社の性質から導かれるのは、種類間の議決権の配分に関してのみであり、誰がこれらの株式を所有するかについては検討の対象とならないと主張する。Vgl., Frank-Fahle, a. a. O. (Fn. 7), S. 61-63. すなわち、複数議決権の総量規制は濫用防止という実際的な機能を十分に果たし得ず、むしろ、純理論的な意味合いが強いことは、その主張者によってすでに認められていたのである。また、総量規制を行うことの技術的困難性、現存する種々雑多な複数議決権を総量規制によって統一的に規制することの困難さも理由に挙げられている。Vgl., Schmölder, a. a. O. (Fn. 87), S. 2628-2629 ; Schmulewitz, a. a. O. (Fn. 10), S. 181 ; Horrwitz, a. a. O. (Fn. 6), S. 18.

(125) 本節第三款第一項(2)参照。

(126) Horrwitz, a. a. O. (Fn. 6), S. 9-10 ; Nußbaum, a. a. O. (Fn. 22), S. 8-9 ; Protokolle der Verhandlung des Arbeitsausschusses des Vorläufigen Reichswirtschaftsreats zur Beratung des Entwurfs eines Gesetzes über Aktiengesellschaften und Kommanditgesellschaften auf Aktien : Sitzung vom 20. 10. 1932, 9 1/2 Uhr, S. 339, 340-341, 344.

(127) 一九三一年草案について、Vgl., Schmölder, a. a. O. (Fn. 87), S. 2628.1937年株式法については、複数議決権の採用に連邦官庁の同意を要求するという点から、本文のような推測を行うことが正当化されるように思われる。

(128) 一九三七年株式法一五三条第三項は、既存株主の新株引受権の排除は決議に代表される基礎資本の四分の三の多数の賛成によってのみ決議されると規定する。また、この決議要件は、定款によって、四分の三以上のKapitalmehrheitに加重すること、もしくは、追加的な要件を定めることのみが認められる。Vgl., § 153 Abs. 3 1937 AktG. 一方、複数議決権を広範に認める立法態度をとる場合には、既存株主の議決権が縮減することに対する補償がより大きな意味を持つものと考えられる。この点に関連して、付与される複数議決権にふさわしい出資がなされているか否かが重要であるとの指摘が存在した。Vgl., Frank-Fahle, a. a. O. (Fn. 7), S. 62-63; Nord, a. a. O. (Fn. 53), S. 19, 24 (Franz Dahlen, Berlin, 1927) ; Hück, a. a. O. (Fn. 7), S. 31ff.

(129) 一九六五年株式法の内容について、本章第一節第二款(6)参照。

第三節　KonTraG による規制

一九九八年に制定された KonTraG[1] では、議決権配分に関する法規制について二つの重要な改正がなされた。第一の点は、複数議決権を新規に採用することを完全に禁止したことであり、第二の点は、上場企業が最高議決権を採用することを完全に禁止したことである。[2] その結果、上場企業では、一株一議決権原則が比較的厳格に適用されることになった。[3] 以下では、まず、KonTraG 制定の背後にある理念とそれを形成するに至った学説の議論を検討する。それらを通じ、特に上場企業の議決権配分に関して厳格な規制をとることの当否について検討することとしたい。

第一款　KonTraG の理念

第一項　KonTraG と上場企業を取り巻く環境

KonTraG 制定の最大の誘因となったのは、国際的な資本市場の発展であるとされている。[4] より具体的には以下のように示される。[5] ドイツの上場企業が国際的な資本市場で資金調達を行う機会は、ますます増加する傾向にある。その結果、ドイツ企業にとって海外の投資家の重要性が高まり、ドイツ企業は海外の投資家がドイツ企業に対して持つ期待に対して一定の配慮をする必要が生じることになった。また、ドイツ企業は、資金調達に関して、世界中の企業と直接的な競争状態に置かれることになった。そのため、ドイツ企業は、ますます、投資家の志向に沿った経営を行う必要に迫られることになる。さらに、経営者と市場参加者の間で、経営政策や企業の発展に関してより緊密な対話がなされること、あらゆる領域における透明性と公開性（Transparenz und Publizität）の向上が必要とされる。このようなドイツ企業と資本市場の関係の変化は避けられないものであり、むしろ、好機として理解されなければならない。なぜなら、それはドイツ企業の収益性の向上をもたらし、そして、競争力の強化、結果として、雇用の維持に貢献するからである。(6)

このような状況に対応するために、KonTraG は制定された。そして、複数議決権の新規採用の禁止と最高議決権の上場企業における禁止は、議決権の差別の廃止（Abbau von Stimmrechtsdifferenzierungen）という表現のもと、KonTraG の目的として明確に宣言されることとなったのである。(7)

第二項　KonTraG と複数議決権

KonTraG によって、複数議決権の新規採用は禁止され、既存の複数議決権も二〇〇三年六月一日に原則として効力を失うことになった。(8)(9) このような規制は、以下のような点を根拠として基礎づけられた。第一に、複数議決権は、資本出資と議決権は比例すべきとの前提に反すること、(10) 第二に、資本出資と比例しないで会社に対する影響力を譲渡できることは、資本市場の期待にそぐわず、株主による経営の監督（Eigentümerkontrolle）を弱めること、第三に、ＥＣ第五指令（Strukturrichtlinie）の第三改正提案では、議決権は資本出資に比例して与えられるべきであると明示されていることである。(11)

一方、無議決権優先株式を発行することは継続して許容されることとなった。その根拠として、無議決権優先株式の内容が法律によって厳格に規定されていること、資本市場で長い間、無議決権権優先株式の需要が認められてきたことが挙げられている。[12] すなわち、ここでは、複数議決権のように定款のみで議決権の差別化が生じる場合を縮減し、株式の標準化を図ることが目的とされたのである。[13]

第三項　KonTraG と最高議決権

KonTraG によって、上場企業が最高議決権を採用することは禁止されることになった。[14] このような規制は、以下のような点を根拠として基礎づけられた。第一に、複数議決権と同じく、資本出資と議決権は比例するべきとの前提に反すること、第二に、最高議決権の存在によって企業買収の可能性が遮断されることは、資本市場に不利益を与えること、第三に、大株主の議決権が制限されることは株主による経営者の監視が弱まることにつながることである。[15]

一九七〇年代以降、最高議決権は敵対的企業買収に対する防衛策として利用される場合が多かった。[16] しかし、立法過程では、買収防衛策としての最高議決権は不十分な制度であることが認識されていたようである。このような認識は以下の点を根拠としていたと考えられる。第一に、最高議決権は株式取引そのものを禁止するわけではないこと、[17] 第二に、議決権拘束契約ないし第三者を通じた株式購入などによって、最高議決権による議決権制限を容易に潜脱できること、[18] である。また、一定以上の議決権を獲得することに対して報告義務を課した証券取引法 (Wertpapierhandelsgesetz. 以後、WpHG と略す) 二一条の制定が、大量の株式を密かに購入することを困難にしたことも考慮された。[19] なぜなら、最高議決権の主たる目的は、まさに、株式の大量購入を妨げることであったからである。この結果、最高議決権の必要性が減少した。このような事実は、最高議決権を自主的に廃止する企業が多く存在したことからも示される。[20]

以上の理由から、立法過程において最高議決権を上場企業において廃止することに対して目立った反対意見が出されることはなかった。ただ、政府の草案では、上場企業と非上場企業の区別なく最高議決権を廃止することが掲げられていたことに対する批判が強かった。すなわち、最高議決権廃止の根拠として挙げられた諸点は、上場企業のみに当てはまるのであり、非上場企業において定款自治を制限する理由にならないという点である。最終的にはこの批判が採用されることになった(21)。

草案理由書で明確に指摘されていたわけではないが、最高議決権の廃止を基礎付ける根拠として、学説では以下の点も主張されていた。比較的最近に最高議決権を採用した株式会社の多くは、証券取引所に上場する大規模な株式会社であった(22)。そして、このような株式所有が分散状態にある株式会社では、寄託株に関する議決権を銀行が代理行使する場合が多い(23)(24)。そして、銀行による議決権の代理行使と最高議決権の関係は、以下の二点で問題を引き起こすと考えられていた。

第一の点は、最高議決権を採用することについて経営者と銀行の利害関係は一致するということである。具体的には以下のように説明されている。経営者にとって株主構成が大きく変化する場合、少なくとも、従前とは異なった株主の監視の下に置かれる、もしくは、大株主の意向に従わざるを得なくなるのであり、最悪の場合には、解雇されることもありうる。したがって、自らの立場を強化し独立した状態を保つことについて経営者は利害関係を有する。このような経営者の利害と、銀行の、既存の株主構成を維持しそこから派生する影響力を保持したいという利害が一致する場合が多い。まず、支配株主が存在することは彼らが管理する寄託株が減少することを意味する。そして、銀行に株式を寄託するのは中小株主に限られるし、また、たとえ大株主が銀行に株式を寄託しても、議決権行使に関して銀行に直接の指示を行う場合が多いと考えられる(25)。その結果、寄託株を根拠にした影響力が減少し、それが取引先としての利益の喪失につながる可能性が生じることになるのである。そのため、議決権の代理行使の際に、銀行と株主との間に利益相反の問題が生じるとの批判が学説で強く主張されていた[26]。第二に、最高議決権が存在する場合でも、寄託株に基づいて代理行使される議決権の量は制限されず、かつ、銀行が自己保有の株式に基づく議決権とも合算されないとの解釈が取られていたことである[27]。その結果、最高議決権が存在することによって、銀行による株式会社への影響力がより一層強化されることになる。

KonTraG でも、銀行が寄託株について議決権を代理行使すること自体は維持された。しかし、以上の二点の問題に対する考慮が存在したからこそ、寄託株に基づく議決権行使を維持する代償として、最高議決権を上場企業では廃止するとの決断に至ったとの主張も存在するのである[28]。

第二款　議決権の配分と資本市場

第一款の検討より、議決権配分が資本市場に与える影響を主要な理由として、KonTraG は上場企業が議決権配分を定款によって柔軟に定めることを禁止したことが明らかになった[29]。本款では、ドイツにおいて、複数議決権や最高議決権といった一株一議決権原則とは異なる議決権配分が資本市場に悪影響を与えると評価されるに至った背景にある議論を、より詳細に取り扱うことにする。一株一議決権原則からの逸脱を制限すること、すなわち、議決権配分に関する定款自治を制限することが、後に述べるような資本市場の要請という観点から基礎づけることができるか否かが、ここで明らかにされるべき問題である[30]。

以下では、まず、いかなる形で議決権配分が資本市場に影響を与えるかについて検討する。それに引き続き、これに対置される、議決権配分の柔軟化によって達成されると考えられる諸利益について検討する。そして、最後に、議決権配分が資本市場に与える影響と、議決権配分の柔軟化によって得られる諸利益の調整の方法として、一株一議決権原則を上場企業に一律に要求することの妥当性について評価を行うこととしたい。

第一項　一株一議決権原則と資本市場

ドイツでは、議決権配分は、資本市場に対して以下の二点で影響を与えるものと考えられていた。第一は、資本市場の資源配分機能に対してであり、第二は、会社支配権市場に対してである。以下、順に検討する。

(1)　資本市場の資源配分機能

ここでいう資本市場の資源配分機能（Allokationsfunktion）とは以下のような機能を指すものである。[31]すなわち、資本市場を通して、収益性が高く、より多くの利益を生み出す企業に資金が集まることで、社会経済全体に利益がもたらされることである。[32]このためには、何よりも株式の購入を通じた企業への出資が妨げられないことが必要である。しかし、資本出資に対応した議決権が与えられないことは、投資先の企業への出資の量を制限することにつながりかねない。[33]それは、ある企業の株式を高く評価する投資家が、この株式の取引から締め出されることを意味するのである。[34]この結果、投資家がある会社の株式を大量に購入することによって生じる株価の平準化効果ないし株価上昇効果も妨げられるとの主張がなされることになった。[35]

また、資源配分機能の一つとして企業組織の再編を促進するという点を考慮すれば、資本出資に応じた議決権が与えられないことは、以下のような不利益をもたらすとの指摘も存在する。すなわち、最高議決権ないし複数議決権によって、個々の株主が有する議決権に量的ないし質的な制限が加わる結果、一定以上の株式を購入することが事実上妨げられることに加えて、敵対的企業買収が妨害されるのである。その結果、企業合同や組織再編を通じた諸利益の発生が妨げられることになる。[36] それに加え、企業買収と結びついた株価の上昇が妨げられるので、投資家に不利益が生じることになるのである。[37] これらの見解は、企業買収が利益をもたらすものであると認識している。しかし、それが場合によっては不利益をもたらすことが失念されているわけではない。ただ、予め企業買収が利益をもたらすか不利益をもたらすかが一般的に判断できないのであれば、企業買収に対して中立的な規制をするのが望ましいとの立場をとるのである。[38]

以上に述べたように、結局、これらの見解は議決権が資本出資に応じて与えられない場合には株価の下落が生じ、そのため投資家が不利益を被ることを重点的に主張しているのである。この点に対しては、以下のような批判がなされている。

第一に、最高議決権を採用した会社の株価が低下することは、実証研究で十分に証明されていない。むしろ、市場全体の動向と一致した値動きを見せる場合が多い。[39] 第二に、確かに、企業買収を目的とする株式の購入は株価上昇につながる場合がある。しかし、敵対的企業買収が失敗した場合には株価の急落を招くし、また、成功した場合、会社に残った株主はコンツェルンの局外株主として不利益を受ける恐れが生じる。[40][41] このような批判の背景には、企業買収自体、促進させるべきものでなく、むしろ、抑圧すべきものであるとの考えがある。

資本出資に対応した議決権が与えられない場合、投資家は、株式の購入を中止するか、議決権の制限に応じた購入価額の引下げを主張することで、自己防衛を図ることができる。[42] その結果、資本市場では、議決権の制限を原因とする株価の差異が生じることになる。その株価の差異は、たとえば個々の会社のコーポレート・ガバナンスに対する取組みが株価の差異をもたらすのと同じく、最終的には議決権配分の変更が会社の収益性に与える影響を反映しているものと考えられる。このように個々の投資家は、投資判断の段階で議決権の差異を考慮し、自己防衛することができる。しかし、ここで問題とされるべきは、個々の投資家のレベルを超えた、資本市場全体にかかわる問題である。

ただし、議決権配分が資本市場の資源配分機能に影響を与えることを、抽象的に主張することができても、実証研究で明確な結果が示されているわけではない(43)。また、この点に関する最終的な判断は、議決権配分の柔軟化が個々の会社にもたらす利益が、株式取引にもたらすと考えられる悪影響を補償するか否かの判断に依存するものと考えられる。

(2) 会社支配権市場(44)

株式所有が分散状態にあり、株主総会が経営者を直接的に監視することが期待できない上場企業では、監査役会が経営者に対する監視メカニズムの中心となる(45)。しかし、監査役会などの内部的な監視メカニズムが、必ずしも適切に機能するとは限らない(46)。このような場合、外部からの監視メカニズムの一つとして、会社支配権市場の重要性が増すことになる。すなわち、外部者が株式の公開買付などによって議決権の過半数を握ることで、内部の経営者ないし監査役会の意思に拘束されずに経営政策の是正を行うことが可能となるのである(47)。そして、複数議決権や最高議決権は敵対的企業買収防衛措置として機能する(48)。したがって、一株一議決権原則を厳格に適用し複数議決権や最高議決権を禁止することには、会社支配権市場を活性化させる機能があるのである(49)。さらに、議決権配分に関する法規制は、支配権の移転の効率性の程度、すなわち、会社利益を最大化する主体が会社支配権を獲得する可能性

に影響を与えることにも注意が払われる必要がある。(50)

会社に対する支配権からは以下の二種類の利益を得ることができる。それは私的利益（Private Ertrag）と株式利益（Aktienertrag）である。前者は、経営者や会社の支配権獲得者が獲得できる利益の中で、他の株主は享受できないものである。たとえば、支配権獲得者が企業の場合のシナジー効果、少数株主の搾取や過剰な報酬などから得ることができる利益である。後者は、企業価値の向上を通して、株式所有者が差別なく獲得できる利益を指す。

議決権の配分は、会社支配から私的利益を得ている支配者と会社利益の向上を目的として会社の支配権を獲得しようとする第三者の競争状態に影響を与えるとされている。それは、以下のように具体例を通じて示される。

［具体例Ⅰ］(51)　会社財産に対する権利（以下、利益参与権と略す）を有さず、ただ、議決権のみが付与されている株式が発行される場合を考える。議決権のみの株式は、その所有者が私的利益を得ることができない限り、非常に低価格で譲渡されてしまう。なぜなら、この株式の価値にとって、利益参与権は全く無意味であり、このような株式に価値を認めるのは、会社支配から私的利益を得ることができる主体のみであるからである。したがって、企業買収は純粋に私的利益の獲得を目的として行われることになる。

［具体例Ⅱ］(52)　二種類（AとB）の株式が存在する。AとBには同じ利益参与権が付与されている。しかし、議決権はA株式にしか付与されていない。企業価値は現在の経営者のもとでは二〇〇、つまり、A、Bそれぞれに一〇〇の利益が帰属している。新しい経営者のもとでは企業価値は一八〇に低下する。ただし、新しい経営者は会社支配から私的利益を獲得することができる唯一の主体である。新しい経営者がA株式所有者に一〇一を提供すれば、A株式所有者は株式を売却する。(53)その結果、新しい経営者が支配権を握るが、そのためにBの価値は九〇に下がる。(54)結局、現在の経営者のもとでの企業価値二〇〇に比して、AとBの株主は合計して一九一しか獲得していないので、

これは企業価値を損なう支配権の移転といえる。しかし、このような企業利益を損なう買収は、他に私的利益を持つ買収者が存在しないので防がれない。なぜなら、私的利益を獲得できない主体は一〇〇しかA株式所有者に提供できないからである。(55)

[具体例Ⅲ](56)　A株式のみに議決権が付与されているが、さらに、A株式には七五%の利益参与権も付与されているとする。この場合、A株式を買収するためには一五一が必要である。(57)新しい経営者のもとでは、B株式の価値は四五に下落する。(58)この場合も、現在の経営者のもとでの企業価値二〇〇に比して、AとBの株主は合計して一九六しか獲得していないので、企業価値を損なう支配権の移転といえる。しかし、損害の幅は、九から四へと縮小する。その一方で、新しい経営者が受ける損害は拡大する。(59)つまり、新しい経営者はA株式に一五一支払うが、彼らの経営のもとではA株式の価値は一三五に減少するのである。したがって、新しい経営者がこの損害を埋めるだけの私的利益を獲得できない限り、企業価値を減少させるような買収は起こらないことになる。この場合、必要とされる私的利益は一六である。(60)これは、具体例Ⅱで要求される私的利益よりも大きく、それだけ私的利益を追求した支配権の獲得が困難になったことを示す。(61)

以上の検討から、以下の点が明らかとなる。すなわち、利益参与権と議決権が結合することで、企業買収が私的利益のみならず企業利益向上の観点からもなされることになり、株式所有者を、私的利益を目的とする企業買収から守ることにつながるのである。したがって、この観点から株主にとって最も理想的であるのは、利益参与権と議決権が同じ比率で結合する、つまり、一株一議決権原則ということになる。(62)(63)(64)

先に述べたように、会社支配権市場が機能することが、社会経済に利益をもたらすか否かについて争いが存在した。(65)敵対的企業買収に批判的な見解が、議決権配分を柔軟に設定することで企業買収に対する防衛を図ることを肯定することは当然である。また、実際、公開買付において、株主保護の必要性が存在することは明らかであるように思われる。[66] しかし、また、株式の譲渡が原則として自由である株式会社では、会社支配権市場を完全に排斥することも困難ではなかろうか。[67]

議決権配分は会社支配権市場の根幹に関る重要な要素である。たとえ企業買収に対する防衛を目的としていなくても、議決権配分が一株一議決権原則から逸脱することは、会社支配権市場を通じて企業価値が向上することを妨げる可能性があるとも考えられよう。敵対的企業買収の株式法上の位置づけ、そして、他の議決権配分の柔軟化によって達成される諸利益と、会社支配権市場への影響との関係が考慮されなければならない。[68]

(3) 小　括

以上の検討から、議決権配分の柔軟化は個々の会社に影響をもたらすとともに、常に、資本市場全体にも影響を及ぼすことが明らかになった。前者の問題は、終局的には会社の収益性の低下を反映した株価の下落として顕在化する。会社支配権市場が機能不全になり、それが経営者に対する監視の低下につながると判断されれば、それは株価の下落につながるであろう。一方、後者の問題は、資源配分機能が阻害されることで、投資資金が有望な企業に配分されないこととして顕在化する。会社支配権市場も、最終的には企業経営が効率的になされることを目的とする。したがって、それが機能不全に陥ることは資源配分機能が阻害されることにつながるのである。[69]

議決権配分の柔軟化がもたらす影響について、それが会社に不利益を及ぼすものであれば、投資家は投資自体を中止する、もしくは取引価額の下落を通じて自己防衛を図ることが可能である。一方、資源配分機能が阻害されることについては、個々の投資家の行動によって対処することができない、社会経済全体に対する影響が問題となっているのである。KonTraG は社会経済全体に対する影響を重視し、定款規定による議決権配分の柔軟化を否定したと評価することも可能である。しかし、前に述べたように、この社会経済全体に対する影響の有無は、必ずしも、実証研究によって明らかにされていたわけではない。(70) また、資本市場に対する評価の差異によっても、異なった判断がなされるものと考えられる。(71) したがって、制度設計の際には、さらに、議決権配分の柔軟化によっていかなる利益が追求されるかが、判断要素として重要な意味を持つことになると思われる。

第二項　議決権配分の柔軟化による利益

前項では、一株一議決権原則に基づく議決権配分が資本市場に与える影響について検討した。本項では、これに対し、個々の会社が一株一議決権原則に拘束されずに議決権配分を決めることによって得ることができる諸利益について検討する。

議決権配分の柔軟化は主に、以下の二点を目的としてなされるものと考えられる。(72) 第一に、資本出資の大小によらずに特定の株主の会社に対する影響力を確保すること、第二に、資本出資を基準とした議決権配分が会社の特質に対応しない場合、それに対応するように議決権配分を定めること、である。以下、順に検討する。

(1) 特定株主の支配権の確保――企業買収防衛措置としての役割

特定株主の支配権の確保を目的として議決権配分が柔軟化される場合として、以下の三点を取り上げることとする。第一に、上場企業が敵対的企業買収防衛措置として議決権配分を変更すること、第二に、ベンチャー企業などが新規に上場する場合に創業者などの支配権を確保すること、第三に、国や地方自治体などが公的な利益の確保のために議決権配分を利用すること、である。

第一の点について。ドイツでは、以下の二つの問題を契機として、企業買収に対する防衛の必要性が強く認識されるようになった。それは、第一次世界大戦後の混乱期に生じたアメリカなど戦勝国によるドイツ企業の買収と、一九七〇年代の中東産油国によるドイツ企業の買収に対する危険である。いずれも、当初は、外資による企業買収に対する脅威が問題の中心であった。しかし、議論は外資による買収にとどまらず、国内・国外を問わない、いわば会社にとって望ましくない株主の出現に対する防衛措置の必要性という問題へと発展していった(73)。このような問題に対して、複数議決権ないし最高議決権は、企業買収に対する防衛措置として重要な役割を担ってきたと考えられている(74)。

この問題に対する評価は、会社法上、企業買収が望ましいものであると位置づけるか否かによって異なってくるものと考えられる。実際に、最高議決権や複数議決権を企業買収防衛措置として利用することに反対する見解は、企業買収が株価上昇につながることを理由に、少なくとも企業買収に中立的な立場をとっている(75)。一方、企業買収が必ずしも株価上昇につながるわけではないこと、経営政策を短期志向にすること、事業部門の解体・雇用悪化につながることなどを理由に企業買収自体に反対する見解は、最高議決権や複数議決権が防衛措置として機能することを肯定的に評価するのである(76)。

さらに、企業買収自体に対する評価との関係以外にも、複数議決権など資本出資に比べて過剰な量の議決権を与えることは企業買収を妨げるだけでなく、効率的な会社支配権の移転を妨げる恐れがあることも考慮されるべきである(77)。なぜなら、複数議決権が存在する場合、会社の支配権が複数議決権の譲渡のみで移転することも考えられるからである。この場合、株主としての経済的利益と結合した形で会社支配権が譲渡されないので、支配権獲得者が会社利益の向上ではなく、私的利益の獲得を目的として会社経営を行う可能性が高まることになるのである。もちろん、複数議決権株式の取得者も、支配権の行使によって会社が損害を被った場合には、他の株主と同じく、彼らに帰属する株主としての経済的利益が害されるという形で損害を被る。しかし、複数議決権株式によって支配権を獲得した者に帰属する株主としての経済的利益は、会社の利益を害するような支配権の行使を抑止するほど、十分であるとは限らないのである。また、他の株主が得ることができない私的利益を得ることで自らに生じた損害を補填することも可能である。

(2) 特定株主の支配権の確保――ベンチャー企業ないし新規上場企業における需要

ベンチャー企業ないし家族経営企業において、ベンチャー・キャピタル、創業者、家族などが、資本出資の額とは独立して、経営に対して一定の影響力を確保したいと考える場合がある(78)。このような目的を達成するために柔軟に議決権が配分されることで、当該会社に対して利益が発生する場合がある。たとえば、創業間もないベンチャー企業に関しては、以下のような利益が考えられる(79)。まず、このような企業には経営に必要な知識が欠落している場合が多い。このことは、ベンチャー・キャピタルの投資リスクを増加させ、投資対象としての当該企業の魅力を減少させることにつながる。しかし、このような状況は、ベンチャー・キャピタルが、起業家に一定程度の影響力を獲得し、経営に適切な関与を行うことで解消させることが可能である。その手段としては、種類投票の定めなどによって、監査役会の構成員を、資本出資とは独立に、ベンチャー・キャピタルと創業者で分割することなどが考えられている(80)。しかし、一株一議決権原則が強行法規として存在する場合、これらの方策を実行することは困難であろう(81)。

このような企業が有限会社形態をとるのであれば、特定の株主が資本出資の多寡によらずに影響力を確保することは容易である(82)。有限会社における議決権配分は以下のような規制に服するからである。

有限会社法四七条第二項では、基本出資額五〇ユーロごとに一議決権が与えられると定められている。有限会社法五条第一項によって基本出資額は最低一〇〇ユーロと定められ、また、同三項は五〇の倍数であることを要求する。しかし、有限会社法四五条により、これらの規定は定款で特段の定めがない限り適用されるにすぎない。したがって、有限会社では、最高議決権も複数議決権も、特段の規制に服することなく、自由に採用することが可能である(83)。また、複数議決権・最高議決権といった枠組みを越えて、出資の額とまったく無関係に議決権配分を定めることもできる(84)。たとえば、ある特定の条件を満たす社員が五一％の議決権を資本出資の額にかかわらず保持し、他の社員は一〇〇ユーロごとに一議決権を得るとの定めも可能である(85)。さらに、配当に関する優先権の有無にかかわらず、議決権を有さない持分を定めることも、一般的に可能と解されている(86)。

社員数が少なく、かつ、社員間の関係が密接であるという点で有限会社と利益状況が近い非上場の株式会社では、定款によって議決権配分を柔軟に定めることによって関係者の需要を満たすことを正当化することは比較的容易であるように思われる。なぜなら、前に述べた一株一議決権原則を正当化する論理が非上場企業には当てはまらないからである(87)。上場企業において厳格な一株一議決権原則の適用を主張する論者の中にも、資本市場との関係に配慮する必要性がないことを理由に、非上場企業において複数議決権と最高議決権を一般的に許容することに賛成する見解も存在する(88)。

ただし、上場企業においては、本項(1)で述べたことがそのままあてはまるように思われる。特定株主の支配権の確保を目的とした議決権配分は、必然的に企業買収防衛措置としての側面を有さざるを得ないと考えられるからである。ただし、この点との関係で、創業者など特定株主の支配権を確保することが新興企業の上場の促進につながるとの見解が主張されることがある。(89) また、株式会社が新規に上場する場合、議決権が一株一議決権原則によらずに配分されることが明らかであれば、議決権配分がもたらす利益と不利益を考慮し、不利益が勝ると判断した投資家は、株式の購入を中止するか、購入価額の引下げを主張し防衛することが可能であるとも主張される。(90) 一株一議決権原則とは異なる議決権配分を採用することで、上場後も、創業者が資本出資とは比例しない支配権を維持することによって利益が生じる場合として、創業者が専門知識・能力を持っているため、彼が継続的に経営にコミットメントする必要がある場合などが考えられる。これに対して、一株一議決権原則とは異なる議決権配分を採用したことから生じる不利益として、当該会社が敵対的企業買収の対象とならない結果、株主がプレミアムを得ることができないこと、創業者が会社支配権市場から独立していることによって彼らに対する監視が緩むことなどが考えられる。

このような見解を根拠に、新規に上場する企業が議決権配分を柔軟に配分することを認める場合、結果として、上場企業の中に一株一議決権原則によらない議決権配分を採用する企業が存在することになる。しかし、この場合であっても、前項で述べたような、議決権配分が資本市場に与える影響との関係を考慮せざるを得ないものと考える。投資家の判断に委ねることによって、資本市場の資源配分機能にどのような影響が生じるかという問題を無視することはできないのではなかろうか。

(3) 特定株主の支配権の確保——公的な利益の保護

特定株主が支配権を確保するために議決権配分が利用される場合として、最後に、公的な利益の保護の問題を取り上げる。この問題は二つの側面を有する。第一は、国や地方自治体などが、公益サービスを提供する企業に直接の支配権を確保するという側面、[91] 第二は、国内経済にとって重要な企業の支配権が外資に渡ることを防ぐために、当該企業自身が最高議決権ないし複数議決権を導入するという側面である。[92] 前者の具体例として、Rheinisch-Westfälische Elektrizitätswerk AG（以下、ＲＷＥ―ＡＧという）をあげることができる。地方自治体は、ＲＷＥ―ＡＧに一定の影響力を持つことによって、電気の安定供給という公的な利益を確保することができるのである。[93] 後者の具体例としては、外資による支配権獲得によって、ドイツ企業から海外へのノウハウの流出、安全保障上の問題がある技術の輸出、ドイツ国内の雇用の悪化といった問題が引き起こされることを防ぐために議決権配分が用いられることなどが挙げられている。[94]

しかし、このような目的を議決権配分によって達成することに対しては、既に強い批判が存在する。第一に、公的機関が企業に対して直接の支配権を獲得する場合、公的機関の能力と独立性に対して過度の信頼をすることは望ましくないという点を挙げることができる。[95] 特に、公的機関が関心を持つ公共サービス産業やエネルギー産業は独占市場に近い場合が多い。このような場合、市場の規律が適切に働かないため、自治体の利益ないしは自治体内で複数議決権などを管理する部署の利益が優先される可能性があり、社会的な利益が維持されるとは限らないのである。確かに、民営化によって企業経営が直接的な公的規制から解放されることは、経営の自由度が高まることにつながる。しかし、公的機関にも、複数議決権を利用し経営に干渉することで、その高められた経営の自由度を社会経済全体の利益とは相反する目的に使用する可能性があることには注意されるべきである。

第二の批判は、公的機関が企業に対して直接の支配権を獲得しない場合に関係する。[96] すなわち、最高議決権や複数議決権を採用するか否かが、個々の企業の意思に委ねられている場合である。このような場合に、個々の企業に、公的機関の利益を考慮して議決権配分を決定することを要求することは、過剰な期待ではなかろうか。なぜなら、それは外資を含めた資本市場からの資金調達という道を閉ざすことと等しい場合もあるからである。

これらの見解の要点は、公的な利益に関係する問題は、株式法の枠組みではなく、より直接的な、たとえば、行政法上の枠組みによって解決する方が好ましい結果を生じさせることができるという点にある。(97) 確かに、公的な利益を保護するために、議決権配分を柔軟に設定することが妥当な場合が存在するかもしれいない。しかし、そのことが、ただちに、議決権配分の柔軟化を一般的に許容することにつながるわけではないことには注意されるべきである。

(4)　資本出資を基準としない議決権配分（一人一議決権など）

閉鎖的な株式会社では、(2)で述べた特定株主の支配権の確保ではなく、特定の株主が支配的な権力を獲得することを防止することが必要とされる場合も存在する。たとえば、一人一議決権が適用されるゲノッセンシャフトから組織変更によって株式会社になった場合、既存の支配関係の維持を目的として、一人一議決権を株式会社でも継続する必要がある場合があるとの指摘が存在する。(98) 企業再建などの際に、資金調達を容易にするためのプレミアムとして、ある特定の株式の議決権を割り増すといった場合も想定されている。(99)

すでに述べたように、有限会社では、議決権を資本出資の額とは別の基準によって配分することが可能である。(100) したがって、定款で、いわゆる一人一議決権の定めを置くことも可能である。そして、有限会社と利益状況が近く一株一議決権原則を正当化する論理があてはまらない非上場の株式会社では、定款規定によって、このような関係者の需要を満たすことを正当化することは比較的容易であるように思われる。(101) 現に、KonTraG は同様の理由で、最高議決権の採用を非上場企業では許容している。(102) しかし、複数議決権に関しては、上場・非上場を問わず禁止する。(103) 一見すると、KonTraG は矛盾を含んでいるようにも思われるかもしれない。しかし、この問題に関する評価は、後に述べるように、第一次世界大戦後に複数議決権が濫用されたという経験を加味してなされるべきである。(104)

(5) 小括

本項での検討から、議決権配分の柔軟化によって得られる利益は、単に、企業買収防衛措置としての利益にとどまらないことが明らかになった。ただし、その他に想定される利益のうち、もはや、公的利益を確保するという利益は、株式会社において議決権配分を柔軟に設定することを正当化する要素として扱うことは難しいように思われる。既に述べたように、公的な利益の保護のために議決権配分を用いることが適切であると考えることはできず、むしろ、行政法的な規制を用いた方が好ましいと思われるからである。公的な利益の保護のために議決権配分の柔軟化を正当化することと、株式会社一般において議決権配分を個々の会社の定款に委ねることは、別の問題として考慮されるべきものと考える。(105) したがって、以下では、この点に立ち入ることはしない。

公的な利益の確保以外に、個々の会社において議決権配分を柔軟に設定することに対する需要は明らかに存在するように思われる。しかし、利害関係者の需要に議決権配分の柔軟化によって応えることは、必然的に、企業買収ひいては会社支配権市場、そして、資本市場そのものの機能に影響を与えることには注意が払われるべきである。これは特に上場している株式会社にあてはまる。したがって、上場企業では、議決権配分の柔軟化に制限的な立場が主張されることは当然である。(106)

一方、非上場の株式会社では、その会社の株式が公開市場で取引されることがないこと、社員数が少なく、かつ、社員間の関係が密接であるということから、その実態が有限会社に近い。したがって、株式取引を阻害する又は会社支配権市場を機能不全にするといった根拠で、一株一議決権原則を強制することはできないものと考えられる。[107]

第三項　小括——KonTraG と議決権の配分

KonTraG によって、ドイツ法では、証券取引所に上場している株式会社に対して一株一議決権原則に従うことが比較的厳格に要求されることとなった。[108] その根拠として、議決権配分が個々の会社の定款で自由に定められることに伴って生じる、資本市場に対する不利益の存在が重視されていた。それは以下の二点に集約される。第一に、資本市場の資源配分機能が阻害されること、[109] 第二に、会社支配権市場の機能が阻害されることである。[110] 前者は、特定の会社に対する投資が事実上、量的に制限されること、そして、企業買収が阻害されることによって発生する。後者は、会社支配権市場を通じた経営者に対する監視が緩み、それが会社の収益性の低下につながることによって発生する。いずれも、株価の下落という形で投資家に直接的な影響を与えるものと考えられる。

しかし、ここで問題とされていたのは、個々の投資家との関係ではなく、むしろ、そのレベルを超えた社会経済全体の利益との関係であるように思われる。資本市場の資源配分が歪むことや会社支配権市場が機能しないことは、確かに株価の下落という結果を生じさせるかもしれない。このような問題に対して、個々の投資家は、投資判断の際に、そもそも投資を中止する、もしくは、考えられる不利益に対応して購入価額の引下げを要求することが可能である。[111] 特に株式会社が新規に上場する場合、議決権が一株一議決権原則によらずに配分されることが明らかであれば、議決権配分がもたらす利益と不利益を考慮し、不利益が勝ると判断した投資家は、株式の購入を中止するか、購入価額の引下げを主張し防衛することが可能である。[112] ドイツにおいても、株式市場において機関投資家の占める割合が上昇しつつあることは、このような主張を補完する。[113] したがって、投資家の利益のみを根拠に、立法によって議決権配分の柔軟化を一律に否定することは困難ではないかと思われる。[114]

しかし、投資資金が必ずしも収益性が高い分野に回らない又は会社支配権市場が機能しないという問題は、個々の投資家のレベルを超えた部分を含んでいる。投資資金の配分が歪むことで、経済全体の成長が阻害される恐れがある。また、会社支配権市場が機能しないことは、経営者が外部から規制されることを著しく減少させ、それは制度としての株式会社のあり方にかかわるものと考えられる。経営者は、多かれ少なかれ、常に自分の現在の地位を確保することに利害関係を有することが、この問題をより一層深刻なものにするのである。

しかしながら、KonTraG が想定する以上のような論理が、立法作業が行われた当時、ドイツにおいて疑いなく受け入れられていたわけではないように思われる。なぜなら、このような理論は実証研究によって十分に基礎づけられているわけではなく、ある特定の前提をとることによってのみ妥当性を有する論理だからである。[115] その前提とは、敵対的企業買収の有用性を認め、それに対して中立的な規制をとることが望ましいとの立場である。[116] このような立場には、EU委員会の企業買収に対する考え方が強い影響を及ぼしているものと考えられる。KonTraG 以前に出された提案で、EU委員会は具体的な企業買収の提案がなされる前に採用される買収防衛措置に否定的な態度をとっていたのである。[117] なぜなら、このような防衛措置は、現実になされた買収提案の良否にかかわらず効力を持つために、企業買収を著しく困難にするものと考えられたのである。[118] そして、議決権配分を柔軟に設定することは、その目的が企業買収に対する防衛でなくても、常に、防衛措置として機能する可能性を有しているので、EU委員会の立場からは議決権配分を柔軟に設定することを全面的に禁止することが導かれるのである。また、一株一議決権原則が、会社の支配権の移転が企業価値の向上につながることを担保する役割を果たすことは前述した。[119] 無議決権優先株式のみを例外として許容したことも同様の理由から正当化できる。つまり、上場企業が無議決権優先株式を発行すること自体は、市場で流通する株式に付随する議決権の効力を制限するわけではない。したがって、企業買収を過度に妨げるものとは考えられていなかったように思われるのである。

以上のような根拠は、非上場の株式会社には妥当しない。[120] したがって、定款によって議決権配分を柔軟に定めることを禁止する理由は存在しないように思われる。しかし、KonTraG は複数議決権の採用を非上場企業においても禁止した。このような厳しい立場は、何よりも、第一次世界大戦以後、複数議決権が濫用されたことを根拠にしているものと考えられる。[121]

(1) Gesetz zur Kontrolle und Transparenz im Unternehmensbereich vom 27. April 1998, abgedrk. bei Christoph Ernst, Ulrich Seibert und Fritz Stuckert, KonTraG, KapAEG, StückAG, EuroEG : (Gesellschafts - und Bilanzrecht) ; Textausgabe mit Begründungen der Regierungentwürfe, Stellungnahmen des Bundesrates mit Gegenäusserungen der Bundesregierungen, Berichten des Rechtsausschusses des Deutschen Bundestages, Stichwortverzeichnis, S. 12ff. (IDW, Duesseldorf, 1998).

(2) KonTraG の内容については、本章第一節第二款(7)も参照。

(3) ただし、KonTraG のもとでも、無議決権優先株式の発行は依然として許容される。Vgl., Begründung zum Entwurf eines Gesetzes zur Kontrolle und Transparenz im Unternehmensbereich, BT-Drucks. 13/9712, S. 12 (1998) ; Reinhard Marsh-Barner, Die Abschaffung von Mehrstimmrechten und Stimmrechtsbeschränkungen, in : Dietrich Doerner, Dieter Menold, Norbert Pfitzer (Hrsg.), Reform des Aktienrechts, der Rechnungslegung und Prüfung, S. 285-286 (Schaeffer-Poeschel, Stuttgart, 1999). この点については後述する。

(4) 多くの企業の経営危機も誘因の一つとして挙げられるが、それのみでは十分ではなく、むしろ、国際的な資本市場の発展に伴う上場企業を取り巻く環境の変化が、KonTraG 制定の最大の誘因であると考えられている。Vgl., Ernst,

Seibert und Stuckert, a. a. O. (Fn. 1), S. 1-2; Begründung, a. a. O. (Fn. 3) , S. 11.

(5) Begründung, a. a. O. (Fn. 3), S. 11.

(6) Begründung, a. a. O. (Fn. 3), S. 11.

(7) BT-Drs. 13/9712, S. 1. その他、以下のような点が目的として掲げられた。監査役会の機能の向上、透明性の向上、株主総会を通じた監視の強化、新しい金融手段・報酬手段の許容、決算監査の質の向上、会計検査人（Abschlußprüfer）と監査役の共同体制の強化、金融機関の株式所有の規制強化。

(8) § 5 Abs. 1 EGAktG, abgedr. bei Ernst, Seibert und Stuckert, a. a. O. (Fn. 1), S. 119. ただし、二〇〇三年六月一日以前に、株主総会が複数議決権の継続を決定する場合、複数議決権は効力を有し続けることが可能とされた。この点ついて詳しくは、本章第一節第一款参照。

(9) ただし、複数議決権に関する議論の中心は、既存の複数議決権が法規定ないし株主総会決議によって廃止された場合に複数議決権所有者になされる補償が、所有権の保障を定める憲法一四条に適合するか否かという点にあった。Vgl., Stellungnahme des Bundesrates zum Entwurf eines Gesetzes zur Kontrolle und Transparenz im Unternehmensbereich, BT-Drucks. 13/9712, S. 33 ; Gegenäusserung der Bundesregierung, BT-Drucks. 13/9712, S. 37; Ingo Sänger, Mehrstimmrechte bei Aktiengesellschaften, 1997 ZIP S. 1813, 1817-1820 ; Wolfgang Zöllner und Hans Hanau, Die verfassungsrechtlichen Grenzen der Beseitung von Mehrstimmrechten bei Aktiengesellschaften, 1997 AG S. 206, 213-216 ; Marcus Lutter, Stellungnahme zur Aktienrechtsreform 1997, in : Die Aktienrechtsreform 1997 S. 52, 55-56 (AG Sonderheft August 1997); Karsten Heider, Münchener Kommentar zum Aktiengesetz Bd. I § 12 Rn. 41 (2. Aufl., C. H. Beck, Muenchen 2000).

(10) 資本出資と議決権の割合が一致すべきとの原則を、たとえば、Mestmäcker は以下のように説明している。株主の経営参与権は、株主が所有する会社に対する経済的権利を、株主全体の利益のために企業経営を行うという会社の目的を危険にさらすことなく、不当な侵害から保護することを目的として存在する。株主総会の意思決定も、会社財産の適切な管理に資するものとして位置づけられる。したがって、議決権は資本出資の額に従って行使されるべきことは、民主主義的な原則からではなく、出資に比例して財産的な危険（Vermögensrisikio）を引き受けるということとから説明されるのである。Vgl., Ernst-Joachim Mestmäcker, Verwaltung, Konzerngewalt und Rechte der Aktionäre : Eine Rechtvergleichende Untersuchung nach deutschen Aktienrecht und dem Recht der Corporations in den Vereinigten Staaten, S. 11 (Karlsruhe, C. F. Mueller, 1958). 株主としての経済的利益と議決権は対応関係にあるべきとの原理原則は、一九六五年株式法において、複数議決権を厳格に規制する根拠としても挙げられていた。本章第一節第二款(6)参照。確かに、このような主張は学説において一般的になされてきた。しかし、それらが、具体的な法規制の構築に影響を与えたのか否かについて疑問を呈する見解もある。See, Peter O. Müilbert, Make It or Break It : The Break-Through Rule as a Break-Through for the European Takeover Directive?, in Guido Ferrarini, Klaus J. Hopt, Japp Winter and Eddy Wymeersch, Reforming Company and Takeover Law 711, 729 (Oxford U. Press, 2004).

(11) Begründung, a. a. (Fn. 3), S. 12-13. EC第五指令の第三改正提案について、Vgl, Dritter geänderter Vorschlag einer fünften Richtlinie vom 20. 11. 1991, Art. 33, abgedr. bei, Marcus Lutter, Europäisches Unternehmenrecht S. 190 (4. Aufl., Walter de Gruyter, Berlin, New York, 1996).

(12) Marsh-Barner, a. a. O. (Fn. 3), S. 285-286.

(13) 特に、海外の投資家を念頭において、普通株式を購入すれば他の株式と平等の議決権が与えられるという信頼を醸成することが目的とされた。Vgl., BT-Drucks. 13/9712, S. 36-37. しかし、このような説明には疑念も残る。まず、優先配当の額など、優先株式の優先権の内容も、最終的には定款によって定められる。したがって、議決権が定款によって差別化されることと、優先配当の額が個々の会社で異なることについて明確な区別がなされているようである。しかし、その理由はKonTraGでは明らかにされていない。推測ではあるが、以下の点を理由としていたのではないかと思われる。第一に、アメリカを始め、上場企業では一株一議決権原則が一般的な形態であること、第二に、議決権の配分が個々の株主の権利にとどまらず企業統治の根本と関連することである。また、投資判断の中心は経済的権利の内容であり、議決権の配分は出資の額に比例して、必然的に決まるべきものであるとの強い観念が影響しているようにも思われる。このような考えは、出資の額に比例させる以外に、国際的な資本市場で受け入れられるような議決権配分の方法を見出すことが不可能であるという点を根拠とするのであろうか。学説では、この点に関係して、無議決権優先株式と同じく、複数議決権の内容も法律で厳格に規定することが可能であるとの批判もなされている。Vgl.,

Martin Peltzer, Die Abschaffung von Mehrstimmrechten und Stimmrechtsbeschränkungen in KonTraG-Entwurf, in : Die Aktienrechtsreform 1997 S. 90, 97 (AG Sonderheft August 1997).

(14) 既存の最高議決権は、二〇〇〇年六月一日まで効力を有することとされた。最高議決権の法律による廃止については、複数議決権と異なり、補償規定は存在しない。Vgl., § 5 Abs. 7 EGAktG, abgedr. bei Ernst, Seibert und Stuckert, a. a. O. (Fn. 1), S. 120.

(15) Begründung, a. a. O. (Fn. 3), S. 20.

(16) Marsh-Barner, a. a. O. (Fn. 3), S. 295. 一九八九年終わりの時点で、二三の上場企業が最高議決権を採用していたとの統計がある。Vgl. ,Theodor Baums, Höchststimmrechte, 1990 AG S. 221, 221.

(17) Baums, a. a. O. (Fn. 16), S. 224-225 ; Martin Luther, Die genossenschaftliche Aktiengesellschaft, S. 87 (J. C. B. Mohr, Tuebingen, 1978) ; Uwe H. Schneider, Gesetzliches Verbot für Stimmrechtsbeschränkungen bei der Aktiengesellschaft? : Zugleich ein Beitrag zur statutarischen Konzerngründungsklausel bei der abhängigen Aktiengesellschaft, 1990 AG S. 56, 58. 最高議決権は複数議決権と同じく、Kapitalmehheit が要求される場合には適用されない。したがって、買収者は、議決権多数を獲得することができなくても、Kapitalmehrheit の規定を利用して、議決権多数決でも他の株主に譲歩を強いることができるのである。たとえば、出席率が六五％の株主総会では、基礎資本の一七％を所有することで、決議に代表される基礎資本の四分の三を要求する決議の成立を阻止することができるのである。

(18) Baums, a. a. O. (Fn. 16), S. 224-225 ; Luther, a. a. O. (Fn. 17), S. 88 ; Marcus Lutter und Uwe H. Schneider, Die Beteiligung von Ausländern an inländischen Aktiengesellschaften – Möglichkeit der Beschränkung nach geltendem Recht und Vorschläge de lege ferenda -, 1975 ZGR S. 182, 193.　もちろん、株式法は、第三者が所有する議決権の通算規定を定款に置くことを認めている。しかし、それでもなお、立証上の問題を克服することは困難である。一方、学説では、最高議決権が議決権拘束契約の有効性の範囲を制限するとの見解もある。すなわち、最高議決権の目的は、多数派の長期的な固定を防ぎ、一部の株主が株主総会を支配し他の株主の議決権が全く無意味なものになることを防ぐこと、そして、その時々に応じた多数派が形成されることを目的とする。したがって、一株主総会以上の効力を持つ議決権拘束契約は、最高議決権によって達成しようとした目的と矛盾するので効力が否定されるべきと主張されることがある。

Vgl., Schneider, a. a. O. (Fn. 17), S. 60.

(19) 報告義務は、基準となる議決権数を達成した場合、それを超えた場合、また、それを割った場合に、株式所有者に課される。基準となる議決権数は、五%、一〇%、二五%、五〇%、七五%である。報告義務が課される基準となる上場企業概念は、株式会社においては株式法三条二項と内容的に同じである。Vgl., Uwe Hüffer, Aktiengesetz § 22 Anh. § 21 WpHG Rn. 13（7. Auflage, C. H. Beck, München, 2006). 報告義務を懈怠した場合、議決権を含めた株式から生じる権利を行使することができなくなる。Vgl., Hüffer, a. a. O., § 22 Anh. § 28 WpHG Rn. 1.

(20) Marsh-Barner, a. a. O. (Fn. 3), S. 295.

(21) Marsh-Barner, a. a. O. (Fn. 3), S. 295.

(22) Baums, a. a. O. (Fn. 16), S. 227.　一九八九年終わりの時点で最高議決権を採用していた二三の上場企業には、ドイツにおける売上高で一〇〇位以内の企業が一二含まれる。その中で、国や自治体の影響力が強い一企業を除き、銀行の議決権（自己保有分と寄託株の合計）が非常に高いことが挙げられる。たとえば、七つの企業では銀行の議決権のみで定款変更が可能である（ある企業では総議決権数の七二%を占めていた）。四つの企業では、寄託株に基づく議決権行使のみで定款変更が可能な状態であった。

(23) 寄託株に基づく議決権の代理行使については、株式法一三五条に規定がある。

(24) Theodor Baums, Vollmachtstimmrect der Banken – Ja oder Nein?, 1996 AG S. 11 ; Theodor Baums und Christian Fraune, Institutionelle Anleger und Publikumgesellschaft : Eine emprische Untersuchung, 1995 AG S. 97.

(25) 銀行に寄託された株式に関して、銀行は、株主に議決権行使に関する提案を行う。そして、株主からの指示がない場合に限り、銀行自身の提案に従って議決権の代理行使を行うことができるのである。Vgl., § 128 Abs. 2 ; § 135 Abs. 5.

(26) Michael Adams, Höchststimmrechte, Mehrfachstimmrechte und sonstige wundersame Hindernisse auf dem Markt für Unternehmenkontrolle, 1990 AG S.63, 76 ; Baums, a. a. O. (Fn. 16), S. 228; Hans-Joachim Mertens, Förderung von, Schutz vor, Zwang zu Übernahmeangeboten?, 1990 AG S. 252, 255.

(27) Freiherr Godin und Hans Wilhelmi, Kommentar zum Aktiengesetz, Bd I § 134 Anm. 10（4. Aufl., Walter de Gruyter, Berlin, New York, 1971) ; Wolfgang Zöllner, Kölner Kommentar zum Aktiengesetz § 134 Rn. 40（2. Auflage, Carl

Heymanns, Koeln, Berlin, Bonn, München, 1986)；Wolfgang Zöllner und Ulrich Noack, One share – one vote?, Stimmrecht und Kapitalbeteiligung bei der Aktiengesellschaft, 1991 AG S. 117, 125.

(28) Christian Arnold, Aktienrechtsreform 1997 – Die Abschaffung des Höchststimmrechts in Deutschland, 1998 SZW S. 221, 230；Asuman Ylmaz, Stimmrecht und Kapitalbeteiligung im Deutschen Aktienrecht, S. 121-122 (LIT, Muenster, 2002).

(29) Begruendung, a. a. O. (Fn. 3), S. 12-13, 20.

(30) KonTraG に関する議論は、最高議決権の処遇を中心に展開した。しかし、最高議決権と複数議決権は、資本出資に対応した議決権が与えられないという点で共通する。そして、この点を原因として、複数議決権と最高議決権は、資本市場に後に述べるような悪影響を与えるものと考えられていたのである。したがって、最高議決権を否定的に解する論拠が複数議決権にもあてはまる場合が多いものと思われる。Vgl., Adams, a. a. O. (Fn. 26), S. 66 FN 17；Carsten P. Claussen, Aktienrechtsreform 1997, 1996 AG S. 481, 491-492.

また、実際に、最高議決権が複数議決権の代替物として機能する可能性も存在する。それは以下の方法による。すなわち、二種類の株式を発行し、そのうち一種類のみに最高議決権を適用するのである。最高議決権がこのように利用される可能性があったことに加え、一九三七年株式法によって、複数議決権が厳格な規制に服するようになった後、実務では、複数議決権を利用する会社が、それに加えて最高議決権を利用することが目立つようになった。これらを理由として、一九三八年一二月二一日の株式法に関する第三施行令は、最高議決権の採用を官庁の許可がある場合にのみ認めることとしたのである。Vgl., Franz Schlegelberger und Leo Quassowski, Aktiengesetz DVO 1301 (3. Aufl., Franz Vahlen, Berlin 1939)；Martina Zeißig, Mitgliedschaft und Stimmrechtsmacht in der Aktiengesellschaft – eine Untersuchung zu Höchststimmrechten und Mehrstimmrechten, 72-73 (Freien Universitaet, Berlin,1996). 一九六五年株式法草案では、最高議決権に要求される官庁の許可を廃止するが最高議決権が複数議決権の代替物として採用されないように、ある種類の株式に限定した最高議決権を明文で禁止することが提案された。Vgl., § 26 und § 128 Entwurf eines Einführungsgesetzes zum AktG, BT-Drucks 4/171. 後者に対しては以下のような批判がなされた。すなわち、複数議決権は小額の資本出資による会社支配を可能にするものであるが、最高議決権は資本出資に比例した議決権を与えないことで資本多数にもかかわらず会社支配を認めないものであり、全くの別物である。Vgl., BT-Drucks 4/171 S. 157. 結局、この批判が受け入れられ、ある種類の株式に限定した最高議決権の有効性が常に否定されるとの解釈は成り立たなくなった。しかし、そのような最高議決権が、原則として禁止される複数議決権と同様の効果を持つ場合があることは否定できない。そのような場合、§ 12 Abs. 2 AktG の規定を潜脱するものか否かが個別の事例において判断されるものと考えられる。Vgl., Zöllner, a. a. O. (Fn. 27), § 134 Rn. 46 ; Baums, a. a. O. (Fn. 16), S. 224. 以下では、特段の必要がない限り、複数議決権と最高議決権を区別せずに扱うことにする。

(31) Heinz-Dieter Assmann, in : Heinz-Dieter Assmann und Rolf A. Schütze, Handbuch des Kapitalanlagerechts § 1 Rn. 24 (2. Aufl., C.H. Beck, Muenchen, 1997).

(32) Baums, a. a. O. (Fn. 16), S. 226 ; Assmann, a. a. O. (Fn 31), § 1 Rn. 24.

(33) ここでは、資本出資に比例した議決権が与えられないことが、会社への出資ないしは株式取引そのものを阻害するとの前提がとられていることに注目されるべきである。確かに、最高議決権は、たとえば議決権の量を基礎資本の五%に制限することで、それ以上の株式の購入を妨げる効果を有するように思われる。また、複数議決権がすでに存在する場合、新規に株式を購入した投資家が効果的な議決権行使の機会を得ることができない場合が存在する。

(34) Baums, a. a. O. (Fn. 16), S. 226; Heinz-Dieter Assmann und Friedrich Bozenhardt, Übernahmeangebote als Regelungsproblem zwischen gesellschaftsrechtlichen Normen und zivilrechtlich begründeten Verhaltensgeboten, in : Heinz-Dieter Assmann, Nathalie Basaldua, Friedrich Bozenhardt und Martin Peltzer, Übernahmeangebote, S.1, 121 FN. 630 (ZGR Sonderheft 9, 1990).

(35) Baums, a. a. O. (Fn. 16), S. 226; Helmut Haberlandt, Aktienrechtliche Maßnahmen zur Abwehr unerwünschter Beteiligungen, 1975 BB S. 353, 354 ; Guenter Roth, Höchststimmrecht : Furcht vor den Ölscheichs oder Verselbstständigung des Managements?, ZRP 1975, S. 204, 205.

(36) Baums, a. a. O. (Fn. 16), S. 226. ここでは、市場占有率の上昇、資金調達の容易化、規模の経済、ノウハウの利用、重複投資の削減といったシナジー効果の発生が想定されている。

(37) Ulrich Seibert, Kontrolle und Transparenz im Unternehmensbereich (KonTraG)-Der Referenten-Entwurf zur Aktienrechtsnovelle, 1997 WM S. 1, 6; Schneider, a. a. O. (Fn. 17), S. 57 ; Zöllner und Noack, a. a. O. (Fn. 27), S. 121 ; Claussen, a.

a. O. (Fn. 30), S. 491 ; Otto Garf Lambsdorff, Der Stimmrechtsbegrenzung den Kampf angesagt, 1989 Das Wertpapier S. 1344, 1346 ; Friedrich Kübler und Reinhard H. Schmidt, Gesellschaftsrecht und Konzentration, S. 92（Duncker und Humblot, Berlin, 1988).

(38)　Adams, a. a. O. (Fn. 26), S. 71 ; Baums, a. a. O. (Fn. 16), S. 236-237.

(39)　Herbert Hansen, Das Höchststimmrecht und seine Probleme, 1990 AG R166, 168; Schneider, a. a. O. (Fn. 17), S. 57; Arnold, a. a. O. (Fn. 28), S. 227 ; Ylmaz, a. a. O. (Fn. 28), S. 117.

(40)　Schneider, a. a. O. (Fn. 17), S. 57, 61ff. 従属企業は支配企業の影響力のもと、たとえば、支配企業に有利な契約の締結の強制など様々な不利益を受ける。確かに、株式法三一一条第一項は支配契約（Beherrschungsvertrag）が存在しない場合でも、支配企業の影響力の行使によって従属企業が不利益を受けた場合に、その不利益の補填を支配企業に要求する。しかし、学説では一般的に、いったんコンツェルンに編入されてしまうと、証明の困難を原因として、従属企業ないし局外株主の保護が困難であることが認識されている。したがって、コンツェルンへの編入段階で何らかの保護を与えるべきとの見解が主張される。Vgl., Baums, a. a. O. (Fn. 16), S. 233FN 95, 96.

(41)　その他、株価が低下するのであれば、むしろ、企業買収が容易になるのであり、議決権配分の柔軟化を否定する見解には矛盾が存在するとの主張もある。Vgl., Zöllner und Noack, a. a. O. (Fn. 27), S. 122f.; Arnold, a. a. O. (Fn. 28), S. 227. 確かに、最高議決権が採用されている場合、すべての株式を買い占めることで事実上、最高議決権の影響を受けずに企業買収を行うことが可能である。しかし、最高議決権が総議決権数の五%に設定されている場合、最高議決権の影響を受けないためには、少なくとも総議決権数の九五%を獲得しなければならない。このことは、買収者にとって大きな障害となるように思われる。また、複数議決権が存在する場合、そもそも、複数議決権所有者以外が議決権多数を得ることができない場合も想定される。

(42)　Adams, a. a. O. (Fn. 26) , S. 72.

(43)　Hansen, a. a. O. (Fn. 39), S. 168 ; Schneider, a. a. O. (Fn. 17), S. 57; Arnold, a. a. O. (Fn. 28), S. 227 ; Ylmaz, a. a. O. (Fn. 28), S. 117.

(44)　KonTraG の理由書では、会社支配権市場に関する直接の記述はない。しかし、上場企業が、定款で議決権配分に関する柔軟な定めをすることを否定することは、必然的に会社支配権市場に影響を与えることになる。

(45) 株主の情報請求権や株主による監査役の責任追及などは、いわゆる Eigentümerkontrolle を補完するものとして定められているのである。Vgl., Zöllner und Noack, a. a. O. (Fn. 27), S. 125.

(46) その原因としては、取締役による監査役会の事実上の支配、現状維持に利害関係を有する銀行が寄託株に基づく議決権行使によって大きな影響力を持っていること、などが想定される。特に、ドイツでは、株式が分散所有にある上場企業において、圧倒的多数の株式の議決権が寄託株として銀行によって代理行使されている。Vgl., Baums, a. a. O. (Fn. 24); Baums und Fraune, a. a. O. (Fn. 24).

(47) Adams, a. a. O. (Fn. 26), S. 64-66. このような敵対的企業買収によって、たとえば、以下のような利益が生じる可能性がある。事業部門の増加に比例して経営者の各事業部門に対する専門性が低下することを原因とする非効率なコングロマリットが解体される。破産などによって多くの資産が失われる前に、新しい経営者が選任されることで会社の経営が立て直される可能性がある。これは特に、過去の成功によって市場で生き長らえている企業（価額と限界費用の差が大きいサービス業や情報産業）などにあてはまる。

(48) 本章第二節第一款第一項、本款第二項(1)参照。

(49) John C. Coates Ⅳ, Ownership, Takeovers and EU Law : How Contestable Should EU Corporation Be?, in Ferrarini, Hopt, Winter and Wymeersch, supra note 10, at 677, 682-83.

(50) 以下の記述は、主に Adams, a. a. O. (Fn. 26), S. 66-71 によった。なお、同論文の基礎にあるのは Sanford J. Grossman and Oliver D. Hart, One Share – One Vote and the Market for Corporate Control, Discussion Paper 36, 1988, Program in Law and Economics, Harvard Law School（後に、Sanford J. Grossman & Oliver D. Hart, One Share - One Vote and the Market for Corporate Control, 20 J. Fin. Econ. 175, 177 (1988) として公刊された）である。Grossman/Hart 論文は、以下のような前提のもとに議論が進められている。企業の設立者は出資者間の利害衝突を考慮しつつ、企業価値を最大にする定款規定を作ろうとする。定款では、複数種類の株式の存在が規定され、それぞれに配当受領権と議決権が与えられる。また、現在の経営者の代わりに新しい経営者を導入するために必要な議決権の数も規定される。ここでは、株式所有は分散状態にあり、小株主は議決権を行使しないか、経営者側の提案に賛成する。

(51)　Adams, a. a. O. (Fn. 26), S. 67-68.

(52)　Adams, a. a. O. (Fn. 26), S. 68.

(53)　それは以下のような判断による。A株式を売却せず、かつ新しい経営者の買収が失敗した場合には一〇〇を獲得するが、成功した場合、価値は九〇に下がる。A株式を売却しない場合に想定される利益は、いずれもA株式を売却した場合の利益に劣る。したがって、常に、一〇一の売却価格を受け入れることが有利と考えられる。

(54)　180 × 0.5 = 90

(55)　新しい経営者が獲得したA株式の価値は90（180 × 0.5 = 90）に下落するが、新しい経営者が、会社支配から一一以上の私的利益を獲得するのであれば、新しい経営者にとってこの取引は利益をもたらすものとなる。ここでは、他の主体が株式利益の向上を目的として買収提案を行うことは想定されていない。重要なのは、具体例Ⅱでは企業価値を損なうような支配権の移転が行われうるという点にあると思われる。

(56)　Adams, a. a. O. (Fn. 26), S. 68.

(57)　200 × 0.75 ＋ 1 = 151

(58)　180 × 0.25 = 45

(59)　180 × 0.75 = 135

(60)　151 − 135 = 16

(61)　具体例Ⅱ、Ⅲでは、いずれもB株式の所有者が損害を受ける。もし、B株式の所有が分散状態でなく、集団的意思決定が可能であるならば、新しい経営者によって引き起こされる損害を防止するためにA株式所有者に対して買収提案をすることが考えられる。もちろん、このような提案によってB株式所有者はやはり損害を受ける。しかし、新しい経営者によって引き起こされる損害を軽減することが可能となるのである。たとえば、具体例Ⅱでは、B株式所有者は、損害を軽減するために、A株式所有者に対して最高一一〇の買収価額までは提示することが可能である。ただし、本分析では、株式所有が分散状態にあることが前提にされているので、このような解決方法は排除される。Vgl., Adams, a. a. O. (Fn. 26), S. 68FN31.

(62)　Adams, a. a. O. (Fn. 26), S. 69.

(63)　議決権の配分に加え、新しい経営者を選任するために必要とされる議決権数も会社支配権市場の機能に影響を与える。Adams, a. a. O. (Fn. 26), S. 69-70. 一株一議決権原則が適用され、かつ、議決権をすべて買収する必要がある場合、株主は買収に応じないことで現状維持を図ることが可能になるので、企業価値を減少させる買収は起こらない。これに対して、支配権の移転を、一〇〇%の議決権、すなわち、一〇〇%の利益参与権を獲得する必要なく生じさせることができるとき、それは、二種類の株式が存在して一方のみが有する議決権をすべて買収するだけで足りる場合（本文具体例Ⅱ、Ⅲ）と同様の状態を導く。支配権の移転に必要な議決権の数は、買収者だけでなく、現在の経営者にとっても、買収防止のためにどれだけの費用を投じなければならないかという点で重要である。企業価値を減少させるような買収もしくは現在の経営者の継続は、買収者と現在の経営者が支配権獲得の過程で、より多くの利益参与権を獲得せざるを得ないようにすることで防止できるのである。

［具体例：一株一議決権原則が適用され、かつ、支配権の移転には九五%の議決権が必要である場合。現在の経営者のもとでの企業価値は一〇〇、新しい経営者のもとでは二〇〇とする。現在の経営者は五%の株式を10.05（＝201×0.05）を支払って購入すれば、買収を防ぐことができる。新しい経営者は会社支配から私的利益を獲得することができないので、五%の株式に対して10（＝200×0.05）しか払えない。現在の経営者は五%の株式について5.05（＝10.05－（100×0.05＝5））の損害を受けるが、これは、私的利益によって補填される。］

このように、利益参与権をすべて獲得することなく会社支配権を獲得することができる場合、企業価値を向上させる買収が現在の経営者の抵抗で成立しない、また、企業価値を減少させる買収が成立する恐れがあるのである。

(64)　本文における検討から、企業価値が減少するような支配権の移転が起きる一つの理由は、支配権争いが私的利益の獲得をめぐってなされる場合があることであることが明らかになると思われる。これに対しては、一株一議決権原則によって議決権を配分するということではなく、私的利益を減少させることが、解決策の一つとして挙げられる。しかし、過剰な規制は経営の萎縮につながる。経営者にはある程度の自由裁量が認められなければならない。また、経営判断に対する最終的な評価は会社支配権市場によってなされるべきであり、現在の経営者も買収者も競争上の有利さを得るべきではない。なぜなら、それは企業価値の減少につながる恐れがあるからである。したがって、一株一議決権原則かつ単純多数決による支配権の行使が、現在の経営者と買収者を中立的に扱うので望ましい。どちらが企業価値の向上にとって望ましいかをあらかじめ決定することはできないので、双方を平等に扱うことが結果として会社支配権市場を通じた企業価値の向上につながるものと考えられる。Vgl., Adams, a. a. O. (Fn. 26), S. 71.

(65) 批判的な見解は、たとえば、以下のような主張をする。敵対的企業買収は、確かに、常に企業集中を目的としてなされるわけではない。Vgl., Kübler und Schmidt, a. a. O. (Fn. 37), S. 215 ; Baums, a. a. O. (Fn. 16), S. 221. しかし、ドイツでは、資本維持に関する規制が強いためレバレッジドバイアウトを行うことが困難であり、そのため、企業買収は、結局、経済における過度の集中を導くにすぎない。Vg., Zöllner und Noack, a. a. O. (Fn. 27), S. 127. また、支配権争いはそれ自体、会社に多額のコストを生じさせる。経営者が買収防衛に忙殺され経営に専念できない自体が生じることも考えられる。加えて、経営者よりも、通常、企業価値に関する情報に乏しい株主が、企業価値を減少させるような買収者に株式を売却する可能性があることも主張されている。さらに、“Zerschlagungsübernahemen”と呼ばれる企業組織の解体を目的とした企業買収は、雇用に悪影響を及ぼす。Vgl., Arnold, a. a. O. (Fn. 28), S. 228.

(66) Klaus J. Hopt, Grundsatz - und Praxisprobleme nach dem Wertpapiererwerbs- und Übernahmegesetz, 2002 ZHR S. 383, 384-387 ; Mathias Habersack, Europäisches Gesellschaftrecht § 10 Rn. 351 (2. Aufl., C. H. Beck, Muenchen, 2003).

(67) また、一九三七年株式法における複数議決権の廃止は、経営者が複数議決権によって自らの支配的地位を固定化することに対する批判を背景に成立した。本章第二節第三款参照。

(68) EC第五指令の第三改正提案は、議決権は資本出資に比例して与えられるべきであると明示し、最高議決権と複数議決権の採用を禁止する。Vgl., Marcus Lutter, a. a. O. (Fn. 11), S. 190. このような規制の目的としては、ヨーロッパ全体を包含する会社支配権市場の創設が挙げられている。Vgl., Claussen, a. a. O. (Fn. 30), S. 492 ; “EG-Kommission plant Verbot des Höchststimmrechts”, 1991 AG R55-60 ; “Stellungnahme der Spitzenverbände zur Stimmrechtsbeschrankung”, 1991 AG R162-163. このような規制は、本文で示したように、一株一議決権原則が会社支配権市場の機能にとって最適であることから基礎づけることも可能である。ただし、公開買付における対象会社の株主保護など、会社支配権市場が機能するためには、議決権配分以外にも多くの制度を整備する必要がある。

(69) 本項(1)(2)参照。

(70) Hansen, a. a. O. (Fn. 39), S. 168 ; Schneider, a. a. O. (Fn. 17), S. 57; Arnold, a. a. O. (Fn. 28), S. 227 ; Ylmaz, a. a. O. (Fn.

28), S. 117.

(71) 前注（65）参照。

(72) Luther, a. a. O. (Fn. 17), S. 83.

(73) 特に、第一次世界大戦後の状況について、本章第二節第一巻第一項参照。

(74) Assmann und Bozenhardt, a. a. O. (Fn. 34), S. 120-126 ; Lutter und Schneider, a. a. O. (Fn. 18), S. 189-195 ; Adams, a. a. O. (Fn. 26), S. 70.

(75) Baums, a. a. O. (Fn. 16) ; Adams, a. a. O. (Fn. 26). ; "EG–Kommission", a. a. O. (Fn. 68), S. R55.

(76) Schneider, a. a. O. (Fn. 17) ; Zöllner und Noack, a. a. O. (Fn. 27) ; "Stellungnahme der Spitzenverbände", a. a. O. (Fn. 68).

(77) 前項⑵参照。

(78) Zöllner und Noack, a. a. O. (Fn. 27), S. 129. 広い意味での特定株主の利益保護という観点から、投資家には、利益配当や株価動向にしか興味を持たない株主と、経営に興味を持つ株主の二種類が存在し、後者の希望に添うために複数議決権株式の発行を一般的に認めることを主張する見解も存在する。Vgl., Martin Peltzer, Empfehlen sich gesetzliche Regeln zur Einschraenkung des Einflusses der Kreditinstitute auf Aktiengesellschaften ?, 1996 JZ S. 842, 847-848.

(79) Theodor Baums and Matthias Möller, Venture Capital : U. S.-amerikanisches Modell und deutsches Aktienrecht, in : Theodor Baums, Klaus J. Hopt und Norbert Horn, Corporations, capital markets, and business in the law : liber amicorum Richard M. Buxbaum, S. 33, 34 (Kluwer Law International 2000) この点に関する日本語文献として、たとえば、西村総合法律事務所『ファイナンス法大全・下巻』四七三―四七四頁（商事法務・二〇〇三年）、大杉謙一＝樋原伸彦「ベンチャー企業における種類株式の活用と法制――「法と経済学」の視座からの具体的提案――」商事法務一五五九号（二〇〇〇年）がある。

(80) Baums and Möller, a. a. O. (Fn. 79), S. 63-65.

(81) もちろん、議決権拘束契約によって同様の目的を達成することは可能である。議決権拘束契約の強制執行、それに基づく仮処分の可能性などについて、森田果「株主間契約（二）」法協一一九巻六号一〇二〜一一六頁（二〇〇一年）を参照。

（82）　Zeißig, a. a. O.（Fn. 30）, S. 167-168. なお、以下の本文の記述は、二〇〇七年改正前の有限会社法を前提としている。

（83）　Uwe Hüffer, in: Großkommentar zum GmbH-Gesetz § 47 Rn. 89 (8. Aufl., W. De Gruyter, Berlin, 1992); Karsten Schmidt, in : Scholz-Kommentar zum GmbH-Gesetz § 47 Rn.11（9. Aufl., O. Schmidt, Köln, 2000）; Marcus Lutter und Peter Hommelhoff, Kommentar zum GmbH-Gesetz § 47 Rn. 4（14. Aufl., O. Schmidt, Koeln 1995）; Wolfgang Zöllner, in: Adolf Baumbach und Alfred Hück, GmbH-Gesetz § 47. Rn. 43（17. Aufl., C. H. Beck, Muenchen, 2000）; Hans Georg Koppensteiner, in : Heinz Rowedder, Hans Fuhrmann, Hans-George Koppensteiner, Henning Rasner, Fritz Rittner, Harald Wiedemann und Klaus Zimmermann, Kommentar zum Gesetz betreffend die Gesellschaften mit Beschränkter Haftung § 47 Rn. 14（4. Aufl., F. Vahlen, Muenchen, 2002）.

（84）　Koppensteiner, a. a. O.（Fn. 83）, § 47 Rn. 14; Hüffer, a. a. O.（Fn. 83）, § 47 Rn. 89.

（85）　Münchener Vertragshandbuch, Bd I Gesellschaftrecht S. 444-445（5. Aufl., C. H. Beck, Muenchen, 2000）.

（86）　BGHZ. 14, S. 264, 268, 273 ; Hüffer, a. a. O.（Fn. 83）, § 47 Rn. 89; Schmidt, a. a. O.（Fn. 83）, § 47, Rn.11 ; Lutter und Hommelhoff, a. a. O.（Fn. 83）. § 47 Rn. 4 ; Zöllenr, a. a. O.（Fn. 83）, § 47. Rn. 24 ; Koppensteiner, a. a. O.（Fn. 83）, § 47 Rn. 14; Jürgen Fock, Stimmrechtslose Geschaeftsanteile, in : Friedrich Kübler, Hans Joachim Mertens und Winfried Werner, Festschrift fuer Theodor Heinsius, S. 129ff（Berlin, 1991）.

（87）　特に、前項⑴⑵参照。

（88）　Theodor Baums, Stellungnahme zur Aktienrechtsreform 1997, in: Die Aktienrechtsreform 1997 S. 26, 36（AG Sonderheft August 1997）; Baums, a. a. O.（Fn. 16）, S. 231.

（89）　Peltzer, a. a. O.（Fn. 13）, S. 99. このような見解に対して、上場企業と非上場企業を差別した規制が、逆に、新興企業の上場を妨げるとの反論がなされる。Vgl., Claussen, a. a. O.（Fn. 30）, S. 492. この主張の要点は、非上場企業が、いわば特権として認められた議決権配分の柔軟化の利益を確保するために、上場することに否定的な対応を取りかねないという点にあると考えられる。

(90) Adams, a. a. O. (Fn. 26), S. 72.

(91) Oliver C. Brändel, Mehrstimmrechtsaktien, in : Harm Peter Westermann und Wolfgang Rosener, Festschrift für Karlheinz Quack zum 65. Gbt., S. 175, 177 (Berlin, New York 1991) ; Oliver C. Brändel, Großkomm. zum AktG § 12 Rn. 58 (4. Aufl., W. De Gruyter, Berlin, 1992) ; Zöllner und Noack, a. a. O. (Fn. 27), S. 130 ; Zöllner und Hanau, a. a. (Fn. 9), 214.; Franz Schlegelberger und Leo Quassowski, Aktiengesetz § 12 Anm. 5. (2.Aufl., Berlin 1937).

(92) Baums, a. a. O. (Fn. 16), S. 241.

(93) Zöllner und Noack, a. a. O. (Fn. 27), S. 130. また、フォルクスワーゲン社（以下、ＶＷという）では、民営化後も国家と州のＶＷに対する支配権を保持するために最高議決権が採用された。民営化当時（一九六〇年）は、株主の議決権は基礎資本の一、〇〇〇分の一の最高議決権によって制限されていた。Vgl., § 2 Abs. 1 Gesetz vom 21. 7. 1960, BGBl. I 1960, S. 585.　一方、基礎資本の二〇％を占める連邦政府とニーダー・ザクセン州に対しては、一〇年間、当該規定の適用はなかった。Vgl., § 2 Abs. 4 Gesetz vom 21. 7. 1960, BGBl. I 1960, S. 585.　この規定は、株式所有の分散を維持し、望ましくない株式の集中を避けることを目的としていた。Vgl., Schriftlicher Bericht des Wirtschaftsausschusses ,BT-Drucks. 3/1680 S. 2.　しかし、一〇年経過後、新たに、国と州を含めたすべての株主の議決権は最高で基礎資本の五〇分の一に限定されることになった。Vgl., Gesetz vom 31. 7. 1970, BGBl. I 1970, S. 1149.

(94) Baums, a. a. O. (Fn. 16), S. 240 ; Zöllner und Noack, a. a. O. (Fn. 27), S. 130.

(95) Ulrich Hösch, Anmerkung zum BVerwG. Urteil vom 28. 2. 1997, 1997 JZ S. 948, 950.

(96) Baums, a. a. O. (Fn. 16), S. 240.

(97) 競争法上の問題である企業集中やカルテルの問題を、株式法上の手段で解決することに対して批判的な見解として、Kübler und Schmidt, a. a. O. (Fn. 37),S. 215. がある。

(98) Luther, a. a. O. (Fn. 17), S. 83ff.

(99) 第一次世界大戦以前は、複数議決権が主にこのような目的で発行されていたことについて、vgl., Alfred Hück, Vorzugsaktien mit mehrfachem Stimmrecht 8 (Manhem, Berlin, Leipzig 1922). また、ワイマール期の立法作業では、企業再建目的で複数議決権を発行することの正当性が認識されていた。本章第二節第三款第二項参照。

(100) Koppensteiner, a. a. O. (Fn. 83), § 47 Rn. 14; Hüffer, a. a. O. (Fn. 83), § 47 Rn. 89.

(101) 本項(2)参照。

(102) 本節第一款第三項参照。

(103) 本節第一款第二項参照。この点に関して、最高議決権の場合と同じく、資本市場に対する悪影響といった、一株一議決権原則を強制する理由があてはまらないことを根拠に、複数議決権を非上場企業でも禁止することに批判的な見解が存在する。Vgl., Baums, a. a. O. (Fn. 88), S. 36.

(104) Zöllner und Noack, a. a. O. (Fn. 27), S. 129.

(105) 本項(3)参照。

(106) 第三節第二款第二項参照。

(107) 本項(2)(4)参照。

(108) 本節第一款第二項、第三項参照。

(109) 本節第二款第一項(1)参照。

(110) 本節第二款第一項(2)参照。

(111) 本節第二款第一項(3)参照。

(112) 本節第二款第二項(2)参照。

(113) Peltzer, a. a. O. (Fn. 13), S. 97 ; Lutter, a. a. O. (Fn. 9), 55-56.

(114) アメリカ法の検討で指摘したように、上場後の議決権配分の変更の際には、新規上場の場合と異なり、既存株主に十分な自衛手段が与えられていないので、特別な考慮が必要である。しかし、株主の意思決定が歪められる危険が存在すること、十分な自衛手段が存在しないことなどのみによっては、立法によって一律に一株一議決権原則とは異なる議決権配分を採用することを禁止することが当然に導かれるわけではないように思われる。第二章第二節第三款第一項参照。

(115) Hansen, a. a. O. (Fn. 39), S. 168 ; Schneider, a. a. O. (Fn. 17), S. 57 ; Arnold, a. a. O. (Fn. 28), S. 227 ; Ylmaz, a. a. O. (Fn. 28), S. 117.

(116) 本節第二款第一項参照。

(117) "EG–Kommission", a. a. O. (Fn. 68), S. R55-68 ; Habersack, a. a. O. (Fn. 66), § 10. このような企業買収促進政策は、KonTraG後に成立するに至った、いわゆるＥＵ公開買付指令（DIRECTIVE 2004/25/EC OF THE EUROPEAN PARLIAMENT AND THE COUNCIL of 21 April 2004 on takeover bids）においても採用されている。そして、ＥＵ公開買付指令の目的には、会社支配権市場を通じた経営者の規律の強化や資源配分の効率性向上という目的にとどまらず、ＥＵに特有の目的、すなわち、国際的な企業買収を促進することで、ＥＵの経済的・政治的な統合を促進することが含まれていると指摘されることがある。See, Jeffry N. Gordon, An American Perspective on Anti-Takeover Law in the EU : The German Example, in Ferrarini, Hopt, Winter and Wymeersch, supra note 10, at 541, 542-43 ; Coates, supra note 49, at 678.

(118) Baums, a. a. O. (Fn. 16), S. 234.

(119) 本節第二款第一項(2)参照。

(120) 本節第二款第二項(5)参照。

(121) Zöllner und Noack, a. a. O. (Fn. 27), S. 129.

第四節　ドイツ法総括

第一款　現行法の正当化とその問題

ドイツの株式会社、特に、証券取引所の上場企業では、無議決権優先株式という唯一の例外を除いて、一株一議決権原則に従って議決権が配分されることが強制されている。そして、一九三七年株式法と一九九八年KoTraGの検討の結果、現行法が議決権配分に対して厳格な態度をとるに至った根拠は、以下の点に集約されることが明らかになったのではないかと思われる。第一に、議決権配分が会社支配権市場に与える影響を重視したこと、第二に、複数議決権などが事後の定款変更で採用される結果、既存株主の議決権が何らの補償なく縮減され、それが投資家ないし潜在的投資家を含めた一般大衆の株式会社ないし株式市場に対する信頼を著しく損なうことにつながったことである。

ここで注意されるべきは、一株一議決権原則は、「株式会社の本質」といった抽象的な根拠ではなく、もっと、実際的な理由から根拠づけられていることである。歴史的に見ても、一八六一年ADHGBや一八九七年HGBの規定が示すように、比較的初期の立法も一株一議決権原則を強行法規として定めていたわけではなかった。(1) また、たとえば、ワイマール期における企業自体の思想と複数議決権の結びつきからも明らかなように、株主間の議決権配分の問題は、経済社会における株式会社の重要性や株主の属性とも密接な関係を持っているように思われる。(2) すなわち、最高議決権や複数議決権といった議決権配分が持つ意義は、株式会社を取り巻く環境や株主構成が変化することによって、変化してきたのである。(3) 株主間の議決権配分に関するドイツ法の歴史は、「株式会社の本質」といった議論から望ましい議決権配分が一義的に導かれるわけではないことを示しているように思われる。したがって、ドイツ法において一株一議決権原則を厳格に適用することを正当化するためには、より実際的な理由が要求されてきたのである。(4)

しかし、一株一議決権原則が実際的な意味を持つことと同じく、一株一議決権原則以外の議決権配分が合理的な目的のために採用されることも実際に考えられる。(5) たとえば、以下のような事実を指摘することができる。すなわち、複数議決権にしろ、最高議決権にしろ、その採用が比較的緩やかに認められていた時代には、実際に合理的な目的のために採用される場合も存在したのである。複数議決権は、会社の再建の際に発行される優先株式に付与することで会社の再建に貢献した株主に報いるため、また、市場価格以上で株式を引き受けた株主に報いるために用いられた。(6) また、個々の会社の事情から最高議決権を利用して大株主の権力を制限する必要性があることは、一八八四年第二株式法改正以来、認識されてきた。(7)

一株一議決権原則によって達成しようとする利益、そして、議決権配分の柔軟化によって達成しようとする利益、この両者の利益を両立させることは不可能なのであろうか。本節では、ドイツ法のまとめとして、この問題を取り扱うこととする。一株一議決権原則を根拠づけるものとして先に挙げた二点、すなわち、会社支配権市場を中心とした経営者に対する監視など一株一議決権原則と企業統治の問題と、投資家の株式市場に対する信頼を確保する問題のそれぞれについて、一株一議決権原則を強制するという方法の妥当性を検討することとする。

第二款　一株一議決権原則と企業統治

一株一議決権原則と企業統治の関係において、議決権配分の柔軟化は以下の二点の問題を引き起こす。第一に、経営者が会社支配権市場から隔離されること、第二に、議決権を資本出資とは独立して配分することが可能となり、議決権が適切な資本出資をしていない特定の株主に集中するという事態が容易に生じることである。以下、順に検討する。

第一の点について。ドイツでは、二〇世紀に入ってからは、最高議決権と複数議決権は敵対的企業買収防衛措置として採用される場合が多かった(8)。複数議決権を経営者ないしそれに近い株主が確保することで、もしくは、最高議決権の影響を受けずに寄託株に基づいて議決権を代理行使できる銀行と経営者が共同することで、敵対的企業買収を妨げることが可能となるのである(9)。その結果、株式の公開買付などによって議決権の過半数を獲得し、内部の経営者ないし監査役会の意思に拘束されずに経営政策の是正を行うことが不可能となり、結果として会社支配権市場は機能不全に陥るのである(10)。また、議決権が一株一議決権原則以外の方法、つまり、株主としての経済的利益と議決権が一致した割合で配分されない場合、支配権の移転が、企業価値向上の観点からでなく、支配権獲得者が獲得できる私的利益の観点から起こる可能性が増加するのである(11)。

このような観点からは、一株一議決権原則は、会社支配権市場を通じて企業価値が向上するための必要条件ともいえる。なぜなら、防衛策としての議決権配分は、具体的な企業買収提案の良し悪しにかかわりなく買収を妨げるからである。したがって、仮に、買収対象会社の株主保護などの観点から防衛策が正当化される場合でも、より個々の買収提案の具体的内容を考慮できる防衛策が望ましいこととなる。[12]また、株主としての経済的利益と議決権の結びつきを要求することは、支配権の移転によって企業価値が向上する可能性を高めることにもつながる。

ただし、以上の見解は、敵対的企業買収に対して少なくとも中立的な立場をとることが前提である。敵対的企業買収の負の側面、つまり、企業買収の脅威が経営者を短期的な志向に向かわせ長期的な利益をもたらす投資を行う動機を下げるといった点を問題とする場合は、この観点から一株一議決権原則を強制することは正当化できないように思われる。[13]政策的に、敵対的企業買収に対してどのような立場をとるかが、ここでは重要な問題となるのである。ドイツにおいては、企業買収の有用性を認めるEU委員会の立場が、このような厳格な規制の成立に重大な影響を与えているものと推測される。[14]

第二の点について。一九三七年株式法制定に関連する議論、また、KonTraG に関連する議論のいずれにおいても、資本出資と議決権は比例するべきであるとの主張がなされた。[15]このような主張の基礎には、過少資本による支配に対する懸念が存在するように思われる。特に、一九三七年株式法制定に関連する議論が示すように、複数議決権の導入を通じて、株主総会が経営者ないし複数議決権株主の完全な支配下に置かれてしまい、経営から責任意識が欠落してしまう可能性がある。[16]一見すると、このような問題は、Kapitalmehrheit の規制や株主総会決議取消訴訟などによって対処することが可能であるように思われる。[17]株主総会の決議要件として、議決権多数に加えて Kapitalmehrheit、つまり、決議に代表される基礎資本の多数の賛成を要求することで、ある特定の決議事項に関して複数議決権と最高議決権の効果は減殺される。[18]なぜなら、このような場合、決議の成立のためには多額の資本を出資した者の同意が必要とされるからである。また、議決権行使によって、会社もしくは他の株主に損害を与え私的利益を獲得することは決議の取消事由とされている。[19]したがって、経営者ないし特定の株主が、資本出資とは独立して与えられた議決権を私的利益の獲得のために行使することが一定程度は防止されるのである。確かに、個々の株主総会における議決権行使に関しては、Kapitalmehrheit ないし取消訴訟によって対処することが可能である。しかし、一株一議決権原則によらない議決権配分を基礎とする支配権が、具体的な議決権行使ではなく、日々の日常業務における経営判断を通じて行使される場合、規制を行うことは困難になる。この点に関連して、過少出資によって成立した支配権の問題は以下の点にあることが認識されるべきである。まず、株式会社の支配が何らかの形で普通株式の所有に基礎を置く場合、議決権の行使に関してであろうと、日々の業務執行に関してであろうと、最終的な経営の失敗は自らの個人財産への影響を及ぼした。その結果、他の株主と支配者の利益は一致する。しかし、複数議決権などを基礎とする過少出資による支配の場合、損失の危険を十分に引き受けない経営者ないし特定の株主による権限の濫用の問題が生じる。[20] そして、このような濫用の問題は、個々の議決権行使の場合に加えて、日々の経営判断においても問題となるように思われるのである。[21] これらの点から、株主総会の決議事項が狭くなればなるほど、いかなる議決権配分によって経営者が選任されたのか、すなわち、会社の支配権がどの程度の資本出資を基礎として成立しているかが重要な意味を持つように思われる。[22]

過少出資による支配は、上場企業か非上場企業かを問わず存在する問題である。そして、いずれの場合でも、過少資本による支配の可能性が存在することのみでは、一株一議決権原則を厳格に適用する根拠としては弱いと判断せざるを得ないものと思われる。なぜなら、このような問題に対しては、一株一議決権原則以外の他の手段によって対応することも可能であるからである。実際に、一九三七年株式法の立場は、株主総会の決議要件として Kapitalmehrheit を要求する事項を拡大し、かつ、複数議決権の新規採用自体に官庁の許可を要求することで、過少資本による支配に対抗しようとしたものと考えられる。[23] その他にも、たとえば、情報開示の強化、株主の情報請求権の拡大、事後的な経営者の責任の強化などを挙げることができる。しかし、このような手段が、経営を萎縮させるという副作用を持つ場合があることに注意が払われなければならないと思われる。[24]

第三款　一株一議決権原則と証券市場

前述のように、一九三七年株式法が複数議決権を原則として禁止した根拠として、複数議決権などが事後の定款変更で採用される結果、既存株主の議決権が何らの補償無く縮減され、それが投資家ないし潜在的投資家を含めた一般大衆の、株式会社ないし株式市場に対する信頼を著しく損なうことにつながったことを挙げることができる。[25]一方、新しく株式を購入しようとする投資家にとって、議決権配分の柔軟化を認めることは、さほどの不利益を与えないものと考えられる。なぜなら、議決権配分の柔軟化が会社に与える影響を考慮して、投資家は株式購入自体を取りやめる、もしくは、取引価額の引下げを要求することで一定程度は自己防衛することが可能と考えられるからである。[26]つまり、前款で述べたような企業統治に関連した問題が、企業価値にいかなる影響を与えるのかを判断する機会が保証されているのである。[27]

以上から、問題の中心は、既存株主の議決権が変更を被る場合に、何らかの保護を与えることで、既存株主を納得させることが可能であるか否かという点にある。言い方を変えるならば、複数議決権株式を発行することに必然的に伴う、ある種の不公平感を抑えるためには、どのような制度を用意すればよいかが問題となる。

まず、考えられるのは株主総会決議の取消という形で、事後的に議決権配分の変更の有効性を争う機会を与えることである。しかし、第一次世界大戦後のＲＧの判例が示すように、事後的に裁判所が審査する機会を設けるだけでは、既存株主の保護として不十分であるように思われる。なぜなら、RGは、既存株主に経済的な不利益が生じない限り、彼らの議決権が侵害されることを容認していたからである。(28)もし、一株一議決権原則が強制的に適用されるのであれば、RGの立場でも大きな問題はない。なぜなら、経済的な損害が生じない場合、つまり、既存株主の配当権限などが侵害されておらず、また、引受価額が適切であるならば、新株主が既存株主よりも有利な条件で議決権を獲得したことにはならないからである。(29)すなわち、この場合、会社財産についても、議決権についても、新株主は正当な対価を会社に支払わなければならないのである。一株一議決権原則の利点は、議決権の対価を独自に算定する必要性がなく、既存株主の保護の観点からは、経済的損害にのみ着目すれば足りる点にある。

これに対して、一株一議決権原則に基づかず、資本出資とは独立して議決権が付与される場合にも、一株一議決権原則によって議決権が配分される場合と同様の保護を与えることは全く不可能というわけではない。つまり、一株につき一〇〇個の議決権が付与されるなど、既存株主に対して著しく有利な条件で新株主が議決権を獲得できる場合には、議決権の対価を独立して算定することが考えられる。しかし、公正な議決権の対価を算定することは著しく困難である。これに対して、正当な対価を保証できないことの代替措置として、たとえば、複数議決権として付与される議決権の量を立法によってあらかじめ定めておくことが考えられる。つまり、立法によって複数議決権の限界を定めることで、投資家に対して、株式に投資する段階で、あらかじめ自らの議決権が希釈される可能性があることについて注意を喚起するのである。しかし、総量規制に対しては、その技術的困難性、特に、種々雑多な内容の複数議決権を、総量規制によって、統一的に規制することは困難であることが既に指摘されている。(30)したがって、このような規制は合理的な規制に基づかない恣意的なものに陥りやすいことには注意されなければならない。

また、議決権の対価の問題とは別に、議決権配分の変更が企業価値の向上につながるか否かという観点で争う機会を与えることが考えられる。しかし、企業買収防衛策として採用される場合に典型的に示されるように、当該議決権配分が企業価値向上につながるか否かは議決権配分が変更された後、長期間が経過した後に判明する場合が多い。そして、議決権配分の変更は、必ずしも、具体的な企業買収提案がなされた場合に実行されるとは限らない。導入の容易さを考えると、議決権配分の変更は企業買収提案が具体的になされる時点よりも、かなり早い段階で実行される場合が多いと思われる。したがって、議決権配分の変更自体を訴訟で争う場合、企業価値を向上させるか否かは必然的に抽象論の問題となってしまうのである(31)。そして、法律が定める手続に従っている以上、基準が抽象的であればあるほど議決権配分の変更を規律することは困難となるのではないだろうか。その結果、議決権配分の変更が濫用される可能性は増加すると考えられる。

一方、そもそもKapitalmehrheitの規定や株主総会決議取消訴訟によって個々の議決権行使を規制することが可能であり、議決権配分の変更の段階での規制は必要ないとの主張がなされることもあった(32)。しかし、前款で述べたように問題は議決権行使に限定されないこと、また、変更された議決権配分に基づいて会社に不利益な取引行為がなされても、その証明が必ずしも容易ではないことなどから、このような立場をとることはできない(33)。したがって、既存株主の利益保護ないしは手続的な公正さの観点からは、少なくとも、議決権配分が変更された時点で、裁判所などが、当該変更が企業価値向上のために必要であることを具体的な基準に従って判断する機会が存在することが必要と考えられる。このような規制を構築することが困難であることが、ドイツ法において一株一議決権原則を強制する根拠の一つとなっているようにも思われる(34)。

以上の検討から、少なくとも、既存株主の保護としては議決権の正当な対価が支払われること、もしくは、代替手段として議決権配分の変更が企業価値向上に資するかを事後に争う機会の保証が必要であり、そして、新規株主の保護としては議決権配分が企業価値に与える影響を判断する機会の保証が必要であることが明らかになった。しかし、議決権の正当な対価の算定や議決権配分が企業価値に与える影響の算定は困難である場合が多い。したがって、このことは一株一議決権原則を強制する根拠の一つとなると思われる。しかし、議決権配分の変更や新規投資の段階での保護が不十分であることは、Kapitalmehrheit や株主総会決議取消訴訟に加えて、取締役の責任の強化や情報開示請求権の拡充といった、さらなる保護が必要であることを示すのみであり、一株一議決権原則を強制する根拠としては不十分であるとの評価がなされることも考えられる。

第四款　まとめ

前款までの検討から、様々な点を根拠にして一株一議決権原則を厳格に適用することを正当化できることが明らかになった。しかし、単独で一株一議決権原則を厳格に適用することを正当化できるのは、一株一議決権原則は会社支配権市場が有効に機能するための必要条件であるという点に限られるように思われる。その他の点は、様々な付加的な要素が加わることによって、初めて一株一議決権原則の厳格な適用を正当化できるにすぎないように思われる。

たとえば、過少出資による支配の弊害を、経営者の責任追及、情報開示、株主の情報請求権の拡充など他の代替的な手段では経営の萎縮を伴うことなく防止することができないと判断される場合に、一株一議決権原則を厳格に適用することが正当化されると考えられる。また、証券市場との関係では、議決権の対価や議決権配分が企業価値に与える影響の算定が困難であるときに、または、投資家ないし潜在的投資家を含めた一般大衆の株式会社ないし株式市場に対する信頼を確保するために、一株一議決権原則が必要になる場合があると思われる。

(1) 本章第一節第二款参照。
(2) 本章第二節第一款第二項参照。
(3) 当初、最高議決権は、株式が少数の大株主へ集中することにより株主総会が議論の場でなくなることへの対策として、複数議決権は、企業再生の際に発行される優先株式を引き受けた株主や市場価格以上で株式を引き受けた株主に報いる手段として認識されていた。本章第一節第二款(3)(4)参照。しかし、両者とも、現在においては、敵対的企業買収防衛策の一種として位置づけられる場合が多くなったのである。本章第三節第二款第二項(1)参照。
(4) Wolfgang Zöllner und Ulrich Noack, One share – one vote?, Stimmrecht und Kapitalbeteiligung bei der Aktiengesellschaft, 1991 AG S. 117, 118 ; Christian Arnold, Aktienrechtsreform 1997 – Die Abschaffung des Höchststimmrechts in Deutschland, 1998 SZW S. 221, 227 ; Asuman Ylmaz, Stimmrecht und Kapitalbeteiligung im Deutschen Aktienrecht, 115-116 (Muenster, LIT, 2002).
(5) 議決権配分の柔軟化によって達成することができる具体的な利益については、本章第三節第二款第二項参照。
(6) Martina Zeißg, Mitgliedschaft und Stimmrechtsmacht in der Aktiengesellschaft-eine Untersuchung zu Hoechststimmrechten und Mehrstimmrechten, S. 51 (Freien Universitaet, Berlin,1996) ; Alfred Hück, Vorzugsaktien mit mehrfachem Stimmrecht, S. 8 (Mannheim, Berlin, Leipzig, J. Bensheimer, 1922).
(7) 本章第一節第二款(3)参照。
(8) Heinz-Dieter Assmann und Friedrich Bozenhardt, Übernahmeangebote als Regelungsproblem zwischen gesellschaftsrechtlichen Normen und zivilrechtlich begründeten Verhaltensgeboten, in : Heinz-Dieter Assmann, Nathalie Basaldua, Friedrich Bozenhardt und Martin Peltzer, Übernahmeangebote, S. 1, 120-126 (ZGR Sonderheft 9, 1990); Marcus Lutter und Uwe H. Schneider, Die Beteiligung von Ausländern an inländischen Aktiengesellschaften – Möglichkeit der Beschränkung nach geltendem Recht und Vorschlaege de lege ferenda -, 1975 ZGR S. 182, 189-195; Michael Adams, Höchststimmrechte, Mehrfachstimmrechte und sonstige wundersame Hindernisse auf dem Markt für Unternehmenkontrolle, 1990 AG S.63,

70.

(9)　敵対的企業買収防衛策としての複数議決権について、本章第二節第一款第一項を参照。最高議決権については、本章第三節第一款第三項を参照。

(10)　「内部の経営者ないし監査役会の意思に拘束されず経営政策の是正を行うこと」を可能にすることが会社支配権市場の利点であることについて、Adams, a. a. O. (Fn. 8), S. 64-66を参照。

(11)　本章第三節第二款第一項⑵参照。

(12)　Theodor Baums, Höchststimmrecht, 1990 AG S. 221, 234, 239.

(13)　本章第三節第二款第一項⑴参照。

(14)　本章第三節第二款第三項参照

(15)　本章第二節第三款第一項⑵、第三節第一款第二項、第三項参照。

(16)　本章第二節第三款第一項⑵参照。

(17)　Hück, a. a. O. (Fn. 6), S. 28 ; Alfred Hück, Beschränkungen des Mehrstimmrechts der Vorzugsaktien nach der Rechtsprechnung des Reichsgerichts, 1930 JW S. 2646, 2647; Maximimilian Schmulewitz, Die Verwaltungsaktie—Herrschafts- und Vorratsaktie—, S. 174-175 (Julius Springer, Berlin, 1927).

(18)　本章第二節第二款第一項、第三款第二項参照。

(19)　§243 Abs. 2 AktG.

(20)　Arthur Nußbaum, Aktionär und Verwaltung, S. 3-4 (Carl Heymanns, Berlin, 1928); Hugo Horrwitz, Schutz-und Vorrataktien, S. 6, 8 (Carl Heymanns, Berlin, 1926).

(21)　たとえば、不正会計、情報の非開示、過大報酬といった問題が引き起こされうることが指摘された。Vg., Arthur Nußbaum, Stimmrechtaktie und Aktienrechtreform, 1926 ZBH , S. 289, 291 ; Horrwitz, a. a. O. (Fn. 20), S. 4.

(22)　株式会社の経営者が、いかなる基準を根拠として配分された議決権の多数決によって選任されたかは、経営者の正統性の問題とも関連を有するように思われる。

(23)　本章第二節第三款第二項、第三項参照。

(24) Adams, a. a. O. (Fn. 8), S. 71.
(25) 本章第二節第四款参照。
(26) 本章第三節第二款第一項(3)参照。
(27) このような判断を投資家に委ねてしまうことの適切性は、議決権配分と企業統治の関係から、法が投資家の判断に介入することが正当化されるかという形で議論されるべきと考える。この点について、詳しくは、第四章で述べることにする。
(28) 本章第二節第二款第二項参照。
(29) Walther Nord, Das Recht der Aktionär auf Mitverwaltung, S. 19, 24 (Franz Dahlen, Berlin, 1927).
(30) Karl Schmölder, Der Entwurf eines Gesetzes ueber Aktiengesellschaften und Kommanditgesellschaften auf Aktien, 1930 JW S. 2617, 2628-2629 ; Schmulewitz, a. a. O. (Fn. 17), S. 181 ; Horrwitz, a. a. O. (Fn. 20), S. 18.
(31) Zeißig, a. a. O. (Fn. 6), S. 294.
(32) Hück, a. a. O. (Fn. 6), S. 28 ; Hück, a. a. O. (Fn. 17), S. 2647 ; Schmulewitz, a. a. O. (Fn. 17), S.174-175.
(33) このような考えは、コンツエルン内の局外株主の保護をコンツエルン形成後だけではなく、コンツエルン形成時にも与えることを主張する立場と同じ根拠に基づく。Vgl., Baums, a. a. O. (Fn. 12), S. 233 FN 95 und 96.
(34) ドイツには、現実に、ＲＧが複数議決権の濫用を規制できなかったという歴史が存在するのである。本章第二節第二款第二項参照。

第四章　総括と結論

第一節　一株一議決権原則の意義——比較法的考察のまとめ

第一款　一株一議決権原則の機能

本書は検討の出発点として、一株一議決権原則を株主としての経済的利益と議決権の比例関係を要求する原則として位置づけた。そして、同原則は、理論的には、会社のあらゆる利害関係人にとって望ましい形で議決権を行使するインセンティブが大きいものに、多くの議決権を与える機能を持っていることを指摘した。(1) 具体的に、一株一議決権原則の意義は、議決権行使のインセンティブの観点から、以下のように説明できる。議決権が一株一議決権原則に従って配分されている場合、議決権を通じて会社支配権を獲得するためには、同時に、獲得する議決権の数に対応するだけの株主としての経済的利益も獲得しなければならない。その結果、企業価値を向上させるように議決権を行使するインセンティブを有するものが、会社の支配権を獲得することになる。なぜなら、もし、議決権行使が会社の利益を損なうことにつながれば、それは自らが所有する株式価値の下落につながるからである。したがって、濫用的な議決権行使の危険は減少する。さらに、支配権者が株主として会社の残余的利益に対して有する権利の割合が大きければ大きいほど、積極的に会社利益を向上させるために支配権が行使される可能性が高まると考えられる。

本書は、一株一議決権原則を以上のように位置づけた上で、以下の二点を目的として、比較法的・歴史的考察を行った。第一の目的は、一株一議決権原則を議決権行使のインセンティブを付与する規制として位置づけることが妥当であるか否かを検証することである。第二の目的は、議決権行使のインセンティブ以外に、どのような要素が議決権配分に関する法規制に影響を与えていたのかを明らかにすることである。そして、アメリカ法とドイツ法を対象とする比較法的・歴史的考察から得られた示唆の一つは、議決権行使のインセンティブ以外の要因が、確かに、二〇世紀初頭の両国における株主間の議決権配分に関する法規制に大きな影響を与えていたことである。具体的にアメリカ法では、個人主義を重視する社会において、例外的な存在でありながら強大な影響力を持つ株式会社の存在を受け入れるための一つの手段として、一株一議決権原則は機能していた。(2) 逆にドイツ法では、株式会社の経済・社会における影響力が大きくなるにつれて、株主が会社の支配権を独占することに疑問が提示され、経営者など他の会社の利害関係人に会社の支配権を付与する手段として複数議決権を利用することを正当化する見解が主張されるに至った。(3) そして、一九三七年株式法制定過程においても、この点を理由として複数議決権株式を認めるか否かが活発な議論の対象とされた。(4) すなわち、両国のそれぞれに特有の思想が、アメリカでは一株一議決権原則を強化する方向に、ドイツでは同原則から逸脱する方向へと影響力を持っていたのである。

このような思想的な要因が株主間の議決権配分に影響を与えた理由は、以下のように説明することが可能ではないかと思われる。株式会社、特に、証券取引所に上場する大規模株式会社にとっては、会社法が直接的に想定する株主・債権者・経営者といった利害関係人以外に、より広範囲の人々にもその存在が受け入れられることが重要である。株式会社がその存在について正統性を獲得するためには、社会全体に受け入れられる必要があるといっても過言ではない(5)。そして、会社支配権の所在は、株式会社が正統性を獲得するための重要な要素であったのである。アメリカでは、株主という個人が株式会社の支配権を持っていることが株式会社の正統性にとって重要であった(6)。一方、ドイツでは、経営に参加することに大きな関心を持っているわけでもなく、かつ、株式を譲渡することで会社との関係から容易に離脱できるため自分の意思決定の結果に十分な責任を負っていないと考えられていた株主から、当時、責任ある主体であると考えられていた経営者に会社支配権を移転させることが検討対象とされていたのである(7)。

もちろん、以上に述べたような正統性に関する問題のみを基礎として、議決権配分に関する法規制が構築されていたわけではない。より具体的な問題、すなわち、議決権又は支配権の濫用の問題も、アメリカとドイツに共通して大きな問題として扱われていた。二〇世紀初頭において、アメリカでは無議決権普通株式、ドイツでは複数議決権株式と、問題となった議決権配分は異なるが、両国では、株主としての経済的利益と比較して過大な議決権が特定の株主に付与されることが共通して問題とされた。そして、両国とも株主としての経済的利益と議決権の比例関係を強化する方向へと規制を強化したのである。したがって、比較法的・歴史的考察からも、一株一議決権原則には議決権行使のインセンティブを付与するという側面があったことが示されたように思われる。

しかし、既に述べたように、現在では、株式会社の正統性の観点から一株一議決権原則を基礎づけることも可能であったアメリカ法は同原則を緩和し、株式会社の正統性の観点からは一株一議決権原則からの逸脱を正当化する見解さえ生み出したドイツ法は同原則を強化する傾向にある(8)。両国の現状は、一見すると、本款のこれまでの検討と矛盾する。しかし、比較法的・歴史的考察から、この矛盾を説明する手がかりを導き出すことは不可能ではない。本研究は、個々の株主の議決権行使に対する意欲と会社支配権市場に対する政策的評価が、歴史的・比較法的考察から得られた一株一議決権原則の機能と両国の現状を説明するのではないと考えている。

第二款　一株一議決権原則の限界

第一項　株主の議決権と株主構成の変遷

先に述べたように、アメリカにおいても、ドイツにおいても、株主の議決権と株式会社の正統性の間には密接な関係があったと考えられる(9)。ただし、株主の議決権と株式会社の正統性の関係は、決して、「株式会社とは何か？」、「株式会社の本質」といった抽象的な理論のみによって決定されてきたわけではないように思われる。両者の関係は、株式会社を取り巻く経済・社会環境の変化や、株式会社内部の構造の変化、特に、株主構成の変遷によって、大きな影響を受けてきたのである。

第一次世界大戦後から一九三七年株式法が制定されるまでのドイツでは、経済社会において重要な地位を占めるようになった株式会社の支配を、純粋に私的なもの、すなわち、株主に委ねることの妥当性が真正面から議論の対象となった(10)。問題とされたのは、株主は、経営に対する関心を失っていること、株式を継続的に保有するのではなく投機的な利益を目的に積極的な売買を繰り返すようになったことなどであった。そして、複数議決権は、このような問題を解決する手段の一つとして位置づけられていたのである。すなわち、複数議決権には、株式会社の支配者として信頼に値しない主体から、より信頼に値する主体への支配権の移転を実現する手段としての側面があることが認識されていたのである。この点は、複数議決権の利用を肯定する見解が複数議決権の行使は所有者の自由裁量に委ねられるべきではなく、何らかの制限に服するべきであると主張していたことからもうかがわれる。(11)確かに、複数議決権自体は、一九三七年株式法によって原則として禁止されることになった。(12)しかし、複数議決権が禁止されたことは、株式会社における株主支配の妥当性が全面的に承認されたことを意味しないように思われる。(13)株主間の議決権配分に関する法規制の内容は、株式会社における株主支配が認められるべき範囲とも密接に関係していたのである。

一方、一九世紀後半から二〇世紀初期のアメリカ法が想定したように株主の議決権が株式会社の正統性の基礎として機能するためには、現実に、株主が積極的に議決権を行使することが期待できなければならない。しかし、既に述べたように、株式所有が分散状態にある場合には、集合行為問題と合理的無関心のために、一般的に、株主が積極的に議決権を行使することを期待することはできない。(14)したがって、株主の議決権によって基礎づけられる株式会社の正統性は、必ずしも確固とした基盤を有していないことになる。このような状況を打開するために考えられる選択肢は、正統性の基礎としての株主の議決権を実質化するか、その他の制度に株式会社の正統性の基礎を求めるかである。(15)株主の議決権と株式会社の正統性の関係は、株式会社の存在を株主から構成される契約的・パートナーシップ的なものとして理解する立場において、最も密接なものとなる。(16)しかし、現在のアメリカ法を例にとれば、株式会社の正統性の問題についても、「株式会社とは何か？」といった議論から演繹的に導き出されるのではなく、政策的問題と位置づけられているように思われる。(17)また、実際、株主の議決権のみが株式会社の正統性を基礎づけているわけではないのではなかろうか。(18)もちろん、他に正統性を付与する仕組みがあることから、当然には、株主の議決権によって株式会社の正統性を確保するという仕組みの必要性が否定されるわけではない。しかし、株式会社の正統性を問題とする際に、株主の議決権にのみ注意を払うことは適切ではないように思われる。特に「株式会社とは何か？」という問題と株式会社の正統性の問題の結びつきを断ち切り、後者を政策的な問題と位置づけるならばなおさらである。

このように株主が積極的に議決権を行使することを期待できなくなったことを一つの原因として、株式会社の正統性と株主の議決権の結びつきは緩和されることになったのではなかろうか。敵対的企業買収防衛措置に関するデラウエア州判例法においては、株主の議決権と株式会社の正統性の関係を根拠としても、取締役会が株主の同意を得ることなく一方的に株主の議決権行使を妨げることが禁止され、取締役会かぎりで導入できる防衛措置の実質的内容についても、株主が委任状勧誘などによって取締役会の判断に対抗できる可能性が存在すべきことが要求されているにすぎない。(19) このことが、アメリカ法が一株一議決権原則とは異なった様々な種類の議決権配分を許容する一つの根拠となっているのではないかと推測される。さらに、株主が積極的に議決権を行使することを前提としないのであれば、支配権濫用を防止するという側面においても、一株一議決権原則の機能は限定的なものとなる。株主の議決権を基礎とした支配権が濫用される危険は、議決権付株式がある程度集中的に保有されている状況において顕在化する。すなわち、株式所有が分散状態にある場合には、議決権を基礎とした支配権が濫用される危険性は少ないのである。むしろ、株式会社の経営者や特定の株主が委任状勧誘制度を利用することによって、自己の地位の永続化や会社の搾取等を図る危険性が存在することの方が大きな問題となる。(20) このような状況を前提にすると、一株一議決権原則は、株式所有が分散状態にある場合であっても、株主としての経済的利益と議決権の比例関係を要求することで、議決権付株式の集中とその後の支配権行使が会社又は株主の利益と矛盾しないことを目的とした予防的な規制として位置付けることが適切となる。すなわち、株式所有が分散状態にある場合には、株主間の議決権配分に関する法規制は、支配権の移転やその後の支配権行使の局面において、大きな意味を持つことになるにすぎなくなるのである。

しかし、株主が積極的に議決権を行使することを期待できないとしても、一株一議決権原則が株主の議決権を基礎とする支配権の濫用を防止する事前規制としての意義を失うわけではない。予防的な規制を重視し、支配権濫用防止のために一株一議決権原則を厳格に維持することは不可能ではない。それにもかかわらず、アメリカ法は一株一議決権原則からの逸脱を比較的緩やかに認めている。その理由は、株主の議決権の存在意義と関係するように思われる。

株主の議決権の存在意義の一つは、株式会社の定款などで事前に取決めを行うことが困難な将来の事項について、あらかじめ意思決定権限を配分しておくことにある。(21) たとえば、優れた人材を取締役に選任すること、会社支配権を効率的に株式会社を経営することができる者に移転させること、会社の発展に必要な組織再編等を行うことなどは株式会社にとって重要な意思決定であるが、定款などで事前の取決めを行っておくことは困難であろう。しかし、一株一議決権原則は、株式所有が分散するとともに議決権をも分散させる結果、株主の議決権行使について集合行為問題や合理的無関心を発生させる原因の一つとなる。(22) すなわち、一株一議決権原則は、会社のあらゆる利害関係人にとって望ましい形で議決権を行使するインセンティブが大きいものに、多くの議決権を与える原則であると同時に、集合行為問題・合理的無関心という弊害を発生させてしまうのである。したがって、先に述べたように、経営者や特定の株主が、集合行為問題等を利用して、委任状勧誘を通じて会社又は他の株主の利益を害する決議を成立させてしまう危険に対処する必要がある。しかし、開示規制等によって委任状勧誘制度の濫用を規制することは、法令遵守費用など委任状勧誘に必要な費用を増加させるため、株主の議決権行使を活性化させて会社経営に働きかけようとするインセンティブを阻害する可能性が存在するのである。(23) 委任状勧誘規制には、必ずしも会社から費用の補填を受けることができるわけではない現経営者以外の株主が委任状勧誘を行う費用を増加させるため、集合行為問題を悪化させる可能性すら存在するのである。確かに、集合行為問題は株式所有が集中することによって解決される。しかし、その以前の段階では、株主の議決権が集合行為問題のために全く機能しないということが必ずしも望ましいとはいえないように思われる。このような状況を解決する選択肢として、株主としての経済的利益と議決権の比例関係を切断することが考えられるのである。

アメリカ法が議決権売買に関する法規制を緩和したのも、議決権売買が株主の集合行為問題を解決し、株主の議決権が本来の機能を果たすことを促進する可能性があったからではないかと推測される。(24) たとえば、株主としての経済的利益と議決権の比例関係を切断することによって、ベンチャー企業の経営者や企業再建のスポンサー企業等、株主としての経済的利益以外の理由から積極的に経営に参加するインセンティブを持った利害関係人に議決権を付与することが可能となる。議決権配分をこのように利用することは、アメリカ法とドイツ法の双方において、議決権配分を柔軟化するメリットとして認識されていた。(25) 株主としての経済的利益と議決権の比例関係が切断されることから生じる問題、すなわち、議決権が会社又は株主の利益を害することを目的として行使されることに対しては、株主総会決議の実質的内容を審査したり、手続規制を強化することによって対応することが全く不可能というわけではない。(26) また、株主としての経済的利益と議決権の比例関係を切断するような議決権配分が採用される段階で、株主としての経済的利益以外の要素によって、望ましい議決権行使のインセンティブが付与されているか否かを審査することも可能ではないであろうか。そして、現在のＮＹＳＥにおける上場後の議決権配分の変更に関する規制は、一株一議決権原則からの逸脱がもたらす議決権行使の濫用の恐れに対して、事前に一定の対処がなされているか否かに着目していると評価することが可能である。(27)

このように株主間の議決権配分に関する法規制の内容は、何を目的として規制が構築されるかに加えて、株主の議決権が積極的に行使されることを期待できるか否か、また、それが株式会社の健全な発展にとって必要であるか否かによっても影響を受けることになるのである。(28)

第二項　株主の議決権と会社支配権市場

多くの株主について、議決権が積極的に行使されることを期待できない場合であっても、一株一議決権限原則等、株主間の議決権配分に関する法規制は、支配権の移転の効率性に影響を与えることは前述した。会社の支配権の移転が生じる場合、一株一議決権原則のもとでは、会社の支配権を確保するためには会社に対して多くの出資をしなければならない。その結果、企業価値を向上させるように議決権を行使するインセンティブを有するものが、会社の支配権を獲得することになるのである。(29)また、二〇世紀初頭のドイツ法に関する検討から明らかなように、複数議決権株式を典型例として、議決権配分は強力な敵対的企業買収防衛措置として機能する。(30)一株一議決権原則は、このような強力な敵対的企業買収防衛措置の採用を事実上、不可能にするのである。(31)

このように一株一議決権原則は、他の議決権配分と比較して、敵対的企業買収防衛措置として議決権配分を利用することを困難にし、かつ、敵対的企業買収による会社支配権の移転の効率性、すなわち、会社経営において現経営者よりも優れた主体に会社支配権が移転する可能性を高める機能を持っている。ドイツ法が一株一議決権原則を強化したのは、一株一議決権原則のこのような機能を重視したからではないかと思われる。(32)より正確にいえば、E

U委員会における企業買収を促進する政策判断が、ドイツ法において、一株一議決権原則の再確認という形で現れたものと考えられるのである。[33]

（1）第一章第二節第二款第二項(2)参照。
（2）第二章第三節第三款第三項(3)2参照。
（3）第三章第二節第三款第一項(1)参照。
（4）第三章第二節第三款第三項参照。
（5）本書では、株式会社の正統性について、James W. Hurst の正統性の定義に従った上で検討を行った。第二章第三節第三款第三項(3)参照。Hurst は、歴史的に見て、組織や権力の正統性は、有益性（utility）と責任（responsibility）によって基礎づけられてきたと指摘する。すなわち、組織や権力に有益性が認められるためには、その組織や権力がそれ自身の永続以外の目的の達成のために有益な存在であることが必要であり、一方、組織や権力の責任とは、その組織や権力自身によって支配することができない基準によって目的や業績が評価されることを意味する。See, James W. Hurst, The Legitimacy of the Business Corporation in the Law of the Unieted States 1780-1970, 58 (1970, The University Press of Virginia, Charlottesville)
（6）第二章第三節第二款第一項(3)参照。すなわち、個人主義を重視する社会が株式会社という例外的な存在を受け入れるためには、株式会社を契約的・パートナーシップ的な存在と位置づけ、株式会社又は経営者の権力を個人である株主の支配に服させる必要があったのである。一株一議決権原則には、正統性が付与されなければならない、会社の権力を行使する経営者や一部の株主（特に投資銀行などの金融機関）が、無議決権株式などを利用して、正統性付与の仕組みである株主の議決権を支配することを防止するという意味を見い出すことができる。しかし、株主が議決権を行使し、取締役を選任したり、重要な会社の意思決定に参加することが株式会社の正統性にとって重要な意味を持つとしても、そこから一株一議決権原則を導くためには追加的な説明が必要である。すなわち、支配権の株主に対する帰属という観点からは、なぜ一株主一議決権原則ではなく、一株一議決権原則である必要があったのかを説明する必要がある。その理由として筆者は、仮説ではあるが、以下のように考えている。個人主義を前提とする法理論・経済理論では、個人事業主が、契約法などの規律を受けつつ、商品・サービス市場で競争することが重要と考えられてきた。競争から生じる損益が個人事業主に帰属することで、所有する資産をより効率的に利用するインセンティブが発生することになるのである。See, Adolf A. Berle & Gardiner C. Means, The Modern Corporation & Private Property with a new introduction by Murray Weidenbaum & Mark Jensen, 8 (Transaciton Edition, 1991); Hurst, supra note 5, at, 41. 株式会社を契約的・パートナーシップ的なものと考える立場では、株式会社が所有する財産の真の所有者は株主となる。そして、先に述べた競争市場の規律が機能するためには、株式会社の事業活動の損益の最終的な帰属者である株主が支配権を持つ必要がある。株主間での議決権配分については、個人事業主が所有する資産について支配権を持つこととのアナロジーから、株主が株式会社を通じて間接的に「所有」する資産の割合に応じて、議決権が配分されることが望ましいとされたのではなかろうか。

(7) 第三章第二節第一款第二項参照。株主による会社支配が問題とされた理由として、株主が経営に対する関心を失ったこと、多くの株主は株式を継続的に保有するのではなく投機的な利益を目的に積極的な売買を繰り返すようになったことなどが挙げられている。

(8) 第一章第二節第二款第二項参照。

(9) 第二章第三節第三款第三項(3)2、第三章第二節第三款第一項(1)参照。

(10) 第三章第二節第一款第二項参照。

(11) 第三章第二節第三款第一項(1)参照。

(12) 第三章第一節第二款(5)参照。

(13) Bericht des Vorsitzenden des Ausschusses für Aktienrecht in der Akademie für Deutsches Recht, April 1934, abgedr. bei Werner Schubert, Akademie für Deutsches Recht 1933-1945 Protokolle der Ausschuesse Band I, S. 483 (Berlin, Walter de Gruyter, 1986). 株式会社における株主支配の妥当性を問題とすることは、決して、ナチスの思想と必然的な結びつきを持つものではなく、当時の株式会社と経済社会の構造変化から生じた一般的な問題として評価されている。大隅健一郎＝大森忠夫＝八木弘『獨逸商法（III）〔復刊版〕』六三七―六三八頁（一九五六年・有斐閣）参照。

(14) 第二章第二節第二款第二項(1)参照。

(15) Hurstは、一九三〇年代以前は、株主の議決権が株式会社の正統性を確保することについて大きな役割を果たしていたことを認めているが、その後のアメリカ社会においては、行政法や経済法など、株式会社の対外的行動を直接的に規制することによって、株式会社の正統性が確保されていると指摘するに至った。See, Hurst, supra note 5, at 93, 110-11.

(16) 本章第三節第三款第三項(3)2参照。

(17) William W. Bratton, Jr., New Economic Theory of the Firm Critical Perspectives from History, 41 Stan. L. Rev. 1471, 1493-94 (1989).

(18) Cary Coglianese, Legitimacy and Corporate Governance, 32 Del. J. Corp. L. 159 (2007). たとえば、サーベンス＝オクスレー法に代表される開示規制も、株式会社の正統性を確保する措置として重要な意味を持っているのである。Donald C. Langevoort, Robert Clark's Corporate Law: Twenty Years of Change: Internal Controls after Sabanes-Oxley: Revisiting Corporate Law's Duty of Care as Responsibility for Systems, 31 J. Corp. L. 949, 964-65 (2006).

(19) 第二章第四節第三款第二項(3)参照。

(20) このような問題に対応する規制が、一九三四年証券取引所法一四条と委任状勧誘規則である。第二章第三節第三款第三項(1)参照。

(21) Frank H. Easterbrook and Daniel R. Fischel, The Economic Structure of Corporate Law, 66 (Harvard University Press, 1991); Henry Hansmann, The Ownership of Enterprise, 12 (1996, Harvard University Press).

(22) Robert C. Clark, Vote Buying and Corporate Law, 29 Case West. L. Rev. 776, 793-95 (1979).

(23) Bernard S. Black, Shareholder Passivity Reexamined, 89 Mich. L. Rev. 520, 530-66 (1990); John Pound, Proxy Voting and the SEC; Investor Protection versus Market Efficiency, 29 J. Fin. Econ, 241, 243-45 (1991). もちろん、委任状勧誘制度の濫用を防止するために必要な範囲においては、法令遵守費用が増加すること自体は批判の対象とされるべきではないかもしれない。しかし、委任状勧誘制度の費用が増加すれば、株主間のコミュニケーションを阻害する等、株主の議決権が実効的に機能することを妨げることになることには注意する必要がある。特に、アメリカ法においては、強制開示規制が必ずしも委任状勧誘だけに限定されず、その前段階の株主間のコミュニケーションにも及ぶことが問題視されていた。

(24) 第二章第四節第二款第二項参照。厳密にいえば、Schreiber 判決は、議決権売買の利用目的を集合行為問題の解決に限定しているわけではない。したがって、より一般的に、議決権売買によって株主総会の意思決定に内在する問題が解決されることを期待していたと評価することもできる。この点については、第二章第四節注（80）を参照。

(25) 第二章第二節第二款第一項(3)、第三章第二節第一款第二項、第三章第三節第二款第二項参照。

(26) 第二章第四節第四款第一項参照。

(27) 第二章第五節第四款参照。

(28) 機関投資家による株式保有と積極的な議決権行使の増加は、株主の議決権に関する法制度の前提に大きな変化をもたらす可能性がある。William T. Allen and Reiner Kraakman, Commentaries and Cases on the Law of Business Organization, 173 (Aspen, 2003); Jesse H. Choper & John C. Coffee, Jr. & Ronald J. Gilson, Cases and Materials on Corporations, 553 (6th ed., Aspen Law & Business, 2004). 大規模公開会社においてさえ、会社経営に参加することに関心がない分散所有株主を前提として法的議論を行うことの妥当性自体を再検討する必要がある。See, Jennifer Hill, Visions and Revisions of the Shareholder, 48 Am. J. Comp. L. 39, 39 (2000). ただし、ここで期待される議決権行使とは、情報収集と分析に基づいた合理的な議決権行使であることに注意されるべきである。

(29) E. g., Sanford J. Grossman & Oliver D. Hart, One Share-One Vote and the Market for Corporate Control, 20 J. Fin. Econ. 175 (1988); Michael Adams, Höchststimmrechte, Mehrfachstimmrechte und sonstige wundersame Hindernisse auf dem Markt für Unternehmenkontrolle, 1990 AG S.63.

(30) 第三章第二節第一款第一項参照。

(31) John C. Coates IV, Ownership, Takeovers and EU Law : How Contestable Should EU Corporation Be?, in Guido Ferrarini, Klaus J. Hopt, Japp Winter and Eddy Wymeersch, Reforming Company and Takeover Law 677, 682-83 (Oxford U. Press, 2004).

(32) 第三章第三節第二款第三項参照。

(33) 興味深いのは、ＥＵにおける企業買収促進政策には、会社支配権市場を通じた経営者の規律の強化や資源配分の効率性向上という目的に加え、ＥＵに特有の目的が存在することである。すなわち、国際的な企業買収を促進することで、ＥＵの経済的・政治的な統合を促進することである。See, Jeffry N. Gordon, An American Perspective on Anti-Takeover Law in the EU : The German Example, in Guido Ferrarini, Klaus J. Hopt, Japp Winter and Eddy Wymeersch, Reforming Company and Takeover Law 541, 542-43 (Oxford U. Press, 2004); Coates, supra note 30, at 678.

第二節　日本法への示唆――株主間の議決権配分に関する法規制に影響を与える要素

以上のように、前章までの検討から、アメリカ法もドイツ法も、少なくとも、株主の議決権を基礎とした支配権の濫用に対する事前規制としての機能を、一株一議決権原則に期待していた点では共通していたことが明らかになった。しかし、濫用的な議決権行使に対する規制方法は一株一議決権原則に限定されるわけではない。現に、株主総会決議の妥当性自体に焦点を合わせているとも評価できる現在のデラウエア州における議決権売買の規制や、立法により複数議決権の内容を制限していた一九三七年株式法の規制方法はそれを示している。にもかかわらず、アメリカでは長期にわたって一株一議決権原則が会社法の原則として比較的厳格に維持され、ドイツでは最近の立法によって同原則が会社法上の原則であることが再確認された。その理由として、アメリカ法では、個人主義を重視する社会において、株式会社という例外的存在の正統性を基礎づけるために、支配権を分散し株主という個人に帰属させる手段として一株一議決権原則が利用され、ドイツ法では会社支配権市場の整備という政策判断との関係で、一株一議決権原則が正当化されてきたと考えられる。

前節で述べたように、一株一議決権原則には、支配権の濫用を防止するという機能の弊害として、株主の集合行為問題や合理的無関心の程度が深刻となり、株主の議決権自体が機能不全に陥りやすいという問題があった。そして、株主の議決権の本来の機能を発揮させつつ、支配権の濫用を防止するためには、一株一議決権原則を緩和し、株主としての経済的利益と議決権の比例関係を切断することが望ましいとされる場合すら存在するのである。したがって、アメリカ法もドイツ法も、一株一議決権原則に、支配権の濫用を防止することだけではなく、株式会社の正統性の基礎となることや会社支配権市場の促進といった追加的な機能を期待していたからこそ、同原則は会社法上の原則として重要な位置を占めることができると評価するべきである。

それでは、アメリカ法やドイツ法のような事情が存在しない場合、議決権配分は完全に定款自治に委ねてよいのであろうか。比較法的・歴史的考察からは、日本法においても、議決権行使のインセンティブとの関係以外に、株式会社の正統性と株主の議決権の関係や会社支配権市場の会社法における位置づけなどに比肩する、株主間の議決権配分に関する法規制を構築する際に考慮しなければならない要素の存在について検討する必要があることは明かである。また、一株一議決権原則からの逸脱を広く許容する場合には、法規制の必要性とその内容を検討する前段階として、市場メカニズムを通じた規制に、どの程度期待することができるかという点も検討する必要がある(1)。現時点において、本研究は、株主間の議決権配分に関する法規制に影響を与える日本法に特殊な要素の有無について、明確な解答を得ていない。また、日本の証券市場において、一株一議決権原則から逸脱した議決権配分がどれほど厳格に審査されるか否かについいも、先例が少ないこともあり、不明確である(2)。

しかし、そうであっても、議決権行使のインセンティブとの関係から、議決権・支配権の行使の段階と移転の段階で規制を正当化する余地があるように思われる。なぜなら、株主総会決議など支配権の行使を事後的に規制することには一定の限界があるからである。特に、取締役の選任・解任に関する議決権配分については、事前に、議決権配分自体を規制する必要性が肯定される場合が多いのではないかと思われる(3)。したがって、事後的に支配権の行使を審査することが困難である範囲においては、少なくとも、支配権保持者が会社利益の向上のために支配権を行使するようにインセンティブを付与しておく必要性があると思われる。議決権保有者が持つ会社に対する経済的権利に着目することは、事後的なエンフォースメントに過度に頼りすぎることなく、会社又は株主全体によって望ましい議決権行使のインセンティブを生じさせる一つの手段と評価するべきである。(4) 比較法的・歴史的考察からも明らかなように、これが一株一議決権原則の実質的な意味であり、株式会社形態をとる以上、議決権配分を規律する最低限の要件ではないではあろうか。ただし、株式所有が分散状態にあるため議決権も分散している場合には、株主間の議決権配分の多様性は議決権行使のインセンティブに大きな影響を与えない場合が多い。株主間の議決権配分が議決権行使のインセンティブに大きな影響を与えるのは、ある程度の議決権付株式所有が集中してからである。したがって、株主間の議決権配分に関する法規制では、分散状態にある議決権が特定の株主に集中する過程をいかに規律するかが最重要課題となる。

分散所有状態にある議決権が集中する過程に関する規律については、公開買付規制等、会社支配権市場に関する規制と密接な関係があるため、現時点で、株主間の議決権配分に関する法規制について何らかの結論を導き出すことは困難である。たとえば、買収者が一定割合以上の株式を取得した場合には、他の株主に対して株式買取りを提案することが義務づけられる規制、いわゆる義務的公開買付が要求される範囲によっては、支配権の移転に関する法規制として一株一議決権原則を要求する意味は小さくなる。(5)

一方、会社支配権市場を経由しない形で、議決権が分散状態から集中状態へと移行する場合もある。たとえば、取締役の選解任に関する拒否権が付与された株式（以下、優先議決権株式という）など、株式会社の支配権の所在を決定する内容を持った株式が、特定の主体に発行される場合等である。アメリカ法でもドイツ法でも、一株一議決権原則から逸脱した議決権配分のメリットは、株主としての経済的利益と比較して大きな議決権が付与された株式を、証券市場で流通させるのではなく、特定の主体に発行する場合に生じるものであることが認識されていた。(6)

したがって、一株一議決権原則から逸脱した議決権配分のメリットを十分に発揮させつつ、株主としての経済的利益と議決権の比例関係が切断されたことから生じる弊害を除去する規制を構築するためには、会社支配権市場を経由しない形での支配権の形成に焦点を合わせたルールを検討する必要があるのではないかと思われる。特に、ＩＰＯ後に優先議決権株式を特定の主体に発行する場合には、会社支配権市場を経由した支配権の形成と比較して、市場メカニズムによる十分な規律を受けていないように思われる。

それでは優先議決権株式の発行をどのように規制することが望ましいのであろうか。優先議決権株式の引受人が、発行会社の事業活動のリスクを負担すればするほど、優先議決権が会社又は他の株主の利益と矛盾する形で行使される危険性は減少する。ここで問題となるのは、事業活動のリスクをどのような指標によって測定するかである。出資額は一つの有力な指標ではあるが、それのみによって引受人が負担する事業活動のリスクを測定することが必ずしも望ましいとはいえない。なぜなら、必ずしも、株主のみが会社利益に対する残余権者であるとは限らないからである。(7)株主以外の会社の利害関係人も、会社の将来の成功・失敗に利害関係を持つ場合が多い。特に、会社と株主以外の利害関係人の契約が不完備である場合には、残余権者としての株主の議決権行使が、会社全体の利益になるという前提が崩れることになる。(8)そして、会社の発展に必要な企業特殊的投資をする利害関係人に対して、将来、会社が機会主義的行動を取らないことをコミットメントする手段として、何らかの支配権を付与する必要性が高い場合も考えられる。(9)このように、他の株主と同程度に株主としてリスクを負担することを要求せずに議決権・支配権を付与することが会社の利益になる場合がある。(10)優先議決権株式は、このような会社の需要を満たす手段として存在意義がある。(11)このことを裏からいえば、全ての株主が会社と株主としての関係しか関係を持たないのであれば、議決権を株主としての経済的利益と無関係に配分することの合理性は低い。理論的には、ある株主が株主としての関係以外に会社に対して利害関係を持ち、かつ、その利害関係の存在が会社利益又は株主利益と矛盾しないように議決権を行使するインセンティブを与える場合に限り、株主としての経済的利益と議決権の結びつきを切断することが認められるべきである(12)。

したがって、優先議決権株式の引受人が負担する事業活動のリスクは、株主として負担するリスクに加え、その他の会社との関係から負担する事業活動のリスクも総合的に考慮した上で測定することが望ましいと思われる。その結果、将来、優先議決権が濫用的に行使される恐れが少ない場合に限り、優先議決権の発行は許容されるべきではなかろうか。濫用的行使の恐れが小さい場合としては、たとえば、企業再建のスポンサーに対して優先議決権を付与する場合、ベンチャー企業のように創業者の個人的能力が会社の事業活動の成功の鍵となっている場合などが考えられよう。このように優先議決権株式の発行は特定の引受人との関係でのみ正当化される以上、その譲渡は厳格に規制されるべきである。

以上が、本研究が比較法的・歴史的考察から導くことができると考えている、株主間の議決権配分に関する規制の実質的な内容である。そして、具体的な規制を構築するためには、この実質的な内容を実現するための手段を検討する必要がある。そのためには、日本の証券市場に参加する機関投資家や投資銀行などの専門家の能力や、証券取引所など規制機関を取り巻く環境を分析することが欠かせない。しかし、以上の検討から、既に、日本法において株主間の議決権配分を対象とする代表的な規制である議決権制限株式の発行限度規制の合理性に疑問があることが明かになったように思われる(13)。会社法一一五条は、発行済株式総数に占める議決制限株式の数を規制対象としているにすぎない。具体的には、議決権制限株式の数が発行済株式総数の二分の一を超過した場合には、それを是正する措置をとることを会社に要求する。しかし、支配権の濫用を防止するという株主間の議決権配分に関する法規制が実効性を持つためには、議決権行使のインセンティブに着目する必要がある。そのためには議決権の内容に加えて、少なくとも、株主としての経済的利益の内容を併せて規制することが必要ではなかろうか。会社法一一五条の問題は、議決権制限株式が発行された場合に、会社又は他の株主の利益と矛盾しないように議決権を行使するインセンティブを議決権付保有者に付与する仕組みが存在するか否かについて全く考慮していない点にある。少なくとも、議決権行使のインセンティブの観点から、議決権制限株式発行限度規制を初めとする株主の議決権に関する法規制を再構築する必要性があるのである。

（1）　アメリカにおいても、株主としての経済的利益と議決権の関係が著しく不均衡な議決権配分が採用された事例は、必ずしも多いとはいえない。See, Robert Daines and Michael Klausner, Do IPO Charters Maximize Firm Value? Antitakeover Protection in IPOs, 17 J. Law, Econ. & Org. 83, 95-96 (2001); Gompers, Paul A., Ishii, Joy L. and Metrick, Andrew,"Extreme Governance : An Analysis of Dual-Class Companies in the United States", at 31 (March 2006). AFA 2005 Philadelphia Meetings Available at SSRN : http://ssrn.com/abstract=562511　その理由として、機関投資家や投資銀行などの証券市場の専門家によって、会社又は株主の利益を著しく害する議決権配分を採用した株式会社は、証券市場から排斥されていることが考えられる。このような状況を前提に、アメリカ法では、一株一議決権原則からの逸脱が比較的緩やかに認められているのである。

（2）　日本法においても、株主としての経済的利益と議決権の比例関係を切断した議決権配分は採用可能である。しかし、活発に利用されているわけではない。第一章第一節第二款参照。東京証券取引所は、議決権制限株式や複数議決権株式を発行する株式会社の株式の上場適格について、現在、検討中である。戸嶋浩二「種類株式の上場制度に関する検討状況――中間報告の方向性と今後の課題――」商事法務一八〇〇号一五頁（二〇〇七年）参照。

（3）　組織再編承認決議などについては、独立当事者間の交渉の有無、投資銀行や弁護士などの会社経営者から独立した専門家の評価といった手続的な要素によって、決議の妥当性を評価することには一定の実効性がある。しかし、取締役の選任・解任については、候補者の取締役としての資質を判断する方法が確立しているとはいえないのではなかろうか。第二章第四節第三款第二項(1)参照。一般的にいって、株主間の議決権配分の柔軟性は、株主総会決議の妥当性を事後的に審査することが困難な領域においては、以下の本文で示すような基準を満たす範囲においてのみ認められるべきではないかと思われる。

(4) その他にインセンティブを付与する手段としては、株主に「会社又は株主全体の利益を考慮して議決権を行使する義務」を課すことが考えられるかもしれない。しかし、このような義務が実効性を持つためには、事後的なエンフォースメントの手段が機能する必要がある。第一章第二節第一款第二項(2)参照。

(5) Peter O. Muelbert, Make It or Break It : The Break-Through Rule as a Break-Through for the European Takeover Directive?, in Guido Ferrarini, Klaus J. Hopt, Japp Winter and Eddy Wymeersch, Reforming Company and Takeover Law 711, 728-29 (Oxford U. Press, 2004).

(6) 第二章第二節第二款第一項(3)、第三章第二節第一款第二項、第三章第三節第二款第二項参照。

(7) 宍戸善一『動機付けの仕組としての企業：インセンティブ・システムの法制度論』二〇頁（二〇〇六年・有斐閣）参照。

(8) 田中亘「ステークホルダーとガバナンス—会社法の課題」企業会計五七巻七号九八二頁（二〇〇五年）参照。

(9) 田中・前掲（注八）九八四—八五頁、柳明昌「差別的議決権の理論的検討——アメリカ法を中心として——」東北大学法学六七巻六号一〇五三頁（二〇〇三年）等参照。

(10) 拒否権付株式の付与についてであるが、中山龍太郎「日本版ライツ・プラン（ポイズン・ピル）導入に係る法的課題」小塚荘一郎＝髙橋美加『落合誠一先生還暦記念　商事法への提言』四三二頁（二〇〇四年・商事法務）参照。

(11) 事実上の複数議決権や拒否権付種類株式に対する評価は、公開会社・非公開会社を問わず、本文で述べたような需要がどの程度存在するかに依存することになる。

(12) 規制を構築する際に、株主と会社の関係をどの程度具体的に考えることが妥当であるかは、今後の検討課題である。この問題を検討するものとしては、Daniel J.H. Greenwood, Fictional Shareholders : For Whom are Corporate Managers Trustees, Revisited, 69 S. Cal. L. Rev. 1021 (1996) ; Gregory Scott Crespi, Maximizing the Wealth of Fictional Shareholders : Which Fiction Should Directors Embrace?, 32 Iowa J. Corp. L. 381 (2007) などがある。閉鎖会社におい

ては、株主の利益を抽象的な株式価値の最大化として認識することは適切ではないように思われる。会社の意思決定が株主に与える影響は、従業員としての利益など、株主としての経済的利益に限定されない場合が多いからである。See, Ronald J. Gilson, The Case Against Sharl Repellent Amendments : Structual Limitations on the Enabling Concept, 34 Stan. L. Rev. 775, 833 (1982). 一方、上場会社においても、株式保有者と会社の関係が株主としての利害関係に限定されない場合はある。このような場合が存在することを、規制を構築する際に考慮することが許される範囲を検討することが、今後の検討課題となる。

(13)　この問題に関する詳細については、拙稿「議決権・支配権に関する種類株式の規制方法」商事法務一七七七号四頁(二〇〇六年）を参照。

欧 文 索 引

事 項 索 引

〈著者紹介〉
加藤　貴仁（かとう　たかひと）

【著者略歴】

1979年　愛知県に生まれる
2001年　東京大学法学部卒業
現　在　神戸大学大学院法学研究科准教授

株主間の議決権配分

2007年10月25日　初版第1刷発行

著　者　加 藤 貴 仁
発行者　松 澤 三 男

発行所　株式会社 商 事 法 務
〒103-0025 東京都中央区日本橋茅場町3-9-10
TEL 03-5614-5643・FAX 03-3664-8844〔営業部〕
TEL 03-5614-5649〔書籍出版部〕
http://www.shojihomu.co.jp/

落丁・乱丁本はお取り替えいたします。　印刷／壮光舎印刷㈱

Shojihomu Co., Ltd.
ISBN978-4-7857-1475-8
＊定価はケースに表示してあります。